D1877441

हिन्दी ग़ज़ल : व्यापकता और विस्तार

विभिन्न विमर्शों के सन्दर्भ में आलोचना की पहली पुस्तक

हिन्दी ग़ज़ल
व्यापकता और विस्तार

विभिन्न विमर्शों के सन्दर्भ में आलोचना की पहली पुस्तक

ज्ञानप्रकाश विवेक

वाणी प्रकाशन
प्रकाशन के उत्कृष्टतम 62 वर्ष

vaniprakashan.com

सजिल्द प्रथम संस्करण : 2025

वाणी प्रकाशन
4695, 21-ए, दरियागंज, नयी दिल्ली-110 002
फ़ोन : + 91 11 23273167, 23275710
शाखाएँ
अशोक राजपथ, पटना-800 004, बिहार
कॉफ़ी हाउस कैम्पस, महात्मा गांधी मार्ग, प्रयागराज-211 001, उत्तर प्रदेश
महात्मा गांधी अन्तरराष्ट्रीय हिन्दी विश्वविद्यालय, वर्धा-442 001, महाराष्ट्र
sales@vaniprakashan.in
vaniprakashan@gmail.com

Hindi Ghazal : Vyapakta Aur Vistar
by Gyanprakash Vivek

ISBN : 978-93-6944-404-5
Criticism

© लेखकाधीन

मूल्य : ₹ 795

इस पुस्तक के किसी भी अंश का किसी भी माध्यम में उपयोग
करने के लिए प्रकाशक से लिखित अनुमति लेना अनिवार्य है।

जी.एस. ऑफ़सेट, दिल्ली-110 095 में मुद्रित

वाणी प्रकाशन का लोगो मक़बूल फ़िदा हुसैन की कूची से

अनुक्रम

खण्ड एक

खण्ड दो

खण्ड तीन

खण्ड चार

खण्ड एक

ग़ज़ल क्या है

ग़ज़ल अरबी शब्द है। ग़ज़ल शब्द ग़ज़ला से बना है। ग़ज़ला हिरनी को कहा जाता है। शिकारी जब हिरनी का शिकार करते थे। तीर जब हिरनी को लगता तो वो वेदना से कराह उठती। उस क्रन्दन को अथवा आर्तनाद को ग़ज़ल कहा जाता था।

हमारे नये समय में ग़ज़ल उर्दू और हिन्दी का महत्त्वपूर्ण काव्य रूप है।

गूढ़ तथा सूक्ष्म विषय को, कम से कम तथा सादा शब्दों में, काव्यात्मकता तथा शिल्पगत शर्तों को पूरा करती हुई रचना को ग़ज़ल कहा जा सकता है।

शिल्पगत शर्तों की जहाँ तक बात है, वह ग़ज़ल का फार्म है। फार्म, बाह्य तत्त्व है यानी काफ़िया-रदीफ़, बहर इत्यादि।

ग़ज़ल विधा के पक्ष में यह दलील भी दी जाती रही है कि वह मानवतावादी तथा सह-अस्तित्व जैसे उच्चतर जीवन मूल्यों की पक्षधर रही है। इतना ही नहीं, ग़ज़ल एक ऐसी विधा है, जिसमें विषयगत विविधता और व्यापकता की सम्भावना हमेशा बनी रहती है। तत्त्वज्ञान, मनोवैज्ञानिक सूक्ष्मताएँ, तसव्वुफ़ और आध्यात्मिकता जैसे तत्त्व भी ग़ज़ल के विषय हो सकते हैं।

ग़ज़ल एक संश्लिस्ट विधा है। जटिल और विचित्र विधा भी। विचित्रता यह कि इस विधा का शिल्प, कथ्य को ठोस और लोच–दोनों रूप प्रदान करता है। यह विरोधाभास ही, दरहक़ीक़त, ग़ज़ल की शक्ति है।

फ़िराक़ गोरखपुरी ग़ज़ल के विषय में लिखते हैं, ''ग़ज़ल के शेरों का विषय सीमित नहीं होता। फिर भी, उसमें मुख्यता करुणा, प्रेम और समर्पण के ही भाव प्रदर्शित किये जाते हैं। ग़ज़ल में चूँकि एक ही शेर में पूरी बात कह देनी होती है, इसलिए, प्रतीकात्मकता का बहुत सहारा लिया जाता है। ग़ौरतलब है कि एक-एक शब्द, विभिन्न परिस्थितियों में असंख्य वस्तुओं का प्रतीक हो सकता है, इसलिए एक ही शेर, प्रतीक रूप में, आध्यात्मिक, सामाजिक, राजनीतिक और व्यावहारिक

जीवन में एक-सा लागू हो सकता है। इसी आधार पर दार्शनिक तथ्यों को कविता के साथ, सामने लाने में ग़ज़ल की परम्परा-सी बन गयी है।"[1]

ग़ज़ल क्या है–मौलाना शिबली इस विषय को थोड़ा प्रतीकात्मक ढंग से व्यक्त करते हैं। उनके अनुसार, "तस्वीर जितनी धुँधली होगी, उतनी दिलकश होगी।"[2]

यहाँ धुँधली का अर्थ सांकेतिकता और प्रतीकात्मकता भी हो सकता है। चूँकि ग़ज़ल के प्रत्येक शेर में दो पंक्तियाँ होती हैं। और दोनों पंक्तियाँ (अथवा दोनों मिसरे) बहर, काफ़िया, रदीफ़ के अनुशासन में बँधे होते हैं। और दो मिसरों में मुकम्मल बात कहना, चुनौतीपूर्ण होता है। इसलिए विवरण छोड़ दिए जाते हैं। विवरण नज़्म में होते हैं। ग़ज़ल में अर्थ का चमत्कार होता है जो प्रतीकों-बिम्बों के अतिरिक्त काफ़िये से भी पैदा होता है।

मौलाना शिबली तस्वीर के धुँधलेपन की बात करते हैं तो उनके वक्तव्य में यह अर्थ भी है कि शेर इकहरा न हो। यानी शेर, अस्पष्ट और कुछ हद तक क्लिष्ट भी हो। उसे समझने में थोड़ा वक़्त लगे, और धीरे-धीरे अर्थ जब स्पष्ट हो तो पाठक या श्रोता, इस 'अचानकपन' से चौंक-सा जाये।

वली दकनी (1648-1744) से लेकर हमारे मौजूदा समय तक ग़ज़ल ने लम्बी यात्रा तय की है। ग़ज़ल ऊपरी सतह पर आसान दिखाई देनेवाली जटिल विधा है।

डॉ. वज़ीर आग़ा ने ग़ज़ल को गीत पर आधारित विधा बताया है। उनके अनुसार अपने स्वभाव की दृष्टि से ग़ज़ल गीत पर ही आधारित है और इसलिए इसमें गीत का विशुद्ध भावनात्मक पर्यावरण, निश्चित रूप से विद्यमान रहता है। वास्तव में देखा जाये तो ग़ज़ल में कल्पना, भावना का हाथ थामकर, उछाल लगाती है। यदि यह भावना से बिल्कुल अलग हो जाये तो इसका मतलब होगा कि ग़ज़ल ने अपनी बुनियाद को ही नकार दिया है। ग़ज़ल में भावना और कल्पना के मिश्रण का बड़ा सम्बन्ध है।[3]

कहीं न कहीं मौलाना शिबली और डॉ. वज़ीर आग़ा तथा फ़िराक़ गोरखपुरी, इस विषय पर सहमत दिखाई देते हैं कि ग़ज़ल 'लिरिकल काव्य' है।

इसमें कोई सन्देह नहीं कि ग़ज़ल एक अन्तर्मुखी काव्य रूप है। ग़ज़ल कहना कहीं न कहीं अपने भीतर, दूसरी दुनिया का सृजन करना भी है।

डॉ. यूसुफ़ हुसेन ख़ाँ इस वैयक्तिकता के विषय में कहते है, "ग़ज़ल का एक विशेष गुण यह है कि इसमें हद दर्जे का अन्तर्वेक्षण मिलता है।" वो आगे अपना विचार छन्द के बन्धन को लेकर व्यक्त करते हैं, "छन्द और तुक, मन और स्मृति को एक बिन्दु पर केन्द्रित कर देते हैं। ताकि मनोभाव, अपने आपको नियन्त्रण

के साँचे में ढालें और शेर का जो बाह्य रूप प्रकट हो, वह उसकी द्वितीय प्रकृति मालूम न हो। यह ख़याल ठीक नहीं है कि वज़न और काफ़िया, जो ग़ज़ल की बाह्य तकनीक से सम्बद्ध हैं, अभिव्यक्ति में रुकावट पैदा करते हैं।"[4]

डॉ. वज़ीर आग़ा ग़ज़ल और नज़्म के भेद को भी स्पष्ट करते हुए कहते हैं, "ग़ज़ल में कल्पना और विश्लेषण की उस क्रिया का अभाव है, जो नज़्म में उभरती है। यह ग़ज़ल का दोष नहीं, बल्कि उसके स्वरूप का एक भाव-विशेष है और उसी में ग़ज़ल का सारा सौन्दर्य छुपा है।"[5]

अब्दुल कादरी, फ़िक्र की (सोच की) बारीकी, ख़याल की बुलन्दी तथा बयान की पेचीदगी को ग़ज़ल का मेयार मानते हैं।

हसरत मोहानी के अनुसार, "सफ़ाई, सादगी, विषय वैशिष्ट्य, अलंकार प्रयोग, भावों की उच्चता, विषय गाम्भीर्य, एवं शब्द वाक्यों का औचित्य आदि गुणों से युक्त ग़ज़ल उत्तम कोटि की होती है।"[6]

हाली पानीपती इस विषय में कहते हैं, "अभिव्यक्ति, शैली एवं शब्दों का चयन विशेष महत्त्व रखता है। अर्थ वैशिष्ट्य के सन्दर्भ में, उचित अभिव्यक्ति ही अर्थों की शोभा बढ़ाती है।"[7]

ग़ज़ल क्या है–इस प्रश्न के उत्तर में यही कहा जा सकता है कि ग़ज़ल लिरिकल विधा है, जिसकी अपनी कुछ शर्तें हैं।

सन्दर्भ सूची

1. गुफ़्तगू–फ़िराक़ गोरखपुरी, वाणी प्रकाशन, नयी दिल्ली
2. उर्दू साहित्य का इतिहास–डॉ. यूसुफ़ हुसेन ख़ाँ
3. उर्दू शायरी का मिज़ाज–डॉ. वज़ीर आग़ा
4. उर्दू ग़ज़ल–डॉ. यूसुफ़ हुसेन ख़ाँ
5. उर्दू शायरी का मिज़ाज–डॉ. वज़ीर आग़ा
6. उर्दू साहित्य का इतिहास–डॉ. यूसुफ़ हुसेन ख़ाँ
7. मुक़द्दमा-शेरो शायरी–अल्ताफ हुसेन 'हाली'

ग़ज़ल की परिभाषा

कविता के लिए अक्सर सही शब्दों का सही जगह प्रयोग अथवा भावनाओं की कलात्मक अभिव्यक्ति जैसी परिभाषाएँ दी जाती रही हैं। लेकिन ग़ज़ल के सम्बन्ध में अलग-अलग समय पर, अलग-अलग परिभाषाएँ दी जाती रहीं और उन्हें ख़ारिज भी किया जाता रहा।

डॉ. वज़ीर आग़ा ने अपनी किताब 'उर्दू शायरी का मिज़ाज' में, ग़ज़ल को मूर्ति पूजा से पैदा हुई विधा कहा तो बवण्डर खड़ा हो गया। डॉ. वज़ीर आग़ा का तर्क है कि ग़ज़ल में आशिक़-माशूक़ का प्रेम, कहीं न कहीं, मूर्ति पूजा से प्रभावित है।[1]

लेकिन आधुनिक ग़ज़ल पर डॉ. वज़ीर आगा की टिप्पणी बहुत ज़्यादा तर्क संगत प्रतीत नहीं होती। चूँकि स्त्री पात्र समकालीन ग़ज़ल में केवल 'बुत' नहीं। इसके अतिरिक्त समकालीन ग़ज़ल का केन्द्रीय विषय न तो प्रेम है न आशिक़-माशूक़ का प्रेमालाप। समसामयिक ग़ज़ल, जीवन के विभिन्न अन्तर्विरोधों और मसाइल तक सफ़र तय कर चुकी है।

मौलाना अल्ताफ़ हुसेन हाली, अपनी किताब 'मुक़द्दमा उर्दू शेरो-शायरी' में लिखते हैं, "ग़ज़ल में कोई ख़ास विषय बयान नहीं किया जाता। विचार या तो खो जाते हैं या धुँधले पड़ जाते हैं। उसमें कोई मुकम्मल अनुभव के बजाय, अनुभवों के टुकड़े हासिल होते हैं।"[2]

कुल मिलाकर ग़ज़ल असम्बद्ध कविता है। इस दृष्टि से देखें तो हाली के विचार सही जान पड़ते हैं। लेकिन दूसरा पक्ष यह भी है कि अश्आर की असम्बद्धता, ग़ज़ल की ताक़त है। स्वयं अल्ताफ़ हुसेन हाली ने 'मुसलसल ग़ज़लें' लिखीं। जिनमें एक निरन्तर विचार, ग़ज़ल के अलग-अलग शेरों में चलता रहता था। लेकिन उनका यह प्रयोग असफल रहा। ग़ज़लें असम्बद्ध रूप में ही लिखी जाती रहीं।

फ़िराक़ गोरखपुरी ने हाली के एतराज़ का जवाब अपनी पुस्तक 'गुफ़्तगू' में इस

प्रकार दिया है, "ग़ज़ल असम्बद्ध कविता है–इस बात पर कुछ लोगों को आपत्ति है कि असम्बद्ध अश्आर को एक रचना (ग़ज़ल) में क्यों रखा जाये? लेकिन अर्थ की दृष्टि से, असम्बद्ध अश्आर भी, एक ही क़ाफ़िये-रदीफ़ में बँधे होने और एक ही बहर में रहने के कारण, एक ध्वन्यात्मक वातावरण की रचना करते हैं।"[3]

इसी बात को संक्षिप्त लेकिन सार्थक रूप देते हुए फ़ैज़ अहमद फ़ैज़ कहते हैं, "ग़ज़ल में भावनाओं या विषयवस्तु की नहीं, मूड की इकाई (यूनिटी) या भावधारा होती है।"[4]

बात कुल मिलाकर वही है कि ग़ज़ल, अपने असम्बद्ध विचारों के बावजूद, एक वातावरण का सृजन करती है।

एक ज़माना पहले, ग़ज़ल की परिभाषा बाज़नान गुफ़्तगू करदन–यानी औरतों के साथ बातचीत तक सीमित थी और मुख्य विषय 'इश्क़' था।

फ़िराक़ गोरखपुरी ने 'उर्दू कविता' पुस्तक में ग़ज़ल पर विस्तार से लिखा है। उनके अनुसार "ग़ज़ल के अच्छे शेर व्यापक होते हैं। उनकी पहुँच बहुत दूर तक होती है। ग़ज़ल का हर शेर अपनी दुनिया आप बनाता है। उसमें एक जादू होता है जो जीवन की अनेक 'परिस्थितियों' या अनेक प्रसंगों में, अनेक अवसरों पर, अनेक पारस्परिक सम्बन्धों और व्यवहारों पर लागू होता है।"[5]

यह ग़ज़ल का एक ख़ुशनुमा पहलू है। ऐसा लगता है कि वो ग़ज़ल के प्रति बहुत ज़्यादा आश्वस्त हैं। लेकिन ऐसा नहीं है। एक ओर वो अश्आर की व्यापकता पर गर्व करते नज़र आते हैं तो दूसरी ओर वे ग़ज़ल के दुर्बल पक्ष को भी उजागर करने से नहीं चूकते। उनके अनुसार, आमतौर पर मुझे ग़ज़ल में एक विवेकी बिखराव, एक रेगिस्तानी वीरानापन, शैली में कठोरता, निम्नस्तरीय परिज्ञान, विवेक शून्यता और ज्ञान की दृष्टि से उसके (ग़ज़ल के) सामान्य कोटि के होने का अहसास होता था। एक उबाल, एक बेचैनी, अस्तित्व के साथ तालमेल की कमी और हिन्दुस्तान की मासूम आत्मा से एक अजनबीपन का अहसास होता था। मैं यह भी गहराई से महसूस करता रहा हूँ कि ग़ज़ल में घरेलू जीवन की पवित्रता और अनुभूतियों की बेहद कमी रही है।"[6]

फ़िराक़ गोरखपुरी ने जिस ग़ज़ल के प्रति अपनी खरी और बेबाक राय प्रस्तुत की है, वह दौर रवायती ग़ज़ल का था। बड़ा मसला इश्क़ था। ग़ज़ल सीमित सरोकारों और सीमित नज़रिये की सिन्फ़ (विधा) बन चुकी थी। नये समय की आधुनिक ग़ज़ल में घरेलू पवित्रता और रिश्तों का विस्तार भी देखा जा सकता है।

फ़िराक़ गोरखपुरी के विचारों से असहमत होते हुए डॉ. वज़ीर आग़ा ग़ज़ल के विषय में लिखते हैं, "ग़ज़ल मनुष्य की मानसिकता के क्रमिक विकास में उस स्थान की ओर संकेत करती है, जहाँ व्यक्ति में पहली बार विद्रोह, चिन्तन और कल्पना सक्रिय होती है और वह समाज के पूर्ण से अलग होकर, अपने अस्तित्व की घोषणा करता है। ग़ज़ल का जन्म सभ्यता की उस अवस्था से हुआ है, जहाँ व्यक्ति, समाज से अलग भी होता है और उसके अधीन भी। चुनांचे, ग़ज़ल में, एक ही समय में, समाज से विद्रोह और उसके अनुसरण के–दोनों साक्ष्य मिलते हैं।"[7]

डॉ. वज़ीर आग़ा के ग़ज़ल के विषय में व्यक्त किये गये विचार, बेशक, सुसंस्कृत, बहुआयामी हों लेकिन राल्फ़ रसेल, अपनी पुस्तक 'थ्री मुग़ल पोएट्स' (मीर, सौदा, मीर हसन) में ग़ज़ल को अवैध प्रेम का काव्य कहते हैं।

आज के समय में राल्फ़ रसेल की टिप्पणी बेशक चौंकाती है लेकिन ग़ज़ल का जन्म जिस समय और समाज में हुआ, वहाँ की अवस्थाओं को ध्यान में रखना होगा। वर्जनाओं, रूढ़ियों और परम्पराओं में जकड़ा समाज, जहाँ प्रेम करना अपराध बेशक न रहा हो, उसे अवैध ज़रूर समझा गया होगा और तत्कालीन ग़ज़ल में, उसी प्रेम की अनेक छवियाँ मौजूद हैं।

ग़ज़ल विधा को अवैध प्रेम काव्य मानने के पस:मंज़र डॉ. माज़दा असद ठोस तर्क पेश करती हैं, "लगभग चौदह सौ साल पहले, अरब के सामन्ती समाज में बादशाहों और सामन्तों की विरुदावलियाँ बखान करने के लिए अन्य काव्य रूप यथा 'तशबीब' या 'क़सीदा' से प्रेम और श्रृंगार सम्बन्धी शेर निकालकर एक जगह इकट्ठा कर देने के परिणामस्वरूप ही ग़ज़ल का जन्म हुआ"[8]

ग़ज़ल चाहे सामन्ती युग की इश्क़ जैसे सीमित विषय की विधा रही हो या श्रृंगार परक विधा, हमारे समय तक आते-आते ग़ज़ल एक ऐसी विधा बन गयी है, जिसमें समयगत सच्चाइयों तथा जनमानस के संघर्षों की व्यापक छवियाँ देखी जा सकती हैं।

ग़ौरतलब है, मीर जैसे कवियों ने ग़ज़ल, में हृदय की आन्तरिक पीड़ा और ग़ालिब ने इसमें (ग़ज़ल में) चिन्तन का पुट भरा।

डॉ. मसऊद हुसेन ख़ाँ के अनुसार, "ग़ज़ल किसी दूसरे काव्य रूप की हरीफ़ (प्रतिद्वन्द्वी) नहीं। क्योंकि इसका अपना कार्यक्षेत्र है।"[9] डॉ. शौक़त सब्ज़बारी के अनुसार, "ग़ज़ल में कहानी होती है और कहानी भी दिल की दुनिया की। दिल की दुनिया एक विस्तृत दुनिया है, जो बसती भी है और उजड़ती भी है। ग़ज़ल इस अनोखी दुनिया की कहानी है।"[10]

डॉ. शौकत सब्ज़वारी ग़ज़ल को दिल की दुनिया की कहानी के रूप में व्यक्त करते हैं तो कादरी साहब शायर कवि की शख़्सियत के असर की बात करते हैं, "ग़ज़ल वही है, जिस पर शायर की शख़्सियत (व्यक्तित्व) असरअन्दाज़ हो। यही चीज़ है जो शायर को साहिबे-तर्ज़ (विशिष्ट पहचान) बनाती है।"[11]

डॉ. कादरी के विचार अपनी अहमियत रखते हैं। चूँकि ग़ज़ल एक अन्तर्मुखी काव्य विधा है। इसके द्वारा कवि अपने अन्तर्मन का विश्लेषण, विवेचन करता है। और इस लिहाज़ से ग़ज़ल में, उसकी निजता का प्रभाव विद्यमान रहता है।

फ़िराक़ गोरखपुरी ने ग़ज़ल के स्वरूप और, ग़ज़ल की प्रकृति को बड़े मानीख़ेज़ ढंग से विश्लेषित किया है, "ग़ज़ल में एक नुकीली एकाग्रता होती है जो बाह्य जगत का अतिक्रमण करती हुई हमें एक अनिर्वचनीय आलौकिक जगत में ले जाती है।"[12]

महाकवि मीर शेर की तासीर (प्रभाव) को बड़ा गुण मानते हैं और रंग बयानी को भी ज़रूरी तत्त्व के रूप में लेते हैं यानी शेर को कितनी कलात्मकता से व्यक्त किया गया। लेकिन मलीहमुद्दीन अहमद कहते हैं, "अगर अस्लीयत न हो और अनुभूति ठस्स हो तो भारीभरकम बिम्ब भी अश्आर में कोई असर नहीं छोड़ते।" वो ये भी कहते हैं कि ग़ज़ल–एक तरह की कारीगरी है और शायर को तासीर पैदा करने के लिए कुशल कारीगर होना पड़ता है।[13]

उर्दू जदीद ग़ज़ल के दर खोलनेवाले शायर नासिर काज़मी ग़ज़ल पर अपने अनुभवों को व्यक्त करते हैं, "जब मैंने ग़ौर किया तो जाना कि ग़ज़ल के खिलाफ़ लोग नहीं थे, बल्कि ग़ज़ल में 'कलीशे' की पुरानी डगर के ख़िलाफ़ थे। वो कहते थे–नयी बात करो। जो ग़ज़लें मैंने कही हैं ये सोचकर कही हैं कि वे ज़माने के तकाज़ों को पूरा करें और उनमें मेरे अस्त्र (कालखण्ड) की रूह हो।" वो ये भी कहते हैं कि "ग़ज़ल सिर्फ़ मिसरे लिखने का नाम नहीं। शायरी (ग़ज़ल) तो नुक्त-ए-नज़र (दृष्टिकोण) है–ज़िन्दगी को देखने का और चीज़ों को देखने का और उनको एक ख़ास मौज़ूदा तरीक़े से बयान करने का नाम शायरी (ग़ज़ल) है।"[14]

जदीद शायरी को नये तजुर्बों से व्यक्त करने वाले शायर मेहदी जाफ़र नयी बात, नयी धारा, नयी तर्ज़ और नये दृष्टिकोण पर बल देते हैं। उनके अनुसार, "एक ख़ास चीज़ तकनीक है। मगर अस्ल चीज़ है कोई नयी धारा, कोई नयी बात, या कोई नज़र या तर्ज़। जिस तरह भरपूर ग़ज़ल में कोई नया क़ाफ़िया जुड़ा हो और वो अचानकपन के साथ जगमगाने लगे।"[15]

शायर हसन कमाल ग़ज़ल को ज़ेहनी कैफ़ियत का सबसे बेहतर प्रतिबिम्ब समझते हैं। वो कहते हैं, "हम ग़ज़ल को इन्सान की ज़ेहनी कैफ़ियत का सबसे बेहतर अक्कास (प्रतिबिम्ब) समझते हैं। जिस तरह इन्सानी ज़ेहन एक वक़्त में कई बातें सोचता है और कई दिशाओं में सफ़र करता है, ग़ज़ल की कैफ़ियत भी वही है। इसका हर शेर मुख़्तलिफ़ जज़्बात और मुख़्तलिफ़ मुशाहिदात (अवलोकनों) का अक्कास (प्रतिबिम्ब) होता है।"[16]

उर्दू के प्रतिष्ठित शायर निदा फ़ाज़ली कांटैंट से ज़्यादा ग़ज़ल के कलापक्ष की वकालत करते हैं। वो कहते हैं, "ग़ज़ल मीनाकारी विधा है। इसमें कथ्य से ज़्यादा 'कहन' का महत्त्व होता है।"[17]

डॉ. नुरूल हसन हाशमी का विचार भी निदा फ़ाज़ली के विचार से मिलता जुलता प्रतीत होता है। "ग़ज़ल के लिए काव्य की उत्कृष्टता, सुन्दर संगीतात्मक एवं रंगीन शब्दों में निहित है।" मुमताज हुसेन भी ग़ज़ल में संगीतात्मकता जैसे तत्त्व को बहुत ज़रूरी मानते हैं, "ग़ज़ल और संगीत में चोली-दामन का साथ है। शेर का सबसे बड़ा गुण उसकी संगीतात्मकता है।"[18]

मौलाना शिबली ग़ज़ल के प्रति सचेत करते हुए कहते हैं, "मुहाकात (हू-ब-हू वर्णन) तथा तख़य्युल (कल्पनाशीलता) के बिना शेर नहीं हो सकता। जिद्दते अदा (अभिव्यंजना शैली) भी एक काव्य गुण है। एक बात सीधी कही जाये तो साधारण सी बात है। उसी बात को अगर नौईयत और अनूठे अन्दाज़ में व्यक्त किया जाये तो ग़ज़ल अर्थवान हो उठती है। शेर में ऐसी सलासत (सरलता) सफ़ाई और रवानी होनी चाहिए कि ग़ज़ल और मौसीकी (संगीत) की सीमाएँ आपस में मिल जायें।"[19] कमोबेश यही बात ग़ज़ल के विषय में मौलवी अब्दुल हक भी कहते हैं, "काव्य में सादगी, सफ़ाई, अभिव्यक्ति में ताज़गी, रोज़मर्रा का प्रयोग, भाव उच्चता आदि ग़ज़ल के प्रमुख गुण हैं।"[20]

डॉ. गोपीचन्द नारंग के विचार ग़ज़ल के चिन्तन पर अर्थपूर्ण और तार्किक हैं। उनके अनुसार, "ग़ज़ल मूलत: विशुद्ध सौन्दर्यात्मक शायरी है जो भावना और रसज्ञता के पंखों से उड़ान भरती है। इश्क़ और बुद्धि दो विरोधाभासी शक्तियाँ हैं। मतलब यह कि इश्क़िया शाइरी में दार्शनिक बातों के लिए कोई गुंजाइश नहीं होनी चाहिए। लेकिन असलियत इसके विपरीत है। वह इसलिए कि ग़ज़ल का शायर बहुधा काव्य तर्क को कार्यरूप देता है। और किसी न किसी प्रकार, अपनी अनुभूतियों को उन अपेक्षाओं के अनुरूप लाना चाहता है, जिसका प्रभाव उसने सभ्यता और धर्म से स्वीकार किया है। दूसरे यह कि ग़ज़ल की भाषा सांकेतिक होती है और रहस्यात्मक-

आध्यात्मिक समस्याएँ उसके सिवा किसी अन्य भाषा में (अन्यविधा में) प्रकट हो ही नहीं सकतीं इसलिए, ग़ज़ल में जीवन और सृष्टि की मौलिक समस्याओं पर उस तरह से विचार करने की परम्परा शुरू से ही मिलती है।"[21]

कुल मिलाकर ग़ज़ल एक सुसंस्कृत और सुसभ्य विधा है। विद्वानों, आलोचकों और शायरों ने अपने लेखकीय अनुभवों के ज़रिये विचार व्यक्त किये हैं। फ़ैज़ ग़ज़ल में 'मूड की इकाई' को ज़रूरी मानते हैं तो फ़िराक़ (नये समय की ग़ज़ल में) जीवन की पवित्रता और अनुभूतियों के विस्तार पर बल देते हैं तो डॉ. वज़ीर आग़ा ग़ज़ल में समाज से प्रतिवाद और संवाद, दोनों अवस्थाओं को महसूस करते हैं। डॉ. कादरी कहते हैं, ग़ज़ल में शायर के व्यक्तित्व का प्रभाव लाज़मी है। वही विशिष्ट पहचान बनती है। महाकवि मीर शेर में तासीर (प्रभावशाली वातावरण और विषयवस्तु) को ज़रूरी मानते हैं तो मलहीमुद्दीन इसी बात को और अधिक विस्तार देते हुए कहते हैं कि शायर को तासीर पैदा करने के लिए कुशल कारीगर होना पड़ता है। लेकिन उर्दू के जदीद शायर नासिर काज़मी के अनुसार–ग़ज़ल वही है जो ज़माने के तकाज़ों को पूरा करे यानी अपने समय का यथार्थ और संवेदना लाज़मी तौर से अभिव्यक्त हों। वो ये भी कहते हैं कि ग़ज़ल सिर्फ़ मिसरे लिखने का नाम नहीं। यानी अश्आर में 'दृष्टिकोण' भी हो और नयापन भी। नयेपन पर बल मेहदी जाफ़र भी देते हैं और कहते हैं कि एक ख़ास चीज़ तकनीक है लेकिन नयी धारा, नयी बात, या कोई नयी तर्ज़ भी लाज़मी है।

सन्दर्भ सूची

1. उर्दू शायरी का मिज़ाज–डॉ. वज़ीर आग़ा
2. मुक़द्दमा-उर्दू शेरो-शायरी से अल्ताफ़ हुसेन हाली
3. गुफ़्तगू-फ़िराक़ गोरखपुरी वाणी प्रकाशन, नयी दिल्ली
4. सारे सुखन हमारे–शायर फ़ैज़ अहमद फ़ैज़, राजकमल प्रकाशन, नयी दिल्ली
5. उर्दू कविता–फ़िराक़ गोरखपुरी, वाणी प्रकाशन, नयी दिल्ली
6. वही
7. उर्दू शायरी का मिज़ाज–डॉ. वज़ीर आग़ा
8. डॉ. माज़दा असद, दस्तावेज़ पत्रिका से उद्धृत
9. उर्दू शायरी के काव्य गुण–डॉ. रामदास नादार
10. वही
11. वही
12. वही

13. उर्दू कविता–फ़िराक़ गोरखपुरी, वाणी प्रकाशन, नयी दिल्ली
14. उर्दू शायरी के काव्य गुण–डॉ. रामदास 'नादार'
15. ध्यान यात्रा रचनावली–शायर नासिर काज़मी, सारांश प्रकाशन, नयी दिल्ली
16. शेष पत्रिका–सम्पादक हसन जमाल, जोधपुर (अंक मार्च 2013)
17. नया वरक़ (तिमाही) (अंक-38)
18. आधारशिला ग़ज़ल विशेषांक सं. दिवाकर भट्ट, हल्द्वानी
19. उर्दू शायरी के काव्य गुण–डॉ. रामदास 'नादार'
20. वही
21. उर्दू पर खुलता दरीचा–सम्पादक डॉ. गोपीचन्द नारंग, वाणी प्रकाशन, नयी दिल्ली

हिन्दी ग़ज़ल–परिभाषा और विद्वानों/ ग़ज़लकारों के विचार

वली दक्कनी (1648-1744) से लेकर हमारे समकाल तक ग़ज़ल हमेशा बहसतलब रही है। ग़ज़ल का शिल्प जितना जटिल है, उतना आकर्षक भी। दो मिसरों (पंक्तियों) में सम्पूर्ण विचार (या बात) कहना किसी चुनौती से कम नहीं होता। और यही चुनौती, ग़ज़ल लिखने के लिए सबसे बड़ा आमन्त्रण होती है। बिल्कुल साधारण-सी बात, साधारण-सा विषय और असाधारण शेर का हो जाना। इस असाधारण 'शेर' या दो पंक्तियों की कविता की पृष्ठभूमि में काफ़िया, रदीफ़ और बहर की महत्त्वपूर्ण भूमिका तो रहती ही है, इन सब (बाह्य) तत्त्वों के अतिरिक्त और भी बहुत सारे कारक शेर की यात्रा में सहायक होते हैं। कभी दो मिसरों में द्वन्द्व की सूरत काम करती है तो कभी जीवन-दर्शन और चिन्तन शेर को उच्चता प्रदान करते हैं। कई बार महज़ 'काफ़िया' इतनी उज्ज्वलता और एकाग्रता से उपस्थित होता है कि शेर में वही गूँजने लगता है। कभी कथ्य का तेवर ग़ज़ल को ऊँचाई प्रदान करता है। (मसलन दुष्यन्त की ग़ज़लें) तो कभी अन्दाज़े-बयां यानी कहन! मीर और ग़ालिब, इक़बाल, फ़ैज़, नासिर और फ़िराक़! सभी बड़े और महान शायर हैं। उनकी शायरी या कहें कि ग़ज़ल में जो अन्तर है वह 'अन्दाज़े-बयां' के कारण ही तो है।

ग़ज़ल का मिज़ाज (अथवा चरित्र) भी एक शेर के भीतर किसी आत्मा की तरह मौजूद रहता है, जो दिखाई नहीं देता, लेकिन होता है। जहाँ मिज़ाज की पैरवी नहीं होती, वे शेर यांत्रिक हो जाते हैं। बहरहाल, ग़ज़ल के प्रति जिज्ञासा और संशय हमेशा बने रहे हैं। और इन्हीं तत्त्वों के रहते ग़ज़ल का विकास भी होता रहा है।

समकालीन हिन्दी ग़ज़ल में विषयगत और भावगत अनेक परिवर्तन आये हैं। ये परिवर्तन हिन्दी ग़ज़ल की अन्तर्वस्तु, भाषा, मुहावरे, कल्पनाशीलता, दृष्टिकोण और

अन्दाज़े-बयां में महसूस होते हैं। ज़रा ग़ौर करें तो पता चलेगा कि ग़ज़ल में व्यापक हलचल-सी है। यह हलचल यूँ ही पैदा नहीं हुई, यह हलचल, नयी जीवन शैली के प्रभाव से पैदा हुई है। बेशक, कभी ग़ज़ल को ग़ज़ला यानी 'हिरनी का आर्तनाद' कहा गया। वो पुराने समय की बात है। वाज़नान गुफ़्तन–औरतों से बातचीत-ग़ज़ल इतनी सीमित विषय केन्द्रित भी नहीं रही। ग़ज़ल इतनी समसामयिक हो चुकी है कि जीवन के हर क्षेत्र में अपनी यात्रा तय कर चुकी है। यानी, ग़ज़ल का विषय बहुत विस्तृत और बहुआयामी हो चुका है। विद्वान आलोचक और कवि/ग़ज़लकार भी ग़ज़ल विधा के विषय में नयी परिभाषा और नये विचार व्यक्त करने लगे हैं। यहाँ विद्वानों का, ग़ज़ल के प्रति दृष्टिकोण प्रस्तुत है।

शमशेर बहादुर सिंह, मूलतः कवि थे। उनकी कविताएँ संश्लिष्ट और आधुनिक हैं। लेकिन जब हिन्दी में उन्होंने ग़ज़लें लिखीं तो उर्दू ग़ज़ल की रवायत (परम्परा) का ख़ूबसूरत निर्वाह करते हुए किसी उस्तादाना अन्दाज़ में लिखीं। उनका ग़ज़ल संग्रह 'सुकून की तलाश' भी प्रकाशित हुआ। फिर एक वक़्त ऐसा आया जब उन्होंने ग़ज़लें लिखना छोड़ दिया। अपने अनुभवों को उन्होंने उदित पत्रिका में व्यक्त किया है, "हमें अव्वल तो अपने इमकान भर ऐसी कविता से, आमतौर से बचना चाहिए। क्योंकि सब कुछ होते हुए, आख़िर को तो यह (ग़ज़ल) उलझानेवाली चीज़ ही ठहरती है।'"

ग़ज़ल के प्रति कवि शमशेर बहादुर सिंह के विचारों में 'ना-उम्मीदी' की झलक दिखायी देती है। वो कविता से ग़ज़ल विधा की ओर उन्मुख हुए, और फिर, वापिस कविता की तरफ़ चले गये। ग़ज़ल में वो शायद जो करना चाहते थे, नहीं कर पाये। दो मिसरों (दो पंक्तियों) के तंग और संक्षिप्त क्षेत्र में किसी विचार को पूर्ण रूप से व्यक्त करना उनके लिए उलझन भरा सृजन रहा हो।

लेकिन दुष्यन्त, कविता, नाटक के क्षेत्र में अपना प्रतिष्ठित स्थान बना चुके थे। वो इन विधाओं का त्याग करके जब हिन्दी ग़ज़ल में प्रविष्टि हुए तो मुक़म्मल तौर से हुए। शमशेर को ग़ज़ल उलझनभरी विधा प्रतीत हुई तो दुष्यन्त को कविता से मोहभंग हुआ। ग़ज़ल के प्रति आकर्षण और कविता में 'एकजैसापन' पर उनकी टिप्पणी ग़ौरतलब है, "मैं बराबर महसूस करता रहा हूँ कि कविता में आधुनिकता का छद्म कविता को बराबर पाठकों से दूर करता चला गया है। कविता और पाठकों के बीच, इतना फ़ासला पहले कभी न था, जितना आज़ है। इससे ज़्यादा दुखद बात यह है कि कविता शनैः-शनैः अपनी पहचान और कवि अपनी शख़्सियत खोता चला गया है।"[2]

दुष्यन्त की ग़ज़लों का अध्ययन करें तो पता चलता है कि हिन्दी ग़ज़ल के ज़रिये, उन्होंने न केवल अपने समकाल की विडम्बनाओं और विसंगतियों को प्रकट किया बल्कि दो ज़बानों (हिन्दी-उर्दू) को निकट भी ले आये। बल्कि एक नयी ग़ज़ल भाषा–'हिन्दुस्तानी भाषा' को भी बड़ी संवेदनशीलता से प्रयोग किया।

डॉ. जानकी प्रसाद का उर्दू-हिन्दी ग़ज़ल पर विस्तृत अध्ययन है। वे समान रूप से दोनों भाषाओं की ग़ज़लों पर आलोचकीय दृष्टि बनाये रखते हैं और मूल्यवान विचार भी व्यक्त करते रहे हैं। उनके अनुसार, "उर्दू समालोचना के दो शब्द हैं–फ़साहत और बलागत! फ़साहत का अर्थ है कि भाषा विन्यास इस प्रकार का हो कि अर्थ क़ी अभिव्यक्ति कई गुना होकर आ सके। बलागत, इसका अलग रूप है। जिसका अर्थ औदात्य से है। अत: माध्यम पर अधिकार हो। मैं ऐसा मानता हूँ ग़ज़ल को लेकर कोई यह कह दे कि वह तो विचार प्रधान हो ही नहीं सकती, विचार प्रधान केवल छन्द मुक्त कविता हो सकती है। इस दृष्टिकोण को मैं अतिवादी, और अतार्किक मानता हूँ।"[3]

डॉ. रामदरश मिश्र हिन्दी साहित्य के वरिष्ठ और प्रतिष्ठित आलोचक, कवि और उपन्यासकार हैं। उन्होंने ग़ज़लें भी लिखी हैं। हिन्दी ग़ज़ल के विषय में उनके विचार सचेत करनेवाले हैं, "कुछ लोग (ग़ज़लकार) संस्कृत के तत्सम शब्दों में ग़ज़लें लिख रहे हैं और वे समझते हैं कि असल में हिन्दी ग़ज़लें इसी रूप में लिखी जानी चाहिए। मैं समझता हूँ कि हिन्दी ग़ज़लें वे हैं, जिनकी भाषा, हिन्दी ग़ज़ल के अनुकूल होते हुए, आमफ़हम हो। ग़ज़ल अपने चुटीलेपन और मारक प्रभाव के कारण ही अपना विशेष स्थान रखती है। यह चुटीलापन और मारक प्रभावशीलता, अरबी-फ़ारसी और संस्कृत के भारी भरकम तत्सम शब्दों के कारण आहत होती है।" वो आगे ग़ज़ल के विषय में विचार व्यक्त करते हुए, हिन्दी ग़ज़ल परिदृश्य पर भी प्रश्न खड़ा करते हैं, "आज जो ग़ज़लें लिखी जा रही हैं, वे दुष्यन्त की ग़ज़ल परम्परा का निर्वाह करने की सनक में राजनीतिक, सामाजिक और आर्थिक व्यवस्था की बनी-बनायी विसंगतियों को चित्रित कर रही हैं।...हिन्दी ग़ज़ल को हिन्दी कविता-परम्परा का भी ध्यान रखना है कि उसमें व्यंजित प्रकृति और परिवेश की आन्तरिकता और संश्लेष की पहचान करते हुए, उसका उपयोग करना है।... ग़ज़लें वे ही दूर तक अपना प्रभाव डालती हैं जो सहज और संवेदनाशील हों।"[4]

लेकिन डॉ. अनिल राय हिन्दी ग़ज़ल की संरचना ही नहीं आन्तरिक लय तथा आन्तरिक शक्ति की भी बात करते है, "बहरों की शास्त्रीयता और बारीक तकनीक की जटिल बहसों में उलझने से हिन्दी ग़ज़ल के कथ्य और मिज़ाज सम्बन्धी आज

के गम्भीर प्रश्नों के नेपथ्य में चले जाने के ख़तरे पैदा हो सकते हैं। ग़ज़ल सिर्फ़ बहर की बन्दिश का नाम नहीं, बल्कि उससे भी कहीं ज़्यादा, समग्र प्रभाव पर निर्भर करती है। यह समग्र प्रभाव बहरों से अधिक, कथ्य की आन्तरिकता, अर्थ की प्रसरणशीलता, कथन की भंगिमा और ग़ज़ल के मिज़ाज से निर्मित होता है।"[5]

सुल्तान अहमद हिन्दी ग़ज़ल के न सिर्फ़ सशक्त ग़ज़लकार हैं बल्कि वैज्ञानिक सोच, आधुनिक आलोचकीय दृष्टि से हिन्दी ग़ज़ल सम्बन्धी दो-टूक विश्लेषण के लिए भी जाने जाते हैं। उनके अनुसार, "बेशक, ग़ज़ल की सबसे बुलन्द मंज़िल है मज़मून की बुलन्दी। संजीदगी और वुसअत। लेकिन जो मज़मून तक ही सिमटे रहते हैं, वे ग़ज़ल की दुनिया में दाख़िल नहीं होते। ये सारी चीज़ें तो अख़बारनवीसी में भी मिल जाती हैं। ग़ज़ल के असली चाहक तो वे होते हैं जो हर्फ़ों और उनके ख़ूबसूरत सिलसिले से, रूहानी रिश्ता बनाते हैं। बहर, रदीफ़ और काफ़िया आख़िर है क्या? हर्फ़ों की ख़ूबसूरती ही न ! अनुप्रास की ख़ूबसूरती को भी इन्हीं से जोड़कर देखा जाना चाहिए। इन्हीं सबसे ग़ज़ल का ऊपरी ढाँचा बनता है। ऊपरी ढाँचे के दुरुस्त होने के बावजूद, ग़ज़ल रूप नहीं ले पाती।...हर्फ़ों के ख़ूबसूरत इस्तेमाल, कहने के मुख्तसर अन्दाज़, दिल को छू लेनेवाले फ़न के करिश्मों और जज़्बों की शिद्दत, वुसअत, संजीदगी और बुलन्दी की वजह से ही ग़ज़ल अवाम के ज़ेहन में घर किये हुए है।"[6]

अमीक हनफ़ी के विचार ग़ौरतलब हैं, 'ग़ज़ल की अच्छी और प्रभावशाली प्रस्तुति के लिए, ज़बान की सफ़ाई और बयान की यकरंगी ज़रूरी है। फक्कड़पन तो चल सकता है, लेकिन फूहड़ता नहीं। ग़ज़ल ने अपनी चाल ढाल तो नहीं बदली। लेकिन उसने सोचती हुई, ध्यान में डूबी हुई अभिव्यक्ति को अपने लिए (नयी ग़ज़ल में) पसन्द किया है। ग़ज़ल में विस्तार और किसी विचार को सिलसिलेवार पेश करना–यह ग़ज़ल का काम नहीं है। कुछ कहना और बहुत कुछ छुपाना उसका चरित्र है। ग़ज़ल जो कुछ छुपाती है, उसका अर्थ और आशय संकेतों में अदा कर देती है।"[7]

राजकिशोर ग़ज़ल में मिज़ाज और भंगिमा पर बल देते हुए कहते हैं, "ग़ज़ल की बनावट में कथ्य की भूमिका तो होती ही है, भंगिमा की भूमिका शायद उससे ज़्यादा होती है। कुल मिलाकर यह मिज़ाज का मामला है। जिसमें रोमांस और फक्कड़ी, दर्द और हेकड़ी दोनों का योग है। इस सूफ़ियाना मिज़ाज के बग़ैर, ग़ज़ल-सी ग़ज़ल नहीं बनती। यह ग़ज़ल को परिभाषित करने की कोशिश नहीं जो एक असम्भव काम है।"[8]

हिन्दी के वरिष्ठ आलोचक डॉ. प्रभाकर श्रोत्रिय ने हिन्दी कविता को आलोचना का कार्यक्षेत्र बनाया है। लेकिन हिन्दी ग़ज़ल पर उनकी टिप्पणी ग़ौरतलब है, "कोई विधा अकेली नहीं आती। वह अपने पूरे संस्कार, अपना पूरा इतिहास लेकर, अपनी पूरी समृद्धि लेकर, अपनी पूरी चिन्ता लेकर, अपने सारे मुहावरे को लेकर आती है। जो अच्छी से अच्छी हिन्दी की ग़ज़लें कही जाती हैं, वे भी उर्दू की उन ग़ज़लों की रवायत का मुक़ाबला नहीं करतीं, जिनमें बड़े-बड़े शायरों का नाम आता हैं। लेकिन हिन्दी की ग़ज़लों ने ग़ज़ल विधा को बड़ा योगदान दिया है, नयी दृष्टि दी है।"[9]

डॉ. श्रोत्रिय हिन्दी ग़ज़ल की तुलना उस उर्दू परम्परा से करने लगते हैं जो क़रीब चार सौ साल पुरानी है। हिन्दी के ग़ज़लकारों का बड़े शायरों से मुक़ाबला करवाना–कहाँ तक उचित है? बात यदि हिन्दी ग़ज़ल की हो तो उसको, उसके क्षेत्र में देखा जाना चाहिए। दूसरी बात यह भी है कि हिन्दी आधुनिक ग़ज़लों की तुलना उर्दू की रवायती ग़ज़ल से क्यों हो? यह तुलना सिरे से बेमानी है। यदि तुलना करनी भी है तो समकाल में लिखी जा रही हिन्दी-उर्दू की आधुनिक ग़ज़लों के बीच हो। डॉ. श्रोत्रिय के विचारों का विरोधाभास ग़ौरतलब है। अपने पहले वक्तव्य में हिन्दी ग़ज़ल की तुलना करते हुए रवायत के बड़े शायरों से कमतर समझते हैं तो बाद में यह भी कहने से नहीं चूकते कि हिन्दी ग़ज़ल ने ग़ज़ल विधा को बड़ा योगदान दिया है।

पंकज गौतम के विचार समकालीन हिन्दी ग़ज़ल के विषय में साफ़ और स्पष्ट हैं। उनके अनुसार, "समकालीन हिन्दी ग़ज़ल के स्थापत्य सौन्दर्य की धुरी है–प्रेम राग, उम्मीद, आस्था और प्रतिरोध चेतना। छन्द मुक्त कविता की अपेक्षा, ग़ज़लों में यह धुरी ज़्यादा स्पष्ट दिखाई देती है। जिससे कलावादियों के लिए यह निष्कर्ष निकालना आसान हो जाता है कि ये ग़ज़लें अधिक बोलती हैं। लेकिन शब्द का मूलगुण क्या है–मौन होना या ध्वनित होना? कविता शब्दों में रची जाती है और शब्दों में ही व्याख्यायित होती है। समकालीन ग़ज़लों में, अन्तर्विरोध की अभिव्यक्ति जिस प्रकार हुई है, वह उसके स्थापत्य को समझने में सहायक तो बनता है, वह अर्थ पर छाता नहीं।"[10]

हिन्दी के वरिष्ठ ग़ज़लकार कुलदीप सलिल के अनुसार, "हिन्दी ग़ज़ल में ख़ास बात है–कथ्य की परिपक्वता, नये काफ़िए-रदीफ़ और व्यंग्य तत्त्व की अधिकता। इसे काफ़ी हद तक विचार की कविता भी कहा जा सकता है। साहित्य की दिशा और स्वरूप का माहौल प्रभावित करता ही है। हिन्दी ग़ज़ल में तो देखा ही जा सकता है। आज के यथार्थ को, ग़ज़ल के लिए, राजनैतिक, सामाजिक आदि परिस्थितियों को

अलग करके नहीं देखा जा सकता है। क्योंकि एक समय पर एक बिन्दु पर आकर ये चीज़ें व्यक्तित्व में समा जाती हैं और ग़ज़ल व्यक्तित्व से उभरती है।"[11]

कुलदीप सलिल अनुभवी ग़ज़लकार हैं। वो जानते हैं कि माहौल (या समकाल) रचना को यानी ग़ज़ल को प्रभावित करता है। हिन्दी की समकालीन ग़ज़लों में नया समय किसी न किसी रूप में रिफलैक्ट होकर आ रहा है।

वरिष्ठ ग़ज़लकार सूर्यभानु गुप्त के हिन्दी ग़ज़ल के विषय में विचार भारतीयता और उसके चिन्तन को लेकर हैं। उनके अनुसार, "हिन्दी ग़ज़ल की सबसे बड़ी ख़ूबी है उसकी भारतीयता। उसके (हिन्दी ग़ज़ल के) काव्य संस्कार, उसका चिन्तन, उसकी उपमाएँ, उसके प्रतीक, उसकी सम्पूर्ण काव्य भंगिमा भारतीय है।"[12]

कुलदीप सलिल माहौल के प्रभाव की बात करते हैं तो सूर्यभानु गुप्त हिन्दी ग़ज़ल में भारतीय संस्कार की उपस्थिति को महसूस करते हैं। ग़ज़लकार अंसार कम्बरी हिन्दी ग़ज़ल में हिन्दुस्तानी भाषा के उदय को देखते हैं। उनके अनुसार, "हिन्दी कवियों द्वारा लिखे जानेवाली ग़ज़लों के माध्यम से एक नयी भाषा का उदय हो रहा है जिसे हम हिन्दुस्तानी भाषा कहते हैं।"[13]

हिन्दी के वरिष्ठ ग़ज़लकार माधव कौशिक की ग़ज़ल के प्रति सोच आधुनिक और यथार्थपरक है। उनके अनुसार "ग़ज़ल के क्षितिज का विस्तार इतना अधिक हो चुका है कि ग़ज़ल के माध्यम से हम, जीवन जगत की तमाम विसंगतियों, विद्रूपता, सामाजिक उत्पीड़न, शोषण तथा संघर्ष की सभी जटिल स्थितियों के साथ-साथ, मानव-मन के सन्त्रास, कुण्ठा, अवसाद तथा हर्ष के सभी सूक्ष्म मनोभाव को व्यक्त कर सकते हैं।"[14]

डॉ. विश्वनाथ प्रसाद तिवारी जो स्वयं प्रतिष्ठित कवि और आलोचक हैं, हिन्दी ग़ज़ल पर उनके विचार ग़ौरतलब हैं, "ग़ज़ल एक काव्य रूप है, तहज़ीब या सभ्यता नहीं। ग़ज़ल, प्रेमानुभूति से प्रतिश्रुत एक काव्य विधा है। जिसे उर्दू के काव्य में स्वीकार किया है। ईश्वर विषयक प्रेम, अन्य प्रकार के कौटुम्बिक प्रेम, देशप्रेम, प्रकृति प्रेम को वे ग़ज़ल का विषय नहीं मानते। इस तरह रूढ़ीवादी विचारकों की दृष्टि में, ग़ज़ल केवल, प्रेम-प्रेमिका तक सीमित है, फिर उसे कैसे तहज़ीब कहा जा सकता है? ग़ज़ल के मज़मून की इस प्रतिबद्धता को शायरों ने और कवियों ने तोड़ा है। वह आज की एकान्तिकता, आत्मनिर्वासन, सन्त्रास के पराजय बोध को अपना विषय बना सकता है तो आर्थिक द्वन्द्व, सर्वहारा के शोषण को भी अभिव्यक्त कर सकता है। ग़ज़ल एक सम्पुष्ट काव्य रूप है। जिसका रूप हिन्दी में अवश्य होना चाहिए। इसमें नये प्रतीकों, मिथकों, बिम्बों का प्रयोग करके, भाषा को अधिक

व्यंजनापूर्ण बनाया जा सकता है।"[15]

हिन्दी कविता के आलोचक हिन्दी ग़ज़ल पर अपने विचार व्यक्त करते हुए अधिक सचेत हो जाते हैं। हिन्दी ग़ज़ल को परिभाषित करने से अधिक, हिन्दी ग़ज़ल के व्यवहार पर अधिक बल देते हैं। लेकिन हिन्दी भाषी ग़ज़लकार अपने अनुभवों के ज़रिये, ग़ज़ल पर विचार व्यक्त करते हैं। महेश अश्क प्रतिबद्ध ग़ज़लकार हैं। ग़ज़ल के विषय में वो कहते हैं हिन्दी में लिखी जा रही ग़ज़ल जिसे सुगमता के लिए आज की ग़ज़ल भी कहा जा रहा है, अपनी कुछ ख़ास ख़ूबियों को लिए हुए है। अपने तेवर, अपने अलग ताप, अन्दाज़ और सरोकार के आधार पर स्वतः अपनी अलग पहचान कराती है। हिन्दी रचनाकारों की पहुँच में एक विधा ने, अतीव निजताबोध के कारण, सृजित एकांतिकता से अपने-आपको, काफ़ी कुछ मुक्त करते हुए, अपने परम्परागत अन्तर्मुखी स्वभाव से विद्रोह किया है। हिन्दी में अपनाये जाने के बाद, ग़ज़ल के रूप में जो रचनाएँ सामने आयी हैं, उन्होंने हिन्दी और उर्दू के बीच, लम्बे समय से चली आ रही दूरी को भी कम किया है।"[16]

त्रिलोचन शास्त्री के अनुसार, "उर्दू ग़ज़ल में जो भाषा आती है, वह बोलचाल का लहजा पकड़ती है। जिसमें जीवन तत्त्व आता है। हिन्दी का वातावरण अलग है। उसको रूपाइत करने के लिए वाक्यों में लोच की ज़रूरत है।"[17]

हिन्दी के वरिष्ठ कवि और ग़ज़लकार रामकुमार कृषक के विचार, हिन्दी ग़ज़ल के विषय में अहमियत रखते हैं, "उर्दू ग़ज़ल मुहावरे का मुख्य आधार लिए होती है। हिन्दी ग़ज़ल बिम्ब और प्रतीक का। वह (हिन्दी ग़ज़ल) हिन्दी कविता की अलंकारिकता का भी बड़ी हद तक निर्वाह कर रही है। उर्दू ग़ज़ल की तरह अपने लिए निषिद्ध (मतरूक) क्षेत्र का निर्माण नहीं किया।"[18]

लेकिन रामकुमार कृषक जब यह कहते हैं कि हिन्दी ग़ज़ल में बिम्ब प्रतीक और उर्दू ग़ज़ल मुहावरे पर आधारित रहती है–यह भेद थोड़ा बहस तलब हो जाता है। नासिर काज़मी की शायरी में बिम्ब और प्रतीकों का ख़ूब प्रयोग हुआ। उर्दू की जदीद ग़ज़ल में भी बिम्ब और रूपक की रचना हुई है। तो इधर, हिन्दी ग़ज़लकार भी अपनी बात जो शेर की सूरत में व्यक्त करते हैं–मुहावरे से छनकर आने लगी है। यानी, हिन्दी-उर्दू ग़ज़ल की विशेषताओं को उनकी सीमा में नहीं बाँध सकते। यह तुलना हमें किसी अन्य रास्ते पर ले जायेगी। कमलेश भट्ट कमल के विचार भी इसी सिलसिले में ग़ौरतलब हैं, "प्रत्येक रचनाकार अपने समय और समाज की संवेदना को पकड़ने और उसे व्यक्त करने का प्रयास करता है।...उर्दू शायरी का आईना जिस तरह हिन्दी ग़ज़लकारों को बार-बार दिखाया जाता है, वो मुझे हैरान करता है

और परेशान भी। मैं बार-बार यह तर्क दोहराता रहा हूँ कि उर्दू एक प्रतिष्ठित और संस्कार सम्पन्न भाषा है तथा इसकी अपनी संस्कृति और मुहावरा है। दूसरी तरफ़, हिन्दी दुनिया की सबसे बड़ी भाषाओं में से एक है तथा उसकी भी अपनी ख़ास संस्कृति है। ऐसे में एक भाषा से दूसरी भाषा के साहित्य की तुलना करनेवालों की कुण्ठा ही कही जायेगी।"[19]

कमलेश भट्ट कमल जिसे कुण्ठा कहते हैं, वास्तव में वो कुण्ठा नहीं, चेतना है। हिन्दी ग़ज़ल का अवतरण उर्दू ग़ज़ल से हुआ है। उर्दू ग़ज़ल से हमने केवल विधागत संवेदना ही हासिल नहीं की, बल्कि, उर्दू की भाषा, संस्कृति, तहज़ीब, रवायत को भी किसी न किसी रूप में हासिल किया है। भारतेन्दु तथा शमेशर बहादुर सिंह की ग़ज़लगोई उर्दू ग़ज़ल की रवायत से छनकर आयी है। एक तरह से हम इन ग़ज़लों को देवनागरी लिपि में लिखी गयी हिन्दी ग़ज़ल कहते हैं। इसी प्रकार दुष्यन्त की ग़ज़लों की भाषा में भी हिन्दी-उर्दू की गंगा-जमुनी तहज़ीब का ख़ूबसूरत और संवेदना से भरपूर विस्तार मिलता है।

आधुनिकता (जदीदियत) के इस समकाल में हिन्दी-उर्दू ग़ज़ल का न सिर्फ़ मुहावरा बदला है, बल्कि चेतना, सोच और संज्ञान में भी तब्दीली आयी है। ग़ज़ल में भाषा का अन्तर भी समाप्त होता जा रहा है। दोनों भाषाओं की ग़ज़लों का मुख्य स्वर 'समाज' हो गया है।

आख़िर हिन्दी ग़ज़ल है भी क्या? इसको परिभाषित करना हो तो हम कहेंगे– देवनागरी लिपि में लिखी जानेवाली ग़ज़ल, हिन्दी ग़ज़ल है। बेशक, इस परिभाषा के साथ कई सारे किन्तु-परन्तु जोड़े जा सकते हैं।

सन्दर्भ सूची

1. उदित पत्रिका–जिसमें कवि शमशेर ने ग़ज़ल सम्बन्धी विचार व्यक्त किये।
2. साये में धूप–दुष्यन्त कुमार, राजकमल प्रकाशन, नयी दिल्ली
3. आधारशिला ग़ज़ल विशेषांक-2006 (साक्षात्कार के दौरान)
4. ग़ज़ल-दुष्यन्त के बाद–सम्पादक दीक्षित दनकौरी, वाणी प्रकाशन, नयी दिल्ली
5. दस्तावेज़-67 (ग़ज़ल अंक), सं. विश्वनाथ प्रसाद तिवारी, गोरखपुर
6. ग़ज़ल-हिन्दी ग़ज़ल–सुल्तान अहमद
7. नवभारत टाइम्स–1 जुलाई 1988
8. जनसत्ता, 6 फरवरी 2005
9. अक्षरम संगोष्ठी अंक-4, सं.शशिकान्त, नयी दिल्ली
10. सबका दावेदार–सम्पादकीय पंकज गौतम

11. दीर्घा अंक–10 फरवरी 1987, नयी दिल्ली
12. हिन्दी ग़ज़ल–ग़ज़लकारों की नज़र में–सम्पादक सरदार मुजावर, वाणी प्रकाशन, नयी दिल्ली
13. वही
14. ख़ूबसूरत है आज भी दुनिया (भूमिका से)–भारतीय ज्ञानपीठ, नयी दिल्ली।
15. परिप्रेक्ष्य पत्रिका ग़ज़ल अंक (1992-1993)
16. चतुरंग भारत, भोपाल (जुलाई 1994)
17. हिन्दी ग़ज़ल–हिन्दी ग़ज़लकारों की नज़र में सं. सरदार मुजावर, वाणी प्रकाशन, नयी दिल्ली
18. वही
19. मैं नदी की सुन रहा हूँ–ग़ज़ल संग्रह की भूमिका से (ग़ज़लकार–कमलेश भट्ट कमल), प्रकाशन संस्थान, नयी दिल्ली

ग़ज़ल का उद्भव

ग़ज़ल मूलतः अरबी शब्द है। ग़ज़ल शब्द ग़ज़ला से बना है। ग़ज़ला यानी हिरनी का बच्चा। शिकारी जब हिरनी के पेट में तीर मारता तो हिरनी दर्द से छटपटाती और कराह उठती। उस आर्तनाद को ग़ज़ल कहा जाने लगा। ग़ज़ल यानी वेदना।

फ़ारसी में ग़ज़ल का एक अन्य अर्थ है–वाज़नान गुफ़्तगू करदन–यानी स्त्रियों से बातचीत।

ये शाब्दिक परिभाषाएँ अतीतकाल की हैं। नये समय के यथार्थ से इनका कोई वास्ता नहीं। इन्हें केवल ऐतिहासिक सन्दर्भों के लिए व्यक्त किया जाता है।

ग़ज़ल विधा की व्युत्पत्ति पर ग़ौर करें तो इसका अवतरण अरबी क़सीदे से हुआ है। क़सीदा एक ऐसी विधा थी, जिसकी शुरुआत की कुछ पंक्तियों को 'तशबीब' कहा जाता था। तशबीब वस्तुतः शृंगारिक अथवा प्रेम कविता का एक रूप था। तशबीब यानी क़सीदे की पूर्व पंक्तियाँ!

और यही 'तशबीब' एक स्वतन्त्र विधा–'ग़ज़ल' के रूप में सामने आयी।

डॉ. माज़दा असद के अनुसार, "तक़रीबन चौदह सौ वर्ष पहले, अरब के सामन्ती समाज में, तत्कालीन बादशाहों और अमीरों की विरुदावली बखान के लिए अवतरित काव्य रूप, तशबीब या क़सीदा से प्रेम और शृंगारिक शेरों को निकालकर, एक जगह इकट्ठा कर देने के परिणामस्वरूप ही ग़ज़ल का प्रार्दुर्भाव हुआ।"[1]

ज़ाहिर है, अरबी में ग़ज़ल का कोई स्वतन्त्र स्थान नहीं था। लेकिन फ़ारसी साहित्य में आने से ग़ज़ल विधा ने अपना स्वतन्त्र रूप और चरित्र गढ़ लिया था।

डॉ. वज़ीर आग़ा के अनुसार, "ग़ज़ल के प्रारम्भ के बारे में एक आम धारणा ये है कि उसने अरबी क़सीदे के उस प्रारम्भिक भाग से जन्म लिया, जिसे 'तशबीब' या 'नसीब' या क़ौल (क़सीदे में शुरू के शेर, जिनमें किसी घटना का वर्णन होता है)–ग़ज़ल नाम मिला।" वो आगे लिखते हैं, "सातवीं सदी हिजरी के शम्सुद्दीन

मुहम्मद बिन क़ैसदुर्राज़ी ने पहली बार तशबीब और नसीब के अर्थों को स्पष्ट करते हुए लिखा था कि तशबीब में शायर आपबीती की शैली अपनाता है जबकि नसीब में वह जगबीती की शैली अपनाते हुए काल्पनिक और परम्परागत प्रेम को अपना विषय बनाता है। ग़ज़ल के बारे में उसने लिखा कि यह नारियों की कथा और प्रणय का वर्णन है।"[2]

डॉ. वज़ीर आग़ा क़सीदा, नज़्म और चामा तथा ग़ज़ल के विषय में ऐतिहासिक और भौगोलिक परिस्थितियों और वातावरण के ज़रिये अपना बेशक़ीमती नज़रिया प्रस्तुत करते हैं। उनके अुनसार, "बात दरअसल यह है कि तशबीब, नसीब या क़ौल–नज़्म का ही एक रूप हैं और स्वभाव की दृष्टि से, ग़ज़ल से सर्वथा भिन्न हैं। इसमें कोई शक नहीं कि क़सीदे के इस प्रारम्भिक अंश और परवर्ती फ़ारसी ग़ज़ल में साम्य दिखाई देता है, फिर भी, स्वभाव की दृष्टि से दोनों में बड़ा अन्तर है। और यह अन्तर केवल नज़्म या ग़ज़ल का नहीं, बल्कि अरब और ईरान का अन्तर भी है। अरब का निवासी मरुस्थल में जीवन-यापन करता था। स्वभाव से पर्यटक और घुमन्तू था। वह तथ्यों के विश्लेषण की सहायता से, और अनुभव प्राप्त करके, किसी निष्कर्ष पर पहुँचता था। ऐसे विशिष्ट स्वभाव के तहत, अरबी शायरी में क़सीदा जैसा काव्य रूप ही प्रचलित हो सकता था जो आगमनात्मक पद्धति का द्योतक था।"[3]

"दूसरी ओर ईरान प्राचीन काल से ही एक सुव्यवस्थित और सुगठित समाज का सर्मथक था। इसका अर्थ यह हुआ कि ईरान में वैयक्तिकता का प्रचलन बेशक आरम्भ हो चुका था, फिर भी, यहाँ का व्यक्ति कुल मिलाकर, समाज के पूर्ण में महज़ एक पुर्ज़े की हैसियत रखता था। अत: वह स्वयं वास्तविकता से जूझने और अनुभव प्राप्त करने की अपेक्षा, पूर्ण या समाज के सामूहिक अनुभवों से कुछ सीखने की ओर अधिक प्रवृत्त था। यही कारण है कि उसमें निगमनात्मक प्रवृत्ति लोकप्रिय हुई और उसके साहित्य में ग़ज़ल जैसा काव्य रूप प्रचलित हुआ जो व्यक्ति और समाज, अंश और पूर्ण, तथा पूर्ण अंश के परस्पर सम्बन्ध का द्योतक था। उस समय ईरान में एक ऐसा काव्य रूप भी प्रचलित था जिसे 'चामा' की संज्ञा दी गयी थी, जो हिन्दी गीत की भाँति कविता भी थी और साथ ही संगीत भी।"[4]

"चूँकि, स्वभावत: ग़ज़ल गीत पर ही आधारित है, इसलिए , ग़ज़ल को अरबी तशबीब के बजाय ईरानी 'चामा' से जोड़ना अधिक तर्कसंगत है।"[5]

लेकिन डॉ. वज़ीर आग़ा के इस तर्क को अधिकांश विद्वानों ने ख़ारिज करते हुए 'तशबीब' को ही ग़ज़ल का काव्य रूप माना। डॉ. रामदास 'नादार' के अनुसार, "उर्दू शायरी, फ़ारसी शायरी का अनुकरण है और फ़ारसी शायरी अरबी का। अरबी शायरी में क़सीदा (प्रशंसा गीत) की तशबीब (आरम्भ) में ग़ज़ल भी शामिल थी अर्थात, क़सीदों के आरम्भ में आशिक़ाना (प्रेम परक) विषय भी लिखे जाते थे इसको ग़ज़ल अथवा तग़ज़्ज़ल कहा जाता था। यह तमहीद (भूमिका) धारावाहिक होती थी। फ़ारसी कवियों ने इस अंश को ग़ज़ल के नाम से एक स्थायी काव्य रूप बना दिया।"[6]

इस प्रकार यह स्पष्ट होता है कि ग़ज़ल किसी न किसी रूप में अरब से होते हुए ईरान पहुँची। फ़ारसी में ग़ज़ल हुई। फ़ारसी से उर्दू में इसका अवतरण हुआ।

सन्दर्भ सूची

1. दस्तावेज़ ग़ज़ल विशेषांक (अंक 67) से उद्धृत
2. उर्दू शायरी का मिज़ाज–डॉ. वज़ीर आग़ा
3. वही
4. वही
5. वही
6. सहकारी युग–ग़ज़ल अंक (26.1.1995), लेख–उर्दू ग़ज़ल परम्परा–डॉ. रामदास 'नादार'।

हिन्दी ग़ज़ल-उद्भव, विकास और विस्तार

हिन्दी ग़ज़ल का अवतरण बेशक उर्दू ग़ज़ल से हुआ हो, लेकिन अब यह विधा, हिन्दी काव्य में अपनी विशिष्ट पहचान बना चुकी है। हिन्दी ग़ज़लकारों ने बड़ी समझदारी और शऊर के साथ ग़ज़ल का शिल्प और बहरें (मीटर/छन्द योजना) तो उर्दू ग़ज़ल से प्राप्त किये, लेकिन कथ्य और भाषा अपनी तैयार की। उर्दू ग़ज़ल की मीनाकारी और रूमानी अन्दाज़े-बयां के विपरीत, हिन्दी ग़ज़ल की सोच यथार्थवादी है। सामाजिकता, हिन्दी ग़ज़ल का सबसे बड़ा गुण है।

हिन्दी ग़ज़ल की वर्तमानता आश्वस्त करती है, लेकिन बहस तलब भी है। जो विधाएँ बहस तलब होती हैं, वही विधाएँ न सिर्फ़ विकास करती हैं बल्कि नये विमर्शों से टकराती हैं और संवाद स्थापित भी करती हैं। हिन्दी ग़ज़ल, अपनी समकालीन भूमिका और यथार्थवादी छवि के साथ, नये विमर्शों में ख़ास जगह बनाती है।

हिन्दी ग़ज़ल के उद्भव को लेकर भी अच्छी-ख़ासी बहस हो चुकी है, और अब भी जारी है। हिन्दी ग़ज़ल के विद्वानों और ग़ज़लकारों का एक पक्ष अमीर ख़ुसरो को हिन्दी का पहला ग़ज़लकार मानता है।

कवि त्रिलोचन शास्त्री के अनुसार, "हिन्दी में बीसवीं सदी के पहले दशक से ग़ज़लें लिखी जाने लगीं। पहली किताब–'ब्रह्मानन्द भजन माला' है। इसमें काफ़ी ग़ज़लें हैं। भाषा बहुत मार्जित हिन्दी नहीं है। कहीं-कहीं ब्रजभाषा का स्पर्श है। उसके बाद जयशंकर प्रसाद ने ग़ज़लें लिखीं। ये उनकी रचनाओं के संकलनों में देखी जा सकती हैं। इसके अलावा रामनरेश त्रिपाठी, गया प्रसाद शुक्ल सनेही आदि ने भी ग़ज़लें लिखीं। हिन्दी में 1930 ई. से ग़ज़लें लिखी जाने लगीं। जयंशकर प्रसाद को हिन्दी का पहला ग़ज़लकार मानना ठीक होगा।"[1]

डॉ. गणेश दत्त सारस्वत भारतेन्दु काल से हिन्दी ग़ज़ल का उद्भव मानते हैं। उनके अनुसार, "प्यारेलाल शोकी तथा बाबू गिरधरदास (भारतेन्दु के पिता) की

रचनाओं में हिन्दी ग़ज़ल अपने रूप को ढलती हुई प्रतीत होती है। भारतेन्दु युग में उसका विधिवत विकास हुआ।"[2]

डॉ. भारत गौड़ भी हिन्दी ग़ज़ल का उद्भव भारतेन्दु से मानते हैं। उनके अनुसार, "हिन्दी ग़ज़ल की उत्पत्ति भारतेन्दु काल से मानी जा रही है। स्वयं भारतेन्दु ने बड़ी अच्छी ग़ज़लें लिखीं। इसके बाद, बदरी नारायण प्रेमघन, जयशंकर प्रसाद, लाला भगवान दीन, निराला आदि कवियों ने बड़ी अच्छी ग़ज़लें लिखी हैं।"[3]

ग़ज़लकार विजय कुमार के अनुसार, "अमीर ख़ुसरो को पहला हिन्दी ग़ज़लकार कहा जा सकता है।[4]

यही विचार डॉ. हनुमन्त नायडू के हैं। उनके अनुसार," अमीर ख़ुसरो (1255-1324) के जीवनकाल में हिन्दी ग़ज़ल का उद्भव हुआ।"[5]

ज़हीर क़ुरैशी भी अमीर ख़ुसरो को हिन्दी का पहला ग़ज़लकार मानते हैं, "तेरहवीं शताब्दी के पूर्वार्द्ध में, हज़रत अमीर ख़ुसरो को ही पहला हिन्दी ग़ज़लकार माना जा सकता है।"[6]

दिनेश शुक्ल जो स्वयं ग़ज़लकार हैं, अमीर ख़ुसरो को पहला हिन्दी ग़ज़लकार मानते हैं। यानी हिन्दी ग़ज़ल का उद्भव अमीर ख़ुसरो की ग़ज़लों से है। वो लिखते हैं, "खड़ी बोली हिन्दी के यदि अमीर ख़ुसरो (1255-1324) आदि कवि हैं तो हिन्दी की पहली ग़ज़ल अमीर ख़ुसरो ने लिखी थी, जिसका जन्म, उर्दू के जन्म से बहुत पहले हुआ था।" कुछ आलोचक हिन्दी ग़ज़ल का आरम्भ कबीर (1398-1518) से मानते हैं तो कुछ आलोचक खड़ी बोली हिन्दी काव्य के प्रवर्तक भारतेन्दु हरिश्चन्द्र (1850) को हिन्दी ग़ज़ल का उद्भव काल मानते हैं। हिन्दी खड़ी बोली के आदि कवि अमीर ख़ुसरो ने सर्वप्रथम पहली हिन्दी ग़ज़ल लिखी। उसके बाद लम्बी परम्परा है।"[7]

यानी, उर्दू ग़ज़ल से हिन्दी ग़ज़ल का जन्म पहले हुआ। यह बात गले नहीं उतरती। साफ़ ज़ाहिर है कि हिन्दी ग़ज़ल का अवतरण उर्दू ग़ज़ल से ही हुआ है। लेकिन कुछ हिन्दी ग़ज़ल के विद्वान और स्वयं ग़ज़लकार बाज़िद हैं कि अमीर ख़ुसरो को हिन्दी का पहला ग़ज़लकार माना जाये।

अमीर ख़ुसरो ज़हीन-तरीन, दानिशमन्द और प्रयोगधर्मी विद्वान थे। वो फ़ारसी के शायर थे। उनकी सूफ़ी रचनाएँ, अमर रचनाएँ हैं। उन्होंने 'हिन्दवी' (अथवा खड़ी बोली) में कुछ रचनाएँ लिखीं। उनका शेष दीवान 'गुर्रतुल क़माल' फ़ारसी में है। उनकी हिन्दवी में लिखी गयी एक ग़ज़ल यहाँ प्रस्तुत है–

जब यार देखा नैन भर दिल की गयी चिन्ता उतर
ऐसा नहीं कोई अजब, राखे उसे समझाये कर

जब आँख से ओझल भया तड़पन लगा मेरा जिया
हक्का इलाही, क्या किया आँसू चले भर लाये कर

तू तो हमारा यार है तुझ पर हमारा प्यार है
तुझ दोस्ती बिसियार है, इक शब मिलो तुम आये कर

जाना तलब तेरी करूँ दीग़र तलब किसकी करूँ
तेरी जो चिन्ता दिल धरूँ इक दिन मिलो तुम आये कर

तुमने जो मेरा मन लिया तुमने उठा ग़म को दिया
तुमने मुझे ऐसा किया, जैसे पतंगा आग पर

ख़ुसरो कहें बातें ग़ज़ब, दिल में न लावें कुछ अजब
क़ुदरत ख़ुदा की है अजब, जब दिल दिया गुल लाय कर

अमीर ख़ुसरो की यह ग़ज़ल महमूद शेरानी को तेरहवीं सदी हिजरी के आरम्भ में लिखी गयी एक पांडुलिपि से मिली।

अमीर ख़ुसरो की उपरोक्त ग़ज़ल हैरान करती है। क्या सचमुच उन दिनों ऐसी हिन्दवी या हिन्दी प्रचलन में थी? यह ग़ज़ल अपने समय की उत्कृष्ट ग़ज़ल है-भाव, नाद, भाषागत सौन्दर्य, लोच और मुहावरेदारी–सब अवयव अनुपम हैं।

ग़ौरतलब है कि अमीर ख़ुसरो ने अपनी हिन्दी अथवा हिन्दवी रचनाओं को अपने दीवान में शामिल नहीं किया था। अपने दीवान 'गुर्रतुल कमाल' के पेश लफ़्ज़ (भूमिका) में उन्होंने लिखा है कि वो अपनी हिन्दी रचनाएँ लिखकर बाँट दिया करते थे।

वह दौर फ़ारसी भाषा का दौर था! बादशाह की ज़बान न सिर्फ़ ताक़तवर थी, बल्कि विशेष महत्त्व का दर्जा भी रखती थी। वह दौर फ़ारसीयत का दौर था। अमीर ख़ुसरो का दीवान भी प्रकारान्तर में फ़ारसी ज़बान में प्रकाशित हुआ। सईद नफ़ीस ने 'दीवाने कामिल और अमीर ख़ुसरो' नाम से 1726 ई. में फ़ारसी ग़ज़लों को संकलित किया।

कहने का तात्पर्य यह है कि यदि अमीर ख़ुसरो हिन्दवी या हिन्दी के ग़ज़लकार होते तो उनके दीवान में हिन्दी ग़ज़लें न सिर्फ़ शामिल होतीं, बल्कि यहाँ से हिन्दी ग़ज़ल परम्परा का विकास भी होता दिखाई देता।

बहरहाल, अमीर ख़ुसरो की एक अन्य ग़ज़ल प्रस्तुत है। इस ग़ज़ल से अमीर ख़ुसरो की न सिर्फ़ प्रयोगधर्मिता का पता चलता है, बल्कि यह अहसास भी होता है कि ग़ज़ल सम्बन्धी नुकीली एकाग्रता के अलावा ग़ज़ल के प्रति निष्ठा, सलाहियत और तग़ज़्ज़ुल, उनमें प्रबल भावना के साथ मौजूद था। दो भाषाएँ, जो बिल्कुल भिन्न प्रवृत्ति की हैं–उनके मिलाप से ग़ज़ल लिखना–कितना जटिल रहा होगा–यह ग़ज़ल पढ़कर पता चलता है। यह एक संश्लिष्ट और जटिल और अमर रचना है। इस ग़ज़ल में एक मिसरा फ़ारसी ज़बान दूसरा हिन्दी का है। पूरी ग़ज़ल इस प्रकार है–

जे हाले मस्कीं, मकुन तग़ाफुल, दुराए नैना बनाये बतियाँ
के ताबे-हिज्रां, ना दारमें जां, न ले हू काहे लगाए छतियाँ

यकायक अज़दिल, दो चश्म-जादू बसद फ़रेबम बबुर्द तस्कीं
किसे पड़ी है के जा सुनावे, पियारे पी को हमारी बतियाँ

यूँ शमा सोज़ां, यूँ ज़र्रा हैरां, हमेशा गिरिया ओ ऐशो आमां
न नींद नैना, न अंग चैना न आप आवे न भेजे पतियाँ

शबाबे-हिज्रां, दराज़ यूँ ज़ुल्फ़ व रोज़-ए-व़स्लत यूँ उम्र कोताह
सखी पिया को जो मैं न देखूँ तो कैसे काटूं अंधेरी रतियाँ

ब-हक्के-रोज़े-विसाल दिलबर के दादे मारो फ़रेब 'ख़ुसरो'
समीप मन के दराए राखूँ जो जान पावूँ पिया की खतियाँ

हिन्दी और फ़ारसी के मिश्रण से अमीर ख़ुसरो की यह ग़ज़ल एक तवारीख़ी ग़ज़ल बन गयी। लेकिन इसे हिन्दी ग़ज़ल के उद्‌भव से देखना ग़ैरमुनासिब होगा।

डॉ. बहादुर मिश्र अपने लेख–'हिन्दी ग़ज़ल और आम आदमी' में लिखते हैं, "कुछ लोग इस परम्परा को अमीर ख़ुसरो (13वीं शताब्दी) से जोड़ते हैं, लेकिन सच तो यह है कि अमीर ख़ुसरो की ग़ज़लें हिन्दी में नहीं फ़ारसी में हैं।"[8]

प्रसिद्ध ग़ज़लकार और हिन्दी ग़ज़ल के आलोचक सुल्तान अहमद अपने लेख, "हिन्दी ग़ज़ल की रवायत–एक जिरह, में लिखते हैं–"हिन्दी ग़ज़ल की परम्परा बहुत लम्बी बताई जाती है। कहते हैं इसकी शुरुआत अमीर ख़ुसरो से हुई। मेरे ख़याल से यह मान्यता दुरुस्त नहीं। बहुत-बहुत तो उनकी डेढ़ ग़ज़लें दूरस्थ पहाड़ की ऊँची चोटियाँ कही जा सकती हैं। एक तो यह–जब यार देखा नैन भर। दिल की गयी चिन्ता उतर और आधी-हिन्दी ग़ज़ल उनके इस प्रसिद्ध दो-सुखने में है–जे

हाले-मस्कीं मकुन तग़ाफुल, दुराए नैना बनाये बतियाँ–में परम्परा या उद्भव–इसे नहीं कहते कि वह एक शिखर बनाकर, दो सौ साल तक आराम करे। फिर कबीर हों तो एक शिखर और बनायें।"[9]

बहरहाल, हिन्दी ग़ज़ल के कुछेक विद्वान आलोचक और ग़ज़लकार कबीर–1398-1518, को हिन्दी का पहला ग़ज़लकार मानते हैं। यानी हिन्दी ग़ज़ल का उद्भव और परम्परा कबीर से जोड़ते हैं। कबीर के साथ यह अन्याय ही है। कबीर क्रान्तिकारी सन्त कवि थे। उनकी वाणी में ओज था। अक्खड़पन और फक्कड़पन सन्त कवियों जैसा। भाषागत खुरदरापन उनकी रचनाओं को शक्ति देता था। और उन्हें कलावादी होने से बचाता था। ग़ज़ल का अपना रूप है। वह एक तरह से कलावादी विधा है। कबीर की फ़ितरत में नहीं था कि वे ग़ज़ल की नफ़ासत को बोझ की तरह ढोते। उन्होंने एक-दो ग़ज़लें फ़क़ीराना मौज-मस्ती में लिख डाली होंगी। उनकी एक ग़ज़ल के कुछ अश्आर–

हमन है इश्क़ मस्ताना हमन को होशियारी क्या
रहें आज़ाद या जग से हमन दुनिया से यारी क्या

जो बिछड़े हैं पियारे से, भटकते दर-ब-दर फिरते
हमारा यार है हममें, हमन को इन्तज़ारी क्या

खलक सब नाम अपने को बहुत कर सिर पटकता है
हमन गुरनाम साँचा है, हमन दुनिया से भारी क्या

न पल बिछुड़े पिया हमसे न हम बिछुड़े पियारे से
उन्हीं से नेह लागी है हमन को बेकरारी क्या

कबीरा इश्क़ का माता, दुई को दूर कर दिल से
जो चलना राह नाज़ुक है हमन सिर बोझ भारी क्या

उपर्युक्त ग़ज़ल में बेशक लय है, नाद है बल्कि मक़्ते में कबीर अपने नाम का उपयोग 'तख़ल्लुस' के रूप में करते हैं। इसके बावजूद, यह एक सन्त कवि की 'भक्ति रचना' है जो ग़ज़ल के रूप में है।

हमन है इश्क़ मस्ताना जिसे हिन्दी के ग़ज़लकार अपने साथ जोड़कर देखते हैं, कबीर की इसी ग़ज़ल को एम.ए. गनी ने अपनी पुस्तक 'हिस्ट्री ऑफ़ द पर्शियन लैंग्वेज एट अ मुग़ल कोर्ट' में उर्दू की पहली ग़ज़ल के रूप में स्वीकारा है।[10]

वास्तविकता यह है कि हिन्दी ग़ज़ल के विद्वान और ग़ज़लकार हर हाल में यह सिद्ध करना चाहते हैं कि हिन्दी ग़ज़ल का उद्भव, उर्दू ग़ज़ल से पहले हुआ। लेकिन ये सब हवाई बातें हैं। हिन्दी ग़ज़ल का उद्भव अमीर ख़ुसरो अथवा कबीर के कालखण्ड में होता तो पाँच सौ वर्षों का विकास क्रम स्पष्ट दिखाई देता, जिस प्रकार उर्दू ग़ज़ल का नज़र आता है। हिन्दी ग़ज़ल का उद्भव और विकास बहुत बाद का है।

हिन्दी ग़ज़ल बहुत बाद में भारतेन्दु, निराला, शमशेर बहादुर सिंह की ग़ज़लों से विकसित होती प्रतीत होती है। इनके अतिरिक्त, श्रीधर पाठक, हरिऔध, लाला भगवान दीन, गिरधर दास, श्रीधरदास ने भी ग़ज़लें लिखीं।

गिरधर दास (भारतेन्दु हरिचन्द्र के पिता) ने भी कुछ ग़ज़लें लिखीं। उनकी एक ग़ज़ल के कुछ शेर–

हो गया मुझसे ख़फ़ा वो याद अब आता नहीं
जब से सब बे-पीर आकर उसको बहकाने लगे

हम भी उस बे-पीर के आशिक़ हैं कहलाने लगे
आह! हम मजनूं-शुमारी में गिने जाने लगे

'दास गिरधर' तुम फ़क़त हिन्दी समझते ख़ूब-सी
किस तरह उर्दू के शायर में गिने जाने लगे।[11]

उस कालखण्ड में जो ग़ज़लें हिन्दी कवियों ने लिखीं वो उर्दू ग़ज़ल से प्रभावित होकर लिखीं। कहीं-कहीं ब्रज का भी प्रभाव दिखाई देता है। प्यारेलाल शोकी की ग़ज़ल के कुछ शेर प्रस्तुत हैं–

जिन प्रेम रस चाखा नहीं अमृत पिया तो क्या हुआ
जिन इश्क़ में सर न दिया सो जग जिया तो क्या हुआ

ताबीज और तूमार में सारी उमर जाया करी
सीखे मगर हीले घने मुल्ला हुआ तो क्या हुआ

जोगी न जंगम से बड़ा रंग लाल कपड़े पहन के
वाक़िफ़ नहीं इस हाल से कपड़ा रंगा तो क्या हुआ

जब इश्क़ के दरियाव में होता नहीं गरकाब तो
गंगा, बनारस, द्वारका पनघट फिरा तो क्या हुआ

मारम जगत को छोड़कर दिल तन से ते खिलवत पकड़
'शोकी पियारे लाल' बिन सबसे मिला तो क्या हुआ[12]

प्यारे लाल शोकी के समकालीन किशोरी लाल भी थे। उन्होंने भी उर्दू ग़ज़ल की रवायत का ध्यान रखते हुए ग़ज़लें लिखीं। उनकी ग़ज़ल के शेर–

अदा से देख लो दिलबर यही फ़स्ले-बहारी है
लगे दिल किस तरह अब तो निहायत बेकरारी है

ज़रा सूरत दिखाने में जो तुमको शर्म आती है
मुहब्बत इसको कहते हैं यही क्या शर्ते-यारी है

उमड़ता है जो दिल तो सिर झुका कर देख लेते हैं
'किशोरी लाल' के दिल पर खिंची तस्वीर प्यारी है[13]

हिन्दी के इन कवियों में एक बात समान रूप से मिलती है कि ग़ज़ल में केवल 'इश्क़' विषय केन्द्रित है। बद्रीनारायण चौधरी उपाध्याय प्रेमघन, गयाप्रसाद शुक्ल सनेही और स्वामी रामतीर्थ की ग़ज़लों में 'प्रेम' की विभिन्न भंगिमाएँ हैं लेकिन मुख्य कथ्य प्रेम में बेकरारी ही है।

बद्रीनारायण चौधरी उपाध्याय प्रेमघन की ग़ज़ल के कुछ शेर–

तेरे इश्क़ में हमने दिल को जलाया
क़सम सर की तेरे मज़ा कुछ न आया

नज़र ख़ार की शक्ल आते हैं सब गुल
इन आँखों में जबसे तू दिल में समाया

तुझे शेख़ जिसने बनाया है मोमिन
हमें भी है हिन्दू उसी ने बनाया

मचाया है मोरों ने क्या शोरो-महशर
पपीहों ने क्या पुर-ग़ज़ब रट लगाया[14]

प्रेमघन की उपर्युक्त ग़ज़ल उर्दू शायरी की रवायत से बेहद प्रभावित है बल्कि उर्दू ग़ज़ल का उस्तादाना रंग भी है। स्वामी रामतीर्थ की ग़ज़ल के कुछ शेर प्रस्तुत हैं–

जिन प्रेम रस चाख्या नहीं अमृत पिया तो क्या हुआ
जिन इश्क़ में रस न दिया जुग जुग जिया तो क्या हुआ

जब प्रेम के दरयाब में गरकाब यह होता नहीं
गंगा-जमुन गोदावरी नहला-फिरा तो क्या हुआ

प्रीतम से किंचित नेह नहीं, प्रीतम पुकारत दिन गया
मतलब न हासिल कुछ हुआ रो-रो मुवा तो क्या हुआ[15]

प्यारेलाल शोकी और स्वामी रामतीर्थ की ग़ज़लें एक ही ज़मीन और एक ही काफ़िया-रदीफ़ पर लिखी गयी हैं। कुछेक शेर में विषय भी टकराते हैं। प्यारेलाल शोकी कहते हैं–गंगा, बनारस, द्वारका पनघट फिरा तो क्या हुआ। स्वामी रामतीर्थ का मिसरा यूँ है–गंगा-जमुन गोदावरी नहला-फिरा तो क्या हुआ?

दोनों ग़ज़लों का भाव, कमोबेश एक जैसा है। ऐसा प्रतीत होता है दोनों ग़ज़लें एक ही 'तरह मिसरा' पर लिखी गयी हैं।

भारतेन्दु हरिश्चन्द्र (1850-1885) यक़ीनन आधुनिक युग के प्रवर्तक थे। उन्होंने नाटक लिखे। लेख लिखे। कविताएँ और ग़ज़लें लिखीं। ग़ज़लें वो हरिश्चन्द्र 'रसा' नाम से लिखते थे। उर्दू ग़ज़ल से न सिर्फ़ प्रभावित थे बल्कि अपने घर में मुशायरों का आयोजन भी करवाते थे। उनकी ग़ज़लगोई से स्पष्ट होता है कि वे उर्दू-फ़ारसी के भी ज्ञाता थे। सशक्त और लोच से भरी ग़ज़लें वही लिख सकता है, जिसके पास उर्दू-फ़ारसी भाषा का ज्ञान हो तथा शब्दों को इस्तेमाल करने का शऊर भी।

भारतेन्दु से पूर्व भी हिन्दी ग़ज़ल की बहुत धीमी आहटें सुनाई देती हैं। यहाँ वातावरण बनता तो है लेकिन कोई साफ़ तस्वीर सामने नहीं आती। यह भी तय है कि हिन्दी ग़ज़ल का यह धुँधला-सा वातावरण भी बिल्कुल समाप्त हो गया होता, यदि भारतेन्दु ने ग़ज़लें न लिखी होतीं। पूर्व में, कवियों ने देवनागरी लिपि में ग़ज़लें लिखीं और हल्का-सा वातावरण भी निर्मित किया। लेकिन भारतेन्दु अपनी ग़ज़लों से एक पर्यावरण-सा रचते प्रतीत होते हैं। रंग, तहज़ीब, लहजा, विषय और भाषा सब उर्दू ग़ज़ल का। लेकिन ग़ज़लें देवनागरी लिपि में।

उनकी ग़ज़लों से कुछ शेर–

आ गयी सर पे कज़ा लो सारा सामां रह गया
ऐ फ़लक, क्या-क्या हमारे दिल में अरमां रह गया

बागबां है चार दिन की बाग़े आलम में बहार
फूल सब मुरझा गये ख़ाली बियाबां रह गया

तथा

फसादे-दुनिया मिटा चुके हैं उसूले-हस्ती उठा चुके हैं
ख़ुदाई अपने में पा चुके हैं मुझे गले से लगा चुके हैं

भारतेन्दु हरिश्चन्द्र 'रसा' की ग़ज़लों के काव्यरूप से पूर्व पहले उनके अश्आर की रवानी को परखें। ऐसी रवानी जैसे शायरी का दरिया बह रहा हो। उनकी पूरी शायरी इसी स्तर की है–परिपक्व, मुक़म्मल, संगीतात्मक और गूँज पैदा करती हुई। दरहक़ीक़त, भारतेन्दु की ग़ज़लों में जो संगीत की गूँज है वहाँ, ख़ुद-ब-ख़ुद अर्थ की ध्वनियाँ भी ध्वनित होती हैं। उनकी एक अन्य ग़ज़ल के कुछ शेर–

बैठे जो शाम से तेरे दर पे सहर हुई
अफ़सोस ऐ कमर कि न मुतलक .खबर हुई

अरमाने-वस्ल यों ही रहा, सो गये नसीब
जब आँख खुल गयी तो यकायक सहर हुई

छानी कहाँ न .खाक, न पाया कहीं तुम्हें
मिट्टी मेरी .खराब अबस दर-ब-दर हुई

भारतेन्दु की ग़ज़लों में 'इश्क़' की अहम भूमिका है। यहाँ इश्क़ भी अपने संश्लिष्ट रूप में मौजूद है। इश्क़ की आँच, ग़ज़लों में नयी अनुभूतियों का सृजन करती है। यथा–

फिर आयी फ़स्ले-गुल फिर ज़ख़्मदह रह-रह के पकते हैं
मेरे दाग़े-जिगर पर सूरते-लाला दहकते हैं

उड़ा लाये हो ये तर्ज़े-सुखन किससे बताओ तो
दमे-तकदीर गोया बाग़ में बुलबुल चहकते हैं

दूसरे शेर का पहला मिसरा है–उड़ा लाये हो ये तर्ज़े-सुख़न किससे बताओ तो? जैसे भारतेन्दु अपने आप से प्रश्न कर रहे हों कि अभिव्यक्ति का यह लहजा और आदाब कहाँ से हासिल किया?

एक और मिसरा है–मेरे दाग़े-जिगर पर सूरते-लाला दहकते हैं। यानी, मेरे घाव महज़ घाव नहीं, वे भी किसी (लाला–लाल रंग के फूल) फूल की तरह दहकते हैं। तड़प को बयान करने का यह उच्च संस्कारित भाव, भारतेन्दु की ग़ज़लों में किसी शैली की तरह मौजूद है। यथा–

दश्त-पैमाई का गर कस्द मुकर्रर होगा
हर सरे-.खास-पए आबिला नश्तर होगा

यह शेर भाषा और भाव के स्तर पर उर्दू ग़ज़ल के किसी उस्ताद शायर के मेयार जैसा प्रतीत होता है। यही मेयार और भावना का आवेग, भारतेन्दु हरिश्चन्द्र की ग़ज़लों में गूँजता-सा प्रतीत होता है। ऐसा भी प्रतीत होता है कि जैसे भारतेन्दु, अपने समकालीन उर्दू शायरों को अहसास करा देना चाहते हों कि देवनागरी लिपि में भी, उर्दू ग़ज़ल की रवायत को बरकरार रखते हुए ग़ज़लें लिखी जा सकती हैं।

लेकिन एक अन्य ग़ज़ल में 'हिन्दीपन' है। यहाँ मुहावरा और शब्दावली 'हिन्दी ग़ज़ल' का सृजन करती प्रतीत होती है–

बंशी बजा के हमको बुलाना नहीं अच्छा
घर-बार को तो हमसे छुड़ाना नहीं अच्छा

मिल जायेंगे हम कुंज में मौक़ा जो मिलेगा
गलियों में हमारे सदा आना नहीं अच्छा

'हरिचन्द' तुम्हारे ही है हम सभी तरह से
यों अपने ग़ुलामों को सताना नहीं अच्छा

यक़ीनन यह ग़ज़ल हिन्दी ग़ज़ल के मिज़ाज से मेल खाती है, लेकिन विषयगत नवीनता नहीं है। वही प्रेमभाव!

उपरोर्युक्त ग़ज़ल में उन्होंने अपना 'नाम' मक़्ते में दर्ज किया है–'हरिचन्द। एक अन्य शेर में बड़ी कलात्मकता के साथ अपना पूरा नाम दर्ज करते हैं इसके लिए दो छोटी बहर के मिसरों में वे कैसे 'स्पेस' निर्मित करते हैं यह हैरान करनेवाली बात है–

ज़मीं है 'हरिचन्द' ग़ज़लें पढ़ो
'रसा' देखो कैसी है छाई घटा

एक अन्य शेर है। जिसका अर्थ कितना प्रबल है–

'रसा' की है तलाशे-यार में ये दश्ते-पैमाई
कि मिस्ले-शीशा मेरे पाँव के छाले झलकते हैं[6]

–मैं अपने यार (सतगुरु) की तलाश में इस कदर भटका हूँ कि मेरे पाँव के छाले शीशे की तरह चमकने लगे हैं।

एक गीत में वे कहते हैं–सखी हम बंसी क्यों न भये! तो ग़ज़ल में भी वो कृष्ण और राधा के अनूठे और उच्च संस्कारित प्रेम को व्यक्त करते हैं। यहाँ कृष्ण को केन्द्र में रखकर शेर है–

जहाँ देखो वहीं मौजूद मेरा कृष्ण प्यारा है
उसी का सब है जलवा जो जहाँ में आशकारा है[17]

बेशक, हिन्दी ग़ज़ल के लिए दुष्यन्त ने दर खोले। नया लहजा, मुहावरा, तीक्ष्णता और नयी, ताज़ादम भाषा भी दुष्यन्त अपनी ग़ज़लों में लेकर आये।

इसके बावजूद, भारतेन्दु 'रसा' और शमशेर बहादुर सिंह अपनी ग़ज़लगोई से, हिन्दी ग़ज़ल के लिए 'स्पेस' तैयार कर रहे थे।

हिन्दी ग़ज़ल के विकास की बात करें तो वह भारतेन्दु काल से आरम्भ हो जाता है। इन कवियों ने अपनी ग़ज़लों के ज़रिये प्रत्यक्ष और अप्रत्यक्ष, दोनों प्रकार से हिन्दी ग़ज़ल को प्रभावित किया है।

भारतेन्दु काल से हिन्दी ग़ज़ल धीरे-धीरे विकसित होती है। गोपाल लाल गुल की ग़ज़ल का एक शेर उदाहरण स्वरूप–

तजी सब लाज़ और गृहकाज उस ब्रजराज के कारण
अगर हो झूठ इसमें तो बबाजू की दुहाई है

ग़ज़ल का विषय बेशक साधारण है। किन्तु लाज, गृहकाज और ब्रजराज को एक मिसरे में पिरोकर ख़ूबसूरत संगीत पैदा किया गया है।

श्रीधर पाठक (1860-1922) ने भी कुछ रचनाएँ ग़ज़ल विधा में कही हैं–

कहीं ये स्वर्गीय कोई बाला सुमंजु वीणा बजा रही है
सुरों के संगीत की-सी कैसी सुरीली गुंजार आ रही है

कभी नहीं तान प्रेममय है कभी प्रकम्पन कभी विनय है
दया है दाक्षिण का उदय है, अनेकों बानक बना रही है[18]

पंडित अयोध्या सिंह उपाध्याय 'हरिऔध' (1865-1947) ने भी कुछेक ग़ज़लें लिखीं। इसी दौरान लाला भगवान 'दीन' भी हिन्दी भाषा में ग़ज़लें लिख रहे थे। उनकी ग़ज़ल के कुछ शेर–

तुमने पैरों में लगाई मेंहदी
मेरी आँखों में समाई मेंहदी

चुनरी से है सवाई मेंहदी
'दीन' को इस हेतु भाई मेंहदी[19]

उर्दू ग़ज़ल का आकर्षण ऐसा था कि हिन्दी कवि उससे प्रभावित होते रहे–चाहे भारतेन्दु युग हो, द्विवेदी युग हो अथवा छायावादी युग। छायावादी युग में निराला ने बहुत सारी ग़ज़लें लिखीं जो 'बेला' संग्रह में प्रकाशित हुईं। जयशंकर प्रसद और मैथिलीशरण गुप्त ने भी ग़ज़ल के शिल्प में रचनाएँ लिखीं। जयशंकर प्रसाद की ग़ज़ल के कुछ शेर प्रस्तुत हैं–

सरासर भूल करते हैं उन्हें जो प्यार करते हैं
बुराई कर रहे हैं और अस्वीकार करते हैं

उन्हें अवकाश ही रहता कहाँ है मुझसे मिलने का
किसी से पूछ लेते हैं यही उपकार करते हैं

'प्रसाद' उनको न भूलो तुम तुम्हारा जो भी प्रेमी है
न सज्जन छोड़ते उसको जिसे स्वीकार करते हैं[20]

जयशंकर 'प्रसाद' की इस ग़ज़ल में भी 'प्रेम' जैसा विषय केन्द्र में है। लेकिन एक अन्य बात ग़ौरतलब है, भारतेन्दु तथा उनके समकालीन कवियों की ग़ज़लों में जो उर्दू भाषा थी तथा इज़ाफ़तों का प्रयोग था–वह यहाँ तक आते-आते समाप्त हो चुका है।

नारायण प्रसाद 'बेताब' की ग़ज़ल के कुछ शेर–

बहुत हैरान हूँ भगवन तुम्हें कैसे रिझाऊँ मैं
कोई वस्तु नहीं ऐसी जिसे सेवा में लाऊँ मैं

करूँ किस तरह आवाहन कि तुम मौजूद हो हर जगह
निरादर है बुलाने को अगर घण्टी बजाऊँ मैं

लगाना भोग कुछ तुमको ये एक अपमान करना है
खिलाता है जो सब जग को उसे कैसे खिलाऊँ मैं

तुम्हारी ज्योति से रौशन हैं सूरज चाँद और तारे
महा अंधेर है तुमको अगर दीपक दिखाऊँ मैं

भुजायें हैं न गर्दन है न सीना है न पेशानी
कि हो निर्लेप नारायण कहाँ चन्दन लगाऊँ मैं[21]

नारायण प्रसाद 'बेताब' की इस हिन्दी ग़ज़ल में सबसे बड़ी विशेषता यह है

कि इसमें प्रेम का स्वरूप बदला हुआ है। यहाँ ईश्वर के प्रति आस्था, विश्वास और स्वयं को विनीत रूप में रखा गया है। काफ़िया-रदीफ़ का यहाँ अनुपम प्रयोग है। बहुत सशक्त ग़ज़ल में मक़्ता ज़्यादा अर्थवान हो उठा है। स्वयं कवि भी 'नारायण' है और जिसे सम्बोधित किया गया है वह भी (ईश्वर) नारायण!

'बेला' कविता-संग्रह में निराला की ग़ज़लें भी शामिल हैं। भूमिका में वे लिखते हैं, "नयी बात यह है कि अलग-अलग बहरों की ग़ज़लें भी हैं, जिनमें फ़ारसी के छन्द शास्त्र का निर्वाह किया गया है।" ग़ौरतलब है, ग़ज़ल लेखन को निराला 'नयी बात' मानते हैं। यह नयी बात है क्या? यह नयी बात, वस्तुतः हिन्दी ग़ज़ल की आमद है और हिन्दी ग़ज़ल का विकास भी। निराला जैसा कवि जब हिन्दी में ग़ज़लें लिखता है तो इस घटना को हिन्दी ग़ज़ल के विकास रूप में देखना चाहिए।

निराला उर्दू बहरों को ग़ज़ल के लिए उपयुक्त मानते हैं। उनकी ग़ज़लों के कुछ अश्आर इस दृष्टिकोण से भी प्रस्तुत हैं कि हिन्दी शब्दों का सहज प्रयोग ही उनकी दृष्टि में मान्य है। वे जानते थे कि हिन्दी ग़ज़ल का अर्थ बहुत ज़्यादा हिन्दी का होना नहीं है। उनकी ग़ज़लों में सादाबयानी और रवानी तथा सहजता के दर्शन होते हैं। यथा–

अगर तू डर के पीछे हट गया तो काम रहने दे
अगर बढ़ना है आगे और तो आराम रहने दे

बिगड़कर बनते और बनकर बिगड़ते एक युग बीता
परी और शाम रहने दे, शराब और जाम रहने दे

न पड़ जाये तो क्या परदा न गढ़ जाये तो क्या आँखें
धनी से वाम होने को धना का धान रहने दे

नज़ीरें क्या पुरानी दे रहा है फ़ैसला किसका
पुराने दाम रहने दे पुराने याम रहने दे[22]

निराला की उपर्युक्त ग़ज़ल में नया कथ्य है तथा निराला से पूर्व लिखी जा चुकी ग़ज़लों से यह ग़ज़ल भिन्न है।

डॉ. रामविलास शर्मा निराला की ग़ज़लों के विषय में लिखते हैं, "अनेक ग़ज़लों में उन्होंने रहस्यवाद का रूपक बाँधा है। लेकिन नयी ग़ज़लों में देश और समाज के बारे में भी बातें की गयी हैं।"

इसी बात की तस्दीक करते हुए निराला की कुछ ऐसी ग़ज़लों के अश्आर जिनमें 'रहस्यवाद का रूपक' तो है ही समाज भी है–

किनारा वो हमसे किए जा रहे हैं
दिखाने को दर्शन दिए जा रहे हैं

छिपी चोट की बात पूछी तो बोले
निराशा के डोरे सिए जा रहे हैं

ज़माने की रफ़्तार में कैसा तूफ़ां
मरे जा रहे हैं जिए जा रहे हैं[23]

ग़ौरतलब है, ग़ज़ल के प्रत्येक शेर में जो विषय का बदलाव होता रहता है, वह बदलाव निराला की ग़ज़लों में भी है। विषय न सिर्फ़ बदलते हैं, नये दृश्य भी उपस्थित करते हैं।

डॉ. रामविलास शर्मा के अनुसार, उनकी ग़ज़लों में कहीं-कहीं पुरानी कल्पनाएँ हैं कहीं-कहीं भौतिक सौन्दर्य का वर्णन है। गीतिका में अनेक छन्दों जैसी मांसलता है। देश की सुरबहार पर स्नेह की रागनी बजाना ऐसी ही कल्पना है। उन्होंने उर्दू भाषा का बोलचाल का रंग अपनाया है। इन ग़ज़लों को पढ़ते हुए लगता है जैसे कवि की नयी चेतना प्रकाश में आने के लिए रूढ़ियों से टकरा रही है। ग़ज़ल के कुछ शेर इसी सिलसिले में प्रस्तुत हैं–

भेद कुल खुल जाये वह सूरत हमारे दिल में है
देश को मिल जाये जो पूँजी तुम्हारी मिल में है

ताक पर है नमक-मिर्चा, लोग बिगड़ें या बनें
सीख क्या होगी पराई जब पिसाई सिल में है[24]

मतले में निराला पूँजीपतियों को चेतावनी-सी देते प्रतीत होते हैं। यानी, हिन्दी ग़ज़ल में प्रतिवाद के स्वर यहाँ से आरम्भ होते दिखाई देते हैं। इन दोनों अश्आर में, पूँजी का विरोध और दरिद्र के प्रति सहानुभूति का भाव है। यानी, हिन्दी ग़ज़ल में 'इश्क़' के विपरीत, विचार पक्ष का दख़ल निराला की ग़ज़लों से होता दिखाई देता है। बेशक, बहर के स्तर पर निराला की ग़ज़लों के अनेक शेर लड़खड़ा जाते हैं। निराला इसकी परवाह नहीं करते। वे अपनी 'बात' को शेर में 'ज़िद' के तहत व्यक्त करके रहते हैं। जैसे–

आँख के आँसू न शोले बन गये तो क्या हुआ
कान के अवसर न गोले बन गये तो क्या हुआ

नींद से जगकर बला की आफ़तों के सामने
जी से घबराए, न तोले बन गये तो क्या हुआ[25]

उपर्युक्त ग़ज़ल के दोनों अश्आर, निराला की निराली ग़ज़लियत का अहसास कराते हैं। निराला ग़ज़लों में नये काफ़ियों का ही सृजन नहीं करते बल्कि उनका प्रयोग भी चमत्कारिक रूप से करते हैं।

निराला की ग़ज़लों का अन्दाज़ बिल्कुल नया है जो भारतेन्दु कालखण्ड की रूमानी ग़ज़लों (बेशक उनमें रवायत है, क्लासकियत भी) को पीछे छोड़ता हुआ, नया लहजा अख़्तियार करता है। यहाँ कथ्य का ठोसपन है। समाज बिल्कुल सामने है। विचार अश्आर के भीतर जज़्ब है। निराला की ग़ज़लें, हिन्दी ग़ज़ल के लिए 'नयी ज़मीन' (एक ज़मीन भारतेन्दु की ग़ज़लें भी तैयार करती हैं) तैयार करती प्रतीत होती हैं।

यानी, दुष्यन्त से पूर्व, हिन्दी ग़ज़ल का विकास क्रम बहुत धीमी गति से ही सही, जारी रहता है।

दुष्यन्त से पूर्व, बलवीर सिंह रंग, त्रिलोचन और शमशेर बहादुर सिंह की ग़ज़लें हैं।

बलवीर सिंह 'रंग' ने बहुत सारी ग़ज़लें लिखीं। उनकी ग़ज़लों में लय, संगीतात्मकता और सुकोमल भाषा की भंगिमाएँ हैं। यथा–

पधारी चाँदनी है तुम कहाँ हो
तुम्हारी यामिनी है तुम कहाँ हो

तिरोहित हो रहा गतिरोध का तम
प्रगति अनुगामिनी है तुम कहाँ हो[26]

निराला जिस प्रेम विषय को तोड़ फोड़कर नया कथ्य रचने का प्रयास करते हैं, बलवीर सिंह फिर वहीं लौट जाते हैं। केवल रदीफ़ रह जाता है ग़ज़ल में–तुम कहाँ हो? बेशक, ग़ज़ल में भाषा का उत्कृष्ट रूप प्रस्तुत हुआ है। बलवीर सिंह रंग की ग़ज़लों के कुछ शेर–

तुमको मेरी ख़बर कहाँ होगी
मुझपे ऐसी नज़र कहाँ होगी

रात काटी तेरे ख़यालों में
अब न जाने सहर कहाँ होगी

तथा

आजकल गंगा किनारे आ गया हूँ
आवरण मिथ्या उतारे आ गया हूँ[27]

बलवीर सिंह रंग 'की अधिकांश ग़ज़लें इसी रंग की हैं नाद पैदा करती हुई लेकिन वैचारिक दृष्टि से दुर्बल!

एक तरफ बलवीर सिंह रंग की ग़ज़लें तो दूसरी तरफ़ हंसराज 'रहबर'। 'रहबर' की ग़ज़लों में वैचारिकता के अतिरिक्त, संघर्ष तथा क्रान्तिकारिता की प्रबल भावना भी शिद्दत से व्यक्त हुई है, यथा–

अहले-जुनूं की रस्म निभाने को जी करे
मक़्तल में दौड़-दौड़ के जाने को जी करे

दीपक की धुन में छेड़िए इक रागनी नयी
जो बुझ गये चराग़ जलाने को जी करे

क्या बलवले हैं दिल में हमारे न पूछिए
है सामने पहाड़ हटाने को जी करे[28]

हंसराज 'रहबर' की एक अन्य ग़ज़ल के कुछ शेर प्रस्तुत हैं–

तलाश करते हैं उसको जो हमनवा-सा था
हमें है याद वो चेहरा भला-भला-सा था

वो कौन आग थी कि जिसने कहर ढाया है
तमाम शहर में हर शख़्स दिलजला-सा था

तुम्हारी बात का रहबर असर न हो क्योंकर
हरेक लफ़्ज़ तुम्हारा ख़रा-ख़रा-सा था[29]

निराला के समकालीन जानकी वल्लभ शास्त्री ने भी अनेक ग़ज़लें लिखीं। 'सुनो कौन नग़्मा' काव्य-संग्रह में उनकी ग़ज़लें भी संगृहीत हैं। उनकी एक ग़ज़ल के कुछ शेर–

क्या बताऊँ आज तो मैं धूल हूँ उस राह की
पैर रखने की किसी ने भी न जिसने चाह की

महमहाते हैं चमन, खिलते सुमन, जलते दिये
क्या पपीहे ने वहाँ दुखते गले से आह की

बाँह पकड़ूँ पेड़ की मैं धूप-छाओं में छिपूँ
आसमां ही मेहरबां, मंज़िल यही गुमराह की[30]

जानकी वल्लभ शास्त्री की यह रचना हर दृष्टि से सशक्त ग़ज़ल है। वे बिल्कुल नये और जटिल काफ़ियों का बड़ी सलाहियत से प्रयोग करते हैं और शेर चमक उठते हैं। पूरी ग़ज़ल में उदासी की तान है, वह गूँजती हुई-सी महसूस होती है।

लेकिन जानकी वल्लभ शास्त्री की ग़ज़लों ने हिन्दी ग़ज़ल विधा को प्रभावित नहीं किया। बेशक, ये ग़ज़लें हिन्दी ग़ज़ल के विकास को गति देती हैं।

राम अवातर त्यागी भी उस दौर में ग़ज़लें लिख रहे थे और हिन्दी ग़ज़ल की ज़मीन तैयार कर रहे थे। उनकी ग़ज़लों में मानवीय संवेदना, जीवन लय, उदासी के अतिरिक्त, स्मृतियों की भी अपनी जगह है–

वही टूटा हुआ दरपन बराबर याद आता है
उदासी और आँसू का स्वयंवर याद आता है

कभी जब जगमगाते दीप गंगा पर टहलते हैं
किसी सुकुमार सपने का मुक़द्दर याद आता है

महल से जब सवालों के सही उत्तर नहीं मिलते
मुझे वो गाँव का भीगा हुआ घर याद आता है

कभी जब साफ़ नीयत आदमी की बात चलती है
वही 'त्यागी' बड़ा बदनाम अक्सर याद आता है[31]

राम अवतार त्यागी की ग़ज़लों में सामाजिक सरोकार किसी विषय की तरह ग़ज़लों में ध्वनित होते हैं।

त्रिलोचन ऐसे विरल कवि हैं, जिन्होंने सानेट लिखे, कविताएँ लिखीं और ग़ज़लें भी लिखीं। उनके अनुसार, "हिन्दी में, उर्दू ग़ज़ल के असर से ही ग़ज़ल लिखना शुरू हुआ।" उनके ये विचार तार्किक प्रतीत होते हैं। लेकिन वो आगे कहते हैं, "जयशंकर प्रसाद को हिन्दी का पहला ग़ज़लकार मानना ठीक होगा।"[32]

जयशंकर प्रसाद हिन्दी का पहला ग़ज़लकार! अकेले त्रिलोचन ही हैं जो जयशंकर प्रसाद को हिन्दी का पहला ग़ज़लकार मानते हैं। जयशंकर प्रसाद ने कुछ ग़ज़लें स्वतन्त्र रूप से तथा कुछ ग़ज़लें नाटकों में लिखी हैं। एक प्रकार से वो गीत ही हैं जो ग़ज़ल के शिल्प में हैं।

बहरहाल, त्रिलोचन ने अपने कविता संग्रह 'गुलाब और बुलबुल' (जो 1956 के आसपास प्रकाशित हुआ) में ग़ज़लें भी संगृहीत की हैं। उनकी ग़ज़लों में शिल्पगत उत्कृष्टता है। उनकी ग़ज़लों में सादगी, खरापन के अतिरिक्त, कविता का और गीत मिज़ाज भी शामिल है। यथा–

अँधेरी रात है मैं हूँ अकेला दीप जलता है
हवा जग-जग के सोती है पथिक अब कौन चलता है

तुम्हारी बात सोची और अपनी बात भी सोची
इन्हीं दो बिन्दुओं के बीच जीवन की विकलता है[33]

'त्रिलोचन' भाव आते हैं तो फिर रोके नहीं रुकते
कभी झरने को देखा है जो अपनी चाल चलता है

त्रिलोचन शास्त्री की यह स्तरीय ग़ज़ल है। जब वो कहते हैं–इन्हीं दो बिन्दुओं के बीच जीवन की विकलता है तो वो उस द्वन्द्व की मार्मिक अभिव्यक्ति करते हैं जो सम्बन्धों के बीच होती है। वस्तुतः द्वन्द्व जीवन में सदैव रहते ही हैं और त्रिलोचन, कहीं न कहीं उस ओर भी संकेत करते प्रतीत होते हैं।

त्रिलोचन को ग़ज़ल छन्द की गहरी परख है। वो भाषा का इस्तेमाल करना भी जानते हैं। वो कहते भी हैं, "उर्दू ग़ज़ल में जो भाषा आती है, वह बोलचाल का लहजा पकड़ती है, जिससे कविता में (यानी ग़ज़ल में) जीवन तत्त्व आ जाता है।"[34]

कवि त्रिलोचन की ग़ज़लें इसी बोलचाल की भाषा में हैं। एक अन्य ग़ज़ल के कुछ शेर–

ये दिल क्या है देखा दिखाया हुआ है
मगर दर्द कितना समाया हुआ है

मेरा दुख सुना, चुप रहे फिर वो बोले
कि ये राग पहले से गाया हुआ है

'त्रिलोचन' सुनाओ हमें गान अपने
जहाँ दर्द जी का समाया हुआ है।[35]

रामनिहाल गुंजन के अनुसार, "दरअसल, ग़ज़लों में जो उनकी आपबीती का सिलसिला चलता है, वो त्रिलोचन की वास्तविक ज़िन्दगी की ही सूचना देता है। चूँकि त्रिलोचन अपनी ग़ज़लों के ज़रिये, एक नये स्वर अर्थात व्यंग्य का परिचय देते हैं इसलिए उनकी काव्यात्मक ऊर्जा में इसे एक प्रकार का विकास ही माना जायेगा।"[36]

त्रिलोचन शास्त्री की ग़ज़ल के कुछ शेर–

चाहता हूँ मैं मनुज के ताप को कुछ हर सकूँ
शून्यता उसके हृदय की हो सके तो भर सकूँ

विश्व नश्वर है तो जीवन की कहाँ फिर ख़ैर है
चार दिन पहले सही कल्याण करते मर सकूँ

चाहता हूँ मैं त्रिलोचन न्याय के पथ पर रहूँ
न्याय को धारण करूँ फिर न्याय ही से डर सकूँ[37]

पूरी ग़ज़ल में एक कवि की मानवतावादी चाहत है। इस चाहत में 'मैं' पात्र केन्द्र में है लेकिन उसमें अपना कोई स्वार्थ नहीं। परहित है। वो चाहता है कि मनुष्य के दुख, ताप-सन्ताप को कम कर सके। पूरी ग़ज़ल में यह 'चाहत' ग़ज़ल के भाव को उच्चता प्रदान करती है। यह ग़ज़ल गीत से प्रभावित प्रतीत होती है।

उनकी अन्य ग़ज़ल के कुछ शेर–

वैसे सुनने में एक भाषा है
अर्थ का भेद अच्छा ख़ासा है

सूर्य उग आया है त्रिलोचन देख!
कुछ ही क्षण और यह कुहासा है[38]

सम्भवा पत्रिका के कवितांक में, त्रिलोचन के शब्द प्रयोग पर नरेन्द्र पुंडरीक लिखते हैं, "पुराने से पुराना चला हुआ शब्द, जो पूर्ववर्ती कवियों द्वारा इतना चलाया जा चुका होता है कि उनके समकालीन कवि उसे अनचला करार देते हैं। त्रिलोचन के रागात्मक शब्द प्रयोग से वह शब्द फिर चलन में आ जाता है।"[39]

बिल्कुल यही बात उनकी ग़ज़लों के शब्द प्रयोग में महसूस होती है। कुछ शेर–

बीतते जाते हैं दिन जी को कुछ आराम नहीं
क्या करूं क्या न करूं मन का कोई काम नहीं

तथा

'त्रिलोचन' तुम ग़ज़ल में ख़ूब आये बात बन आयी
नये जीवन का स्वर अब गान का स्वर होता जाता है[40]

त्रिलोचन शास्त्री की ग़ज़लों में सन्तुलित किस्म का आवेग है। भाव की क्षमता और शब्द की शक्ति से त्रिलोचन ख़ूब परिचित हैं। वो वातावरण के सृजन के लिए मिसरों में लोच पैदा करते हैं। त्रिलोचन की बहुत-सी ग़ज़लों में उर्दू काव्य परम्परा के तत्त्व, प्रेम, वेदना, अजनबीयत, उपेक्षा, प्रतीक्षा, ऊब, वितृष्णा तथा मृत्युबोध आदि मिल जाते हैं। त्रिलोचन हिन्दी ग़ज़ल को गतिशील तो बनाते चलते हैं लेकिन दुष्यन्त जैसी न हलचल पैदा कर पाते हैं न नया मुहावरा लहजा और मिज़ाज! दुष्यन्त जिस दुस्साहस के साथ हिन्दी ग़ज़ल में प्रवेश करते हैं और अपने समूचे समय को बाज़िद होकर व्यक्त करते हैं, उस तरह का आवेग त्रिलोचन शास्त्री की ग़ज़लों में दिखायी नहीं देता।

रामनिहाल गुंजन के अनुसार, "ग़ज़ल के क्षेत्र में की गयी कोशिश को बहुत कामयाब न मानने के बावजूद, इतना तो कहना ज़रूरी है कि त्रिलोचन ने इसमें महारत हासिल करने के उद्देश्य से नहीं, बल्कि ज़माने की रफ़्तार को देखते हुए इस दिशा में महज़ एक रचनात्मक पहल की।"

त्रिलोचन की ग़ज़लों की चर्चा अक्सर हिन्दी ग़ज़लों की परम्परा की शुरुआत के साक्ष्य के रूप में की जाती है। इसमें सन्देह नहीं है। इसके बावजूद, त्रिलोचन की ग़ज़लें, निराला, शमशेर तथा दुष्यन्त की ग़ज़लों के बरअक्स ही रखकर देखी जा सकती हैं क्योंकि ये सभी एक ही जातीय परम्परा के लेखक/कवि हैं।

कवि शमशेर बहादुर सिंह की ग़ज़लगोई

शमशेर बहादुर सिंह (1911-1993) ठेठ उर्दू मुहावरे में ग़ज़लें कहते रहे। इसके बावजूद, उनकी ग़ज़लों ने हिन्दी ग़ज़ल को प्रभावित भी किया।

बेशक, वे दुष्यन्त जैसा प्रभाव नहीं छोड़ते, लेकिन हिन्दी ग़ज़ल के माहौल को माकूल बनाने में उनकी ग़ज़लें सार्थक हस्तक्षेप पैदा करती हैं।

डॉ. विश्वनाथ त्रिपाठी शमशेर की ग़ज़लों के विषय में लिखते हैं, "शमशेर उर्दू में बाज़ाब्ता ग़ज़ल कहते थे। उनके समकालीन किसी अन्य हिन्दी कवि में, उर्दू भाषा साहित्य का ऐसा समृद्ध संस्कार नहीं था। यह दूसरी बात है कि उर्दू साहित्य में शमशेर को शायर के रूप में लगभग नहीं जाना जाता। शमशेर जब उर्दू में रचना करते हैं, तब अधूरा वाक्य नहीं लिखते। व्याकरण, छन्द, परम्परा आदि में सतर्कता बरतते हैं।"[41]

शमशेर की ग़ज़लों की उर्दू में अनभिज्ञता, हिन्दी ग़ज़ल परम्परा और उसके विकास के दर खोलती है। उनका लबोलहजा बेशक उर्दू ज़बान का हो, लेकिन ग़ज़लें वे हिन्दी साहित्य के लिए ही हैं।

शमशेर बहादुर सिंह अपनी ग़ज़लों में एक दुनिया तामीर करते हैं। वो दुनिया, शमशेर की शमशेरियत है। यहाँ चुप की तान है। उदासी का स्वर है और प्रेम की प्रबल भावनाएँ हैं। उर्दू ग़ज़ल की जो बेतकल्लुफ़ी, बेबाकी, बेखुदी, मस्ती, रौनक, कशिश, उदासी और हिज्र की तान होती है, शमशेर की ग़ज़लों में भी है।

शमशेर से पहले हिन्दी में अनेक कवि ग़ज़लें लिख चुके थे–भारतेन्दु, गिरिधर दास, प्रताप नारायण मिश्र, श्रीधर पाठक, भगवान दीन, हरिऔध, मैथिलीशरण गुप्त और जयशंकर प्रसाद इत्यादि। लेकिन शमशेर ही ऐसे ग़ज़लकार हैं, जिनकी ग़ज़लें बहसतलब हैं।

आख़िर क्या वजह है कि दुष्यन्त, शमशेर की ग़ज़लों से प्रभावित होते हैं। ग़ौरतलब है, दोनों मूलतः कवि थे। दोनों कविता से 'शिफ्ट' होकर, ग़ज़ल के क्षेत्र में आये। शमशेर उर्दू के रवायती शायरों से (मीर, ग़ालिब, इक़बाल, सौदा, फ़ैज़ और फ़िराक़) प्रभावित थे और दुष्यन्त! जिन्होंने आधुनिक भावबोध की ग़ज़लें लिखीं, वो शमशेर की रवायती ग़ज़लों से प्रभावित थे। इसका बड़ा कारण यह है कि शमशेर की ग़ज़लों में ख़ास तरह का सम्मोहन है, संगीतात्मकता है। यह संगीतात्मकता न निराला की ग़ज़लों में है न त्रिलोचन की ग़ज़लों में। दरअसल, ग़ज़ल में 'क्लासकियत' पैदा करना मामूली बात नहीं। यह लहजा और फ़न वही शायर पैदा कर सकता है जो रवायती शायरी के सौन्दर्य को तथा उर्दू ज़बान की आन्तरिकता को समझता हो। शमशेर जानते थे। मसलन–

अपनी ही क़द्रे-ख़ुदी की पुरतकल्लुफ़ लज़्ज़तें
आप क्या लेते हैं मुझसे और क्या देता हूँ मैं

आरज़ुओं की बियाबानी है, और ख़ामोशियाँ
ज़िन्दगी को क्यों सबाते नक़्शे-पा देता हूँ मैं

तथा

इश्क़ की शायरी है ख़ाक, हुस्न का ज़िक्र है मज़ाक़
दर्द में ग़र चमक नहीं, रूह में ग़र जिला नहीं

रवायती शायरी का तिलिस्म इस बात में है कि वो नाद पैदा करती है। उदास करती है। लेकिन उदासी इतनी अपनी-सी महसूस होती है कि रूह को तस्कीन हासिल होती है। शमशेर की ग़ज़लों की विशेषता यह है कि वो शब्दों से तथा अर्थ की गूँज से प्रभावित करती है। बड़ी बात यह है कि शमशेर हिन्दी-उर्दू में फ़र्क़ नहीं करते। वो कहते भी हैं–हमारी ही हिन्दी, हमारी ही उर्दू।

शमशेर ने 1935 से 1977 तक जो ग़ज़लें लिखीं वो परिपक्व और संजीदा शायर की संश्लिष्ट और गूढ़ ग़ज़लें हैं। ग़ज़लें उन्होंने बाद में भी कुछ समय तक लिखीं, लेकिन तब उनके ग़ज़ल के प्रति रुझान कम होते नज़र आते हैं। उनकी एक ग़ज़ल (जो उन्होंने 1941 में लिखी) के कुछ शेर ग़ौरतलब और कवियों को किस संवेदना से याद करते हैं–

नवाए असग़रो-इक़बाल पर फ़िदा था दिल
नया था दर्द मेरा शायराना मस्ताना

सुना है मैंने निराला हैं सरमदी-आहंग
कलामे-पन्त अजब राहिबराना मस्ताना

सुने हैं दर्द भरे गीत मैंने बच्चन के
सुना है मैंने 'सुमन' का तराना मस्ताना

सुनी है मैंने तड़पती हुई नरेन्द्र की नज़्म
विसालो-हुस्न का रंगी फ़साना मस्ताना

(यहाँ असग़रो-इक़बाल का अर्थ है–असगर गोंडवी तथा डॉ. मुहम्मद इक़बाल। सुमन शिवमंगल सिंह सुमन, नरेन्द्र यानी नरेन्द्र शर्मा।)

शमशेर की शायरी इश्क़ जैसे विषय को त्याग कर 'तलाश' तथा अन्य जीवन के अहम मसलों से टकराती है। 'तलाश' तत्त्व में उनकी बेचैनी भी ध्वनित होती है। जब वो कहते हैं–वही उम्र का एक पल कोई लाये? तो प्रश्न उठता है-कौन-सी उम्र का पल? और किस लिए? इसमें रहस्य है। ऐसा भी प्रतीत होता है शमशेर स्मृतियों की रचना इस ग़ज़ल में बड़ी आन्तरिकता से करते हैं–

वही उम्र का एक पल कोई लाये
तड़पती हुई-सी ग़ज़ल कोई लाये

हक़ीक़त को लाये तख़ैयुल से बाहर
मेरी मुश्किलों का जो हल कोई लाये

कहीं सर्द ख़ूं में तड़पती है बिजली
ज़माने का रद्दोबदल कोई लाये
नज़र तेरी दस्तूरे-फ़िरदौस लायी
मेरी ज़िन्दगी में अमल कोई लाये।[42]

शमशेर की ग़ज़लों में जो विशिष्ट तत्त्व है वो है विनम्रता का भाव। उपमा, रूपक, प्रतीक, उनकी ग़ज़लों में बहुत कम है। लेकिन भाषाई लोच, नाद, कथ्यगत गहराई और काफ़ियों में शेर की तथा अर्थ की गूँज! यही तो शमशेर की शमशेरियत है।

शमशेर की ग़ज़लों पर भोला भाई पटेल कहते हैं, "शमेशर में सबसे बड़ी बात यह थी कि वो स्वरूप को explore करना चाहते थे, exploit नहीं। वो कई ग़ज़लें लिख सकते थे पर नहीं लिखीं।"[43]

शमशेर की शायरी में संकेत भी हैं सवाल भी। एक और विशेषता है–सन्नाटे को तोड़ने की ज़िद! उनकी शायरी में, दुख के बावजूद, एक चहल-पहल-सी है। वो कहते भी हैं–

मैं कई बार मिट चुका हूँगा
वरना इस ज़िन्दगी में इतनी धूम!

यहाँ अर्थ की सत्ता ग़ौरतलब है। मिट जाने का अपना सौन्दर्य है। और वो सौन्दर्य यहाँ है।

शमशेर एक जगह कहते हैं–बहुत नाम है एक शमशेर भी है। यहाँ महानता का ग़रूर नहीं बल्कि शमशेर अपनी साधारण-सी उपस्थिति दर्ज कराते हैं। यही विनम्रता का भाव शमशेर की ग़ज़लों की पहचान है। एक अन्य स्थान पर वो कहते हैं–

आप भी किस हवा में हैं शमशेर!
आप और शेर का ये कारोबार!!

शमशेर ख़ुद अपनी ग़ज़लों के विषय में कहते हैं–

"ग़ज़ल कहना मेरे लिए बहुत मुश्किल है। मैं सहसा यूँ ही ग़ज़लें कहने की सोच ही नहीं सकता।"

ऐसा प्रतीत होता है जैसे ग़ज़ल के फार्म ने पहले उन्हें आकर्षित किया हो और बाद में वही संकट बन गया हो। उन्होंने उदित पत्रिका में ग़ज़ल विधा की

जटिलताओं पर अपने विचार भी व्यक्त किये हैं, "मैं मानता हूँ कि अव्वल तो हमें अपने इमकान भर ऐसी कविता (यानी ग़ज़ल) से आमतौर पर बचना चाहिए, क्योंकि सब कुछ होते हुए भी आख़िर तो एक उलझनवाली चीज़ ही ठहरती है यह...यानी ग़ज़ल!"[44]

बहरहाल, शमशेर की ग़ज़लें वाचाल नहीं, उनमें मौन का संगीत भी है और विनम्रता भी। यथा–

क्या वसवसा है पाके भी तुझको यक़ीं नहीं
मैं हूँ जहाँ वहाँ भी तो आख़िर नहीं हूँ मैं

उपस्थिति के बावजूद अनुपस्थिति। यह फ़लसफ़ा उर्दू के महान शायरों की शायरी में कई रूप-रंग लेकर आया है। ग़ालिब कहते हैं–'हम वहाँ है जहाँ से हमको भी कोई अपनी ख़बर नहीं आती।' यह होने या न होने का द्वन्द्व दो बड़े अदीबों की रचनाओं में मौजूद है, लेकिन भिन्न रूप से।

उनके कुछ और शेर–

वो इक बात जो ज़िन्दगी बन गयी है
वो तुम भूल जाओ तो हम भूल जायें

तथा

यह सलामी दोस्तों को है मगर
मुट्ठियाँ तनती हैं दुश्मन के लिए।

'सुकून की तलाश' शमशेर का ग़ज़ल संग्रह है और इन ग़ज़लों में यक़ीनी तौर से शमशेर सुकून की तलाश करते प्रतीत होते हैं।

दुष्यन्त और शमशेर की ग़ज़लगोई में बड़ा फ़र्क़ यह है कि शमशेर वापिस कविता जगत की ओर लौट जाते हैं लेकिन दुष्यन्त हिन्दी ग़ज़ल में अपनी भरपूर रचनात्मकता के साथ प्रविष्ट होते हैं और हिन्दी ग़ज़ल के विकास पुरुष बन जाते हैं।

दुष्यन्त-हिन्दी ग़ज़ल के परम्परा पुरुष

दुष्यन्त की ग़ज़लों में आम आदमी की संघर्ष-गाथा, सपनों का टूटना-जुड़ना, निराशा, संशय, उन्मीदें और दुख की छायाएँ, नये सपनों के बनने और टूटने की अनुगूँज शामिल है। कुल मिलाकर देखें तो एक हिन्दुस्तान–मुक़म्मल हिन्दुस्तान, दुष्यन्त की ग़ज़लों में धड़कता हुआ महसूस होता है।

वो हिन्दुस्तान, अनायास दुष्यन्त को मिलता है किसी नुमाइश में। और उसका लिबास? चीथड़े! बिल्कुल यहीं दुष्यन्त, विडम्बनाओं को, वेदना में उतारने का समर्थ्य दिखाते हुए शेर कहते हैं और वह शेर, भारतीय आत्मा के बीच से निकलकर, न ख़त्म हो जानेवाला शेर हो जाता है। शेर इतना चाक्षुष कि पूरा हिन्दुस्तान, शेर के भीतर खड़ा दिखाई देता है–

कल नुमाइश में मिला था चीथड़े कपड़ों में वो
मैंने पूछा नाम तो बोला कि हिन्दुस्तान है

दुष्यन्त की ग़ज़लों की यह बड़ी विशेषता है कि अश्आर एक पाठ में समाप्त नहीं होते। या यूँ कहें कि दुष्यन्त की ग़ज़लों के शेर इतने शक्तिशाली और गहरा प्रभाव पैदा करनेवाले होते हैं कि वो कभी समाप्त नहीं होते। वो चेतना में उतर जाते हैं। आम आदमी को न सिर्फ़ सचेत करते हैं बल्कि उसकी साधारण अवस्था और कमज़ोर आवाज़ का अहसास भी कराते हैं–

मसलेहत आमेज़ होते हैं सियासत के क़दम
तू नहीं समझेगा इसको, तू अभी इन्सान है

यहाँ दुष्यन्त, राजनीति की कुटिलता पर तंज़-सा करते हैं। यह तन्ज़ किसी फ़िकरेबाज़ी में नहीं बदलता तो इसलिए कि विसंगति, किसी घनीभूत छाया की तरह इस शेर में मौजूद है। 'तू अभी इन्सान है' यहाँ जो मुहावरा बनता दिखाई देता है,

इसमें व्यंजना है। इसमें दुख भी शामिल है। तन्त्र का रवैया बेहद अमानवीय है। यही फ़िक्रज़दा अहसास इस शेर की कन्द्रा में है। काफ़िया ग़ौरतलब है 'इन्सान'। दुष्यन्त की ग़ज़लों का गहराई से अध्ययन करें तो पता चलता है कि वो अपनी हर ग़ज़ल में शब्दों के 'बरताव' के प्रति तो सतर्क रहते ही थे, काफ़िया को अधिक अर्थवान बनाने की भी चिन्ता उनमें मौजूद रहती थी।

प्रत्येक बड़े शायर को पता होता है कि शेर की जड़ कहाँ हैं? ज़ाहिर है, जड़ काफ़ियों में होती है। रदीफ़ तो शेर को संगीतात्मक और लोच पैदा करने में मददगार होता है। लेकिन काफ़िया! काफ़िया शेर में साँस की तरह मौजूद रहता है। कुछ शेर–

कहाँ तो तय था चरागां हरेक घर के लिए
कहाँ चराग़ मयस्सर नहीं शहर के लिए

यहाँ दरख़्तों के साये में धूप लगती है
चलो, यहाँ से चलें और उम्रभर के लिए

जियें तो अपने बग़ीचे में गुलमोहर के तले
मरें तो ग़ैर की गलियों में गुलमोहर के लिए

प्रत्येक शेर में एक कथ्य है जिसमें पूरे समाज और कालखण्ड की वेदना उभरकर आती है। तीनों अश्आर को देखें। यहाँ शब्दों को कितने सलीके से प्रयोग किया गया है। कोई शब्द व्यर्थ नहीं और हर शब्द की अपनी अहमियत है। एक और बात! यहाँ भाषा का मिज़ाज नया है। दुष्यन्त हिन्दी-उर्दू के मेल-मिलाप से ग़ज़ल की नयी भाषा का सृजन करते प्रतीत होते हैं–वह है हिन्दुस्तानी ज़बान! वो जानते हैं उनकी ग़ज़लें इसी भाषा में व्यक्त हो सकती हैं। वो जिस नये तेवर के साथ अपनी ग़ज़लें लिख रहे थे उसके लिए लिजलिजी, रूमानी भाषा के विपरीत एक ऐसी कौंध पैदा करती और चकमक पत्थरों की टकराहट से गूँज पैदा करती भाषा की दरकार थी। दुष्यन्त ने न केवल उस भाषा का सृजन किया बल्कि यह भी अहसास कराया कि अच्छी ग़ज़लों के लिए, अच्छे शब्द और अच्छी भाषा की भी ज़रूरत रहती है।

दुष्यन्त गुलमोहर शब्द का प्रयोग करते हैं। गुलमोहर शब्द नहीं रहता। प्रतीक बन जाता है। व्यवस्था के ठस्सपन का प्रतिवाद एक वृक्ष के ज़रिये। गुलमोहर प्रतिबद्धता का भी प्रतीक है। एक गुलमोहर कई सारे अर्थ खोलता है।

ग़ज़ल लेखन से पूर्व दुष्यन्त एक सुपरिचित कवि और नाटककार भी थे। उन्होंने एक उपन्यास भी लिखा। लेकिन वो किसी ऐसे माध्यम की तलाश में थे,

जिसके ज़रिये वो समाज से संवाद कर सकें। कविता के ज़रिये वो ऐसा नहीं कर पा रहे थे। ग़ज़ल उन्हें एक माकूल माध्यम प्रतीत हुआ। इस विधा में वो इतने सफल रहे कि हिन्दी ग़ज़ल की परम्परा के रूप में स्थापित हुए। उन्होंने ग़ज़ल को अभिव्यक्ति का माध्यम ज़रूर बनाया, लेकिन अपने समय के रुझान, समस्याएँ, तकाज़े, संघर्ष, बेचैनीभरे वातावरण को महसूस करते हुए, ग़ज़ल की शैली, भाषा, मुहावरे में अच्छी-ख़ासी रद्दोबदल की। बल्कि ज़रूरी तोड़फोड़ भी की। प्रत्येक बड़ा कवि, अपनी रचनाओं में अपने समय को न केवल जीता है, बल्कि, उस कालखण्ड को अपनी रचनाओं में इस शिद्दत और बारीकी के साथ व्यक्त करता है कि रचना सर्वकालिक हो जाती है।

दुष्यन्त की ग़ज़लों का 'थॉट' बिल्कुल नया और चकित करनेवाला है। इन ग़ज़लों में अपने समय की चेतना के अतिरिक्त अनुभवों की सुदीर्घ यात्रा भी है। वो जब कहते हैं–

तू किसी रेल-सी गुज़रती है
मैं किसी पुल-सा थरथराता हूँ

तो इस शेर में बिम्ब उभरता है। बिम्ब एक ऐसे दृश्य की रचना करता है जो इतना सजीव है कि शेर जब भी पढ़ा जाता है रेल-सी गुज़रती हुई नज़र आती है। पुल थरथराता महसूस होता है। मैं और तुम के बीच सम्बन्धों की यह नयी संरचना है।

दुष्यन्त की ग़ज़लें पढ़ते हुए ऐसा भी लगता है जैसे वो अपने समकालीन कवि धूमिल और मुक्तिबोध की रचनात्मकता के बीच कोई नयी शैली विकसित कर रहे हों, एक ऐसी शैली जिसमें आम मनुष्य की तड़प हो, जिसे दो मिसरों में व्यक्त किया जा सके तथा तन्त्र के छल का प्रतिवादी तीक्ष्ण स्वर भी हो। दुष्यन्त ऐसी शैली का न सिर्फ़ सृजन करते हैं बल्कि ऐसी शैली में अमर अश्आर को अभिव्यक्ति भी देते हैं। कुछ शेर–

सिर्फ़ हंगामा खड़ा करना मेरा मक़सद नहीं
मेरी कोशिश है कोई सूरत बदलनी चाहिए[45]

तथा

भूख है तो सब्र कर रोटी नहीं तो क्या हुआ
आजकल दिल्ली में है ज़ेरे-बहस ये मुद्दआ,

दुष्यन्त के कुछ शेर बेहद तीक्ष्ण चुभन पैदा करते हैं। ये राजनीतिक शेर हैं। इनमें सियासत की निस्संगता का भाव है तो आम मनुष्य की वेदना का घनत्व भी।

दुष्यन्त की इस आक्रामक शैली ने हिन्दी कविता को ही नहीं, उर्दू जदीद शायरों को भी हैरान कर दिया। वहाँ ऐसी न तीक्ष्णता थी न बेबाकी। राजनीति पर शेर कहना नज़्म में तो स्वीकार्य था, ग़ज़ल में किसी ऐब की तरह था। दुष्यन्त ने यह बड़ा काम किया। ग़ज़ल के मिज़ाज में रहते हुए, नयी ग़ज़ल शैली और नयी भंगिमा पैदा की। दुष्यन्त महज़ प्रयोगधर्मी ही नहीं, दुस्साहसी ग़ज़लकार भी थे।

उनकी ग़ज़लों के कुछ शेर–

यहाँ तो सिर्फ़ गूँगे और बहरे लोग बसते हैं
ख़ुदा जाने यहाँ पर किस तरह जलसा हुआ होगा

तथा

वो मुतमइन हैं कि पत्थर पिघल नहीं सकता
मैं बेकरार हूँ आवाज़ में असर के लिए

तथा

जिस तरह चाहो बजा लो इस सभा में
हम नहीं हैं आदमी, हम झुनझुने हैं

तथा

ये सारा जिस्म झुककर बोझ से दुहरा गया होगा
मैं सजदे में नहीं था, आपको धोखा हुआ होगा

दुष्यन्त की ग़ज़लों का ऐसा रचनाकाल था जिसमें आधुनिकताबोध और प्रगतिशीलता–सबसे बड़े अहम मुद्‌दे थे। हिन्दी कविता में शमशेर थे, श्रीकान्त वर्मा थे, धूमिल और मुक्तिबोध थे, सर्वेश्वरदयाल सक्सेना थे, और नरेश मेहता तथा धर्मवीर भारती थे। उर्दू ग़ज़ल में नासिर काज़मी, ज़फ़र इक़बाल, मुनीर नियाज़ी और शाज़ तमक़नत तथा इब्ने इंशा जैसे जदीदियत के पैरोकार तथा प्रतिष्ठा हासिल कर चुके शायर थे तो कुछ बाद में ख़लीलुर्रहमान आज़मी, शह्‌रयार, बानी मनचन्दा, कुमार पाशी जैसे नयी शायरी के ऐसे शायर थे जो ग़ज़लों में बिल्कुल नयी बात पैदा कर रहे थे, बिल्कुल ऐसे, कविता और ग़ज़ल के चुनौतीपूर्ण समय में, दुष्यन्त के लिए अपनी ज़मीन की तलाश कितना मुश्किल कार्य रहा होगा। दुष्यन्त बेशक, इन

सब शायरों और कवियों से प्रभावित रहे हो। इसलिए भी कि साठ-सत्तर का दशक, जदीद ग़ज़ल का सबसे महत्त्वपूर्ण (और हंगामखेज़) दौर था।

लेकिन दुष्यन्त ने ऐसे चुनौतीपूर्ण समय में जो ग़ज़लें लिखीं, वो तमाम ग़ज़लें, उर्दू की जदीद ग़ज़ल के प्रभाव से न सिर्फ़ मुक्त दिखाई देती हैं बल्कि ऐसा माहौल रचती हैं कि दुष्यन्त की अपार मौलिकता दुष्यन्त की ग़ज़लों का समय हो जाती है। और यही ग़ज़ल समय, परम्परा में तबदील हो जाता है।

उपर्युक्त शेर जिनमें शानदार उर्दू शब्दावली है लेकिन कथ्य दुष्यन्त की वैचारिकता और नुकीली एकाग्रता से छनकर आया है। दुष्यन्त अपने कथ्य को बर्जिस्ता अल्फ़ाज़ (परिपक्व और शक्तिशाली शब्द) के ज़रिये जो शेरीयत पैदा करते हैं, वही शेरीयत, हिन्दी ग़ज़ल की 'पाठशाला' बन जाती है।

हिन्दी ग़ज़ल लिखनेवाले बाद के ग़ज़लकार, भारतेन्दु और शमशेर, निराला तथा त्रिलोचन की ग़ज़लें पढ़ते ज़रूर हैं, वह ग़ज़लगोई अच्छी भी लगती है। लेकिन जो ग़ज़लें दिलो-दिमाग़ पर असर करती हैं, वो दुष्यन्त की ग़ज़लें ही होती हैं।

दुष्यन्त ने बड़ा काम यह किया कि उन्होंने हिन्दी भाषा में, ग़ज़ल विधा की नयी खोज की। ग़ज़ल पहले भी थी लेकिन ऐसी गूँजती हुई ललकार, ग़ज़लों में पहले नहीं सुनी गयी थी। उस समय के (और हमारे वक़्तों के) अदीब/आलोचक/विद्वान और ग़ज़लकार हतप्रभ थे कि ग़ज़ल इतनी ठोस ज़मीन पर और इतनी लोच भरी!

दुष्यन्त की ग़ज़लों में इतनी रवानी है कि मिसरे दरिया के आवेग की तरह बहते हुए और अपना गहरा असर छोड़ते हुए प्रतीत होते हैं। दुष्यन्त ने ठोस और आक्रामक ग़ज़लों में भी लय पैदा की।

दुष्यन्त ने नाटक भी लिखे। उस अनुभव को भी उन्होंने अपनी ग़ज़लों में बड़ी ज़िम्मेदारी और सफलता से आज़माया। उनकी ग़ज़लों के शेर क़ाफ़िया-रदीफ़ तक आते-आते, एक नाटकीय प्रभाव भी छोड़ते हैं ओर शेर सुननेवाला श्रोता (या पाठक) बेसाख़्ता चौंक-सा जाता है जब वो कहते हैं–मैं सजदे में नहीं था आपको धोखा हुआ होगा–एक गहरा तंज़ पैदा करते हैं नाटकीयता के साथ। जो बात बहुत सादगी से व्यक्त की गयी है, वो बात, दरहक़ीक़त मारक क्षमताएँ रखती है। दुष्यन्त की ग़ज़लों का यही मुहावरा है–बेचैनी के भीतर करुणा! मसलन यह शेर–कहाँ तो था चराग़ां हर एक घर के लिए। कहाँ चराग़ मयस्सर नहीं शहर के लिए। यह महज़ शहर का सूरते-हाल नहीं, यह देश का चित्र है। उस कालखण्ड की मार्मिक अभिव्यक्ति जब देश आपातकाल के प्रतिकूल समय से गुज़र रहा था। दो मिसरों में पूरे मुल्क की

पीड़ा को अभिव्यक्ति देता हुआ शेर-आज भी जड़ हो चुके तन्त्र के बअरक्स किसी सवाल की तरह आ खड़ा होता है।

उर्दू के तरक़्क़ीपसन्द शायर मख़्दूम मोहिउद्दीन और दुष्यन्त की सोच एक शेर में बिल्कुल एक हो जाती है। दोनों अपने अनुभवों और अपने-अपने मुहावरे से शेर कहते हैं। दोनों का अन्दाज़े-बयां भी भिन्न होता है लेकिन विचार की कौंध, लगभग एक जैसी–

हयात लेके चलो कायनात लेके चलो
चलो तो सारे ज़माने को साथ लेके चलो[46]

मख़्दूम

मेरे सीने में नहीं तो तेरे सीने में सही
हो कहीं भी आग लेकिन आग जलनी चाहिए

दुष्यन्त

उपर्युक्त शेर कहनेवाले दुष्यन्त पूँजीपतियों पर किस तरह से तंज़ करते हैं। कालीन और कीचड़ का विरोधाभास ग़ज़ल के शेर को अर्थ की सत्ता सौंपते हुए सुर्ख़रू होता है। यहाँ, दो मिसरे, 'वर्गभेद' की तहरीर बनकर उभरते हैं–

आपके कालीन देखेंगे किसी दिन
इस समय तो पाँव कीचड़ में सने हैं

अगर मीर और ग़ालिब का अन्दाज़े-बयां, मीर को 'मीर' और ग़ालिब को 'ग़ालिब' बनाता है तो दुष्यन्त का अन्दाज़े-बयां भी इतना मौलिक, विचित्र, आधुनिक और नुकीला है कि इन ग़ज़लों पर लिखते हुए अधिक सतर्क रहना पड़ता है। इस नये और अद्भुत ग़ज़ल के अन्दाज़े-बयां ने हिन्दी-उर्दू ग़ज़ल के विद्वानों को भी हैरत में डाल दिया है।

दुष्यन्त कहते भी हैं, "सिर्फ़ पोशाक या शैली बदलने के लिए मैंने ग़ज़लें नहीं लिखीं, इसके कई कारण हैं, जिसमें सबसे मुख्य कि मैंने अपनी तकलीफ़ को, जिससे सीना फटने लगता है, ज़्यादा से ज़्यादा सच्चाई और समग्रता के साथ, ज़्यादा से ज़्यादा लोगों तक पहुँचाने के लिए ग़ज़ल कही है।"

वो आगे लिखते हैं, "मेरी दिक़्क़त यह थी कि मैं उर्दू जानता नहीं और हिन्दी में मुझे वह चुहल, वह मुहावरा, और बोलचाल का वह बहाव नहीं मिला जिसके सहारे ग़ज़लें लिखी जाती हैं। मगर यही अज्ञानता मेरे लिए शक्ति बन गयी। क्योंकि मुझे

लगा कि आम आदमी एक मिली-जुली ज़बान बोलता है। इसलिए मैंने उस भाषा की तलाश की जो हिन्दी को हिन्दी उर्दू को उर्दू दिखाई दे।'[47]

दुष्यन्त का आत्मकथ्य, हमारे नये समय के ग़ज़लकारों के लिए किसी महत्त्वपूर्ण 'नोट' की तरह साबित हुआ कि हिन्दी ग़ज़ल की भाषा कैसी होनी चाहिए? दुष्यन्त के परवर्ती ग़ज़लकारों ने उसी भाषा का प्रयोग अपनी ग़ज़लों में किया, भाषा की पैरवी दुष्यन्त अपने आत्मकथ्य में करते प्रतीत होते हैं। कुछेक ग़ज़लकारों ने शुद्धतावादी दृष्टिकोण अपनाते हुए शुद्ध हिन्दी में ग़ज़लें लिखने की कोशिश की, लेकिन वहाँ हिन्दी तो दिखाई दी, ग़ज़ल अदृश्य हो गयी।

बेशक दुष्यन्त के बाद यथार्थ में परिवर्तन आया है और दुष्यन्त परवर्ती ग़ज़लकार उस यथार्थ को व्यक्त करने में प्रयासरत हैं।

दुष्यन्त ने हिन्दी ग़ज़ल को जो विकास रूप दिया (और वो स्वयं हिन्दी ग़ज़ल के परम्परा पुरुष बन गये) उनके बाद के ग़ज़लकार इस विधा को और अधिक विकसित कर रहे हैं।

दुष्यन्त ने हिन्दी ग़ज़ल में ज़रूरी हस्तक्षेप पैदा किया। सबसे बड़ी बात यह हुई कि दुष्यन्त के पूर्व यह संशय बना रहा कि हिन्दी ग़ज़ल कैसे लिखी जाये–दुष्यन्त ने उस संशय को समाप्त कर दिया। दुष्यन्त ने हिन्दी ग़ज़ल में एक ज़मीन (और विश्वसनीय राह) तैयार करके दी जिससे विकसित होती ग़ज़ल को विस्तार भी मिला। दुष्यन्त ने ग़ज़ल को विकसित किया। "कथ्य के स्तर पर इनमें मौजूदा हालात की बात की गयी है जो दृश्य सामने है और वह जो सामने होना चाहिए" (दुष्यन्त) बाद के ग़ज़लकारों ने दुष्यन्त के दिखाये रास्ते पर चलकर हिन्दी ग़ज़ल को और अधिक विकसित किया और कथ्य, भाषा, यथार्थ, भाव, विचार के स्तर पर उसे अधिक विस्तार भी दिया।

दुष्यन्त के बाद हिन्दी ग़ज़ल ने कैसा विस्तार पाया, ग़ज़लकारों के कुछ अश्आर के ज़रिये, इस बात की पुष्टि होती है–

आप कहते हैं सरापा गुलमुहर है ज़िन्दगी
हम ग़रीबों की नज़र में इक कहर है ज़िन्दगी

अदम गोंडवी

शेर समकालीन कविता-से न बातूनी सही
फिर भी कह जाते हैं गहरी बात संकेतों के बीच

ज़हीर कुरैशी

लड़ाई हार भी जाऊँ मगर संघर्ष बोलेगा
मेरी ग़ज़लों में गूँगा देश भारतवर्ष बोलेगा

विनय मिश्र

मुसाफ़िरों के मुकद्दर में राहतें कैसी
किसी भी मोड़ पे मंज़िल की चाह मत करना

माधव कौशिक

बहस लुटेरों की हरकतों पे छिड़ी हुई हैं न जाने कब से
लुटे घरों को ये फ़िक्र है अब बहस का कुछ फैसला भी आये

सुल्तान अहमद

हाथ में अंजली, आँखों में लहू, चेहरे पे ख़ौफ़
इक मसीहा कल चरागाहों में खंज़र ले गया

चन्द्र त्रिखा

न बोलो सच ज़ियादा 'नूर' वरना लोग देखेंगे
तुम्हारी जान जोखिम में तुम्हारा नाम ख़तरे में

नूर मुहम्मद 'नूर'

मिट्टी के घर में इक कोना चिड़ियों का भी होता था
अब पत्थर के घर से आबोदाना छूटा चिड़ियों का

कमलेश भट्ट कमल

हवा का शोर जगाकर चला गया उसको
अभी-अभी वो बड़ी मुश्किलों से सोयी थी

हरजीत सिंह

हर लम्हा ज़िन्दगी के पसीने से तंग हूँ
मैं भी किसी कमीज़ के कॉलर का रंग हूँ

सूर्यभानु गुप्त

बहुत स्पष्ट है, दुष्यन्त ने हिन्दी ग़ज़ल के लिए जिस भाषा का सृजन किया और मानवीय संवेदना से भरपूर कथ्य को चुना, दुष्यन्त के बाद, ग़ज़लकारों ने उस भाषा को तथा मुहावरे को न सिर्फ़ ग़ज़लों में प्रयोग किया, बल्कि विस्तार भी दिया।

यह नया समय हिन्दी ग़ज़ल के विस्तार का समय है।

हिन्दी के अनेक युवा तथा वरिष्ठ ग़ज़लकार हिन्दी ग़ज़ल को अपनी रचनात्मक ऊर्जा और अनुभवशीलता से निरन्तर परिपक्व कर रहे हैं। यह समय हिन्दी ग़ज़ल

के विकास और विस्तार का समय है। पूर्व में भारतेन्दु, शमशेर, निराला, त्रिलोचन शास्त्री, राम अवतार त्यागी, हंसराज रहबर, तथा सबसे भिन्न, सचेत और सर्वथा मौलिक अभिव्यक्ति से हिन्दी ग़ज़ल में हस्तक्षेप पैदा करनेवाले दुष्यन्त ने ग़ज़ल को जो विकासशील बनाया उसे दुष्यन्तोत्तर ग़ज़लकारों ने निरन्तर विस्तार दिया है। यथा–अदम गोंडवी, हरजीत सिंह, हनुमन्त नायडू, भवानी शंकर, शलभ श्रीराम सिंह, नार्वी, कुलदीप सलिल, माधव कौशिक, सुल्तान अहमद, नूर मुहम्मद 'नूर', विजय वाते, सूर्यभानु गुप्त, हस्तीमल हस्ती, हृदयेश मयंक, बल्लीसिंह चीमा, देवेन्द्र आर्य, विनय मिश्र, विनय कुमार, नवरतन पांडे, विपिन सुनेजा शायक, विकास शर्मा राज, स्वप्निल तिवारी आतिश, तुफ़ैल चतुर्वेदी, सौरभ शेखर, सलीम अख़्तर, योगेन्द्र दत्त शर्मा, अतुल अजनबी, प्रेम किरण, गौतम राजरिशी, चन्द्र त्रिखा, ज़हीर क़ुरैशी, हरेराम समीप, विज्ञान व्रत, राम मेश्राम, विनीता गुप्ता, इन्दु श्रीवास्तव, हरिओम, नरेन्द्र, कुमार शिव, सुरेन्द्र चतुर्वेदी, विजय किशोर मानव, किशन स्वरूप, लाज पुष्प, रोशन लाल रोशन, मनोज अबोध, इरशाद खान, बालस्वरुप राही, रामदरश मिश्र, ओम निश्चल, सिकन्दर, चाँद शेरी, अनिरुद्ध सिन्हा ध्रुव गुप्त, एहतराम इस्लाम, राजेश रेड्डी, केशव शरण, वर्षा सिंह, प्रभा दीक्षित, श्रद्धा जैन, कुमार विनोद, राजेन्द्र तिवारी, विकास, महेश जोशी, प्रवीण नाकाम, नवनीत शर्मा, कमलेश भट्ट कमल, रामकुमार कृषक, महेश अश्क, वशिष्ट अनूप, महेन्द्र अग्रवाल, सुरेन्द्र सिंघल, नरेश शांडिल्य, शशिकान्त, शेरजंग गर्ग, ओम प्रभाकर आदि अनेक हिन्दी भाषी ग़ज़लकारों ने न केवल अभिव्यक्ति के स्तर पर नये प्रयोग किये हैं बल्कि हिन्दी ग़ज़ल को निरन्तर गतिशील बनाकर, विस्तार भी दिया है।

सन्दर्भ सूची

1. हिन्दी ग़ज़ल– ग़ज़लकारों की नज़र में सम्पादक सरदार मुजावर
2. वही
3. वही
4. वही
5. वही
6. वही
7. वही
8. तर्जनी पत्रिका–सम्पादक छन्दराज अंक एक

9. वर्तमान साहित्य शताब्दी कविता विशेषांक (मई 2000)
10. हिस्ट्री ऑफ़ दि पर्शियन लैंग्वेज एट अ मुग़ल कोर्ट (कबीर–1398 से 1518)
11. सापेक्ष ग़ज़ल विशेषांक (अंक 32)–सम्पादक महावीर प्रसाद अग्रवाल
12. वही
13. वही
14. वही
15. वही
16. भारतेन्दु हरिश्चन्द्र 'रसा' की ग़ज़लों के शेर उनके संग्रह से
17. वही
18. वही
19. वही
20. वही
21. वही
22. बेला कविता संग्रह–कवि सूर्यकान्त त्रिपाठी निराला की ग़ज़लें
23. वही
24. वही
25. वही
26. हिन्दी के ग़ज़लकार–सं. शेरजंग गर्ग, किताबघर, नयी दिल्ली
27. वही
28. अथ पत्रिका–सं ललित कार्तिकेय (अंक-1986)
29. वही
30. सुने कौन नग़मा–कविता-संग्रह से ग़ज़लें, कवि-जानकीवल्लभ शास्त्री
31. हिन्दी के ग़ज़लकार, सम्पादक शेरजंग गर्ग किताबघर, नयी दिल्ली
32. हिन्दी ग़ज़ल–ग़ज़लकारों की नज़र में, सं. सरदार मुजावर
33. गुलाब और बुलबुल–कवि त्रिलोचन (1956 में प्रकाशित) संग्रह से ग़ज़लें
34. वही
35. वही
36. सार्थक पत्रिका ग़ज़ल विशेषांक–सम्पादक शिवशंकर मिश्र (करडू)
37. गुलाब और बुलबुल–कविता-संग्रह कवि त्रिलोचन
38. वही
39. सम्भवा पत्रिका कविता विशेषांक–कवि त्रिलोचन पर लेख–लेखक नरेन्द्र पुंडरीक
40. गुलाब और बुलबुल–कविता-संग्रह, कवि त्रिलोचन
41. सापेक्ष–सं. महावीर प्रसाद अग्रवाल (शमशेर विशेषांक)

42. शमशेर बहादुर सिंह की ग़ज़लें तथा शेर उनके ग़ज़ल संग्रह सुकून की तलाश ग़ज़ल संग्रह, वाणी प्रकाशन
43. सापेक्ष–सं. महावीर प्रसाद अग्रवाल (शमशेर विशेषांक)
44. उदित पत्रिका (प्रथम अंक)
45. साये में धूप–दुष्यन्त कुमार, राजकमल प्रकाशन
46. साये में धूप दुष्यन्त कुमार, का आत्मकथ्य
47. सरमाया-शायर मख़्दूम मोहिउद्दीन, वाणी प्रकाशन, नयी दिल्ली

ग़ज़ल का शिल्प

ग़ज़ल विधा सबसे पहले जिस तत्त्व से अपना आकार ग्रहण करती है, उसे बहर कहते हैं बहर यानी छन्द। बहर यानी शेर का पैमाना। बहर यानी सन्तुलन। यानी, ग़ज़ल का अनुशासन।

पूरी ग़ज़ल में बहर का ही नहीं, एक निश्चित बहर का होना लाज़मी होता है। बहरें छोटी या बड़ी, मुश्किल और आसान, सभी तरह की होती हैं।

नासिर काज़मी उर्दू के प्रसिद्ध और जदीद (आधुनिक) शायरी के अहम शायर ने अपने जीवन के अन्तिम दिनों में, 'पहली बारिश' शीर्षक से छोटी बहर की चौबीस ग़ज़लें लिखीं और वे ग़ज़लें, छोटी बहर की ग़ज़लों का स्कूल बन गयीं।

इसी प्रकार तवील (लम्बी) बहरों में भी अनेक प्रयोग होते रहे हैं। तवील बहर की ग़ज़ल का शेर उदाहरण-स्वरूप प्रस्तुत है–

तुम्हें चोरी करने का तजरुबा अभी कम है कोई पकड़ न ले
मेरे घर की गीली ज़मीन है न निशान पाँव के छोड़ना

(अज्ञात)

ग़ज़ल के तमाम शेर एक ही बहर में होते हैं। जिस बहर को ग़ज़लकार, ग़ज़ल कहने के लिए चुनता है उसका निर्वाह भी करता है। एक ही बहर में शेर, कहना और उस बहर के वज़न (मात्राएँ) इत्यादि बारीक बातों का ध्यान करना भी अनिवार्य होता है। बहर में रहकर भी यदि शब्दों का प्रयोग सही ढंग से न हुआ तो शेर बहर में नहीं रहेगा और वो बे-बहर हो जायेगा। बे-बहर शेर का ग़ज़ल में कोई स्थान नहीं होता। बे-बहर शेर लिखना, ग़ज़ल की शास्त्रीय दृष्टि से, किसी 'अपराध' से कम नहीं होता।

यह भी ज़रूरी है कि एक ही, चुनी गयी बहर में ग़ज़ल के सभी शेर लिखे जायें। ऐसा नहीं कि एक शेर बहरे हजब में हो दूसरा बहरे–कामिल में, इससे ग़ज़ल का अनुशासन नष्ट होगा। लय भंग होगी।

ग़ौरतलब है कि ग़ज़ल अनुशासन केन्द्रित विधा है। वो बहर चुनने, बहर में मिसरे (पंक्तियों) के होने, शब्दों के चयन और काफ़िया-रदीफ़ तक, हर क़दम पर नुकीली एकाग्रता और अनुशासन की माँग करती है।

ग़ज़ल का शिल्प सैकड़ों वर्षों से चला आ रहा है। यही शिल्प ही ग़ज़ल है। यही शिल्प ही ग़ज़ल का सौन्दर्य है और यही शिल्प ग़ज़ल की सीमा भी है। सीमा, यानी शायर/ग़ज़लकार कई बार अपना सम्पूर्ण कथ्य या विचार, एक निश्चित बहर के दो मिसरों (पंक्तियों) में व्यक्त नहीं कर पाते। जो व्यक्त होता है, बेशक, प्रबल भावना के साथ होता है। लेकिन कहीं कुछ छूट भी जाता है। रवायती शायरी के दौर में जब 'इश्क़' मुख्य विषय था, तब अभिव्यक्ति की इतनी जटिलताएँ नहीं थीं, या कम थीं। अब, जब ग़ज़ल के सम्मुख पूरा समाज अपनी तमाम विसंगतियों और विडम्बनाओं के साथ खड़ा होता है, दो मिसरों में किसी विसंगत को अथवा किसी विडम्बना को सम्पूर्ण रूप से व्यक्त कर पाना कई बार कठिन भी प्रतीत होता है।

ग़ज़ल के कड़े अनुशासन और शिल्पगत जटिलता का विरोध करते हुए उर्दू के कुछ शायरों ने आज़ाद ग़ज़लें लिखने का प्रयास किया। लेकिन यह प्रयोग पूरी तरह से असफल रहा। और चार सौ, पाँच सौ वर्षों का शिल्प बरकरार रहा। उसे तोड़ना सम्भव नहीं हुआ। यही वजह है कि ग़ज़ल में शिल्पगत परिवर्तन बहुत कम हुए। जो परिवर्तन हुए, वो शैलीगत ही हुए।

यानी, ग़ज़ल का सारा चमत्कार अन्दाज़े-बयां में व्यक्त होने लगा।

ग़ज़ल का शिल्प बेशक बहुत जटिल है। लेकिन यही जटिलता ही बहुत बड़ा आकर्षण भी है। ग़ज़ल बेशक, दो मिसरों की आसान-सी विधा प्रतीत होती है, लेकिन अनुभवी ग़ज़लकार जानते हैं कि ग़ज़ल की दिखायी देनेवाली सरलता एक छल की तरह है। ग़ज़ल की तह में जो ग़ज़लकार जितना अधिक उतरता है, उसका ग़ज़ल सम्बन्धी जटिलताओं से साक्षात्कार, उतना अधिक होता है। सम्भवतः इसलिए कवि शमशेर बहादुर सिंह, ग़ज़लें लिखते-लिखते, वापिस कविता की तरफ़ लौट गये।

ग़ज़ल कितनी बड़ी हो, इस बात को लेकर कोई पैमाना नहीं बना। इसमें कम से कम पाँच और अधिक से अधिक इक्कीस शेर होते हैं। पहले ऐसा ही हुआ करता था। लेकिन बहुत सारी नयी बातें भी ग़ज़ल में प्रतिष्ठत होती चली गयी हैं। इधर किसी शायर ने ग्यारह सौ अश्आर की ग़ज़ल लिखी है तो हिन्दी के एक ग़ज़लकार ने इक्कीस सौ शेर की ग़ज़ल तहरीर की है। इक्कीस सौ अश्आर की ग़ज़ल, ग़ज़ल

होगी या खण्ड काव्य–इस प्रश्न का उठना स्वाभाविक है। लेकिन प्रायः पाँच-सात नौ या ग्यारह अश्आर की ग़ज़लें प्रकाशित होती रही हैं।

शास्त्रीयता और संरचना की दृष्टि से ग़ज़ल का अर्थ है–शेरों का ऐसा मजमुआ या संग्रह जिसमें मतला हो, मक़्ता हो, काफ़िया रदीफ़ हो और एक निश्चित बहर भी हो जिसमें शेर अभिव्यक्त किये जायें।

'मतला'

ग़ज़ल के पहले शेर को मतला कहते हैं। मतला का अर्थ है 'उदय'! यानी ग़ज़ल का उदय।

ग़ज़ल में कई बार दो मतले भी होते हैं। तब दूसरे मतले को मतला-ए-सानी (यानी दूसरा मतला) कहा जाता है। इसे हुस्न-ए-मतला भी कहते हैं।

ग़ौरतलब है, मतले में दोनों पंक्तियों की तुक समान रहती है।

ज़रूरी नहीं कि ग़ज़ल शुरू करते हुए, मतला सबसे पहले लिखा जाये। कई बार मतला सबसे पहले शायर/ ग़ज़लकार के ज़ेहन में कौंधता है और बाक़ी ग़ज़ल बाद में होती रहती है। लेकिन इसके एकदम विपरीत भी होता है। ग़ज़ल के शेर हो जाते हैं, ग़ज़लकार मतले पर अटक जाता है। ऐसा इसलिए भी होता है कि अनुभवी ग़ज़लकार, मतले को प्रभावशाली बनाने में बेहद मशक़्क़त करते हैं। चूँकि, ग़ज़ल का आरम्भ मतले से होता है और मतले का प्रभाव पूरी ग़ज़ल पर पड़ता है। अगर मतला कमज़ोर हो तो बाक़ी ग़ज़ल को भी वो बेअसर कर देता है। कई बार शायर/ ग़ज़लकार बिना मतले के भी ग़ज़ल लिख देते हैं। मतला, लाख कोशिशों के बावजूद हो ही नहीं पाता। या हो भी जाता है तो भाव तथा सौन्दर्य से वंचित होता है। और ग़ज़ल तो विधा ही सौन्दर्यबोध पैदा करने की है। ग़ज़ल में जब मतला नहीं होता तो ग़ज़लकार को ख़ुद भी ग़ज़ल में अधूरेपन का अहसास खटकता रहता है। दुष्यन्त की ग़ज़ल के एक मतले को देखें जो कितना प्रभावशाली है। प्रश्नवाचकता में बेचैनी और बेचैनी में ग़ज़ल का सौन्दर्य–

कहाँ तो तय था चरागां हरेक दर के लिए
कहाँ चराग़ मयस्सर नहीं शहर के लिए

मक़्ता

यह ग़ज़ल का अन्तिम शेर होता है। इसमें शायर अपने तख़ल्लुस का प्रयोग किया करते थे। इसके दो कारण थे। पहला कारण यह कि ग़ज़ल अपने आरम्भिक दौर में 'वाचिक' रूप रखती थी। लिखित रूप या छपी हुई ग़ज़लों का ज़माना बहुत

बाद में आया। मुँह ज़बानी सुनाई गयी ग़ज़ल के आख़िर में जब मक़्ता पढ़ा जाता जिसमें शायर का उपनाम (तख़ल्लुस) होता तो यह इस बात की तस्दीक होता कि यह ग़ज़ल फ़लां शायर की है। उसी ज़मीन पर जब कोई दूसरा शायर शेर कहता तो सोच-समझकर, सूझबूझ के साथ तथा बेहद सचेत होकर कहता।

'मक़्ता' ग़ज़ल में इसलिए भी अहमियत रखता था कि शायर का तख़ल्लुस किस रूप में हुआ है? तख़ल्लुस आरोपित न हो और वो शेर में तहलील हो जाये।

ग़ालिब और मीर के मक़्ते उदाहरण के तौर पर प्रस्तुत हैं–

हैं और भी दुनिया में सुखनवर बहुत अच्छे
कहते हैं कि 'ग़ालिब' का है अन्दाज़-ए-बयां और।

तथा

हो चुकीं 'ग़ालिब' बलायें सब तमाम
एक मर्गे-नागहानी और है।

मीर की ग़ज़लों से दो मक़्ते–

सिरहाने 'मीर' के आहिस्ता बोलो
अभी टुक रोते-रोते सो गया है

तथा

'मीर' के दीनो-मज़हब को तुम क्या जाने हो उनने तो
कश्का खैंचा, दैर में बैठा कब का तर्क इस्लाम किया

(सुखनवर–शायर, मर्गे-नागहानी–मृत्यु का दिन, कश्का–तिलक, दैर-मन्दिर)

लेकिन हिन्दी की ग़ज़लों में मक़्ते का प्रयोग कम ही हुआ है। भारतेन्दु हरिश्चन्द्र और शमशेर ने कहीं-कहीं मक़्ते का प्रयोग किया है। भारतेन्दु ने 'रसा' तख़ल्लुस और शमशेर ने शमशेर के अतिरिक्त 'शम्स' तख़ल्लुस भी ग़ज़ल के मक़्तों में इस्तेमाल किया है। हिन्दी के कुछ मंचीय ग़ज़लकारों ने अपने उपनाम का मक़्ते में प्रयोग किया है। हिन्दी ग़ज़ल में मक़्ते की परम्परा लगभग नहीं के बराबर है। उदाहरण स्वरूप एक शेर–

मकान मैंने बदल तो लिया है 'राज़' मगर
वही उदासी यहाँ भी दिखाई देती है

विकास शर्मा 'राज़'

ग़ज़ल के आरम्भ में मतला और अन्त में मक़्ता। लेकिन ग़ज़ल के, यानी, मध्य में जो शेर होते हैं, वो ग़ज़ल की रीढ़ होते हैं। इसमें ग़ज़ल के शेर (जो भिन्न-भिन्न विचार केन्द्रित होते हैं) शामिल रहते हैं। मतले में दोनों मिसरों की तुक समान रहती है। लेकिन जब ग़ज़ल में शेर की अभिव्यक्ति होती है तो पहले मिसरे में तुक समान नहीं रहती, लेकिन दूसरे मिसरे में तुक का समान रहना अनिवार्य होता है।

शेर

शब्दकोश में शेर का अर्थ है जानी हुई चीज़। लेकिन डॉ. रामनरेश त्रिपाठी के अनुसार 'शेर' अरबी भाषा का शब्द है जिसका अर्थ है बाल। लेकिन अरबी-फ़ारसी में शेर को 'बैत' कहा जाता है। 'बैत' का अर्थ है–घर! मकान तामीर करने के लिए कुछ वस्तुओं की ज़रूरत पड़ती है। और जब मकान बन जाता है तो घर के लिए भी कुछ वस्तुओं की आवश्यकता होती है। सबसे बड़ी ज़रूरत भावना की होती है। मकान एक भौतिक संरचना है और घर भावनाओं से जुड़ी अदृश्य छवि। लेकिन जब शेर (घर) की बात होती है तो बहर के अतिरिक्त सबसे पहले किसी 'थॉट' विचार, कथ्य, फ़िक्र इमेज की ज़रूरत होती है यानी शेर के लिए 'ज़मीन'! अगर दो मिसरे हों, बहर भी हो शब्द भी हो, लेकिन कोई विचार, कोई कथ्य (यानी ज़मीन) ही न हो तो शेर कहाँ से पैदा होगा। इसलिए शेर के लिए सबसे अहम 'विषयवस्तु' होती है।

मिसरा

जब कोई विचार, थॉट, कथ्य ग़ज़लकार के मन में उठता है तो शेर में व्यक्त करने के लिए दो पंक्तियाँ–जिन्हें 'मिसरे' कहा जाता है, होती हैं। पहली पंक्ति को 'मिसरा ऊला' तथा दूसरी पंक्ति को 'मिसरा सानी' कहा जाता है। अब शेर को शेर कहा जाता है। मिसरा ऊला या मिसरा सानी के बजाय पहला मिसरा और दूसरा मिसरा कहा जाता है।

हर शेर में दो मिसरे होते हैं और दोनों मिसरों के भी दो भाग होते हैं। मिसरे के पूर्वार्ध को सदर (मुख्य) तथा मिसरे के उत्तरार्द्ध को उरूज़ (तरफ़) कहा जाता है। मतलब यह कि शेर में व्यक्त किये जानेवाले कथ्य को मिसरे का पूर्वार्ध उद्घाटित करके, मिसरे के उत्तरार्द्ध की 'तरफ़' बढ़ाता है।

इस तरह शेर के दूसरे मिसरे (या दूसरी पंक्ति) के भी दो भाग होते हैं। पहले भाग को 'इब्तिदा' यानी शुरुआत तथा दूसरे भाग को ज़र्ब यानी 'समाप्ति की ओर' कहते हैं।

ग़ज़ल (शेर) के विषय में अल्लामा इख़्लास देहलवी 'फन-ए-शायरी' में लिखते हैं–"शायरों का दस्तूर यह है कि वो पहले दूसरा मिसरा नज़्म (लिखना) करते हैं, फिर पहला।

इसलिए दूसरे मिसरे के पहले भाग का नाम 'इब्तिदा' (प्रारम्भ) और आख़िरी का नाम ज़र्ब है–जिसके मानी हैं तरफ़ या किनारा। और दोनों के दरमियानी हिस्से का नाम है 'हशू'। जिसके मानी हैं तकिये में रूई का भरना। शेर के लिए यह भी ज़रूरी है कि उसे कसदन (चिन्तन) या फिर इरादतन (विचार) किसी वज़न पर ढाला जाये। या मौज़ूं है तो ऐसे किया जाये। लिहाज़ा जो कलाम इत्तेफ़ाकिया (अनायास) मौज़ूं हो जाये और ख़बर तक न हो तो ऐसे कलाम को शेर नहीं कहा जा सकता।"

अल्लामा इख़्लास देहलवी ने शेर के 'होने' के लिए बहुत महत्त्वपूर्ण विचार व्यक्त किये हैं। यानी, शेर में कोई न कोई 'बात' ज़रूर होनी चाहिए। कई बार हिन्दी ग़ज़लों में दो मिसरे (और एक शेर) तो हो जाते हैं लेकिन बात कुछ नहीं निकलती। बात, दरअसल होती ही नहीं। ऐसे कथ्यहीन शेर, ग़ज़ल विधा के लिए प्रश्नचिह्न लगाते हैं। कहने का तात्पर्य यह है कि शेर बेशक सादगी से व्यक्त किया गया हो लेकिन वो किसी विचार, सूत्र, ख़याल, स्मृति, इमेज की परिपक्व ज़मीन पर खड़ा हो। शेर की अभिव्यक्ति में ग़ज़लकार का दायित्व बनता है कि उसने शेर किस मक़सद से कहा। यानी, शेर की अभिव्यक्ति में कुछ घटित हो और कोई न कोई मक़सद निहित हो। यानी शेर की अभिव्यक्ति के लिए सबसे ज़रूरी उसकी 'ज़मीन' होती है। ज़मीन यानी विषयवस्तु। इसी विषयवस्तु पर दो मिसरों की अथवा शेर की रचना होती है।

माधव कौशिक की एक ग़ज़ल के ज़रिये मतला, मक़्ता और बाक़ी अश्आर उदाहरण के तौर पर प्रस्तुत हैं–

ग़ज़ल

अगर अहसास का सूरज मेरे अन्दर निकल आये
तो मुमकिन है मेरे सीने से इक सागर निकल आये (मतला)
हवा का रूख बदलते ही न जाने क्या हुआ ऐसा–
परिन्दे तो परिन्दे चींटियों के पर निकल आये (शेर)

न दरवाज़े मुहब्बत के न कोई प्यार की खिड़की
ज़मीं की कोख से जाने ये कैसे घर निकल आये (शेर)
घुटन को तोड़ने का और कोई क्या तरीक़ा था
हम अपने ही बदन की क़ैद से बाहर निकल आये (शेर)

इसी उम्मीद पर कितनी किताबें पढ़ गये 'माधव'
हज़ारों शायरों में कब कोई शायर निकल आये (मक़्ता)[4]

अभी तक ग़ज़ल की संरचना तथा मतला, मक़्ता और ग़ज़ल के अश्आर पर चर्चा की जा रही थी। हिन्दी की ग़ज़लों में मक़्ते का बहुत कम प्रयोग होता है। मक़्ते के बिना, ग़ज़ल के अन्तिम शेर को 'आख़िरी शेर' कहा जाता है।

काफ़िया

ग़ज़ल में काफ़िये का विशेष महत्त्व होता है। इसे 'बेख़' भी कहा जाता है। यानी शेर की जड़।

काफ़िया शब्द 'फ़कू' से बना है जिसका अर्थ है बार-बार या फिर-फिर। इसे सरल भाषा में यूँ भी कह सकते हैं कि वह अल्फ़ाज़ का समूह जो बार-बार अश्आर में आकर, उनको ग़ज़ल के सूत्र में बाँधता है।

शास्त्रीयता की दृष्टि से एक ग़ज़ल एक जैसे काफ़ियों का 'हार' होती है।

काफ़िया को हिन्दी में यमक अथवा अनुप्रास भी कहते है। काफ़िया, रदीफ़ से पहले आता है। तमाम काफ़िए (ग़ज़ल) एक ही लय, से बँधे हुए आते हैं यथा–तारे, सितारे, किनारे, हमारे इत्यादि।

रदीफ़

अरबी भाषा में रदीफ़ का अर्थ है–अनुसरण करनेवाला अथवा पीछे चलने वाला।

प्रत्येक शेर में काफ़िये के बाद जो शब्द अथवा शब्द समूह आता है उसे रदीफ़ कहते हैं। ग़ज़ल के अश्आर में काफ़िया तो बदलते रहते हैं लेकिन रदीफ़ ज्यों का त्यों चलता रहता है। उसमें कोई बदलाव नहीं होता।

ग़ौरतलब है, ग़ज़ल में रदीफ़ की अनुपस्थिति तो हो सकती है लेकिन काफ़िये की हर्गिज़ नहीं। काफ़िये के बिना ग़ज़ल हो ही नहीं सकती। जबकि बिना रदीफ़ के अनेक ग़ज़लें लिखी जाती रही हैं। यहाँ, उदाहरण के तौर पर दोनों ग़ज़लें प्रस्तुत हैं

ग़ज़ल

हो गयी है पीर पर्वत-सी पिघलनी चाहिए
इस हिमालय से कोई गंगा निकलनी चाहिए

आज यह दीवार, पर्दों की तरह हिलने लगी
शर्त लेकिन थी कि ये बुनियाद हिलनी चाहिए

सिर्फ़ हंगामा खड़ा करना मेरा मक़सद नहीं
मेरी कोशिश है कि ये सूरत बदलनी चाहिए

मेरे सीने में नहीं तो तेरे सीने में सही
हो कहीं भी आग लेकिन आग जलनी चाहिए

दुष्यन्त की उपर्युक्त सशक्त ग़ज़ल जिसमें प्रत्येक शेर ठोस कथ्य की ज़मीन पर खड़ा है, इसके क़ाफ़िये रदीफ़ की बात करते हैं–

क़ाफ़िये–पिघलनी, निकलनी, हिलनी, जलनी, बदलनी।

रदीफ़–चाहिए।

ग़ौरतलब है, क़ाफ़िये ग़ज़ल के प्रत्येक शेर में बदलते रहे हैं। लेकिन रदीफ़ (चाहिए) हर शेर में वही रहा है।

ग़ज़लकार रदीफ़ के प्रति बेहद सतर्क रहते हैं। ऐसा ज़रूरी भी होता है। कई बार देखा गया है कि ग़ज़ल के अश्आर में क़ाफ़िया तो अपनी अहम भूमिका निभाता हुआ प्रतीत होता है लेकिन रदीफ़ किसी बोझ की तरह महसूस होता है।

माणिक वर्मा की ग़ज़ल के दो शेर ध्यान देने योग्य हैं। इसमें रदीफ़ व्यर्थ, अनुपयोगी और शेर पर किसी लबादे-सा प्रतीत होता है। यथा–

जिल्द ही ज़िन्दगी की बढ़िया है
वरना घटिया किताब है प्यारे

एक तिनका नहीं है ये केवल
एक चिड़िया का ख़्वाब है प्यारे

पूरी ग़ज़ल, जिसमें दस शेर शामिल हैं रदीफ़ 'प्यारे' तमाम अश्आर की इंटेंसिटी को न केवल कम करता है बल्कि सवाल भी पैदा करता है कि आख़िर 'प्यारे' रदीफ़ की ग़ज़ल में क्या उपयोगिता है।

पहले शेर को गद्य में लिखें तो वह यूँ होगा ज़िन्दगी की जिल्द बढ़िया है। वरना घटिया किताब है। इसमें 'प्यारे' की कोई भूमिका ही नहीं है।

दूसरे शेर को देखें–

यह केवल एक तिनका नहीं है, एक चिड़िया का ख़्वाब है। शेर यहाँ मुकम्मल हो जाता है। इसके बाद जो रदीफ़–'प्यारे' है उसका होना ही खटकता है।

अतः काफ़िये के साथ-साथ रदीफ़ के प्रति भी ज़िम्मेदार नज़रिया अनिवार्य होता है।

कुछ ग़ज़लें ऐसी भी लिखी जाती हैं जिनमें रदीफ़ होता ही नहीं। रदीफ़ का न होना यानी बिना रदीफ़ की ग़ज़ल का होना कोई ऐब तो नहीं होता। लेकिन ग़ज़ल का सौन्दर्य इसी में निहित है कि ग़ज़ल काफ़िया और रदीफ़ के साथ लिखी जाये।

हरेराम 'समीप' की एक ग़ज़ल जिसमें रदीफ़ नहीं है। सिर्फ़ काफ़िया है। ग़ज़ल इस प्रकार है–

ग़ज़ल

किस तरह होगा अब ये दरिया पार
बह गयी धार में मेरी पतवार

घर से अब दूर-दूर रहता हूँ
क्या करूँ बढ़ गया है कारोबार

हमको कुछ सोचने नहीं देती
तेज़ धुन पर थिरक रही सरकार

वक़्त बदले ये चाहते हैं सब
पर बदलने को ख़ुद नहीं तैयार

उपर्युक्त ग़ज़ल में–पार, पतवार, कारोबार, सरकार और तैयार काफ़िए हैं। इस ग़ज़ल में रदीफ़ नहीं है।

बेशक, ग़ज़ल में इस तरह के अनेक प्रयोग होते रहे हैं और आगे भी होते रहेंगे। लेकिन अनुभवी, बा-शऊर और सिद्धहस्त ग़ज़लकार ग़ज़ल के प्रत्येक शेर के प्रत्येक तत्त्व को व्यर्थ नहीं जाने देता। वह ठोस कथ्य अथवा परिपक्व विचार अथवा जीवन दर्शन से शेर की ज़मीन तैयार करता है। ऐसे अल्फ़ाज़ चुनता है जिनमें लोच हो, लय हो और ख़ामोशी के बीच शब्द ध्वनित हों। वह एक सशक्त, शानदार बहर का चयन करता है। चूँकि दो मिसरों का अन्त काफ़िये और रदीफ़ पर आकर होता है। यही बिन्दु बेहद अहम होता है। यहाँ चमत्कार पैदा करने और अनायास चौंका देने की ताक़त, ग़ज़लकार शेर में पैदा करते हैं इसी को, 'तासीर' भी कहते हैं।

ग़ौरतलब है कि ग़ज़ल में बहुत सारे शेर होते हैं और प्रत्येक शेर का विषय भिन्न होता है। इस प्रकार ग़ज़ल, विभिन्न विषयों वाले अश्आर (अनेक शेर) की एक सूत्र में पिरोई गयी ख़ूबसूरत कविता होती है।

विभिन्न विषयों के अश्आर की ग़ज़ल को फ़िराक़ गोरखपुरी ने 'ग्लैक्सी ऑफ़' थॉट' कहा है।

बेशक, विषय भिन्न होते हैं। इसके बावजूद अश्आर में लय, नाद और संगीतात्मकता निहित रहती है। डॉ. नूरुल हसन हाशमी इसका कारण मिसरों में छन्द की समानता, तुकों की पुनरावृत्ति, रदीफ़ के कारण स्वर में एकात्मकता आदि को मानते हैं।

बेशक, आरम्भ में ग़ज़ल का मुख्य विषय प्रेम रहा है। लेकिन इस विषय के अतिरिक्त भी अन्य विषयों पर ग़ज़लें (शेर) लिखी गयी हैं।

विषय के आधार पर ग़ज़ल के दो प्रकार हैं–

मुसलसल ग़ज़ल एक ही विषय को केन्द्र में रखकर पूरी ग़ज़ल लिखी जाये तो उसे 'मुसलसल ग़ज़ल' कहते हैं।

ग़ैर मुसलसल ग़ज़ल : विभिन्न विषय केन्द्रित अश्आर की ग़ज़लें जो सामान्यता लिखी गयी हैं और लिखी जा रही हैं।

भाव रचना के आधार पर ग़ज़ल के तीन भेद हैं–

तग़ज़्ज़ुल : इसमें सौन्दर्य, प्रेम इत्यादि की अभिव्यक्ति होती है।

तसव्वुफ़ : इसमें तर्कशास्त्र, जीवन दर्शन, चिन्तन की प्रधानत होती है।

तफ़क्कुर : इसमें समय, समाज को केन्द्र में रखकर (शेर) (ग़ज़लें) लिखी जाती हैं हिन्दी में तफ़क्कुर की ग़ज़लें ही लिखी जा रही हैं। सामाजिकता इन ग़ज़लों का अहम विषय है।

बहर

बहर एक तरह का छन्द ही है। बहरों के छन्दशास्त्र को उर्दू में 'उरूज़' कहा जाता है। हिन्दी में विविध काव्य विधाओं के लिए सात सौ पचास क़िस्म के छन्द हैं। उर्दू में ग़ज़ल के लिए उन्नीस बहरें हैं। इनमें सात बहरें सालीम और बारह मुरक्क़म बहरें हैं

प्रत्येक ग़ज़ल किसी न किसी बहर में बँधी होती है। जिस बहर में ग़ज़ल होती है, उसी बहर में ग़ज़ल का प्रत्येक शेर होता है। किस बहर में ग़ज़ल को अभिव्यक्त

करना है, इसका चयन ग़ज़लकार स्वयं करता है। एक बार चयन के पश्चात पूरी ग़ज़ल उसी बहर में कहनी होती है। यह नहीं कि मतला (ग़ज़ल का पहला शेर) किसी बहर में बाक़ी शेर किसी अन्य बहर में।

उर्दू-फ़ारसी में बेशक उन्नीस बहरें हैं, लेकिन उन्नीस की उन्नीस बहरों में ग़ज़लें नहीं कही जातीं। कुछ चुनिंदा बहरों में ही शायर/ग़ज़लकार ग़ज़लें लिखते रहते हैं।

अल्लामा इख़्लास देहलवी अपनी पुस्तक 'फन-ए-शायरी' में लिखते हैं कि उर्दू-फ़ारसी में कुल उन्नीस बहरें प्रचलित हैं, इनमें पन्द्रह बहरें जनाब ख़लील-बिन आदम (731-786) द्वारा निर्मित हैं तथा अन्य चार बहरें अबुल हसन बजर चमनहार तथा मौलाना यूसुफ़ द्वारा निर्मित हैं। इन्हीं उन्नीस बहरों पर उर्दू-फ़ारसी का सम्पूर्ण छन्दशास्त्र (उरूज़) आधारित है।

उर्दू-फ़ारसी उरूज़ तथा पिंगलशास्त्र में आवाज़ों के दो प्रकार होते हैं–लघु तथा गुरु।

फ़ारसी में लघु-गुरु आवाज़ों के लिए साकिन (लघु) मुतहर्रिक (गुरु) कहा गया है।

रुक्न : बहर के अरकान और अरकान के हर हिस्से को गण अथवा रुक्न कहते हैं।

अरकान : बहर जिन टुकड़ों से बनती है इनको अरकान कहते हैं। रूक्न का बहुवचन अरकान है।

रुकनों की संख्या : उर्दू शायरी में कुल नौ रूक्न प्रचलित हैं, जो इस प्रकार हैं–

1. फ़ाऊलुन
2. फाईलुन
3. मुफ़ाईलुन
4. मुस्तफ़ाईलुन
5. मुतफ़ाईलुन
6. फ़ाइलातुन
7. मफ़ऊलात
8. फ़उल
9. फ़ेलुन

बहरें : बहरें दो प्रकार की हैं।

1. मुदरफ़ बहरें
2. मुरक़्क़ब बहरें

मुदरफ़ बहरें सात हैं–

1. बहरे हजज–मुफ़ाईलुन मुफ़ाईलुन मुफ़ाईलुन मुफ़ाईलुन
2. बहरे रजज–मुस्तफ़ाईलुन मुस्तफ़ाईलुन मुस्तफ़ाईलुन मुस्तफ़ाईलुन
3. बहरे रमल–फ़ाइलातुन फ़ाइलातुन फ़ाइलातुन फ़ाइलातुन
4. बहरे वाफ़िर–मुफ़ाइल 'तुन मुफ़ाइलु' 'तुन मुफ़ाइल' 'तुन मुफ़ाइल' तुन
5. बहरे मुनादारिक–फ़ाइलुन फ़ाइलुन फ़ाइलुन फ़ाइलुन
6. बहरे मुतक़ारिब–फ़ऊलुन फ़ऊलुन फ़ऊलुन फ़ऊलुन
7. बहरे कामिल–मुतफ़ाइलुन मुतफ़ाइलुन मुतफ़ाइलुन मुतफ़ाइलुन

मुरक़्क़ब बहरें

1. बहरे मुक़्तज़ब–मफ़ाऊलात मुस्तफ़ेलुन मफ़ाऊलात मुस्तफ़ेलुन
2. बहरे मुंसरिह–मुस्तफ़ेलुन मफ़ऊलात मुस्तफ़ेलुन मफ़ऊलात
3. बहरे सरीअ–मुस्तफ़ेलुन मुस्तफ़ेलुन मफ़ऊलात
4. बहरे खफ़ीफ–फ़ाइलातुन मुस्तफ़ेलुन फ़ाइलातुन
5. बहरे मुजतस–मुस्तफ़ेलुन फ़ाइलातुन मुस्तफ़ेलुन फ़ाइलातुन
6. बहरे मुज़ारअ–मुफ़ाईलुन फ़ाइलातुन मुफ़ाईलुन फ़ाइलातुन
7. बहरे बतीस–मुस्तफ़ेलुन फ़ाइलुन मुस्तफ़ेलुन फ़ाइलुन
8. बहरे जदीद–फ़ाइलातुन फ़ाइलातुन मुस्तफ़ेलुन
9. बहरे तवील–फ़ऊलुन मुफ़ाईलुन फ़ऊलुन मुफ़ाईलुन
10. बहरे क़रीब–मुफ़ाईलुन फ़ाइलुन फ़ाइलातुन
11. बहरे मदीद–फ़ाइलातुन फ़ाइलुन फ़ाइलातुन फ़ाइलुन
12. बहरे मुशाकिल–फ़ाइलातुन मुफ़ाईलुन मुफ़ाईलुन

इस प्रकार कुल 19 बहरें हैं लेकिन प्रचलन में केवल बारह बहरें ही हैं। बहरे जदीद, बहरे तवील, बहरे मुक्तज़ब, बहरे क़रीब, बहरे मदीद, बहरे मुशाकिल तथा बहरे काफ़िर–ऐसी बहरें हैं जो बहुत कम प्रचलन में हैं।

बहरें एक प्रकार से ग़ज़ल का बाह्य स्वरूप तय करती हैं। बहरों से ग़ज़ल का

शिल्प अथवा फार्म बनता है। लेकिन ग़ज़ल के लिए इतना ही काफ़ी नहीं होता। यह तो हुआ ग़ज़ल का शिल्प पक्ष। ग़ज़ल का भाव पक्ष बहुत महत्त्वपूर्ण भूमिका निभाता है। यदि भाव ही नहीं होंगे तो ग़ज़ल कैसे होगी?

भाव पक्ष

भाव पक्ष के लिए कुछ प्रमुख बातों का ध्यान रखना लाज़मी होता है :

प्रत्येक शेर की एक परिपक्व विषयवस्तु हो ताकि शेर की रचना की जा सके।

प्रत्येक शेर में कुछ घटित हो। यानी, दो मिसरे (एक शेर) केवल विवरण देकर समाप्त न हो जायें।

प्रत्येक शेर में शब्द बेशक साधारण हों, लेकिन अनुभूति की सघनता से वे असाधारण रूप अख़्तियार करें।

प्रत्येक शेर में अर्थ की गूँज हो। जो शेर के आख़िर में आकर, असाधारण रूप से उद्घटित हो।

काफ़िया रदीफ़ व्यर्थ न चले जायें। हर शेर में उनकी सार्थकता हो।

प्रत्येक शेर का अर्थ धीरे-धीरे खुले। शेर बेशक राजनीति केन्द्रित विषय पर हो, लेकिन वो न तो नारे की शक्ल अख़्तियार करे न उसमें सपाटबयानी हो।

प्रत्येक शेर में दोनों मिसरों का सम्बन्ध इतना अन्तरंग हो कि कथ्य को, दोनों मिसरे मिलकर पूर्णता प्रदान करें।

प्रत्येक शेर के दोनों मिसरे साफ़ स्पष्ट और अर्थ की गूँज तथा शब्दों की लय पैदा करते हों। उनमें अधूरापन न हो तथा शब्दों का (मिसरों में) अपव्यय भी न हो।

शेर में कर्ता की कमी न खटके। शेर में यदि कर्ता अथवा किरदार है तो वह दोनों मिसरों में कहीं दिखायी भी देना चाहिए।

शेर में काल का विशेष ध्यान रखा जाना चाहिए। वर्तमान की बात वर्तमान में हो और भूतकाल के सन्दर्भ भूतकाल में।

किसी भी शेर में शब्दों की प्रयुक्ति ऐसी हो कि वो लोच और लय पैदा करें वो ठुँसे हुए प्रतीत न हों।

ग़ज़ल का प्रत्येक शेर ऐसे व्यक्त किया जाये कि वो तासीर (प्रभाव) पैदा करे।

ग़ज़ल के प्रत्येक शेर में पूरी बात या विचार या कथ्य आ जाना चाहिए। यह नहीं कि आधी बात एक शेर में बाक़ी आधी ग़ज़ल के दूसरे शेर में।

उपमा (तश्वीह) रूपक (इस्तआरा) को शेर में ऐसे व्यक्त किया जाये कि शेर का प्रभाव चमत्कारिक रूप से अधिक हो जाये–जैसे नासिर काज़मी की छोटी बहर की ग़ज़लें या फिर दुष्यन्त के कई शेर।

सन्दर्भ सूची

1. साये में धूप–ग़ज़लकार दुष्यन्त, राजकमल प्रकाशन, नयी दिल्ली
2. दीवन-ए-ग़ालिब–ग़ालिब
3. दीवान-ए-मीर–मीर तक़ी मीर
4. सूरज के उगने तक–ग़ज़लकार माधव कौशिक, मनीषा प्रकाशन, दिल्ली
5. साये में धूप–दुष्यन्त, राजकमल प्रकाशन, नयी दिल्ली
6. बया पत्रिका–सं. गौरीनाथ (पच्चीसवाँ अंक) गाज़ियाबाद
7. वही

हिन्दी ग़ज़ल–शिल्प, शैली और स्वभाव

शिल्प, शैली और स्वभाव

ग़ज़ल (अथवा इसका शेर)–शब्दों की चकित कर देनेवाली बाज़ीगारी से छनकर आती है। शब्द यहाँ केवल शब्द नहीं रहते, वो भावनाओं में बदल जाते हैं और शायद इसलिए शेर ही नहीं, शेर के भीतर प्रत्युक्त होनेवाले शब्द भी लय पैदा करते हैं इसी से शेर में तासीर पैदा होती है।

विचार अथवा किसी विषय को गहरी संवेदना में बदलकर उसे शेर में ढालना– इसमें ग़ज़लकार का अनुभव संचेतना, जिज्ञासा और शऊर काम करता है। शेर में क्या कहा गया यह तो विशेष महत्त्व रखता ही है, उससे ज़्यादा महत्त्व इस बात में होता है कि शेर को किस रूप में व्यक्त किया गया। इसी को 'कहन' अथवा अन्दाज़े-बयां भी कहते हैं।

दुष्यन्त ने हिन्दी ग़ज़ल में प्रविष्ट होकर ग़ज़ल को नयी सोच, नयी तरक़ीब, नया तेवर और नयी भाव भंगिमा प्रदान की। दुष्यन्त की ग़ज़लों की तीक्ष्णता और आधुनिकताबोध ने विस्मित कर दिया। उर्दू ग़ज़ल से भिन्न, यह एक नये प्रकार का अन्दाज़े-बयां था। दुष्यन्त ने जब कहा–जिएँ तो अपने बग़ीचे में गुलमोहर के तले। मरें तो ग़ैर की गलियों में गुलमोहर के लिए–यह एकदम नया प्रयोग था। प्रतिबद्धता की अभिव्यक्ति इस शेर में अनूठे रूप से हुई है।

दुष्यन्त जब कहते हैं–दूकानदार तो मेले में लुट गये यारो!/तमाशबीन दूकानें लगा के बैठ गये–तो वो नये समाज के विसंगत को बिल्कुल नये मुहावरे में व्यक्त करते प्रतीत होते हैं।

दुष्यन्त ने यथार्थ और कल्पना को बहुत कुशलता से एकमेक करते हुए हैरान कर देनेवाले शेर कहे। दुष्यन्त ने अपने कालखण्ड को ग़ज़लों के ज़रिये इस

संवेदना से व्यक्त किया कि दुष्यन्त की ग़ज़लें हर कालखण्ड की ग़ज़लें हो गयीं। दुष्यन्त ने हिन्दी-उर्दू के बीच के फ़र्क़ को समाप्त करते हुए एक नयी 'ग़ज़ल भाषा' का भी सृजन किया और वह थी 'हिन्दुस्तानी भाषा'। भाषा का चयन करते हुए तो बड़ी सावधानी बरती ही, शब्दावली के प्रति भी बेहद सचेत रहे। दुष्यन्त की ग़ज़लगोई ने हिन्दी ग़ज़ल में ऐसा चमत्कारिक प्रभाव डाला कि हिन्दी ग़ज़ल में वही तेवर, प्रतिवादी स्वर, और तीक्ष्ण कथ्य, ग़ज़लकारों ने अपना लिया। हिन्दी ग़ज़ल की शैली और स्वरूप में अब भी रूमानियत कम, यथार्थवादी और सामाजिक अभिव्यक्ति ज़्यादा है। यह प्रभाव बेशक दुष्यन्त की ग़ज़लों से छनकर आया है।

विलियम फ़ॉकनर ने एक स्थान पर कहा है कि प्रसन्नता आरम्भ होकर, अपने आप में समाप्त हो जाती है। हमारे दिमाग़ में कोई स्थायी अनुभव स्थापित नहीं करती। इसके विपरीत, जो कुछ अपना स्थायी मुक़ाम बनाते हैं, वो पीड़ा और उसकी तीव्र अनुभूतियाँ होती हैं।

विलियम फॉकनर ने ये विचार उपन्यास को केन्द्र में रखकर कहे हैं। लेकिन विलियम फॉकनर के उक्त कथन को यदि हिन्दी ग़ज़ल में उतारकर देखें तो यह कथन कितना सटीक प्रतीत है। वो इस तरह कि हिन्दी ग़ज़ल में 'वेदना' जैसे तत्त्व की अहम भूमिका रही है। हिन्दी में लगभग सभी ग़ज़लकारों की ग़ज़लों में शोषित मनुष्य की कराहें और अकेले होते जाते आदमी का अवसाद किसी न किसी रूप में व्यक्त होता रहा है।

हिन्दी ग़ज़ल की ज़मीन कुछ खुरदरी है तो सम्भवत: इसलिए भी है कि ऐसे निस्संग, अमानवीय और क्रूर होते समय की अभिव्यक्ति के लिए किसी मखमली ज़मीन पर ग़ज़लों की रचना असम्भव थी। इसलिए हिन्दी ग़ज़ल की ज़मीन यदि खुरदरी है तो इसी ज़मीन से नये समाज की वेदना, विडम्बना, संघर्ष, तड़प, बेचैनी, तलाश और जिज्ञासा जैसे तत्त्वों को बड़ी गहरी संवेदना और आन्तरिक लय के साथ व्यक्त किया गया है। असहमति और अस्वीकृति के स्वर कभी सीधी-सादी ज़बान में तो कभी बड़े तीक्ष्ण लहजे में उभरते रहे हैं। हिन्दी भाषा के ग़ज़लकार असहमति, निषेध का प्रतिवाद तथा संवाद कायम करने की चिन्ताएँ अपनी ग़ज़लों में इस प्रकार व्यक्त करते रहे हैं कि संवेदन लय, जीवन लय में बदलती प्रतीत होती है। कुछ शेर ग़ौरतलब है–

सारी सज़ा क़बूल मगर ये सज़ा न दो
हमको बना-बनाया कोई रास्ता न दो

सुल्तान अहमद

मैं उसके सामने जब काँच की तस्वीर रखता हूँ
वो अपने हाथ में पकड़ा हुआ पत्थर दिखाता है[2]

माधव कौशिक

मेरे आँसू नहीं दीवार पे काई की तरह
ये उजाले हैं पसीने की कमाई की तरह[3]

महेश अश्क

हर इक क़दम पे तिजारत है ज़िन्दगी अब तो
हर इक क़दम पे ज़माना है इश्तिहार का पेड़[4]

सूर्यभानु गुप्त

धूप ही अपने सफ़र का एक सरमाया है बस!
आसमाँ तू मेरे सर पर अब्र का साया न करे[5]

जानकी प्रसाद शर्मा

हिन्दी ग़ज़ल के उपर्युक्त अश्आर की विषयवस्तु तथा शेरीयत पर ग़ौर करें तो इनमें एक बेचैनी-सी प्रतीत होती है। जो समाज के नये बनते यथार्थ की देन है। यहाँ विडम्बनाएँ हैं जो घायल पक्षी जैसी तड़प रखती हैं। प्राय: हर शेर का अपना एक ऐसा परिसर है जो दो मिसरों (एक शेर) को शिद्दत के साथ एक सम्पूर्ण कविता में बदल देता है।

मिलान कुंदेरा कहते हैं कि एक महान रचना अपने रचनाकार से कहीं अधिक प्रखर और विवेकशील होती है।

हिन्दी भाषा में लिखी जा रही ग़ज़लें, बेशक महान रचनाएँ न हों, लेकिन उनमें हैरान करनेवाली प्रखरता और विवेकशीलता दिखाई देती है। कुछ शेर इसी सिलसिले में–

चिराग़ हो के न हो दिल जला के रखते हैं
हम आँधियों में भी तेवर बला के रखते हैं[6]

हस्तीमल हस्ती

रिक्शावाले से छुड़ाया दो का सिक्का लड़-झगड़
रातभर चुभता रहा सीने में ख़ंजर की तरह[7]

कुमार विनोद

मैं निकला हूँ तिजारत दूसरों की करने लेकिन
कहीं ये तो नहीं मैं अपना सौदा कर रहा हूँ।[8]

कमलेश भट्ट कमल

हिन्दी ग़ज़ल का साधारण तत्त्व उसकी विशेषता है। प्राय: सभी ग़ज़लकार, अपनी ग़ज़लों में साधारण विषय को ही व्यक्त करते हैं। लेकिन हिन्दी के सचेत और अनुभवी ग़ज़लकार, साधारण तत्त्व को असाधारण शेर में बदल देने का हुनर रखते हैं। ऐसी हुनरमन्दी हिन्दी के सभी ग़ज़लकारों में नहीं आ पायी। जिन्होंने यह हुनरमन्दी अर्जित की है, उनकी ग़ज़लों में साधारण तत्त्व (जो साधारण मनुष्य की छवियों को व्यक्त करता है) शेर में गूँज पैदा करता है तो ऐसे प्रतीत होता है जैसे हिन्दी ग़ज़ल का साधारण तत्त्व (साधारण मनुष्य का प्रतीक) संघर्षरत मनुष्य का रूपक है, जो दुख में भी जीवन की लय तलाश कर लेता है।

जब हिन्दी ग़ज़ल की...शैली और स्वभाव पर विचार करते हैं तो पाब्लो नेरूदा के कविता के विषय में व्यक्त किया गया कथन याद पड़ता है, "कविता आदमी के भीतर से निकली गहरी पुकार है। इसी से उपासना पद्धतियाँ निकलीं। भजनों और धर्मों के तत्त्व भी। कवि ने प्रकृति की लीलाओं का सामना किया और आरम्भिक युगों में, अपने व्यवसाय की सुरक्षा के लिए ख़ुद को पुरोहित कहा। ठीक इसी तरह आज का सामाजिक कवि भी पुरोहितों की प्राचीनतम व्यवस्था का सदस्य है। पुराने ज़माने में उसने अन्धकार से सन्धियाँ की थीं, अब उसे प्रकाश की व्याख्या करनी होगी।"[9]

प्रकाश की व्याख्या! यानी जीवन की उद्दाम इच्छाओं, संघर्षों, चाहतों और जीवन के प्रश्नों की व्याख्या। अँधेरे के विपरीत, उम्मीद और आकांक्षा तथा सपनों का बात।

हिन्दी ग़ज़ल की शैली और स्वरूप में तथा स्वभाव में बेशक वेदना के स्वर ज़्यादा हैं। लेकिन संघर्षों का उजाला, उम्मीदों का प्रकाश और सपनों के होने और टूटने की भी आवाज़ें हैं।

हिन्दी ग़ज़ल में कहीं-कहीं आत्मचिन्तन के भी स्वर सुनाई देते हैं। यानी, एक धारा हिन्दी ग़ज़लों में व्यवस्था विरोध की है तो दूसरी धारा में समाज को देखने का नज़रिया थोड़ा भिन्न है–समाज को अपने से भिन्न नहीं, बल्कि अपने भीतर किसी संसार की तरह उपस्थित है। ग़ज़लकार का अपने साथ किया गया मन्थन (आत्ममन्थन) दरहक़ीक़त, समाज के ही किसी कोने को उद्घाटित करता प्रतीत होता है। प्रत्येक ग़ज़लकार जब अपने भीतर प्रविष्ट होता है तो ऐन उस वक़्त, वो समाज के तलघर में भी उतर रहा होता है। कुछ शेर ग़ौरतलब हैं :

हादसा तोड़ तो देता हैं मगर साथ ही साथ
हमको जीने का तरीक़ा भी सिखा देता है

देवेन्द्र आर्य

हिरन सोने का जो चाहेगी, सीता
बिछुड़ जायेंगे उससे राम तय है[10]

राजेश रेड्डी

झाड़ियों की लकड़ियाँ, बेकार गत्ते, काड़ियाँ
रोटियों की जंग का ऐलान बाँधा चल दिए[11]

इन्दु श्रीवास्तव

लफ़्ज़ के झूठ से रौनक बढ़ी दूकानों की
लफ़्ज़ के सच को पकड़ता कोई लफ़्फ़ाज़ रहा[12]

विनय कुमार

जो उलझकर रह गयी है फ़ाइलों के जाल में
गाँव तक वो रोशनी आयेगी कितने साल में[13]

अदम गोंडवी

हिन्दी ग़ज़ल की शैलीगत और स्वभावगत परख करें तो महसूस होता है कि उर्दू ग़ज़ल के मिज़ाज से हिन्दी ग़ज़ल की शैली और स्वभाव कुछ भिन्न है। कुछेक समानताएँ भी हैं। बेशक़! लेकिन हिन्दी ग़ज़ल ने निश्चित रूप से अपना एक पुख़्ता, परिपक्व और भिन्न क़िस्म का मुहावरा ईजाद किया है। यह मुहावरा, भारतेन्दु हरिश्चन्द्र रसा, शमशेर बहादुर सिंह की ग़ज़लगोई में इतना प्रखर, तीक्ष्ण नहीं था जितना कि दुष्यन्त की ग़ज़लों में। एक तरह से दुष्यन्त की ग़ज़लगोई, हिन्दी ग़ज़ल में चेतना के रूप में प्रविष्ट होती है। हिन्दी में ग़ज़लें बेशक पहले भी लिखी जा रही थीं, लेकिन दुष्यन्त के 'ग़ज़ल–डिक्शन' ने आगे जाकर, हिन्दी ग़ज़ल के लिए न सिर्फ़ नयी ज़मीन तैयार की, बल्कि नये मुहावरे की तलाश के लिए भी प्रेरित किया।

हिन्दी ग़ज़लकारों ने ग़ज़लों की अभिव्यक्ति के लिए एक नयी शैली और नयी भाव भंगिमा भी ईजाद की है–जिसमें जदीदियत (आधुनिकता) के साथ-साथ लोक चेतना के स्वर और प्रतिवादी ताक़त का भी विकास हुआ है। कुछ शेर इसी सिलसिले में–

इतनी ज़्यादा रेत-बिछी है आँखों में
कुछ सपनों को हम पानी से लिखते हैं[14]

विनय मिश्र

ये ग़ज़ल मरहूम मंटो की नज़र है दोस्तो
जिसके अफ़साने में ठण्डे गोश्त की रूदाद है[15]

अदम गोंडवी

सरफ़रोशी के इरादे कल भी यूँ ही थे जवां
कल भी बस बीड़ी जली थी आज भी बीड़ी जला[16]

नार्वी

जब कटे हाथ भी लेके परचम उड़े
तब सितमगर ने समझा सितम हो गया[17]

शलभ श्रीराम सिंह

आपसदारी मेल मुरव्वत फ़र्ज़ नसीहत कौन कहे
चोर-सिपाही, अफ़सर-नेता सब अपने किरदार में गुम[18]

मनोज अबोध

एदुआर्गो गालेआनो लातिन अमेरिकी महत्त्वपूर्ण लेखक अपने एक निबन्ध में लिखते हैं, "जब भी कोई लिखता है तो वो औरों के साथ कुछ बाँटने की ज़रूरत ही पूरी कर रहा होता है। यह लिखना, अत्याचार के ख़िलाफ़ और अन्याय पर जीत के सुखद अहसास को साझा करने के लिए ही होता है। यह अपने और दूसरों के अकेले पड़ जाने के अहसास को ख़त्म करने के लिए ही होता है। यह माना जाता है कि साहित्य, ज्ञान और समझ को फैलाने का ज़रिया है। दरअसल, लिखा उन्हीं के लिए जाता है जिनके नसीब के साथ या बदनसीबी के साथ, जुड़ाव महसूस किया जाता है।"[19]

एदुआर्गो गाले आनो ने अपना निबन्ध लातिन अमेरिका लोगों के दारिद्र्य और भुखमरी पर लिखा है। लेकिन जब वो कहते हैं कि कोई भी लिखता है तो वो औरों के साथ कुछ बाँटने की ज़रूरत महसूस कर रहा होता है, तो उनके विचार बहुत हद तक हिन्दी ग़ज़ल के स्वभाव और शैली पर सटीक उतरते हैं। हिन्दी ग़ज़लकार अपनी संजीदा-रचनाधर्मिता के संवेगभरे वातावरण में शोषितों की व्यथा को बड़ी मार्मिकता से अभिव्यक्त कर रहे हैं। भारत की दीनहीन जनता की पक्षधर बनती ये ग़ज़लें, अपने समय का भावनात्मक और संवेदनात्मक आख्यान रचती प्रतीत होती हैं। उदाहरण के तौर पर कुछ शेर–

मेरे ये दिन रात किसानों जैसे हैं
और सफ़र भारत की रेलों जैसा है।[20]

शाहिद भारती

फ़सलें नीची ऊँचे क़र्ज़ किसानों पर
भूल गये हैं बैसाखी के मेले तक[21]

किशोर कुमार कौशल

आज वो अपने जीवन को परिभाषित बैठा तो
आँसू, पत्थर, दलदल, सागर जाने कितने नाम लिखे।[22]

शशि जोशी

हिन्दी ग़ज़ल की निस्सन्देह अपनी सीमाएँ हैं। कई बार हिन्दी की ग़ज़लें स्थूल, सपाट और 'लाउड' हो जाती हैं। कई बार अनुशासनहीनता भी हिन्दी ग़ज़ल के स्वरूप और संरचना को भंग कर देती है। इन सीमाओं के बावजूद, हिन्दी ग़ज़ल की सबसे बड़ी विशेषता यह है कि ग़ज़ल के शिल्प में रहकर, एक नयी ग़ज़ल शैली रचने की ताक़त का हासिल होना।

उर्दू ग़ज़ल के बरअक्स, हिन्दी ग़ज़ल में साहसिक तोड़फोड़ और नये प्रयोग हुए हैं। नये मुहावरे की रचना, नये बिम्ब, नयी शब्दावली, बेफ़िक्र विषय और चिन्तन का तत्त्व भी हिन्दी ग़ज़ल में महसूस किया जा सकता है। कुछ शेर उदाहरण के तौर पर–

मन का बोझिलपन धो लें
चलो नयी बेबसाइट खोलें[23]

चन्द्र त्रिखा

तुमने सिक्के की तरह ख़ुद को समेटे रक्खा
हमने ख़ुशबू की तरह दोस्त बिखरना सीखा[24]

राजेन्द्र टोकी

सरे-परवाज़ टूटी ख़्वाहिशों का
ये कैसा घर बनाकर लौट आये[25]

ध्रुव गुप्त

इक ज़माने से वो उर्दू का समझते हैं मुझे
एक मुद्दत से मैं हिन्दी में ग़ज़ल कहता हूँ[26]

नूर मुहम्मद नूर

मुझे तू अपनी नादानी दिया कर
ये पौधा है इसे पानी दिया कर[27]

हरजीत सिंह

थर्मामीटर कानों के
आवाज़ों का पारा दिन[28]

सूर्यभानु गुप्त

करोगे पार तुम दुनिया का दरिया
बदन निकला अगर कच्चा घड़ा तो![29]

स्वप्निल तिवारी 'आतिश'

हिन्दी ग़ज़लों से लिए गये ये अश्आर जीवन के परिदृश्य को विषयवस्तु की तरह इस्तेमाल करते हैं। यहाँ कथ्यगत नवीनता, भावनाओं का आवेग, कल्पनाशीलता, यथार्थ की समझ दिखाई देती है। नये बिम्ब और नये प्रतीकों की रचना भी इन अश्आर में है।

हिन्दी ग़ज़ल की एक अन्य धारा है। वह है व्यवस्था विरोध! व्यवस्था विरोध लगभग सभी ग़ज़लकारों की ग़ज़लों में, किसी न किसी रूप में विद्यमान है। यह तेवर और भंगिमा दुष्यन्त की देन है। व्यवस्था विरोध हिन्दी साहित्य की हर विधा में मौजूद है। कुछ शेर–

हमें इक भूख है जो काटती है
कोई मन्दिर शिवाला कुछ नहीं है[30]

नरेन्द्र

आप जिसकी धीरता गम्भीरता पे मुग्ध है
उस समन्दर ने जहाज़ों को डुबोया है बहुत[31]

ज़हीर क़ुरैशी

जो घर में ठण्डे चूल्हे पर फ़क़त ख़ाली पतीली है
बताओ कैसे लिख दूँ धूप फागुन की नशीली है[32]

अदम गोंडवी

फँसी है किस महाभारत में गंगा
उठाई जा रही आढ़त में गंगा[33]

देवेन्द्र आर्य

मैं कूड़े का कलन्दर हूँ मेरा कूड़ा इबादत है
मुझे शिखरों में कूड़ा भाँप लेने में महारत है[34]

राम मेश्राम

हिन्दी ग़ज़ल की शैली और स्वरूप के अध्ययन से इस बात का शिद्दत से अहसास होता है कि हिन्दी ग़ज़ल बेशक उर्दू ग़ज़ल से अवतरित हुई हो, लेकिन रफ़्ता-रफ़्ता इस विधा ने अपना मिज़ाज, मुहावरा, भाषा विकसित की है। हिन्दी

ग़ज़ल का उर्दू ग़ज़ल से भिन्न स्वरूप है। हिन्दी ग़ज़ल एक तरह से रूमान रहित सामाजिक रचना है जो यथार्थ को भेद कर विडम्बनाओं तक पहुँचती है।

हिन्दी ग़ज़ल के पक्ष में सबसे बड़ी बात यह कही जा सकती है कि पचास वर्षों के कालखण्ड में इस विधा ने अपना विशिष्ट स्वभाव और शैली विकसित की है। यहाँ तक कि शिल्प और संरचना की दृष्टि से भी हिन्दी ग़ज़ल, निरन्तर परिपक्व और विवेकशील विधा का रूप धारण कर रही है।

सन्दर्भ-सूची

1. नदी की चीख़ ग़ज़लकार सुल्तान अहमद, राजकमल प्रकाशन, नयी दिल्ली
2. ख़ूबसूरत है आज भी दुनिया–माधव कौशिक भारतीय ज्ञानपीठ, नयी दिल्ली
3. राख की जो पर्त अंगारों पे है–महेश अश्क
4. एक हाथ की ताली–सूर्यभानु गुप्त, वाणी प्रकाशन, नयी दिल्ली
5. ग़ज़ल दुष्यन्त के बाद–सं. दीक्षित दनकौरी, वाणी प्रकाशन, नयी दिल्ली
6. ना बादल ना दरिया जाने–हस्तीमल हस्ती, वाणी प्रकाशन, नयी दिल्ली
7. कुमार विनोद–आधार प्रकाशन, पंचकूला
8. मैं नदी की सोचता हूँ–कमलेश भट्ट कमल–प्रकाशन संस्थान, नयी दिल्ली
9. किताब के बाहर, देवेन्द्र आर्य
10. वजूद–राजेश रेड्डी, वाणी प्रकाशन, नयी दिल्ली
11. बया (अंक-25), सं. गौरीनाथ, गाज़ियाबाद
12. वही
13. वही
14. वही
15. वही
16. हंस सम्पादक, राजेन्द्र यादव–दरियागंज, नयी दिल्ली
17. सार्थक पत्रिका, सम्पादक शिवशंकर (ग़ज़ल विशेषांक), करड़ू
18. बया पत्रिका, गाज़ियाबाद
19. समयान्तर, सम्पादक पंकज बिष्ट, नयी दिल्ली
20. अक्षरपर्व–सम्पादक ललित सुरजन, रायपुर
21. ग़ज़ल दुष्यन्त के बाद–सं. दीक्षित दनकौरी, वाणी प्रकाशन, नयी दिल्ली
22. समकालीन हिन्दी ग़ज़ल संग्रह–सम्पादक माधव कौशिक, साहित्य अकादेमी, नयी दिल्ली
23. वही
24. वजूद–राजेश रेड्डी, वाणी प्रकाशन, नयी दिल्ली
25. मौसम के बहाने–ध्रुवगुप्त

26. बया (अंक 25)–सम्पादक गौरीनाथ
27. एक पुल–हरजीत सिंह, स्वयं प्रकाशन, देहरादून
28. एक हाथ की ताली–सूर्यभानु गुप्त, वाणी प्रकाशन, नयी दिल्ली
29. लफ़्ज़ पत्रिका (अंक जन : 2014) सं. तुफ़ैल चतुर्वेदी
30. बया (अंक 25) सं. गौरीनाथ
31. राख की जो पर्त अंगारों पे है–महेश अश्क
32. बया (अंक 25)–सं. गौरीनाथ
33. वही
34. वही

खण्ड दो

1. भूमण्डलीकरण व उदारीकरण और हिन्दी ग़ज़ल
2. उपभोक्तावाद बाज़ारवाद और हिन्दी ग़ज़ल
3. नव यथार्थ और हिन्दी ग़ज़ल
4. बदलते हुए सामाजिक, राजनीतिक और आर्थिक परिदृश्य में हिन्दी ग़ज़ल
5. उत्तर आधुनिकता और हिन्दी ग़ज़ल
6. स्त्री विमर्श और हिन्दी ग़ज़ल
7. दलित/आदिवासी विमर्श और हिन्दी ग़ज़ल
8. नयी सामाजिक संरचना में सम्बन्धों और मूल्यों का हिन्दी ग़ज़ल पर प्रभाव

भूमण्डलीकरण, उदारीकरण और हिन्दी ग़ज़ल

भूमण्डलीकरण का मतलब है मुक्त व्यापार। विकसित देशों का विकासशील और पिछड़े देशों में वस्तुओं का खुला आयात।

भूमण्डलीकरण के साथ जिस बाज़ारवाद की शुरुआत होती है, उसका मतलब है–उपभोक्तावादी संस्कृति का प्रसार। तब एक ऐसा अर्थतन्त्र विकसित किया जाता है (और अब यह काम बहुत साफ़-साफ़ होने लगा है) जिससे पूँजी का प्रवाह बढ़ जाता है।

संसार में सारे देश आज़ाद हो चुके हैं। भौगोलिक उपनिवेशवाद समाप्त हो चुका है, लेकिन उसके स्थान पर नये उपनिवेशवाद ने जगह ले ली है।

भूमण्डलीकरण के कारण स्पष्ट रूप से उपभोक्तावाद को बढ़ावा मिल रहा है। इस पूँजीवादी व्यवस्था में वस्तुओं का उत्पाद और फिर बाज़ार का विस्तार। इसके चलते भोगवादी प्रवृत्ति (कंज्यूमर कल्चर) तथा अपसंस्कृति का प्रसार हुआ है। भौतिक सुखों के लिए बदहवास भागता समाज, एक अदृश्य क़िस्म के तनाव के घेरे में रहता है।

भूमण्डलीकरण के इस नये समय में, पूरे परिदृश्य को थोड़ी दूर से, किसी ऊँची इमारत पर खड़े होकर देखें, तो चकाचौंध से भरा, ख़ुशहाल, वैभवशाली, और चहचहाता हुआ दिखाई देता है। लेकिन इसी परिदृश्य को क्लोज अप में देखें तो व्याकुलता के दृश्य दिखाई देने लगते हैं।

उदारीकरण का सीधा-सा अर्थ है पूँजी की निर्बाध गतिशीलता। एक सीमा तक अंकुश रहित अर्थव्यवस्था।

उदारीकरण के दो पहलू हैं। पहला है आन्तरिक और दूसरा है बाह्य। पूँजी को गतिशील बनाने के लिए ज़रूरी है कि उसे अनावश्यक नियन्त्रणों से मुक्त रखा

जाये। बाह्य पहलू की बात करें तो विश्व पूँजी के लिए तमाम विकासशील देशों के लिए दरवाज़े खुल गये हैं।

उदारीकरण से पूँजी निर्माण में बेशक गति बढ़ी है लेकिन कई तरह की विकृतियाँ भी पैदा हुई हैं। पूँजी निर्माण के क्षेत्र में आपाधापी मची है। उदारीकरण की आँधी में कमज़ोर का क्या होगा, इसकी चिन्ता में सत्ताधीश और औद्योगिक घराने नहीं हैं। इसकी चिन्ता साहित्य में ज़रूर देखी जा रही है। हिन्दी में लिखे जा रहे उपन्यास, कहानी, कविता, तथा हिन्दी में लिखी जा रही ग़ज़लों में यह विमर्श बहुत स्वाभाविक रूप से उभर कर आया है।

हिन्दी ग़ज़ल ने दुष्यन्त के समय से जो रूप धारण किया, वह सामाजिक अधिक था। सामाजिक परिदृश्य को रूमानियत के विपरीत यथार्थवादी नज़रिये से देखा परखा गया। हिन्दी ग़ज़ल में नये विमर्श, समाज की विडम्बनाओं और परिवर्तन के लिहाज़ से महसूस किये गये। हिन्दी ग़ज़ल में समाज के बदलाव के अतिरिक्त, नये विमर्शों से पैदा हुई हलचल, तथा विकृति के प्रभाव भी बड़े सलीके से व्यक्त हुए हैं।

हिन्दी ग़ज़ल का यह समय विमर्शों का समय है। हिन्दी ग़ज़ल में चूँकि प्रयोगधर्मिता बढ़ी है। इसी के ज़रिये नये विमर्श, ग़ज़ल के केन्द्र में स्वत: चले आये हैं।

ग़ौरतलब है कि हिन्दी ग़ज़लों की रचना के पस:मंज़र अनुभवों का ताप तथा मानसिक तैयारी ही है जिससे ग़ज़ल ज़्यादा मानीखेज़, सांकेतिक, तथा चेतना सम्पन्न हुई है। ग़ज़लकार, नये विमर्शों से हो रहे परिवर्तन को प्रखरता से अपने अश्आर में अभिव्यक्ति दे रहे हैं। उधर महत्त्वपूर्ण बात, हिन्दी ग़ज़ल के साथ यह भी हुई है कि दो मिसरे (एक शेर के दो मिसरे) किसी लिफ़ाफ़े की तरह एकदम खुल नहीं पड़ते, बल्कि अर्थ धीरे-धीरे खुलता है। यानी एक शेर में शब्द और अर्थ दोनों संवेदना की यात्रा तय करते हैं।

एक शेर–

खुल के रोएँगे नहीं तो सिसकियाँ लेंगे ज़रूर
लोग इस माहौल में तो मुस्कराने से रहे

माधव कौशिक

माधव कौशिक के शेर में गहरी हताश का भाव है। ऐसा प्रश्न किया जा सकता है कि रचनाकार के पास क्या सिर्फ़ हताशा बची है? प्रश्न के भीतर उत्तर छुपे होते हैं। यहाँ भी इसे देखा जा सकता है। भूमण्डलीकरण में पूँजी का जो खेल चल रहा है,

पूरा समाज अजीब तनाव बल्कि यन्त्रणा की अवस्था में है। जो दुखी है, वो तो दुखी है ही, जो ख़ुश है, वह भी दरहक़ीक़त ख़ुश नहीं है। सम्पन्न वर्ग की ख़ुशी के तलघर में भी व्यर्थता का बोध है–एक अव्यक्त सी उदासी और गुमनाम-सा अवसाद वहाँ भी है–व्याकुल करता। इसी मंज़र की अभिव्यक्ति इस शेर में है–'लोग इस माहौल में तो मुस्कराने से रहे।' इस मिसरे में कवि की बेचैनी है। बेचैनी आयी कहाँ से? समाज से। जिस समाज को भूमण्डलीकरण के उदारवाद ने आत्मकेन्द्रित, स्वार्थी, लोलुप तथा क्रूर बना दिया हो, वह समाज न हँस सकता है न उदास हो पाता है।

किसी देश की जनता पर शासन करने के लिए, हथियारों की मदद से ज़्यादा कारगर तरीक़ा यह है कि उसके सांस्कृतिक जीवन को या बिल्कुल लकवाग्रस्त कर दिया जाये या फिर समाप्त कर दिया जाये।

एक शेर–

आपकी बातचीत भी साहब
इक शिकारी के जाल जैसी है[2]

राजेन्द्र तिवारी

राजेन्द्र तिवारी का शेर उपर्युक्त भाव की ही तस्दीक करता है। सांस्कृतिक जीवन को नष्ट करने वाला भूमण्डलीकरण किसी शिकारी के जाल जैसा है। लेकिन जाल इतना महीन है कि दिखायी नहीं देता।

यह भी सच है कि उदारतावाद वैचारिक संघर्ष से इंकार करता है। एक सिद्धान्तहीन शान्ति के पक्ष में खड़ा होता है। इस प्रकार वह एक मरणोन्मुख प्रवृत्ति को जन्म देता है।[3]

लेटिन अमेरिकी कथाकार और विचारक इस उदारता पर अपने विचार व्यक्त करते हुए कहते हैं, "नव उदारवाद के इस युग में सांस्कृतिक साम्राज्यवाद अपेक्षाकृत ज़्यादा ख़तरनाक कैंसर की तरह है, क्योंकि यही बड़ी बारीकी के साथ नये-नये रूप ग्रहण कर लेता है।"[4]

एमे सेजार के विचार भी इसी सन्दर्भ में अर्थवान हैं। वे लिखते हैं, "हम उपनिवेशवाद की समस्या को सामने रखे बिना देशज संस्कृति की समस्या को प्रस्तुत नहीं कर सकते। क्योंकि आज सभी देशज संस्कृतियाँ, औपनिवेशिक तथा आदर्श उपनिवेशिक स्थितियों के अजीबोगरीब प्रभाव के तहत विकसित हो रही हैं।"[5]

भूमण्डलीकरण के विषय में डॉ. पुष्पा तिवारी लिखती हैं, "आज की तारीख में भूमण्डलीकरण अत्यन्त चर्चित किन्तु विवादास्पद अवधरणा है। आज हर किसी

की ज़ुबान पर यह शब्द है। अमेरिकी विद्वानों का मानना है कि भूमण्डलीकरण का सबसे पहले प्रयोग थ्योदोर लेविट ने किया। 1983 में हावर्ड बिज़नेस रिव्यू में प्रकाशित अपने लेख 'ग्लोबलाइज़ेशन मार्केट' में थ्योदोर लेविट ने ग्लोबलाइज़ेशन शब्द का प्रयोग किया। यानी, इस शब्द की शुरूआत महज़ 29 साल पहले हुई।

लेकिन डॉ. रामविलास शर्मा भूमण्डलीकरण की इस अवधरणा को इतना नया नहीं मानते। इस सम्बन्ध में उनका कहना है कि ग्लोबलाइज़ेशन शब्द ब्रिटिश कालीन विचारक डिज़्विल ने अपनी पुस्तक 'प्रोस्पेक्टस ऑफ़ ब्रिटिश रूल इन इंडिया, में 1910 के आसपास ग्लोबलाइज़ेशन शब्द का प्रयोग किया है। यदि डॉ. रामविलास शर्मा की मानें तो यह शब्द एक सौ तीस साल पुराना है। डॉ. रामविलास शर्मा भूमण्डलीकरण को ब्रिटिश उपनिवेशवाद का विस्तार मानते हैं। ध्यान देने योग्य बात यह है कि प्रसिद्ध अर्थशास्त्री डॉ. अमिय कुमार बागची भी भूमण्डलीकरण की शुरुआत 1910 के आसपास ही मानते हैं। दोनों विद्वान मानते हैं कि फ़र्क़ सिर्फ़ इतना आया है कि उस समय ब्रिटिश महाशक्ति थी अब अमेरिका।[6]

डॉ. रामविलास शर्मा ने कहा था, "भूमण्डलीकरण के साथ जो संस्कृति आ रही है, उससे सावधान रहने की ज़रूरत है। भूमण्डलीकरण के इस दौर में बार-बार कहा जाता है कि यह विकास है। लेकिन यह विकास एक धोखा है। बहुराष्ट्रीय कम्पनियाँ जिस देश में भी जाती हैं, वहाँ वे यूरोपियन तथा अमेरिकी संस्कृति और जीवन मूल्यों को पूरी ताक़त से स्थपित करती हैं।"[7]

यही हो भी रहा है। यह छल इतने करीने से हो रहा है कि मूल्यों के पतन को भी महान गाथा में बदला जा सकता है।

शेर है–

बुझे चराग़ों से कर रहे हैं नगर को रोशन नगर के वासी
यहाँ उजालों के सामने हैं असल में ख़तरे नये-नये से

सुल्तान अहमद

हिन्दी ग़ज़ल के सशक्त ग़ज़लकार और आलोचक सुल्तान अहमद, भूमण्डलीकरण के ख़तरों को प्रतीकात्मकता से व्यक्त करते हैं। बुझे चराग़ों से शहर को रोशन करना, ख़ाम ख़्याली ही नहीं, छल भी है। बहुराष्ट्रीय कम्पनियों की संस्कृति–बुझे चराग़ों से उजाला करने की संस्कृति (फ़रेब) है। उजाला समाज की निजता है। उजाला हमारे देश की संस्कृति है। समाज की संस्कृति तथा मूल्य हमारे

अपने हैं। लेकिन ग्लोबल छद्म, बुझे चराग़ों का जश्न है। और हमारा संकट।

सुल्तान अहमद की ग़ज़ल का एक और शेर है–

कभी लगता है दुनिया हो गयी है एक जंगल सी
कभी लगता है मेरी आँख में कुछ रोशनी कम है[9]

ग़ौर से देखें तो यह पूँजीवाद तमाम डरावनी छायाओं के साथ प्रविष्ट हुआ है। अपसंस्कृति ने महानगरों को दश्त (जंगल) में बदल दिया है। सब अधीर। व्याकुल। बदहवास। भागते हुए। डरे हुए। किसी से डरे हुए। किसी अन्य को डराते हुए। वही जो जंगल के तन्त्र में घटित होता है। लेकिन दूसरे मिसरे में सुल्तान अजीब सा संशय पैदा करते हैं। अपने समय के संकट को व्यक्त करने की यह भी एक शायराना तरकीब है। उदारवाद के प्रपंच को तहरीर करने की विनम्र तहरीर। जैसे कि दुष्यन्त के शेर का यह मिसरा–मैं सजदे में नहीं था आपको धोखा हुआ होगा।

परिपक्व ग़ज़लकार अपने मन की वेदना को बहुत स्पष्ट नहीं होने देते। वे मुहावरों, प्रतीकों और संकेतों के ज़रिये बात करते हैं। जैसा कि सुल्तान अहमद भूमण्डलीकरण के प्रभाव को संकेतों से व्यक्त करते हैं।

भूमण्डलीकरण के पैरोकार गुरुचरण दास की टिप्पणी ग़ौरतलब है (गुरुचरणदास एक अरसे तक बहुराष्ट्रीय निगम प्राक्टर एंड गेम्बल से जुड़े रहे हैं) वह कहते हैं, "भूमण्डलीकरण, पूँजीवादी बाज़ार का अन्तिम चरण है जो एक तरह से स्थायी रूप से रहेगा हमेशा-हमेशा। अब वर्ग संघर्ष के लिए कोई स्थान नहीं है। इतिहास अब अपने अन्तिम पड़ाव पर आ गया है। अब दुनिया और मानव जाति, मूलभूत एकता के सूत्र में बँध जायेंगे। युद्ध अतीत का विषय हो जायेगा।"[10]

गुरुचरणदास का यह दावा अगर दिवास्वप्न नहीं तो एक ऐसा सपना ज़रूर है जो टूटने के लिए बना है। जब और जिन हालात में ये दावा गुरुचरणदास कर रहे हैं, तब भी विश्व के कई स्थानों पर छोटी-छोटी लड़ाइयाँ और युद्ध लड़े जा रहे हैं। वह कहते हैं कि मानव जाति एक सूत्र में बँध जायेगी। लेकिन ये सूत्र सम्पन्न देशों द्वारा फेंके गये लेमिनेटिड खोखले नारे हैं। गुरुचरणदास का स्वर्ग आकाश में कहीं बेशक तैर रहा हो, ज़मीन पर तो कहीं दिखायी नहीं देता।

इसी सिलसिले में यह शेर–

तुम्हारी आँख के आँसू बता रहे हैं हमें
हुआ है क़त्ल बहुत बेज़ुबान सपनों का[11]

माधव कौशिक

यह भी सपना दिखाया जा रहा है कि पूँजीवादी निजी उद्यम एक इंजन है, जो आर्थिक विकास की गाड़ी को आगे ले जा सकता है। लेकिन अर्थशास्त्री माइकल हार्ट और अन्तोनिया नेब्री इन सब विचारों से असहमत है। वे कहते हैं, "राष्ट्रीय नहीं, बल्कि अधिराष्ट्रीय शक्तियाँ आज के भूमण्डलीकरण को शासित कर रही हैं।"

'यह बिल्कुल सच है कि आज भूमण्डलीकरण के विजयी पूँजीवाद हमारे सामाजिक अस्तित्व के रगरेशे में पैठ गया है और उसने एक अभूतपूर्व गत्यात्मकता ला दी है। साथ ही उसने सभी महत्त्वपूर्ण सामाजिक सम्बन्धों को कमज़ोर करना आरम्भ कर दिया है। अब दुनिया पहले से ज़्यादा ख़तरनाक हो गयी है।"[12]

गिरीश मिश्र

जान ग्रे ने तो इसी विषय को केन्द्र में रखकर किताब ही लिख डाली है– फाल्स डॉन–द डेल्यूज़न्स ऑफ़ ग्लोबल केपिटा–लिज़्म (यानी, झूठा सवेरा-भूमण्डलीकरण, पूँजीवाद के खोखले सपने) वह कहते हैं, "मुक्त बाज़ार तबाही लायेगा, युद्ध लायेगा। सांस्कृतिक पहचानों की विनाशक राजनीति को जन्म देगा। पर्यावरण को नष्ट करेगा।"[13]

फ़लक तुझको कोई पत्थर लगा क्या
तेरा माथा शफ़क़ यूँ ही हुआ क्या[14]

स्वप्निल तिवारी 'आतिश'

शेर में बेशक इमेजिस की रचना है। लेकिन शेर उस गहरे अर्थ को व्यंजित करता है। फ़लक को अगर पत्थर लगा है तो ये पत्थर मारने वाला कौन है। ज़ाहिर है, भूमण्डलीकरण के पोषक और उसकी वकालत करते वैश्विक पूँजीवादी लोग।

प्रकृति के तत्त्वों के ज़रिये नये समय और नये विमर्शों की बात शेर के ज़रिये व्यक्त करना स्वप्निल तिवारी आतिश जानते हैं। वह नये समय के ऐसे युवा ग़ज़लकार हैं जो कभी सपाट नहीं होते। अपने अश्आर में लोचदार शब्दों का चयन करते हैं। इस शेर में भी उन्होंने यही शैली अपनायी है।

इसी भूमण्डलीकरण को व्यक्त करता एक शेर–

ये तुम्हारा शहर है घुड़दौड़ के मैदान सा
लोग कुछ कहते नहीं सुनते नहीं चिल्ला रहे[15]

सुरेन्द्र सिंघल

सुरेन्द्र सिंघल इस विनाशकारी भूमण्डलीय सांस्कृति का रूपक गढ़ते हुए पूरे परिदृश्य को घुड़दौड़ के मैदान की कल्पना करते हैं। जहाँ कोई किसी की नहीं

सुनता। सब अपने-अपने घोड़ों के लिए चीख़ रहे हैं। यह पूरा समय वैश्विक पूँजी का समय, रेस के घोड़े की तरह है–जीवन की संवेदन लय को रौंदता हुआ।

क़दम-क़दम पर नयी मुश्किलें पैदा करता है
सुनते हैं वह जो करता है अच्छा करता है[16]

बुद्धिसेन शर्मा

बुद्धिसेन शर्मा अपने शेर में ताकतवर तन्त्र भूमण्डलीकरण को केन्द्र में रख कर, दो मिसरों में विरोधाभास पैदा करते हैं यही विरोधाभास शेर की शक्ति है। दूसरे मिसरे का आरम्भ थोड़ी नाटकीयता से होता है–'सुनते हैं'–यह बात सुनी सुनायी है। कहीं से सुनी गयी है कि–वह जो करता है अच्छा करता है। दूसरा मिसरा साधारण लोगों के जीवन शिल्प से छनकर आया है। वे यह मान लेते हैं जो होगा अच्छा होगा। कवि, इस ताक़तवर तन्त्र के बारे में कुछ और ही विचार रखता है। वह पहले मिसरे में व्यक्त है क़दम-क़दम पर नयी मुश्किलें पैदा करता है, इसके बावज़ूद आग्रह और प्रचार इस बात का है वह (भूमण्डलीकरण) अच्छा कर रहा है।

एक और शेर–

ग़ज़लगोई ये अफ़साने रिसाले और तहरीरें
किताबत सचकलामी हाय सारे काम ख़तरे में[17]

नूर मुहम्मद नूर

बुद्धिसेन शर्मा ने जिस कठिन समय को शेर में व्यक्त किया था, नूर मुहम्मद नूर इस भूमण्डलीय प्रभाव और उदारीकरण की वास्तविकता को अपने शेर में बयान करते हुए अदबी दुनिया के प्रतीकों को चुनते हैं। हक़ीक़त में ये प्रतीक संवेदना के प्रतीक हैं। शेर में ऐसी तरकीब पैदा करते हुए 'नूर' वैश्विक पूँजी के ख़तरों को बड़ी महीनता से व्यक्त करते हैं। भूमण्डलीकरण का समय जटिलताओं का समय है। जटिलताएँ इतनी अधिक कि अभिव्यक्ति तक ख़तरे में है। नूर के प्रतीक–अफ़साने, रिसाले, तहरीरें और किताबत ये तमाम बातें–शेल्फ में रखी अमूर्त अथवा बेजान चीजें नहीं हैं। इन सबका जीवन में अर्थ है और सन्दर्भ है। लेकिन यही तत्त्व जो सचकलामी बयान करते हैं, ख़ुद ख़तरे में पड़ चुके हैं। यही तत्त्व, सच की विनम्रता से जुड़े हैं। लेकिन विडम्बना यह है भूमण्डलीकरण के दौर में, तमाम प्रतीक संकट में हैं जो सचकलामी का रूप थे।

एक और शेर है–

सारा ध्यान ख़ज़ाने पर है
उसका तीर निशाने पर है[18]

विज्ञानव्रत

दूसरे मिसरे से बात आरम्भ करते हैं–उसका तीर...किसका तीर? किसके तीर की बात की जा रही है? यह सूत्र ग़ौरतलब है। तीर पूँजीवादी संस्कृति का है जो भूमण्डलीकरण की कमान पर है। यह ऐसी संस्कृति है जो आखेटक है। तीर कमान पर है। निशाना मानवतावादी मूल्य! और ध्यान! ध्यान में बाज़ार है। छोटी बहर का यह शेर, ग्लोबल समय की सशक्त तहरीर है जो शेर में गूँजती है।

शेर है–

ये पागल हवा ये सफ़र बेकारां-सा
जुदा सर से दस्तार होकर रहेगी[19]

सौरभ शेखर

उपर्युक्त सभी अश्आर जिस भूमण्डलीकरण और उदारवाद के ख़तरों की बात करते हैं सौरभ शेखर के इस शेर में भी संकेत वही हैं। ख़तरे भी वही हैं। लेकिन लहजा भिन्न है। शेर कहने की शैली भिन्न है। और प्रतीक भी भिन्न हैं। यह वैश्विक समय-पागल हवा जैसा पागलपन यानी मूल्यहीनता। ऐसे मूल्यहीन वातावरण में जीना। ऐसे कठिन समय में सर से दस्तार का जुदा होना यानी, अपमान होते रहना, तय है।

जान ग्रे अपनी पुस्तक–झूठा सवेरा–भूमण्डलीकरण, तथा पूँजीवाद के खोखले सपने–में लिखते हैं–मौजूदा संसार में परम्परा के दिवालिया करने वाली सबसे बड़ी ताकत मुक्त बाज़ार है। वह ये भी कहते हैं, "इन्सान की ग़ुलामी का एक नया अध्याय है भूमण्डलीकरण। और इसी को रहते, एक कायर संस्कृति ही नहीं, एक जंगली संस्कृति का जन्म हो रहा है।"

एक शेर इसी सम्बन्ध में–

पहले मुझसे सच को सच लिखने का मौक़ा दीजिए
काटकर फिर ख़ुद ही अपनी उँगलियाँ रख जांऊगा[20]

माधव कौशिक

भूमण्डलीकरण, वैश्विक पूँजी और उदारवाद का प्रपंच एक तरफ़ दूसरी तरफ़ कवि की व्याकुलता–सच बयान करने की। यह व्याकुलता एक ऐसे अदीब की

है जिसके प्रतिवाद में भी गरिमा है। भूमण्डलीकरण का विरोध करते हुए भी कवि अपने अदब का साथ नहीं छोड़ता। कवि का यह भाव कितना मानीखेज़ है जब वह कहता है–काटकर फिर ख़ुद ही अपनी उँगलियाँ रख जाऊँगा। लेकिन एक शर्त है। मुझे सच्चाई व्यक्त करने का अवसर दिया जाये। प्रश्न यह भी है कि सच्चाई है क्या, जिसे कवि व्यक्त करने के लिए आतुर है? ज़ाहिर है, भूमण्डलीकरण और उदारवाद के छल को व्यक्त करने की तहरीर, बहुत बड़ी और संकटपूर्ण चुनौती है। जो छल है। उसे उदारवाद का नाम दिया गया है। कवि उस कपट को व्यक्त करने का साहस रखता है।

उसको बातों में समझा पाना बहुत मुश्किल है
शाप देता है तो लगता है दुआ देता है।[21]

ज़हीर क़ुरैशी

उदारवाद जो वरदान देते देवता जैसा प्रतीत होता है, हक़ीक़त उसकी कुछ और है। जो पसे-पर्दा है। उदारवाद एक सपने की तरह परोसा जा रहा है। बताया जा रहा है कि भूमण्डलीकरण तथा उदारवाद ख़ुशहाली और समृद्धि लायेगा। यह एक छल है। एक टूट जाने वाला सपना। यह शाप है जो वरदान जैसा प्रतीत होता है। ज़हीर अपने शेर में इस संशय को बड़ी सादगी से और तगज़्ज़ुल से व्यक्त करते हैं। शाप देता है तो लगता है दुआ देता है। यह मिसरा शेर की शक्ति है और अभिव्यक्ति की कुशलता। यह मिसरा प्रपंचकारी ग्लोबल संस्कृति को एक मुहावरे में व्यक्त करता है। विडम्बना यहाँ दिखाई देने वाले तत्त्व के रूप में उभरती है। डॉ. नामवर सिंह की टिप्पणी इस विषय में बेहद सचेत करने वाली है। वे कहते हैं, हमारे देश में विश्व बाज़ार तेज़ी से प्रवेश कर रहा है। हम विश्व पूँजीवाद के अंग बन गये हैं। यह पूँजीवादी बाज़ार व्यवस्था किसी को न्याय नहीं दे सकती। यह एक तरह का उपनिवेशवाद है, जिसके विरूद्ध सबको एकजुट होकर लड़ना है।[22]

डॉ. नामवर सिंह

उत्तर-आधुनिकता और भूमण्डलीकरण जैसे विमर्शों पर निरन्तर लिखने वाले देवेन्द्र इस्सर के विचार थोड़े भिन्न हैं। उनके अनुसार, "जो बहसें हो रही हैं वे अधिकतर अर्थव्यवस्था, राष्ट्रीयता तथा राजनीति के क्षेत्रों तक सीमित हैं। संस्कृति के बारे में आमतौर पर सामान्य और विरोधात्मक वक्तव्य जारी किये जाते हैं। यानी, हमारी संस्कृति पर भूमण्डलीकरण के हानिकारक प्रभाव पड़ रहे हैं। संस्कृति की इस बहस में वैश्विक, राष्ट्रीयता, धर्म जाति, नस्ल और लिंग के अतिरिक्त पूर्व और पश्चिम की संस्कृति की ध्रुव भिन्नता के साथ-साथ न जाने किन-किन विचारधारा

और पुराणों के हवाले दिये जाते हैं। देवेन्द्र इस्सर प्रश्न करते हैं, "क्या संस्कृति गतिशील नहीं होती? क्या यह इतिहास के किसी बिन्दु अथवा मोड़ पर रुक जाती है।"[23]

देवेन्द्र इस्सर के प्रश्न पूरे विमर्श और बहस में हलचल पैदा करते हैं।

इसी बहस को विस्तार देते हुए देवेन्द्र इस्सर यह भी कहते हैं, "फ्रांसिस फूकोयामा के विचार में मध्य वर्ग के लोगों में निरन्तर वृद्धि हो रही है जो अन्ततः भूमण्डलीय समाज में विलीन हो जायेगी। इस नये दौर में तमाम संघर्ष समाप्त हो जायेंगे। एक नयी वैश्विक बिरादरी–वर्चुअल वर्ल्ड। काल की नयी चेतना–रियल टाइम और नया 'यथार्थ'–'वर्चुअल रियलिटी,' संस्कृति की परिभाषा और कल्पना को बदल देंगे।"[24]

लेकिन इन सब प्रश्नों और डर पैदा करते ग्लोबल विजन के प्रतिपक्ष में निर्मल वर्मा के विचार भारतीय सोच, शऊर, संज्ञान के साथ उपस्थित होते हैं। उनके अनुसार, "हमें भारतीय सन्दर्भ में संस्कृति के प्रश्न पर बुनियादी तौर पर पूर्ण विचार करना पड़ेगा। हम संस्कृति को उन बिम्बों, प्रतीकों और मिथकों से अलग नहीं कर सकते, जो हमारे जीवन के साथ अन्तरंग रूप से जुड़े हैं। इनके माध्यम से न केवल हम अपने को पहचाने हैं, बल्कि ये वे आईने हैं, जिनके द्वारा हम बाहर की दुनिया को परखते हैं। संस्कृति मनुष्य की चेतना का प्रदर्शन नहीं, उस सामूहिक मनीषा की उत्पत्ति है, जो व्यक्ति को एक स्तर पर दूसरे व्यक्ति से और दूसरे स्तर पर विश्व से जोड़ती है।"[25]

संस्कृति जैसे जटिल विषय पर विचारक मानस मुकुल दास की कुछ पंक्तियाँ सटीक और अर्थवान हैं। वे कहते हैं, "दरअसल किसी भी संस्कृति के दो पहलू होते हैं एक संस्कृति का शरीर है, दूसरा उसका आदर्श होता है, आत्मा होती है। संस्कृतियों के स्वरूप बदलते रहते हैं मगर उसकी आत्मा एक रहती है।"[26]

लेकिन भूमण्डलीकरण के ज़रिये संस्कृति के स्वरूप में जो बदलाव आया है उसमें बाज़ारवादी छलनाएँ, कृत्रिम जगमगाहट और चकाचौंध शामिल है जिसमें अजीब तरह के समाज का निर्माण हो रहा है। यथा–

इबादतख़ाने ढाए जा रहे हैं
सिनेमाघर बनाये जा रहे हैं[27]

बी. आर. विप्लवी

रिश्तेदारी है टेलीफ़ोन मशीन
सिक्का डालो तो बात होती है[28]

विनय सरगम

दिल्ली में उसके बेटे का घर है फिर भी वो
अपना बिस्तर अपनी रोटी लेकर आये हैं[29]

सुरेन्द्र सिंघल

वोटों की जंग में जो गये जीत भेड़िए
अब उनके ज़िम्में बकरियों की देखभाल है[30]

सुरेश मक्कड़ 'साहिल'

बर्फ़ के गोदाम की थाती है धूप
बादलों को सिया जा रहा है।[31]

विजय किशोर मानव

इश्क़ की कुण्डली में चाकू है
चाकुओं पर लिखा है ख़ामोशी।[32]

सूर्यभानु गुप्त

साँसें बचा के रख तू ज़रा इन्तज़ार कर
दिन भर का कैश गिन रहा है डॉक्टर अभी[33]

हरेराम समीप

ज़िन्दा चेहरे भी बदल जाते हैं तस्वीरों में
पेड़ मरते हैं तो ढल जाते हैं शहतीरों में[34]

हरजीत

भूमण्डलीकरण और उदारवादी संस्कृति से जो नया समाज और नयी जीवन शैली की आमद हो रही है–उसकी गूँज, आहटें और ध्वनियाँ उपर्युक्त अश्आर में सुनी जा सकती हैं और महसूस भी की जा सकती हैं।

इस परिप्रेक्ष्य में सवाल यह उठता है कि भूमण्डलीकरण और विश्व बाज़ार किसे पसन्द है? ज़ाहिर है, यह सारा दर्शन और अनुकरण थोड़े-से साधन सम्पन्न लोगों के लिए है। जो हर हाल में व्यवस्था पर अपना प्रभाव जमाये रखना चाहते हैं। यूँ भी कह सकते हैं भूमण्डलीकरण और उदारवाद कुछ सम्पन्न लोगों द्वारा 'सुख' साझा करने का व्यापार है। लेकिन यहाँ दुख साझा करने की संस्कृति नहीं है। भूमण्डलीकरण, जो एक जैसापन परोस रहा है, उस निस्संगता और अमानवीय व्यवहार का हिन्दी ग़ज़लों में शिद्दत के साथ न सिर्फ़ अनुभव और चिन्तन किया गया बल्कि तीक्ष्ण और दृष्टि सम्पन्न अभिव्यक्ति भी हुई है।

कुछ शेर–

पाँव मेरे हैं रास्ते उनके
ख़ूब है ये सफ़र भी मंजिल का[35]

सुरेन्द्र सिंघल

खूँटियों पर शर्ट की मानिन्द हम लटके हुए हैं
स्वर्ग से गिरकर गगन के मध्य हम अटके हुए हैं[36]

अरविन्द अवस्थी

ख़ुद परस्ती के खुदग़र्ज़ माहौल में
हर कोई कह उठा अब तो हद हो गयी[37]

शेरजंग गर्ग

अभी अँधेरा है बस्तियों में कहीं पे भी रोशनी नहीं है
तुम्हारी दुनिया के हाशिए में हमारी दुनिया बनी नहीं है[38]

कमल किशोर श्रमिक

इक इक पाँव उठाओ देख सँभल के
रस्ते में बारूद बिछी है भागो!
दिशा-दिशा अब नाच है शैतानों का
इन्सानों की घोर कमी है भागो![39]

सादिक

ज़मीं पर किस क़दर पहरे हुए हैं
परिन्दे अर्श पर ठहरे हुए हैं[40]

पवन कुमार

सुरेन्द्र सिंघल के शेर का मिसरा भूमण्डलीकरण की संस्कृति की विडम्बना को बड़ी व्यंजना में प्रस्तुत करता है। पाँव मेरे हैं रास्ते उनके–यानी, जीवन शिल्प उनके मॉडल से निर्मित होगा। उनका मॉडल उनकी बाज़ारवादी संस्कृति ही तो है। अरविन्द अवस्थी भी अपने शेर में भूमण्डलीकरण और उदारवाद को केन्द्र में रख कर व्याकुल स्थिति को व्यक्त करते हैं–खूँटियों पर शर्ट की मानिंद अटकना, एक नया मुहावरा है। हिन्दी के युवा ग़ज़लकार नयी दृष्टि और नये मुहावरे के साथ, नये विमर्श को अश्आर में व्यक्त कर रहे हैं। लेकिन वरिष्ठ ग़ज़लकार शेर जंग गर्ग,

भूमण्डलीकरण ने जो बाज़ारवादी संस्कृति को लेकर आया है और बाज़ारवाद ने मनुष्य को आत्मकेन्द्रित और स्वार्थी बना दिया है, उसको व्यंजित करते हैं। 'अब तो हद हो गयी'–रदीफ़, समाज के विसंगत पर टिप्पणी है। यूँ भी कह सकते हैं समाज ख़ुद उस व्याकुल अवस्था से गुज़र रहा है जहाँ वह कहना चाहता है कि अब तो हद हो गयी।

कमल किशोर श्रमिक भी इसी उदारवादी संस्कृति को सम्बोधित करते हैं– तुम्हारी दुनिया के हाशिए में हमारी दुनिया बनी नहीं है। तुम्हारी दुनिया–वैश्विक पूँजी की दुनिया! और इस दुनिया के बरअक्स साधारण लोगों का संसार! इस तिलिस्म रचते ग्लोबल कलचर के रहस्य से अपरिचित! ऐसे साधारण लोग हशिए से बाहर की दुनिया में जहाँ रोशनी (उम्मीद) बहुत कम है। डॉ. सादिक इस भूमण्डलीकरण के उदारवाद को किसी बारूदी सुरंग से कम नहीं समझते। अपने दोनों अश्आर में इस नये माहौल को हौलनाक बताते हुए कहते हैं कि यह सब (उदारवादी संस्कृति) शैतानों का नाच है, जहाँ इन्सानों की (इन्सानों यानी जीवन मूल्यों की) बेहद कमी है।

युवा ग़ज़लकार पवन कुमार अपनी बात महीन बुनत से व्यक्त करते हैं। एक शेर के दो मिसरे, आख्यान-सा रचते प्रतीत होते हैं। यहाँ वह नये समय को बिम्बों के ज़रिये बयान करते हैं। भूमण्डलीकरण का यह नया समय जहाँ मासूमियत के लिए कोई जगह नहीं बची। और इसलिए तमाम परिन्दे (परिन्दे मासूमियत का प्रतीक हैं) अर्श से नीचे नहीं उतरते। यानी, वैश्विक पूँजी का यह आवारा समय ताक़तवर के लिए बेशक हो, साधारणता का इस संस्कृति में कोई स्थान नहीं है।

वास्तव में यह जो भूमण्डलीकरण है, इसकी इतनी अधिक चर्चा सम्पन्न देशों के प्रचार तन्त्र से सम्भव हुई है। यह कहना कि भूमण्डलीकरण विकासशील देशों के लिए लाज़मी है, यह महज़ चाँदी के वर्क चढ़ा झूठ है जिसे सच से भी ज़्यादा सुन्दर बना दिया गया है।

हक़ीक़त में भूमण्डलीकरण का मक़सद व्यक्ति की आज़ादी पर ज़ोर देना नहीं है। यह धनी लोगों को उत्पाद बेचने के लिए चल रहा है। मानवाधिकारों का और आज़ादी का भूमण्डलीकरण नहीं हो रहा। और इसी प्रपंच का प्रतिसंसार रचते हुए जानकी प्रसाद शर्मा कहते हैं–

अपनी क़ैदों को रिहाई में बदलता क्यों नहीं
इस कफ़स को तोड़कर बाहर निकलता क्यों नहीं[11]

जानकी प्रसाद शर्मा

उदारवाद के नाम पर बाज़ारवादी संस्कृति को परोसता हुआ भूमण्डलीकरण, व्यक्ति की शिनाख़्त, बाज़ार के ज़रिये करता है। इस छल को महेश अश्क अपने शेर में यूँ व्यक्त करते हैं–

हमें चीज़ों में ढाला जा रहा है
वकालत हो रही है क़ीमतों की[42]

महेश अश्क

श्री प्रकाश मिश्र कहते हैं, "वैश्वीकरण, जिसे भूमण्डलीकरण भी कहते हैं, आर्थिक स्तर पर विश्व बाज़ार और परिणामस्वरूप विश्वग्राम का स्थापक है, जिसका लाभार्थी एक महाशक्तिशाली देश है। राजनैतिक स्तर पर वह दुनिया को क्रमशः एक सिस्टम के भीतर रखने या अनुरूप बनाने का साधन है। संस्कृति के स्तर पर वह दुनिया को एक नियमानुवर्तित बनाने पर आमादा है।"

हिन्दी साहित्यकार समय-समय पर भूमण्डलीकरण, उदारीकरण, बाज़ारवाद तथा उपभोक्तावाद पर गम्भीर टिप्पणियाँ व्यक्त करते रहे हैं। श्रीप्रकाश मिश्र भूमण्डलीकरण की वास्तविकता तथा एक ताक़तवर देश के हितों (भूमण्डलीकरण के नाम पर) की बात करते हैं तो निर्मल वर्मा की चिन्ताएँ भी इसी से मिलती-जुलती हैं। वे कहते हैं, (जब मैं अमेरिका का नाम लेता हूँ तो वह दुनिया के एक भूखण्ड एवं देश के नाम के तौर पर उतना नहीं, जितना एक रूपक के रूप में, जिसकी एक पाखण्डी दुनिया अपनी सम्पन्नता, अपने विकास और भौतिक सम्पन्नता के चरमोत्कर्ष पर आती है। यह शक्तिशाली देश विश्व संस्कृति का केन्द्र बिन्दु, जिसके इर्द-गिर्द, समूचा भूमण्डल घूमता दिखाई देता है। एक ऐसा मेग्नेटिक फील्ड, जिसकी ओर पूर्व-पश्चिम के समस्त देश खिंचते चले आते हैं। कहने को भूमण्डलीकरण की अवधारणा समूची दुनिया को अपने में समाहित करती है, किन्तु कौन नहीं जानता कि इसकी चालक शक्ति का मूल स्त्रोत्र पश्चिमी सभ्यता के रथ से जुड़ा है।"[41]

डॉ. पुष्पपाल सिंह, इस परिदृश्य, जिसमें विकसित देश अपने स्वार्थ और सुखवाद में मुग्ध हैं, इस भूमण्डलीकरण की अवधारणा पर कहते हैं, "भूमण्डलीकरण सामान्यता एक ऐसी अवधारणा होनी चाहिए थी कि पूरे विश्व में एक नयी संस्कृति विकसित हो जो पूरे भूमण्डल को एक विश्वग्राम में परिवर्तित करके सारी दुनिया के मनुष्य मात्र के कल्याण के लिए प्रतिबद्ध होती। किन्तु आज वर्तमान रूप में वैश्वीकरण एक ऐसी धारणा है, जिसका मूलाधार, बाज़ार, बाज़ारवाद और उपभोक्तावाद है।"[42]

अतः एक तरह से भूमण्डलीकरण की अवधारणा लालच, लालसा, लस्ट की जननी है। उबलते हुए पानी में ज़िन्दा मछलियों को देखने की ख़्वाहिश का दूसरा नाम उदारवाद है। इसी उदारवाद ने इच्छाओं के ऐसे स्वर्णमृग दौड़ाए हैं जिनका पीछा करता मनुष्य। जो कभी मनुष्य था, अब एक उपभोक्ता।

जो चिन्ताएँ निर्मल वर्मा, श्रीप्रकाश मिश्र, गिरीश मिश्र तथा डॉ. पुष्पपाल सिंह व्यक्त करते हैं, कमोबेश वही चिन्ताओं और वैसी सोच और फ़िक्र हिन्दी की ग़ज़लों में महसूस की जा सकती है। कुछ शेर इसी सिलसिले में–

इतने खूँखार दिन न थे तब भी
लोग रहते थे जब गुफाओं में[44]

महेश अश्क

सब फ़िदा है आज बिजली की अदा पर
कौन माटी के दिये को पूछता है[45]

राम मेश्राम

इन्सान जाकर खो गया सिक्कों की भीड़ में
इतरा रहे हैं सच्चों को झूठे खरीद कर[46]

सलीम अख़्तर

महेश अश्क उदारवाद के छल को तीक्ष्णता से व्यक्त करते हैं कि ये दिन जो भूमण्डलीकरण की संस्कृति से छन कर आये हैं, जटिल ही नहीं ख़ूँखार भी हैं जो मनुष्य की मनुष्यता का आखेट कर रहे हैं। सभ्य समाज इतना स्वार्थी, आत्मकेन्द्रित इसी संस्कृति से हुआ है। विडम्बना यह है कि हत्याएँ करना अब किसी जश्न की तरह है। हत्यारों के पास दृढ़ता है लेकिन रचयिता की भाषा डरी-डरी सी।

राम मेश्राम की ग़ज़लों में साफ़बयानी का लहजा बरकरार रहता है। कहीं-कहीं वे मुँहफट और करख्त भी हो जाते हैं। लेकिन उपर्युक्त शेर में उन्होंने अपनी बात गहरी संवेदना से व्यक्त की है। दो मिसरे जैसे दो दुनियाओं की अभिव्यक्ति हों–एक में बिजली की अदाएँ हैं तो दूसरी में निर्धन-सा माटी का दीया, जो उपेक्षित है। माटी का दीये सादगी का प्रतीक है और अपनी संस्कृति का भी। लेकिन पूरा समाज बिजली की चकाचौंध पर आसक्त है। यहाँ कवि उस दौर में नहीं ले जाना चाहता जहाँ दिए और लालटेन हुआ करते थे। यहाँ, दीया एक प्रतीक है–त्याग और सादगी का आख्यान रचता प्रतीक!

सलीम अख़्तर उस अहंकारी झूठे चेहरों को बड़ी कुशलता से बेपर्दा करते हैं जो सदाकत को ही ख़रीद लेते हैं। वे यह भी व्यक्त करते हैं कि वैश्विक पूँजी के दौर में मनुष्य की अस्मिता खो गयी है।

इसी अस्मिता की तलाश चन्द्र त्रिखा के शेर में भी है। चन्द्र त्रिखा की ग़ज़लियत की विशेषता यह भी है कि वे नये प्रयोग करने का साहस रखते हैं–'सूरज की वेबसाइट' जैसा अछूता और नया प्रयोग तथा 'मार्क्स महोदय के देहाती दफ़्तर में'! नयी ग़ज़लियत के दर ऐसे साहसिक प्रयोगों से खुलते हैं। एक ओर चन्द्र त्रिखा के पास नये प्रयोग करने की अपार क्षमताएँ हैं तो बिल्कुल वहीं सूफ़ियाना लहजा उनकी ग़ज़लों में किसी फ़क़ीराना माहौल की रचना करता है। यहाँ उनका एक शेर है–

जीने के कुछ मानी दे
ऐसी एक कहानी दे[47]

चन्द्र त्रिखा

छोटी बहर का ये शेर अपनी अभिव्यक्ति में इसलिए बड़ा हो जाता है कि इसमें सूफ़ियाना सादगी, दर्शन और मितकथन है। बात यहाँ नये समय की है। जटिलताएँ हैं। समाज है। नया समय है। पहचान का संकट है। व्यर्थता का बोध है। 'मीनिंगलेस फीलिंग' किसी जीवन शिल्प में उतर रही है। ऐसे में कवि का कथन–जीने के कुछ मानी दे। और ये मानी (यानी जीने की सार्थकता) तभी सम्भव है जब जीने की कोई 'कहानी' भी शामिल हो। कहानी? यानी मक़सद!

इसी सिलसिले में कुमार विनोद का एक शेर है–

हिरण सोने के सबकी आँख में हरदम मचलते हैं
ये हसरत के घने जंगल हैं जिनमें हम भटकते हैं[48]

कुमार विनोद

ग़ज़लकार कुमार विनोद मिथकों तथा प्रतीकों से मनुष्य की लालसा, कामना, इच्छाओं और हसरतों को अपने शेर में व्यक्त करते हैं और इसी अभिव्यक्ति के ज़रिये वे व्याकुलताओं को बयान करते हैं जो भूमण्डलीकरण ने पैदा किया है। हसरतों का दश्त और मचलते भागते सोने के हिरण। यहाँ एक बिम्ब-सा खिंचता चला जाता हैं। इसी जटिल परिवेश की अभिव्यक्ति सूर्यभानु गुप्त कुछ इस तरह करते हैं–जीते हैं लोग ज़िन्दगी यूँ। जिस तरह पहाड़ा रटा हुआ।

भूमण्डलीकरण का प्रभाव समाज और उसकी संरचना पर पड़ा है। समाज अधिक निस्संग, एक रेखीय जीवन जीने को अभिशप्त है। यह सम्भवत: इसलिए भी हुआ है कि पूँजीवाद की चमक-दमक की पृष्ठभूमि में बहुत कुछ छिपा हुआ है। क्या छिपा हुआ है, इसकी अभिव्यक्ति इस शेर से ज़ाहिर है–

दगा, फरेब, कपट, छल, फ़ितूर मक्कारी
वो एक साथ कई सरपरस्त रखता है[49]

एहतराम इस्लाम

इस शेर में एक पात्र है–'वो'! वो पात्र सरपरस्त है लेकिन किनका सरपरस्त हैं? दग़ा, फ़रेब, कपट, छल का। लेकिन वो पात्र है कौन? वह है भूमण्डलीकरण का पैदा किया गया बाज़ारवाद!

एक और शेर उदाहरण के तौर पर–

सोच था उनके देश में महँगी है ज़िन्दगी
पर ज़िन्दगी का भाव यहाँ और भी ख़राब![50]

दुष्यन्त कुमार

इस बाज़ारवाद में वस्तुएँ बिकती हैं सदाकत और उसूल, हर्ष और आँसू सब बिकते हैं। और तो और ज़िन्दगी भी बिकती है। दुष्यन्त के इस शेर में व्यंजना है उसे पकड़ना और परखना लाज़मी है। ज़िन्दगी वहाँ भी बिकी यहाँ भी बिक रही है। यानी ज़िन्दगी एक जिन्स हो चुकी है बिकाऊ माल! क़ीमत बेशक वहाँ ज़्यादा हो, यहाँ ज़िन्दगी की क़ीमत कुछ विशेष नहीं। बाज़ारवादी संस्कृति को घेरता और संकेतों में तंज़ कसता शेर विशेष महत्त्व रखता है। यह शेर ज़िन्दगी के अवमूल्यन का शेर है। (उर्दू ग़ज़ल का एक शेर है–वो कम क़ीमत हैं गौहर/जो कि बाज़ारों में बिकते हैं) यानी जिस शय का मूल्य तय हो गया। क़ीमत (और कद्र) कम हो जाती है। इस बाज़ारवादी समय में ज़िन्दगी का मूल्य तय होना, दरहक़ीक़त, ज़िन्दगी की क़ीमत का कम होना है। बाज़ार यहाँ दृश्य में बेशक नहीं है। वैश्विक पूँजी भी यहाँ दृश्य में नहीं, लेकिन यह सब अदृश्य में मौजूद हैं।

1962 में मार्शल मेक्लुहन नामक कनैडियन समाजशास्त्री ने वैश्विक गाँव (ग्लोबल विलेज) की अवधारणा को जन्म दिया। सूचना क्रान्ति और मीडिया के नये से नये तकनीकी प्रयोगों रेडियो, टेलीविज़न आदि ने पूरे विश्व के राष्ट्रों को एकजातीय संस्कृति (होमोजिनस कल्चर) में ढालने का प्रयास किया। यानी, वैश्वीकरण की आर्थिकता ने संस्कृति के वैश्वीकरण को सम्भव बनाया।

लेकिन इसके कुप्रभावों का अध्ययन विद्वानों के लिए ज़रूरी हो गया प्रतीत होता है। वैश्विक आर्थिकता (इकोनोमी) का सबसे दुखद पहलू जो पूरे विश्व के सामने आया है, वह है पूँजी यानी धन का असमान वितरण। एक ओर विकसित देश निरन्तर ग़रीब होते जा रहे हैं। यही अन्तर देश के भीतर अमीर और ग़रीब के बीच भी ज़्यादा बढ़ा है। एक शेर इसी सिलसिले में–

इसी से हौसला कुछ बढ़ गया है
गँवाने के लिए अब क्या बचा है[51]

विकास शर्मा 'राज़'

भूमण्डलीकरण एक दृश्य की रचना जैसा और दृश्य! उदारवाद! बाज़ारवाद! चमक! चकाचौंध! तिलिस्म! मायाजाल! स्वप्न! दिवास्वप्न! सोने के हिरण! इच्छाओं का जंगल! भागता हुआ समाज।

भूमण्डलीकरण किसी–दृश्य की रचना जैसा। और दृश्य! वैश्विक पूँजी का मचान। मेमने जैसी ज़िन्दगी मचान से बँधी। छलना का हाईवे। और पैदल चलने वालों के गुम होते (या बिल्कुल समाप्त होते) रास्ते।

और प्रगति पर गर्व करती वैश्विक आवारा पूँजी। यह भूमण्डलीकरण, जो पाखण्ड की भाषा रचता है, जिसकी शब्दावली की कटुता पर विनम्रता का लेमिनेशन।

उदारीकरण और वैश्वीकरण का यह समय जिसमें हम प्रौद्योगिकी और सूचना क्रान्ति के युग में हैं, जहाँ सहजता का लोप होता जा रहा है, ब्रान्डिंग और पैकेजिंग हमें विभ्रम में डाल रहे हैं।

निकोलस कार ने दार्शनिक नीत्शे का एक प्रसंग बताया है–नीत्शे पहले हाथ से लिखते थे। फिर वे टाइपराइटर पर काम करने लगे। नीत्शे ने अपने मित्र को एक ख़त में लिखा कि हमारे लिखने का यन्त्र भी हमारे विचार गढ़ने-सोचने की प्रक्रिया में हिस्सेदार होता है। अगर एक टाइपराइटर सोचने, लिखने को प्रभावित कर सकता है तो आज गूगल का क्या असर होगा? ईमेल, ब्लॉग, गूगल पर उपलब्ध सामग्रियों में गोते लगाना, ब्राउज़िंग करना, हमारे सोचने-समझने और काम के तरीक़े को प्रभावित करते हैं।

"एंड्रयू यह सवाल उठाते हैं कि क्या इस रास्ते चिन्तन-मनन सम्भव है? वे यह भी मानते हैं कि तेज़ इन्फार्मेशन हाईवे जैसी चीज़ें, मनुष्य को स्थिरचित्त नहीं रहने देंगी।"[52]

डॉ. हरिवंश

इस हक़ीक़त से इनकार नहीं किया जा सकता कि वैश्विक पूँजीवादी संस्कृति में समाज सूचना क्रान्ति के युग में है। विज्ञापनी दुनिया का तिलिस्म ऐसे रूपकों को रचता है जो हमारे ड्रांइग रूम से होते हुए हमारे बिस्तर, हमारे सोचने-समझने तक चला आया है। हमें मालूम नहीं होता कि हम उस वक़्त भी उपभोक्ता होते हैं जब हम खाना खा रहे होते हैं या मित्रों के साथ होते हैं या नींद में होते हैं।

हम ऐसे ग्लोबलाइजेशन समय में हैं जहाँ हमारी नींदें, हमारे सपनों का भी अपहरण कर लिया गया है।

भूमण्डलीकरण और उदारवाद की भीतरी सच्चाइयों को व्यक्त करता आतिश का शेर बेहद-बेहद सार्थक है–

हम उतारे गये हैं हर एक हाथ से
एक रुक-रुक के चलती घड़ी की तरह[53]

स्वप्निल तिवारी आतिश

मनुष्य को, भूमण्डलीकरण ने आज़ादी दी नहीं, उसकी आज़ादी को छीना ज़रूर है। हाल यह है कि मनुष्य स्वतन्त्र रूप से सोचने-समझने की इच्छा शक्ति समाप्त कर चुका है। वैश्विक पूँजी, उदारवाद के प्रपंच ने उसकी अवस्था 'रुक-रुककर चलती घड़ी' जैसी कर दी है। आतिश ने ग्लोबल समय को व्यक्त करने के लिए बड़ा ही सटीक मुहावरा गढ़ा है। वैश्विक पूँजी, समय को बेशक रेस के घोड़े की तरह दौड़ाए जा रहा है, लेकिन मनुष्य की सोच, संज्ञान, दर्शन, दृष्टि और चिन्तन ठिठक गये प्रतीत होते हैं–किसी रुक-रुककर चलती घड़ी की तरह।

एक शेर इसी सन्दर्भ में सार्थक और मार्मिक टिप्पणी की तरह–

चक्रव्यूही युद्ध में निरुपाय होकर रह गया है
आदमी अभिमन्यु-सा असहाय होकर रह गया है[54]

भूमण्डलीकरण की सच्चाई यही है कि वह एक चक्रव्यूही युद्ध की रचना कर रहा है। विडम्बना यह है कि यह रचना बड़ी ही कलात्मकता से हो रही है।

सन्दर्भ सूची

1. सारे सपने बागी हैं–माधव कौशिक, वाणी प्रकाशन, नयी दिल्ली
2. संभाल कर रखना–राजेन्द्र तिवारी, उत्तरा बुक्स, नयी दिल्ली
3. रोज़ेज ऑन द ग्रास–इशाक डिवेशन–द कम्पलीट पोएम्स द लिटिल ब्लैक ब्वाय।

4. अँधेरे में विचार–सम्पादक विजय कुमार, संवाद प्रकाशन, मेरठ
5. वही
6. कृति ओर पत्रिका–सम्पादक विजेन्द्र जोधपुर (अंक 58 से 70) लेख–भूमण्डलीकरण की चुनौतियाँ और डॉ. रामविलास शर्मा–डॉ. पुष्पा तिवारी
7. कृति ओर पत्रिका–सम्पादक विजेन्द्र जोधपुर (अंक 58 से 70) लेख–भूमण्डलीकरण की चुनौतियाँ और डॉ. राम विलास शर्मा–डॉ. पुष्पा तिवारी
8. नदी की चीख़ सुल्तान अहमद, राधा कृष्ण प्रकाशन, दरियागंज, नयी दिल्ली
9. वही
10. हंस पत्रिका–सम्पादक राजेन्द्र यादव (अंक नम्बर-2001), दरियागंज, नयी दिल्ली
11. अंगारों पर नंगे पाँव–माधव कौशिक, पेंगुइन, नयी दिल्ली
12. हंस पत्रिका–सम्पादक राजेन्द्र यादव (अंक नम्बर-2001), नयी दिल्ली
13. अँधेरे में विचार–सम्पादक विजय कुमार, संवाद प्रकाशन, मेरठ
14. लफ़्ज़ पत्रिका–सम्पादक तुफ़ैल चतुर्वेदी (फर. 2014), नोएडा
15. सवाल ये है–सुरेन्द्र सिंघल, मेधा बुक्स, नयी दिल्ली
16. नया ज्ञानोदय–सम्पादक रवीन्द्र कालिया, ग़ज़ल विशेषांक जनवरी-2013, लोधी रोड, नयी दिल्ली
17. वही
18. बाहर धूप खडी़ है–विज्ञान व्रत, अयन प्रकाशन, नयी दिल्ली
19. पाखी–सम्पादक प्रेम भारद्वाज (जून-2014), नोएडा
20. ख़ूबसूरत है आज भी दुनिया ज्ञानपीठ प्रकाशन, नयी दिल्ली
21. भीड़ में सबसे अलग–ज़हीर क़ुरैशी, मेधा बुक्स, नयी दिल्ली
22. कथन पत्रिका–सम्पादक रमेश उपाध्याय, शब्द संधान प्रकाशन, नयी दिल्ली, समकालीन न्याय की अवधारणा लेख से उद्धृत
23. आवारा हवाओं का मौसम–देवेन्द्र इस्सर, किताबघर, नयी दिल्ली
24. वही
25. अन्तर्यात्रा–निर्मल वर्मा, सम्पादक नन्द किशोर आचार्य, वाणी प्रकाशन, नयी दिल्ली
26. समकालीन साहित्य पत्रिका–सम्पादक सत्यव्रत शर्मा, किताबघर, नयी दिल्ली
27. सुबह की उम्मीद–बी.आर विप्लवी–वाणी प्रकाशन, नयी दिल्ली
28. रोशनी पाँच सौ चराग़ों की, ज्ञान भारती, रूप नगर, दिल्ली
29. सवाल ये है–सुरेन्द्र सिंघल, मेधा बुक्स, नयी दिल्ली
30. दर्द लहरों का–सुरेश साहिल मक्कड़, सुकीर्ति प्रकाशन, कैथल
31. आँखें खोलो–विजय किशोर मानव, किताबघर, नयी दिल्ली
32. एक हाथ की ताली–सूर्यभानु गुप्त, वाणी प्रकाशन, नयी दिल्ली
33. इस समय हम–हरेराम समीप, शब्दलोक, सादतपुर, दिल्ली

34. ये हरे पेड़ हैं–हरजीत सिंह, स्वयं प्रकाशन, नयी दिल्ली
35. सवाल ये है–सुरेन्द्र सिंघल, मेधा बुक्स, नयी दिल्ली
36. अक्षर-पर्व–सम्पादक ललित सुरजन, सितम्बर-2006
37. क्या हो गया कबीरों को–शेरजंग गर्ग, किताबघर, नयी दिल्ली
38. अनभै साँचा ग़ज़ल विशेषांक–अतिथि सम्पादक ज्ञानप्रकाश विवेक, नयी दिल्ली
39. अक्षरम संगोष्ठी, सम्पादक शशिकांत, अंक जुलाई 2011
40. वाबस्ता–पवन कुमार, प्रकाशन संस्थान, नयी दिल्ली
41. ग़ज़ल दुष्यन्त के बाद सम्पादक दीक्षित दनकौरी–वाणी प्रकाशन, नयी दिल्ली
42. दस्तावेज़ पत्रिका–सम्पादक विश्वनाथ प्रसाद तिवारी (अंक-141), गोरखपुर
43. अन्तर्यात्रा–निर्मल वर्मा, सम्पादक नन्दकिशोर आचार्य, वाणी प्रकाशन, नयी दिल्ली
44. भूमण्डलीकरण और हिन्दी उपन्यास–पुष्पपाल सिंह, राधा कृष्ण प्रकाशन, नयी दिल्ली
45. दस्तावेज़ पत्रिका सम्पादक विश्वनाथ प्रसाद तिवारी अंक–141, गोरखपुर
46. अक्षरपर्व–सम्पादक ललित सुरजन (अंक-2011), रायपुर
47. काली नदियाँ पीले लोग–प्रक्षेप प्रकाशन, नागपुर
48. दोस्त, अब परदा गिराओ–युगमार्ग प्रकाशन, चण्डीगढ़
49. बेरंग हैं सब तितलियाँ–कुमार विनोद, आधार प्रकाशन, पंचकूला
50. है तो है–एहतराम इस्लाम, हिन्दुस्तानी अकादमी, इलाहाबाद
51. साये में धूप–दुष्यन्त कुमार, राधा कृष्ण प्रकाशन, नयी दिल्ली
52. बारिश खारे पानी की–विकास शर्मा 'राज़' लफ़्ज़ प्रकाशन, नोएडा
53. तहलका पत्रिका अंक 31 अक्तूबर-2014, डॉ. हरिवंश की सम्पादकीय टिप्पणी (शून्यकाल स्तम्भ) से।
54. लफ़्ज़ पत्रिका–सम्पादक तुफ़ैल चतुर्वेदी (अंक.फरवरी 2014), नोएडा

उपभोक्तावाद, बाज़ारवाद और हिन्दी ग़ज़ल

"हमारे समय का उपभोक्तावाद एक अत्यधिक प्रचलित शब्द है। इसके रहस्य की परतें और इसकी आक्रामकता को समझना अनिवार्य है। हम उपभोक्तावाद को पहले सेल्ज़मैनशिप का एक हिस्सा मानते थे। फिर हमने उसे आर्थिक जंजाल के रूप में देखा। फिर बीसवीं सदी के उत्तरार्ध में वह एक भू-हड़कम्प और शातिर नतीजों की तरह आया। अब वह एक उन्माद है।"[1] ज्ञानरंजन, सम्पादक 'पहल'।

इसी उपर्युक्त टिप्पणी को उपभोक्तावादी परिदृश्य के रूप में देखा जा सकता है। हमारा समकाल उपभोक्तावाद की छाया में है। मनुष्य, हर समय, हर स्थान पर और हर रूप में सिर्फ़ उपभोक्ता ही दिखाई देता है। मनुष्य की छवि का यह अन्य रूप है कि मनुष्य कम, उपभोक्ता ज़्यादा नज़र आता है। विडम्बना यह है कि मनुष्य की इस उपभोक्ता की छवि को, पूरे समाज में सहज रूप से स्वीकार कर लिया गया है। यानी, इस नये रूप को (मनुष्य के ह्रास रूप को) निस्संकोच, बल्कि सहर्ष और किसी उपलब्धि की तरह हाथोंहाथ लिया गया है।

सुभाष शर्मा अपने लेख 'उपभोक्तावाद की त्रासदी' में इसकी ज़्यादा तफ़सील करते हुए लिखते हैं, "उपभोक्तावाद का अर्थ है उपभोग का केन्द्र में होना। अर्थात किसी अर्थव्यवस्था में उत्पादन और वितरण के बरअक्स, उपभोग को असीमित प्राथमिकता देना। इससे स्पष्ट होता है कि उपभोग सिर्फ़ ज़रूरी चीज़ों (रोटी, कपड़ा, मकान, शिक्षा, दवाइयों) तक सीमित नहीं रहता बल्कि वह आरामदायक और विलासिता की वस्तुओं को भी प्राथमिकता देता है। ज़्यादा चीज़ें। कई तरह की चीज़ें। तथा अन्यों से बेहतर चीज़ें। और विज्ञापनों द्वारा दिखायी गयी चीज़ें।"[2]

संवेदनशील दृष्टि से आकलन करें तो उपभोक्तावाद के चरम ने वस्तुओं को पूजनीय बना दिया है। घर, पहले घर हुआ करते थे, अब वस्तुओं के भण्डार। यह अनायास नहीं हुआ कि घर भूगोल में बदल गये हैं जहाँ वस्तुओं ने इतना अधिक

स्थान घेर लिया है कि मनुष्य के लिए जगह कम बची है। विडम्बना यह है कि ऐसी अवस्था ख़ुद मनुष्य ने अपने लिए पैदा की है। मनुष्य किसी दीन जैसा वस्तुएँ किसी देवता जैसी।

उपभोक्तावाद और बाज़ार के विरोध में हिन्दी में कई तरह के स्वर उठने लगे हैं। कहानी, उपन्यास, कविता में जहाँ प्रतिवाद की गूँज सुनाई देती है, हिन्दी में लिखी जा रही ग़ज़लों में यह प्रतिवादी स्वर, कई रूप में उभरा है। हिन्दी में लिखने वाले ग़ज़लकारों की ग़ज़लों में चेतना की आवाज़ें सुनाई देती हैं तो इच्छाओं के विस्तार पर भी सशक्त अभिव्यक्ति हुई है। कुछ शेर ग़ौरतलब है–

कुछ नहीं इसमें ख़्वाहिशों के सिवा
अपनी गठरी को क्या टटोले तू[2]

रोशन लाल रोशन

चहल पहल की चकाचौंध ने जाने कितने दर्द दिए
सिर्फ़ मातमी धुन गाती है शहनाई बाज़ारों की[3]

माधव कौशिक

इतनी बड़ी दुकान है देखो तो डर लगे
छोटी सी चीज़ लेकर लिफ़ाफ़ा ना मिला तो[4]

हरजीत सिंह

बताती है नयी पैकिंग कि सब कुछ ठीक है लेकिन
जगह ख़ाली रखी है आपने क्यों दाम के आगे[5]

मधुवेश

ख़्वाहिशों के जंगल में दूर तक नहीं जाना
ख़्वाहिशों के जंगल में वापसी नहीं होती[7]

राजेन्द्र तिवारी

ये किताबें हिदायतों वाली
सिर्फ़ उनके ही फ़ायदों वाली[8]

द्विजेन्द्र द्विज

उपर्युक्त अश्आर में ग़ज़लकारों की चेतना कितनी मुखर है, इसको महसूस किया जा सकता है। रोशन लाल रोशन वरिष्ठ हिन्दी ग़ज़लकार अपने शेर में एक प्रतीक का प्रयोग करते हैं–गठरी! गठरी यानी जीवन! जीवन में सिर्फ़ इच्छाएँ हैं।

ये इच्छाएँ एक प्रकार का छल हैं और मनुष्य इस छल पर मुग्ध है। राजेन्द्र तिवारी भी इच्छाओं के सैराब की बात को अपने शेर में मुहावरेबन्दी के ज़रिये करते हैं– ख़्वाहिशों के जंगल में वापसी नहीं होती। यह शेर का मिसरा किसी एक मनुष्य के लिए नहीं, वस्तु जगत के पीछे भागते पूरे समाज के लिए है।

माधव कौशिक सामाजिक विरोधाभास पैदा करते हुए शेर में उस मातमी धुन का संकेत करते हैं जो बाज़ार के तिलिस्म और जगमगाते परिदृश्य के पीछे सुनाई देती है। उपभोक्तावाद और बाज़ारवादी संस्कृति को केन्द्र में रखकर शेर व्यक्त करते हुए हिन्दी के ग़ज़लकार, ग़ज़लियत के प्रति बेहद सचेत हैं। उपर्युक्त सभी अश्आर में शब्दों की लोच और अर्थ की गूँज आहत नहीं होती। अन्य शेरों में भी यही गुण विद्यमान है।

हरजीत सिंह अपनी बात को नयी संवेदन लय और नये प्रतीकों से ही व्यक्त नहीं करते बल्कि बाज़ार के अहंकार को कितने अनूठे रूप में उपस्थित करते हैं। दूकान बड़ी है। ख़रीदार मामूली है। बीच में एक लिफ़ाफ़ा है। लिफ़ाफ़ा दूकानदार और ख़रीदार के बीच एक रिश्ते की तरह है। लेकिन ख़रीदार मामूली हो तो यह रिश्ता हर हाल में टूटता है। इस उपभोक्तावाद ने यह तय कर दिया है कि सम्मान उसी का है जो सम्पन्न है।

द्विज बड़ी सादगी के साथ बाज़ारवाद के तिलिस्म को तोड़ते हैं कि हिदायत में भी फ़ायदे का कारोबार है। 'कारोबार' लफ़्ज़ सामाजिक संरचना में हस्तक्षेप पैदा कर रहा है।

ऐलेम आर.ए. एंडरसन अपनी पुस्तक में लिखते हैं, "किसी भी मनुष्य को ख़रीदार बनाने में जो चीज़ें सबसे बड़ी भूमिका अदा करती है, वह है उत्तेजना या उत्प्रेरक! मसलन, किसी भी व्यक्ति को अपना उत्पाद, ख़रीदने के लिए प्रेरित कर सकते हैं कि अमुक उत्पाद सबसे अच्छा है।"[9]

कुल मिलाकर उपभोक्ता एक ऐसे व्यक्ति का नाम है जो किसी भी उत्पाद को अकेले ख़रीदने या न ख़रीदने का निर्णय लेता है। व्यक्तिगत अवधारणा का यह प्रश्न सीधे बाज़ार से जुड़ा होता है। यानी ऐसा कोई भी व्यक्ति जो बाज़ार के किसी उत्पाद को ख़रीदने की शक्ति रखता है, वह उपभोक्ता है।

सच तो यह है कि उपभोक्तावाद के भीतर ही बाज़ार का चरित्र छुपा हुआ है। और जो बाज़ार का चरित्र है। वह सत्ता का चरित्र हो चुका है। बाज़ार को अब ताक़तवर संचालित कर रहे हैं। साधारण मनुष्य, उपभोक्तावादी संस्कृति में

लगभग व्यर्थ हो चुका है। बेशक, उपभोक्ता वह भी है, लेकिन महज़ उपभोक्ता। इस परिदृश्य में बाज़ार की मनमानी है और मनुष्य की दीनता है। और इसके चलते मनुष्य से जुड़ी हर संवेदना का अन्त हो चुका है। एक शेर–

यहाँ से आगे गली है अन्धी
ठहर गया है सफ़र यहाँ पर[10]

सुल्तान अहमद

अर्थशास्त्री जेमेसन के अनुसार, "बाज़ार का फ़लसफ़ा हमारे समय की सबसे निर्णायक लड़ाई का युद्ध स्थल बन गया है। मुनाफ़े के नाम पर सब कुछ जायज़। यह बात सचमुच कठिन है कि वैश्विक पूँजी के इस दौर में मूल्यों की बात की जाये।"[11]

उपभोक्तावादी संस्कृति की छाया में पलता बाज़ारवाद और इसी बाज़ारवाद ने ही मूल्यहीनता के मंज़र पैदा किये हैं मनुष्य अधिक स्वार्थी और पूरा समाज जीवन लय से वंचित!

हिन्दी ग़ज़लों के कुछ शेर इसी भाव को व्यक्त करते हुए–

मसीहा लाख सही तू तरक़्क़ियों का मगर
उलझ के रह गये बचपन तेरी मशीनों में[12]

सलीम अख़्तर

सुर्ख़ी है मेरे ख़ूं की इन लॉन के फूलों में
इस तल्ख हक़ीक़त को क्यूँ आप छुपाये हैं[13]

अदम गोंडवी

गंगाजल अब बुर्जुआ तहज़ीब की पहचान है
तिश्नगी को वोदका के आचमन तक ले चलो[14]

अदम गोंडवी

मेरा साया चिढ़ाकर कह रहा है
मैं तेरे जिस्म से कितना बड़ा हूँ[15]

माधव कौशिक

एक छल बाज़ार की भाषा बना जब से
तब से घर का हाल उजड़े रंग में देखा[16]

विनय मिश्र

भूख दौलत की हो शोहरत की या अय्यारी की
हद से बढ़ती है तो नज़रों से गिरा देती है[17]

मासूम ग़ाज़ियाबादी

उपर्युक्त अश्आर में मूल्यों के छीजने की बात सभी ग़ज़लकारों ने प्रतीकों के जरिये व्यक्त की है। हिन्दी के ग़ज़लकार सपाटबयानी त्यागकर, अपने विचार प्रतीकों, रूपकों और शेर के भीतर मुहावरे में बयान करने लगे हैं।

हमारे समाज में एक नया मध्यवर्ग पैदा हुआ है जो 'ख़रीदार' है यानी उपभोक्ता। विडम्बना यह है कि ख़रीदार होना उसे गर्व की बात लगती है तथा उपभोक्ता के रूप में वह अहंकारी प्रतीत होता है। एक शेर ऐसे नये मध्यवर्ग के उपभोक्ता के लिए है जो उपभोग की वस्तुओं में अपने जीवन की सार्थकता और उपलब्धि समझता है–

मैं नया मयकश हूँ मुझको चाहिए हर शय नयी
एक मयख़ाना नया, साकी नया, सागर नया[18]

यह जो मयख़ाना शब्द है, वह शब्द नहीं, प्रतीक है। मयकश प्रतीक है– उपभोक्ता का प्रतीक। जिसे ज़िन्दगी के मयख़ाने में हर शय की ज़रूरत है। शेर के भीतर मैं पात्र की अधीरता ग़ौरतलब है जो हर शय (किसी भी कीमत पर) हासिल कर लेना चाहता है। यही मध्यमवर्गीय मैं पात्र, समाज की अधीरता को भी बयान करता है।

इसी बात को और अधिक तीक्ष्णता से हिन्दी के वरिष्ठ ग़ज़लकार महेश अश्क अपने शेर में व्यक्त करते हैं। शेर में अधीरता के साथ-साथ इच्छाओं की तृष्णा और लालसा का होना भी है जो किसी रोग की तरह है और इसी उपभोक्तावाद में यह रोग पनपा है। बाज़ार इस रोग को 'क्रानिक' बना रहा है। शेर प्रस्तुत है–

जिनका ज़ाहिर में कोई भी अर्थ नहीं होता
घर में कुछ ऐसी भी चीज़ें रख दी जाती हैं[19]

महेश अश्क

महेश अश्क बाज़ारवादी संस्कृति के बरअक्स एक प्रति-संसार रचते हैं और अर्थहीनता का बोध कराते हैं। बाज़ार की विज्ञापनी दुनिया, व्यर्थ की चीज़ों को उपयोगी साबित करती है। लेकिन अधिकांश वस्तुएँ होती व्यर्थ ही हैं। यही वजह है कि तमाम घर, व्यर्थ की चीज़ों का संग्रहालय प्रतीत होते हैं। इसी भाव की तस्दीक करता यह शेर–

रात दिन हर रोज़ ही बेची ख़रीदी जा रही
कारख़ाना, मॉल और बाज़ार होती ज़िन्दगी[20]

विनीता गुप्ता

अमेरिकी अर्थशास्त्री पाल सेमुअलसन के अनुसार, "कहा जाता है कि उपभोक्ता राजा है या यूँ कहे कि हर व्यक्ति राजा होता है।"[21]

लेकिन उपभोक्ता यदि आर्थिक दृष्टि से उतना समर्थ न हो तो? कहा यह भी गया है कि उपभोक्ता की सार्वभौमिकता का दबदबा होता है। यह एक छल है। क्योंकि जे.बी.से के नियमानुसार पूर्ति माँग सृजन स्वयं कर लेती है। यानी, जो भी इन्सानी ज़रूरतों के लिए उत्पाद होगा, वह बिक जायेगा। फिर उपभोक्ता सार्वभौमिक कहाँ रहा?

इस दौर में यही तो हो रहा है। बाज़ार यदि वस्तुओं से अटे पड़े हैं तो उसकी मांग पैदा करने के लिए, दूरदर्शन के विज्ञापन निरन्तर आखेटक की मुद्रा में रहते हैं।

एक उदाहरण ग़ौरतलब है, "विज्ञापन के सामने व्यक्ति और सामूहिक पहचान असंगत हो गयी है। विज्ञापन उन प्रतीकात्मक प्रणालियों को छिन्न-भिन्न कर देता है, जिसने परम्परागत रूप से, वर्ग, लिंग, और उम्र के आधार पर सामूहिक पहचान को सुदृढ़ किया है।"[22]

प्रचार माध्यमों के रूपों और उपभोक्ता वस्तुओं के बाज़ार के बीच, एक घनिष्ठ रिश्ता स्थापित हो गया है।

किसी व्यक्ति के पास जितनी ही अधिक क्रयशक्ति होती है, उसे चयन की आज़ादी का क्षेत्र उतना ही विस्तृत होता है। सम्मान भी अब पैसे पर आधारित है।

इसी सिलसिले में ये शेर–

बना रखा ज़रदारों की बस्ती में मकां मैंने
किया है हर घड़ी महसूस ख़ुद को बे-अमां मैंने[23]

मासूम ग़ाज़ियाबादी

हम बाज़ार के पहिए पर
लटकी हुई सवारी है[24]

देवेन्द्र आर्य

यहाँ हर चीज़ बिकती है अगर क़ीमत मुनासिब हो
ज़रूरत अपनी-अपनी है गिरावट अपनी-अपनी है[25]

देवेन्द्र आर्य

उपभोक्तावाद में बाज़ार और बाज़ार में आवारा पूँजी। और ऐसे में नैतिक मूल्यों की बात! इसी चिन्ता को ग़ज़लकार अपने अनुभवों तथा यथार्थ को भेदनेवाली दृष्टि से देख-समझ रहे हैं। हिन्दी ग़ज़ल का समकाल इतना प्रखर है कि वह अनिवार्य रूप से नये विमर्शों में हस्तक्षेप पैदा कर रहा है। बाज़ारवादी छवियों पर ग़ज़लकार मुग्ध हुए बग़ैर, उसके सच को बयान कर रहे हैं। कुछ और शेर ग़ौरतलब हैं–

काँच के टुकड़े को महताब बनाने वाले
हमको आते नहीं आदाब ज़माने वाले[26]

हस्तीमल हस्ती

तुम्हारे शहर में आकर ये देखा
यहाँ क़द से बड़ी परछाइयाँ हैं[27]

नरेश शाण्डिल्य

ये माना मुस्तकिल हैं भाव सबके
मगर बाज़ार में तो आ गये सब[28]

अक़ील नौमानी

हमें चीज़ों में बदला जा रहा है
वकालत हो रही है क़ीमतों की[29]

महेश अश्क

हस्ती जब कहते हैं–'काँच के टुकड़े को महताब बनाने वाले!' तो यह सम्बोधन उस बाज़ार के छल से है जिसने कृत्रिम चमक से सम्मोहन पैदा किया है। नरेश का शेर भी प्रतीकात्मता के ज़रिये नैतिक मूल्यों के पतन की ही बात करता है। परछाइयाँ, उस बाज़ारवादी संस्कृति का ही रूप हैं जो मनुष्य से बड़ी हो गयी हैं और मनुष्य लघु! अकील नौमानी 'तंज़' की सूरत में पतनशीलता को व्यक्त करते हैं। सबके सब, समूचा समाज बाज़ार में है–कुछ ख़रीदार की शक्ल में तो कुछ 'जिन्स' की शक्ल में बिक जाने के लिए आमादा! शानदार क़ीमत पर ईमान बिकता है और आत्मा भी।

देवेन्द्र आर्य जब कहते हैं–बाज़ार के पहिये पर लटकी हुई सवारी! तो वे एक रूपक की रचना करते हैं। बाज़ार एक रेलगाड़ी है–भरी हुई। मनुष्य उसके पायदान पर लटकी हुई सवारी जैसा। यहाँ बाज़ार की हैसियत है। यहाँ मनुष्य की औक़ात है। बाज़ार के पहिये पर लटकी सवारी–यह मुहावरा मनुष्य के उपभोक्ता बन जाने तक का सफ़रनामा है। मूल्यहीनता की घटना इस यात्रा में घटित हुई है।

बाज़ार का सबसे अमानवीय रूप है पूँजीवादी सभ्यता–पूँजीवादी सभ्यता में पूरा समाज एक बाज़ार में बदल जाता है। ग़ौरतलब है, जहाँ बाज़ार है, वहाँ उपभोक्ता भी है। ऐसा भी कहा जाता है, तीसरी दुनिया के सारे देश 'बाज़ार' हैं।

डॉ. राजेश्वर सक्सेना अपनी पुस्तक 'उत्तर-आधुनिक सौन्दर्यशास्त्र और द्वन्द्ववाद' में लिखते हैं, "बाज़ार और उपभोक्ता की संस्कृति में, प्रकृति और मानव, दोनों संस्थाएं विखण्डित हुई हैं।"

इसका एक अर्थ यह भी है कि मनुष्य चाहे अपने घर में रहे, तब भी, उसे अपने आप को बाज़ार में समझना चाहिए।

डॉ. नामवर सिंह इसी परिदृश्य पर अपने विचार व्यक्त करते हैं, "भूमण्डलीकरण के साथ, विश्व बाज़ार के साथ, उपभोक्तावाद बढ़ा है। सारी दुनिया में और भारत में इस उपभोक्तावाद का गहरा सम्बन्ध, इस नये उभरते मध्य वर्ग से है, क्योंकि इसके पास इफ़रात में पैसा है।"

डॉ. सिंह अपने विचार आगे व्यक्त करते हुए कहते हैं, "उपभोक्तावाद की दूसरी प्रतिक्रिया ऐसी है जो अमानुषिक उतनी ही है। उपभोक्तावाद, अमानुषिकता–डि-ह्यूमेनाइज़ेशन' का सूचक है। इस पर लोग ध्यान केन्द्रित नहीं करते हैं। ख़ाली दूकानें और बाज़ारों की कीमतें बढ़ाने-घटाने तक सीमित रह जाते हैं। वास्तव में यह नहीं समझ पाते हैं कि उपभोक्तावाद की चर्चा करने वाले किस चीज़ का विरोध कर रहे हैं? और उसके परिणाम क्या हैं? जो अमानवीकरण हो रहा है उस ओर ध्यान देना लाज़मी है। लोग कहते हैं,–कंज़्यूमर कल्चर! अगर कंज़्यूमर कल्चर समाज बन गया तो वह कुछ और समाज होगा–अमानवीय।"[30]

इसी अमानवीयता की चिन्ताएँ अर्न्स्ट फिशर व्यक्त करते हैं, "जहाँ केवल वस्तुओं का मूल्य होता है, मनुष्य भी वस्तुओं के बीच, एक वस्तु बनकर रह जाता है। इतना ही नहीं मनुष्य उन वस्तुओं में भी सबसे ज़्यादा नपुंसक, सबसे ज़्यादा घृणास्पद वस्तु बनकर रह गया है।"[31]

इसी उपभोक्तावादी कल्चर ने, जो अमानवीयता, समाज में किसी अलामत की तरह पैदा की है, उसकी तस्दीक करते कुछ शेर–

मैं निकला हूँ ख़रीद औरों की करने के लिए पर
कहीं यह तो नहीं मैं अपना सौदा कर रहा हूँ[32]

कमलेश भट्ट कमल

पत्थर स्लेट में लुटा के अस्थियाँ तमाम
मानो दधीचि से खड़े हों जिस्मों-जां-पहाड़[33]

द्विजेन्द्र द्विज

मैं जेब में हूँ किसी की यही सोचते हुए
कल आँख लगी रात को ढाई के आसपास[34]

विनय मिश्र

दूर तक जितनी तुम्हारे यज्ञ के घोड़े गये
उतनी सीमा तक भला कब आदमी छोड़े गये[35]

माधव कौशिक

हर इक क़दम पे तिजारत है ज़िन्दगी अब तो
हर इक क़दम पे ज़माना है इश्तहार का पेड़[36]

सूर्यभानु गुप्त

तुम्हारे शहर में ये शोर सुन-सुनकर तो लगता है।
कि इन्सानों के जंगल में कोई हांका हुआ होगा[37]

दुष्यन्त

देख, दहलीज़ से काई नहीं जानेवाली
ये ख़तरनाक सच्चाई नहीं जानेवाली[38]

दुष्यन्त

अमानवीयता और समाज के भीतर मूल्यहीनता की बात दुष्यन्त के उपर्युक्त दो शेरों से करते हैं। दुष्यन्त की ग़ज़लों की विशिष्टता यह भी है कि बेहद सादगी से व्यक्त विचार भी अर्थ की ऐसी गूँज रखते हैं जो दूर तक सुनाई देती है। दुष्यन्त अपनी ग़ज़लों से एक ऐसा मुहावरा पैदा करते हैं जो नये समय के मूल्यों की गहराई से जाँच-पड़ताल करता है। अपने एक शेर में वो बेचैन होकर कहते हैं—दहलीज़ से काई नहीं जानेवाली! समाज ने जिस नयी बोली-बानी को अख़्तियार किया है। बाज़ारवादी कल्चर को उसने सहर्ष गले लगाया है। वस्तुतः यही दहलीज़ की 'काई' है। बाज़ार जो पहले बाज़ार तक सीमित था, अब घरों में बेझिझक प्रविष्ट हुआ है। यही तो 'काई' है। दुष्यन्त इसी समाज को इन्सानों का जंगल कहते हुए तीक्ष्ण टिप्पणी करते हैं। वो ग़लत नहीं कहते। उपभोक्तावादी संस्कृति ने पूरे समाज को जंगल में बदल दिया है। और यह 'हाँका' क्या है? कोई नरभक्षी चला आये तो उसकी डरावनी आमद पर जो शोर मचता है वह किसी हाँका की तरह होता है। बाज़ार की संस्कृति किसी नरभक्षी की तरह है। वह मनुष्य को समाप्त करके उसे उपभोक्ता बना रही है।

बाज़ारवादी संस्कृति का मायाजाल और तिलिस्म यह भी है कि एक समय

में मनुष्य ख़रीदार भी होता है और बिकाऊ माल भी। कमलेश भट्ट कमल इसी संस्कृति को अपने शेर में 'संशय' की अभिव्यक्ति करते हैं। वह अपने प्रति एक प्रश्न-सा उछालते हैं–कहीं यह तो नहीं मैं अपना सौदा कर रहा हूँ। नैतिक मूल्यों का क्षरण इस क़दर हुआ है कि कोई भी पात्र किसी भी समय बिक सकता है–अपनी देह, अपनी आत्मा और अपने ज़मीर के साथ।

इसी बाज़ारवादी संस्कृति में प्रकृति का जिस प्रकार दोहण और शोषण हुआ है, द्विज अपने शेर में मिथकीय प्रयोग करते हुए व्यक्त करते हैं कि पहाड़ अपनी अस्थियाँ तक लुटा कर खड़े हैं। लेकिन सवाल यह है कि लूटने वाले कौन हैं। उत्तर बहुत स्पष्ट है, वह मनुष्य ही है जो बाज़ार के हाथ में किसी स्वचालित यन्त्र जैसा होकर रह गया है।

विनय मिश्र अपने शेर में नयी तरक़ीब पैदा करते हैं। यहाँ अपनी हैसियत गुम कर चुका मैं पात्र अपनी औक़ात पर रंजीदा और कशीदा है। हैसियत बाज़ार के पास है। औक़ात मनुष्य की है जो बाज़ारवादी संस्कृति की जेब में पड़ा है। पात्र की यही कशमकश शेर में किसी हलचल की तरह है। वह कशमकश महसूस होती है। शेर को नये मुहावरे में व्यक्त किया गया है। यहाँ समय को बेचैनी का बेरोमीटर बनाया गया है। पात्र को ढाई बजे के बाद नींद आयी। शेर में अगर यह बात होती कि देर से नींद आयी। तब शेर इतना जीवन्त ना होता। 'वक़्त' यहाँ कशमकश के घनत्व को गाड़ा कर देता है।

माधव कौशिक बात बिल्कुल नये समय के बाज़ार के प्रपंच पर करते हैं लेकिन दो मिसरों के सूत्र पौराणिक आख्यान से प्राप्त करते हैं और इस तरह वह अपने शेर को न सिर्फ़ अधिक अर्थवान बनाते हैं बल्कि शेर के क़द को ऊँचाई भी प्रदान करते हैं। शेर कहने का यह भी एक मुहावरा होता है कि पौराणिक कथाओं के मिथकों को नये सन्दर्भ के साथ जोड़ा जाये और अभिव्यक्ति को विस्तार दिया जाये। यहाँ यज्ञ के घोड़े हैं। ये घोड़े दरहक़ीक़त बाज़ारवादी संस्कृति के हैं जो शक्तिशाली तन्त्र के हाथों में हैं। उनके घोड़े दरहक़ीक़त बेलगाम घोड़े हैं। उनके घोड़े बाज़ार के कपट के घोड़े हैं। उनके घोड़े वैश्विक पूँजी के ऐसे बेलगाम घोड़े हैं जिनका पीछा साधारण मनुष्य कहाँ कर पाया है? वह हाँफ़ता हुआ-सा नज़र आता है। मनुष्य अपनी उजड़ी हुई इच्छाओं और निहत्थी जिज्ञासाओं के साथ कहीं पीछे छूट गया प्रतीत होता है।

हिन्दी में लिखी जा रही ग़ज़लों का बेहद सुखद पहलू यह है कि उपभोक्तावाद और बाज़ारवादी संस्कृति को केन्द्र में रखकर जो ग़ज़लों में अभिव्यक्ति हुई है उसमें भी 'फ़िक्र' यानी चिन्तन का पक्ष सुदृढ़ है।

विचारक और स्तम्भकार पवन गुप्ता अपने लेख 'विकास के भ्रम' में लिखते हैं, 'भौतिक वस्तुओं के एक रूप को नष्ट करके, दूसरे में परिवर्तित करने पर ही आज का समस्त विकास टिका है। एक चीज़ को ख़त्म करके, दूसरी वस्तु बनाने को विकास कहना, भ्रम फैलाना है। आधुनिकता का भ्रम दिखावे में है, चाहे वह भौतिक वस्तुओं के ज़रिये हो या शब्दों के ज़रिये, सभी की ताक़त या चकाचौंध दिखावे में है। बाहरी आवरण में है।"[39]

लेकिन वाल्टर बेंजामिन उपभोक्तावाद पर तबसरा कुछ अलग और अनूठे रूप से करते हैं। 'आर्केड प्रोजेक्ट' उनके लेख से कुछ अंश ग़ौरतलब हैं, 'विश्व स्तर की प्रदर्शनियाँ वस्तुओं की उपासना के तीर्थस्थल हैं।'

"फ़ैशन उस कर्मकाण्ड को निर्धारित करता है जिसके तहत वस्तुएँ उपासना की माँग करती हैं।'

'आर्केड्स कामुक या लम्पट किस्म के वाणिज्य की गली है, इसका निर्माण सिर्फ़ इच्छाएँ जगाने के लिए हुआ है। क्योंकि इस सड़क पर सारतत्त्व लगभग जड़ है, वस्तुएँ हाशिए पर हैं–इफ़रात में हैं। इस बाज़ार में भटका हुआ आदमी ख़रीदार नहीं है, वह तो ख़ुद एक वस्तु है।'

'डिपार्टमेंटल स्टोरों के बनाने के बाद पहली बार इतिहास में उपभोक्ताओं ने स्वयं को भीड़ समझना शुरू कर दिया है।'

'आर्केड वे आवास या गलियारे हैं जो बाहर की तरफ़ से नहीं खुलते–सपनों की तरह।'[40]

वाल्टर बेंजामिन की उपर्युक्त टिप्पणियाँ हमारे समय की उपभोक्तावाद संस्कृति और बाज़ार के प्रपंच तथा विसंगत को तीक्ष्ण व्यंजना में व्यक्त करती हैं।

इस उपभोक्तावादी संस्कृति में स्त्री, पुरुष, दोनों, स्टीरियो टाइप जीवन शैली अपनाने लगे हैं। जीवन में ख़ामोशी के विपरीत अतिकथन और वाचालता मानदण्ड बनने लगे हैं। ख़ामोशी कभी चिन्तकों, विद्वानों और अदीबों का सरमाया हुआ करती थी, अब वह अर्थहीन है क्योंकि अतिकथन जो विज्ञापनी दुनिया तथा अन्य शैलियों से होकर आया है, महत्त्वपूर्ण हो चुका है। प्रस्तुतीकरण (प्रेजेंटेशन) एक लक्ष्य के रूप में सच्चाई का स्थान ले रहा है। यह ऐसा उपभोक्तावादी समय है जहाँ छवियाँ निर्मित की जा रही हैं और शख़्सियतों का उत्पाद होने लगा है। इसी आडम्बरपूर्ण व्यवहार, बाहरी चकाचौंध, तथा उपभोक्तावादी संस्कृति के 'पाखंड उत्सव' को बयान करते कुछ शेर–

यूँ तो सभी खिलौने ही हैं पर ख़रीद की भाषा में
अच्छे वे कहलाते हैं जो चाबी से चलने वाले हैं[41]

महेश अश्क

न थी ज़मीन तो हाथों से उगाई फ़सलें
ले गये हाथ का बाज़ार मशीनों वाले

जया गोस्वामी

योग्यता रास्तों में भटकती रही
चौखटों में जड़ी डिग्रियाँ रह गयीं[42]

इन्दु श्रीवास्तव

जब से ज़ुबान बेचकर लौटा है वो फ़क़ीर
तब से दुआ का उसकी असर ख़त्म हो गया[43]

सलीम अख़्तर

पसन्द है इन्हें तो ज़िन्दगी मशीनी-सी
कहाँ से इनमें धड़कनों की ताज़गी मिले[44]

सुल्तान अहमद

जंग किसी की मजबूरी है और किसी का सौदा है
जहाँ-जहाँ बारूद मिला है वहाँ-वहाँ बाज़ार मिला[45]

प्रभा दीक्षित

हम चाहे-अनचाहे मार्केट कल्चर में दाख़िल हो चुके हैं। बाज़ार का चलन और बाज़ार का शिल्प, हमारे जीवन को विश्वसनीय, प्रतिष्ठित बनाने में लगा है। यह एक ऐसा प्रपंच है जिसका प्रतिवाद होना चाहिए। उपर्युक्त सभी शेर तीक्ष्णता से इस बाज़ारवादी प्रपंच का विरोध करते हैं। यह कितना बड़ा प्रपंच है कि मनुष्य की छवि का निर्माता नैतिक मूल्य न होकर, बाज़ार हो।

इसलिए ऐसा सोचना लाज़मी है कि चिन्तन की आज़ादी के बग़ैर, इज़हार का अधिकार कोई अर्थ नहीं रखता। और हमारे समकाल में बाज़ार, चिन्तन (फ़िक्र) को रहन रखकर, सोच के लिए गैजेट्स जुटाता है।

ये शेर यही तो कह रहे हैं–

देखिए कैसे सफ़र में है परिन्दों की उड़ान
हम नये बाज़ार में बस दाम होकर रह गये[46]

अशोक आलोक

तरक़्क़ी के अजब इस दौर में हम लोग गुज़रे हैं।
बहुत सँवरे-सजे बाज़ार हैं घर-बार बिखरे हैं[47]

ओमप्रकाश यती

इस व्यवस्था ने नयी पीढ़ी को आख़िर क्या दिया
सेक्स की रंगीनियाँ या गोलियाँ सल्फ़ास की[48]

अदम गोंडवी

नया वरक़ पत्रिका की सम्पादकीय टिप्पणी ग़ौरतलब है, "मार्केट कल्चर अदब को आर्ट के रुतबे से गिराकर, उसे क्राफ़्ट की सतह पर ले आता है।"[49]

उपभोक्तावाद में सिर्फ़ अदब का रुतबा ही कम नहीं हुआ, पूरा समाज एक उपभोक्ता बनकर रह गया है। जिसके पास चिन्तन नहीं, जीवन दर्शन भी नहीं कुछ सतही जानकारियाँ हैं। उसके हाथ में किताबों की जगह स्मार्ट फ़ोन है।

टी.एस.इलिएट की पंक्तियाँ इसी क्रम में कितनी अर्थवान हैं, 'हाफ ऑफ़ द प्राब्लम ऑफ़ द वर्ल्ड आर क्रिएटिड बाई पीपल हू वांट टू फ़ील इम्पोंटेंट।' यानी, दुनिया की आधी समस्याएँ उन लोगों ने पैदा की हैं जो ख़ुद को महत्त्वपूर्ण महसूस कराना चाहते हैं।

और महत्त्वपूर्ण महसूस कराने का हमारे समकाल में एक ही रास्ता बचा है जो उपभोक्तावाद के तलघर से होकर आता है।

इलिएट जिस समाज की बात करते हैं, सुल्तान अहमद उसी सोच को अपने शेर में बड़ी शाइस्तगी से प्रस्तुत करते हैं–

सभी से ऊँचा, सभी से बढ़कर मकां बनाना तो देख लेना
कहीं बचा है वो कोना जिसमें कोई तुम्हारे सिवा भी आये[50]

सुलतान अहमद

उपभोक्तावादी संस्कृति में ऐसे शिखर पुरुषों की संख्या में बहुत इज़ाफ़ा हुआ है जिन्हें सब कुछ चाहिए। उनके लिए सुल्तान अहमद का शेर एक 'पाठ' की रचना करता है कि सामाजिकता का अर्थ है किसी अन्य के लिए भी एक छोटा-सा कोना बचा कर रखना।

लेकिन अफ़सोसनाक बात यह है कि इस बाज़ारवादी सोच ने मनुष्य को आत्मकेन्द्रित और घोर स्वार्थी होने के सबक अता किये हैं।

ये तमाम लोग उपभोक्तावादी समय के शिखर पुरुष, सुविधाभोगी और ख़र्चीले इन्सान, जो ख़रीदने में सुख का अनुभव करते हैं, दरहक़ीक़त, ऐसे लोग, आत्मिक

ग़रीबी के शिकार होते हैं। ऐसे लोगों में आत्मसंघर्ष और आत्ममन्थन नहीं होता। इनके पास स्मृतियाँ नहीं होतीं। एकदम सपाट समय होता है, जिसे ये लोग 'भोगते' हैं। जीवन से बेहद भौतिक रिश्ता रखने वाले ये लोग, एकआयामी संस्कृति के मारे, वस्तुओं को देवता मानने वाले, वैचारिक शून्य और आत्महीनता के रोग से पीड़ित होते हैं। उपभोक्तावाद ऐसे मनुष्यों के समाज का निर्माण (या कहें कि उत्पाद) कर रहा है।

ये शेर इसी सिलसिले में–

बनाना चाहती है यन्त्रमानव ये सदी लेकिन
कहाँ ले जायें हम मन में घुमड़ती भावनाओं को[51]

ज़हीर क़ुरैशी

एक समूची रागात्मकता को नष्ट करता हुआ यह वातावरण, बाज़ार का छद्म है और छद्म का बाज़ार! यह उपभोक्तावादी समय, अपनी भव्यता से हैरान करता और नित नये तिलिस्म रचता हुआ। ऐसा तिलिस्म कि बाज़ार का विरोध भी अन्तत- बाज़ार के पक्ष में जाता दिखाई देता है।

शेर प्रस्तुत है–

वो अब तिजारती पहलू निकाल लेता है
मैं कुछ कहूँ तो तराज़ू निकाल लेता है

अहमद कमाल परवाज़ी[52]

बाज़ार ने हमारे जीवन को ख़ूब प्रभावित किया है। बाज़ार का मतलब है अवसर! मतलब–अपरचुनिटी। बाज़ार अपरचुर्निस्ट है। अवसरवादी यानी ईगोईस्ट! यानी हेकड़ीबाज़। बाज़ार ख़ुद अहंकारी है और वह अपने श्रेठ उपभोक्ता को भी अपने रंग-रूप और लहजे में ढाल लेता है। वह वस्तुओं की ज़रूरत बताता है। वह बताता है कि उपभोक्ता इन ख़ास वस्तुओं के बिना आत्महीन और अर्थहीन बनकर रह जायेगा। उपभोक्ता (यानी मनुष्य) को वस्तुओं के रूप में नया देवता मिल गया हो जैसे वह जीवन में शापमुक्ति देगा। वस्तुत: उपभोक्तावाद शापमुक्ति नहीं देता, ग़ुलामी का नया अध्याय खोलता है। कुछ शेर–

सारी भेड़ें ऊन देकर आ गयी हैं
सोच में डूबा हुआ एक मेमना है[53]

वीरेन्द्र कुमार हमदम

हसरतें अपनी जगह मजबूरियाँ अपनी जगह
असलियत में ख़्वाहिशों की दूरियाँ अपनी जगह[54]

राम मेंश्राम

यहाँ चराग़ भी जलते हुए झिझकता है
हमारे हाथ में सूरज बुझा हुआ रख दे[55]

माधव कौशिक

ज़रा देना कोई काग़ज़ मैं हिसाब अपना लिख दूँ
जो गँवा दिया वो क्या था जो मुझे मिला वो क्या है[56]

हरजीत सिंह

किसी महफ़िल में जब इन्सानियत का नाम आया है
हमें याद आ गयीं बाज़ार में बिकती हुई चीजें[57]

हस्ती मल हस्ती

अहमद कमाल परवाज़ी के शेर में 'तराज़ू' महज़ लफ़्ज़ नहीं। वह प्रतीक है। प्रतीक, जिसमें गहरा तंज़ है। इसी तंज़ में क्षोभ भी है। मैं कुछ कहूँ तो तराज़ू निकाल लेता है वह पात्र किताब, रिसाला, रूमाल, चिट्ठी कुछ भी नहीं निकालता। हर बार तराज़ू निकालता है। तराज़ू, जो दूकान का चेहरा लगाकर आता है और दूकान जो बाज़ार की भाषा बोलती है। पूरे शेर में बाज़ारवादी संस्कृति का कोलाहल सुनाई देता है। शेर के अल्फ़ाज़ में ख़ामोशी है। लेकिन शेर के अर्थ में बाज़ार का शोर है। यही शोर वीरेन्द्र कुमार हमदम के शेर में भी है। दो छोटी-सी पंक्तियों के इस शेर में बड़ा तसव्वुर है। इस शेर में ताक़त के बरअक्स कमज़ोर का पराजय बोध है। ताक़तवर बाज़ारवादी शक्तियाँ है। भेड़ों का ऊन देकर आना–मुहावरा मानीखेज़ है। वे अपनी ऊन देकर नहीं आयीं अपनी अस्मिता रहन रखकर आयी हैं। लेकिन एक मेमना है जो सोच में है। व्याकुलता यहाँ है। मेमने की सोच में प्रतिवाद है। पराजय उसकी भी निश्चित है। लेकिन अतिदुर्बल का 'सोचना' महत्त्वपूर्ण है। मेमने का सोचना, बाज़ारवादी तन्त्र के विरूद्ध आवाज़ पैदा करना है। मेमने के ज़रिये कवि ने अपील-सी की है। इस अपील का ख़ैरम क़दम!

राम मेश्राम सपाटबयानी से नहीं डरते। उनकी ग़ज़लों का खरापन (और करख्तगी) समाज के विसंगत को हमेशा सवालों के केन्द्र में रखता है। यहाँ, इस शेर में वह मजबूरियों और हसरतों (इच्छाओं) के बीच जो फ़ासला है उस वास्तविकता तक ले जाते हैं। उनके शेर में ख़लिश भी है कि इच्छाओं के बरअक्स विवशताओं का अपना गणित होता है। उपभोक्तावाद ने इच्छाओं के जंगल में तो लाकर खड़ा कर दिया है लेकिन बाहर निकलने का कोई रास्ता तो दिया ही नहीं।

इसी मंज़र की अभिव्यक्ति माधव कौशिक के शेर में है। यहाँ चराग़ भी जलते हुए झिझकता है। बाज़ार की इस चकाचौंध में एक चिराग़ ख़ुद पर शर्मसार है। यही सच है। बाज़ारवाद ने आत्महीन बना कर रख दिया है। कवि सम्बोधन कर रहा है–हमारे हाथ में सूरज बुझा हुआ रख दे। यह सम्बोधन, ज़ाहिर है, बाज़ारवाद से है, उससे गुज़ारिश है कि अपनी चकाचौंध, तड़क-भड़क, विलासिता के रागरंग, बनावटी मुद्राएँ अपने पास रख! यहाँ तो बुझे हुए सूरज (ज़रा-सी उम्मीद) से काम चल जायेगा।

हरजीत इस बाज़ारवादी संस्कृति में मिज़ान लगाना चाहते हैं कि उन्होंने जो हासिल किया वो क्या था और जो खोया वो क्या चीज़ थी? उनके संकेत मूल्यों की ओर हैं। वे स्पष्ट नहीं करते। शेर में धुँधला सा अहसास है। यह ज़्यादा अर्थवान है। जो पाया है वह केवल बदहवासी है। जो खोया वे मूल्य थे–इन्सानी कद्रें!

हस्तीमल हस्ती के शेर में यही बात है। बाज़ार में बिकने वाली वस्तुओं में इन्सानियत का भी शुमार हो चुका है।

इन्सानियत तो बाज़ार में मिलने वाली जिन्स का रूप प्राप्त कर चुकी है। उपभोक्तावाद स्त्री देह को भी लाभकारी उद्योग में बदल रहा है। शहर-दर-शहर में होने वाली सौन्दर्य प्रतियोगिताएँ, नृत्य प्रतिस्पर्द्धाएँ तथा मॉडल बनने की व्याकुलता यही बताती है कि उपभोक्तावादी बाज़ार का स्त्री पर कसता हुआ भव्य जाल है। यह सोच कारोबारी है और फ़रेबकारी भी।

स्त्रियों के जटिल संसार की निजाताएँ कितनी ग़मगीन हैं–अकेलापन, असुरक्षा, अधूरेपन का अहसास, अवसाद, भय और सबसे बढ़कर विश्वास का संकट! इसी उपभोक्तावादी संस्कृति में भरोसे के गलियारे में भटकती स्त्री! और दूसरा पक्ष। रेम्प पर कैटवॉक से लेकर विज्ञापनी संसार में जगमगाती हुई देह।

यह विज्ञापनी संसार एक नया यथार्थ गढ़ रहा है–आकर्षण और रूमानी! मायावी और कल्पना लोक रचता। यह विज्ञापनी संसार जो उपभोक्तावाद के घराने से आया है नये समाज को भी रचने लगा है। विज्ञापनी संसार की डोर कारोबारी के हाथ में है जिसकी दृष्टि में केवल लाभ है। विज्ञापन ज़रूरतें बेचता है। समाज उन ज़रूरतों को ख़रीदता है। कुछ शेर–

सुर्ख़ियाँ ऐलान करतीं हर सुबह अख़बार में
लो, ख़रीदो ख़ास सपने आ गये बाज़ार में[8]

राधेश्याम शुक्ल

मेज़-कुर्सी, पिनकुशन फ़ाइल और काग़ज़ में बंधी
दाल-रोटी छत दरो-दीवार होती ज़िन्दगी[59]

विनीता गुप्ता

घर से निकले थे ख़रीदेंगे कोई शाही लिबास
बेच आये हम ख़ुद अपना पेरहन बाज़ार में[60]

भगवानदास जैन

जब भी हम घर तलाशने आये
हम दूकानों के सामने आये[61]

सोम प्रकाश

उपभोक्तावाद इतना ताक़तवर है कि वह जीवन मूल्यों और औदात्य को निरर्थक बना देता है। उपभोक्तावाद, दरहक़ीक़त उन्माद पैदा करता है। यूँ कहें कि उपभोक्तावाद, मनुष्यता का नहीं, उपभोक्ता होने का जुनून पैदा करता है।

'उपभोक्तावाद संस्कृति यानी जिस संस्कृति का निर्णायक बाज़ार, उत्पाद और ब्रांड होता है। कुछ अन्य अध्ययनों के अनुसार एक व्यक्ति मूल्यों, प्रवृत्तियों, विचारों एवं उसके व्यक्तित्व में, बाज़ार के द्वारा जो बदलाव आता है, वही उपभोक्तावाद संस्कृति का आधार है।'

उपभोक्तावादी संस्कृति अनुसरण के लिए प्रेरित करती है लेकिन हिन्दी ग़ज़ल लेखक, उपभोक्तावादी संस्कृति के सुर में सुर मिलाने के विपरीत, इसके प्रपंच की तह तक जाकर, अपनी ग़ज़लों के द्वारा समाज को न सिर्फ़ सचेत कर रहे हैं, बल्कि इस बाज़ारू संस्कृति का प्रतिवाद भी कर रहे हैं। यह प्रतिवाद वस्तुतः ऐसी मूल्यों की लड़ाई है जो हिन्दी ग़ज़ल में उपस्थित है।

यदि बाज़ार ने अपना नया यथार्थ गढ़ा है तो इस नये यथार्थ को भेदने की तौफ़ीक, ताक़त और तीक्ष्ण अभिव्यक्ति हिन्दी की ग़ज़लों में गूँज के साथ मौजूद है। कुछ शेर इसी सिलसिले में–

वो मेरी रूह मसल देता है,
सांस भी लूँ तो दखल देता है[62]

संजू शब्दिता

ये पत्तियों पे जो शबनम का हार रक्खा है
न जाने किसने गले से उतार रक्खा है[63]

के.पी. अनमोल

सारा ध्यान ख़ज़ाने पर है
उसका तीर निशाने पर है[64]

विज्ञान व्रत

जिस अदालत के सभी मुंसिफ़ सिरे से हों बिके
उस अदालत में यक़ीनन बेअसर फ़रियाद है[65]

नरेन्द्र

यह उपभोग और उपभोक्तावाद का डरावना परिदृश्य है जहाँ 'कोख' तक बेची जा रही है और इसी उपभोक्तावाद ने इसे तिजारत के लिए ख़ूबसूरत लफ़्ज़ भी ईजाद कर लिया है और वो है 'सेरोगेट मदर'! कुछ अरसा पहले एक विदेषी युवती ने अख़बारों में अपना 'कौमार्य' बेचने का विज्ञापन दिया। वरिष्ठ ग़ज़लकार अपने दोनों अश्आर में इसी खुले, नये बाज़ार पर तंज़ करते हैं। विज्ञान अपनी छोटी बहर के शेर में इसी बाज़ारवादी सोच को केन्द्र में रखते हैं। उसका तीर...किसका? ताजिर का। ध्यान ख़ज़ाने पर। यानी, उपभोक्ता पर। इसी बाज़ारवाद में यह बिल्कुल सम्भव है कि मुंसिफ़ भी बिक जाये।

उपभोग की तुलना में उपभोक्तावाद काफ़ी नयी अवधारणा है। अठारहवीं सदी के मध्य में, ब्रिटेन में औद्योगिक क्रान्ति आने के साथ ही इस अवधारणा का उदय हुआ। यह एक सामाजिक, आर्थिक अवधारणा है। साथ ही इसके दूरगामी, सांस्कृतिक और राजनैतिक प्रभाव होते हैं। यह अवधारणा, वस्तुओं और सेवाओं की अधिकाधिक मात्रा ख़रीदकर, अड़ोस-पड़ोस तथा अपने समुदय के अन्य सदस्यों पर रौब जमाने तथा यह रेखांकित करने की इच्छा पर आधारित होती है कि व्यक्ति विशेष उनसे श्रेष्ठ है।[66]

कुछ शेर–

नदी क़ानून की, शातिर शिकारी तैर जाता है
यहाँ पर डूबता हल्का है 'भारी' तैर जाता है

ओमप्रकाश यती

दिल ख़ौफ़ उजालों से भी खाये है इन दिनों
बाज़ार का तिलिस्म डराये है इन दिनों[67]

अभी कुछ अरसा पहले एक राष्ट्रीय समाचार पत्र ने 'ऑन लाइन शॉपिंग' पर सर्वे किया। नतीजे चौंकानेवाले थे। एक पोस्ट डाला गया फ़ेसबुक पर, 'क्या आप ऑन लाइन शॉपिंग से परेशान है?' यह सवाल पूछा गया और तीस मिनट में बीस

लोगों का जवाब हाँ में था।[68]

इस उपभोक्तावाद के दौर में 'ख़रीदारी' पहले क्रेज़ था अब ऑन लाइप शॉपिंग नशा बन चुका है। एक और उदाहरण है। यह भी राष्ट्रीय समाचार पत्र के सर्वे का हिस्सा है। एक युवा एडवरटाइजिंग प्रोफेशनल ने बड़े गर्व से स्वीकार किया कि वह जो कुछ भी ख़रीदती है, उनमें से ज़्यादातर चीज़ों की उन्हें ज़रूरत ही नहीं होती।

यह बाज़ारवाद का एक अन्य रूप है। वह सौ चेहरे लगाकर खड़ा है। वह शक्तिशाली है। उसने मनुष्य को मनुष्य नहीं रहने दिया। यह सच भी है कि इस उपभोक्तावाद और बाज़ारवाद का प्रखर विरोध हिन्दी ग़ज़लकार कर रहे हैं। लेकिन विडम्बना यह भी है हिन्दी भाषा के कुछेक ग़ज़लकार इसी बाज़ार के तन्त्र के पक्ष में खड़े प्रतीत होते हैं। उन्होंने किसी जिन्स की भाँति अपनी रचनात्मकता का मोल-भाव किया है। इससे और कुछ हानि जो हुई सो हुई, उनकी रचनात्मकता का क्षरण साफ़-साफ़ देखा जा सकता है। यहाँ बल्लीसिंह का एक शेर, इसी सन्दर्भ में–

तू गिरा तो गिरता ही जायेगा इस बात पर भी विचार कर
जिन रास्तों में हैं दौलतें, उन्हीं रास्तों में ढलान है[69]

बल्ली सिंह चीमा

उपभोक्तावाद बाज़ार जैसी शक्तियों से मिलकर एक छद्म अहंकार पैदा कर रहा है। स्वार्थी चरित्र गढ़ रहा है तथा कायर संस्कृति को भी जन्म दे रहा है। ऐसा उपभोक्तावाद जो हमारी नैसर्गिकता छीन रहा हो, उससे बचना बेहद लाज़मी है।

सन्दर्भ सूची

1. पहल पत्रिका–सम्पादक ज्ञानरंजन (जबलपुर), अंक 57 के सम्पादकीय से उद्धृत।
2. नया ज्ञानोदय पत्रिका–सम्पादक रवीन्द्र कालिया, भारतीय ज्ञानपीठ, नयी दिल्ली अंक-जनवरी-2009 सुभाष शर्मा के लेख उपभोक्तावाद की त्रासदी से उद्धृत।
3. अक्षरपर्व मासिक–सम्पादक ललित सुरजन, रायपुर, अंक मार्च-2012
4. सारे सपने बागी हैं–माधव कौशिक, वाणी प्रकाशन, नयी दिल्ली
5. एक पुल–हरजीत सिंह, स्वयं प्रकाशन, देहरादून
6. क़दम-क़दम पर चौराहे–मधुवेश शब्द लोक प्रकाशन, दिल्ली
7. सँभालकर रखना–राजेन्द्र तिवारी, उत्तरा बुक्स, केशवपुरम, दिल्ली
8. बीच में जन-गण-मन–द्विजेन्द्र द्विज, देवांश प्रकाशन, माराण्डा, हिमाचाल प्रदेश
9. ऐलेम आर.ए. एंडरसन की पुस्तक से उद्धृत।
10. नदी की चीख़–सुल्तान अहमद, राधाकृष्ण प्रकाशन, नयी दिल्ली

11. अँधेरे में विचार सम्पादक विजय कुमार–संवाद प्रकाशन, मेरठ
12. काली नदियाँ पीले लोग–सलीम अख़्तर, प्रक्षेप प्रकाशन, नागपुर
13. समय से मुठभेड़–अदम गोंडवी, वाणी प्रकाशन, नयी दिल्ली
14. वही
15. आसमान सपनों का–माधव कौशिक, मीनाक्षी प्रकाशन, नयी दिल्ली
16. सच और है–विनय मिश्र, मेधा बुक्स, दिल्ली
17. वर्तमान साहित्य–सम्पादक कुंवरपाल सिंह, नवम्बर-1998, अलीगढ़
18. समकालीन सृजन प्रस्ताव, पत्रिका, पटना, बिहार
19. दस्तावेज़–सम्पादक विश्वनाथ प्रसाद तिवारी, अंक-141, गोरखपुर
20. ग़ज़ल दुष्यन्त के बाद–II सम्पादक दीक्षित दनकौरी, वाणी प्रकाशन, नयी दिल्ली
21. पहल अंक 57–सम्पादक ज्ञानरंजन, जबलपुर, पाल-सेमुअलसन के विचार लेख से।
22. दि सोशियोलाजी ऑफ़ मनी–नाइलेज डॉड के लेख, बहुवचन अंक, 42 से उद्धृत।
23. वर्तमान साहित्य–सम्पादक कुँवरपाल सिंह, अंक-नवम्बर-1998, अलीगढ़
24. आधारशिला त्रैमासिक–सम्पादक दिवाकर भट्ट (ग़ज़ल अंक) हल्द्वानी
25. वही
26. कुछ और तरह से–हस्तीमल हस्ती, काव्या प्रकाशन, मुम्बई
27. मैं सफ़र में हूँ–नरेश शांडिल्य, किताबघर प्रकाशन, नयी दिल्ली
28. ग़ज़ल दुष्यन्त के बाद-II सम्पादक दीक्षित दनकौरी, वाणी प्रकाशन, नयी दिल्ली
29. दस्तावेज़–सम्पादक विश्वनाथ प्रसाद तिवारी (अंक-141), गोरखपुर
30. पलप्रतिपल पत्रिका–सम्पादक देश निर्मोही (अंक-60, जून-2002), पंचकुला–डॉ.नामवर सिंह से राजकुमार राकेश की बातचीत
31. कला की ज़रूरत–अर्नेस्ट फ़िशर, राजकमल प्रकाशन, दरियागंज, नयी दिल्ली
32. मैं नदी की सुन रहा हूँ–कमलेश भट्ट, कमल प्रकाशन संस्थान, दिल्ली
33. जन-गण-मन–द्विजेन्द्र द्विज, देवांश प्रकाशन, माराण्डा, हिमाचल प्रदेश
34. सच और है–विनय मिश्र, मेधा बुक्स, दिल्ली
35. अंगारों पर नंगे पाँव माधव कौशिक, पेंगुइन, नयी दिल्ली
36. एक हाथ की ताली, सूर्यभानु गुप्त, वाणी प्रकाशन, नयी दिल्ली
37. साये में धूप–दुष्यन्त कुमार, राधाकृष्ण प्रकाशन, नयी दिल्ली
38. वही
39. जनसत्ता–सम्पादक ओमथानवी, अप्रैल-2012, पवन गुप्ता के लेख–विकास का भ्रम से उद्धृत।
40. पहल पत्रिका (अंक-69)–सम्पादक ज्ञानरंजन, जबलपुर–पेरिस आर्केड–वाल्टर बेंजामिन द्वारा लिखित टिप्पणियों से कुछ अंश
41. दस्तावेज़ (अंक-141)–सम्पादक विश्वनाथ प्रसाद तिवारी, गोरखपुर

42. अष्ट छाप–सम्पादक–नाचिकेता, प्रकाशन फिनमेन, दिल्ली
43. काली नदियाँ पीले लोग–सलीम अख़्तर प्रक्षेप प्रकाशन, नागपुर
44. नदी की चीख़–राधाकृष्ण प्रकाशन–सुल्तान अहमद, नयी दिल्ली
45. अनभै साँचा अतिथि–सम्पादक ज्ञानप्रकाश विवेक, ग़ज़ल अंक, नयी दिल्ली
46. समकालीन हिन्दी ग़ज़ल–सम्पादक माधव कौशिक, साहित्य अकादमी, नयी दिल्ली
47. वही
48. समय से मुठभेड़–अदम गोंडवी, वाणी प्रकाशन, नयी दिल्ली
49. शेष पत्रिका–सम्पादक हसन जमाल, जोधपुर
50. नदी की चीख़–राधाकृष्ण प्रकाशन, सुल्तान अहमद, नयी दिल्ली
51. समकालीन हिन्दी ग़ज़ल–सम्पादक माधव कौशिक, साहित्य अकादेमी, नयी दिल्ली
52. हिन्दुस्तानी ग़ज़ल–सम्पादक कमलेश्वर, राजपाल, नयी दिल्ली
53. हिन्दी ग़ज़ल की विकास यात्रा–ज्ञानप्रकाश विवेक, हरियाणा साहित्य अकादमी, पंचकुला
54. अक्षरपर्व मासिक पत्रिका–सम्पादक ललित सुरजन, रायपुर
55. सारे सपने बाग़ी हैं–माधव कौशिक, वाणी प्रकाशन, नयी दिल्ली
56. एक पुल–हरजीत सिंह, स्वयं प्रकाशन, देहरादून
57. कुछ और तरह से–हस्तीमल, हस्तीकाव्या प्रकाशन, मुम्बई
58. ग़ज़ल दुष्यन्त के बाद–II सम्पादक दीक्षित दनकौरी, वाणी प्रकाशन, नयी दिल्ली
59. ग़ज़ल दुष्यन्त के बाद–I सम्पादक दीक्षित दनकौरी, वाणी प्रकाशन, नयी दिल्ली
60. ग़ज़ल दुष्यन्त के बाद–I सम्पादक दीक्षित दनकौरी, वाणी प्रकाशन, नयी दिल्ली
61. ग़ज़ल दुष्यन्त के बाद–II सम्पादक दीक्षित दनकौरी, वाणी प्रकाशन, नयी दिल्ली
62. हिन्दी की चुनिन्दा ग़ज़लें–सम्पादक गौरीनाथ, अन्तिका प्रकाशन, गाज़ियाबाद
63. वही
64. वही
65. वही
66. समयान्तर फ़र-2012–उपभोक्तावाद के निहितार्थ लेख–से लेखक गिरीश मिश्र समयान्तर–सम्पादक पंकज बिष्ट
67. पाखी पत्रिका–अंक जून-2009 सम्पादक प्रेम भारद्वाज, नोएडा
68. दैनिक हिन्दुस्तान, अंक-19 फ़र, 2015, कस्तूरबा गांधी मार्ग, नयी दिल्ली
69. हादसा क्या चीज़ है–बल्लीसिंह चीमा, बोधि प्रकाशन, जयपुर

नवयथार्थ और हिन्दी ग़ज़ल

हमारे नये समय का नवयथार्थ जिसमें पूँजी की धमक और उपभोग की ठसक सबसे अधिक है। ऐसा प्रतीत होता है नया समय, शोर समय है। ज़्यादा आवाज़ों वाला यह समय, चुप के अर्थ और ख़ामोशी की तान तथा स्मृतियों का आख्यान खो चुका है।

एक बेवजह का कोलाहल है–दृश्य में और परिदृश्य में।

यह कैसा नया समय है। जो दानिशमन्द है, वो कम बोलनेवाला है। वो रचयिता है लेकिन उसके पास दयनीय-सी भाषा बची है। लेकिन हत्यारों के पास निस्संगता है और अपशब्दों की दृढ़ता।

पूरा परिदृश्य स्तब्धकारी और डरावना है। प्रसिद्ध अर्थशास्त्री गुन्नर मिर्डल ने भारतीय नवयथार्थ पर बड़ी सटीक टिप्पणी की है–'फंक्शनिंग एनार्की' यानी जैसे–तैसे चलती अराजकता।

हमारा समय और उसका यथार्थ, अराजकता के पायदान पर खड़ा, आवारा पूँजी की आतिशबाज़ियाँ छोड़ रहा है और उसकी जगमगाहट में मग्न है।

यह समय ऊबे हुए सुखी लोगों का समय एक ऐसा समय है जो आत्मकेन्द्रित और घोर स्वार्थी हो चुके हैं। सबके पास निजता का एक पिरामिड है, जिसमें आनन्द उद्योग रचते, खाते-पीते, किसी अन्य की उपस्थिति को नकारते, ज़िन्दगी को उत्सव में बदलते-ख़ुशियों को किसी फ़ैक्टरी का उत्पाद समझने लगे हैं।

बिल्कुल ऐसे आत्मकेन्द्रित और आत्ममुग्ध समाज से बेचैन होकर दुष्यन्त ने कहा था–

यहाँ दरख़्तों के साये में धूप लगती है
चलो यहाँ से चलें और उम्रभर के लिए'

दुष्यन्त

दरख़्तों के साये में धूप का लगाना ऐसे समय की बिम्ब रचना है जिसमें बहुत

कुछ असहनीय हो चुका है। दरख़्तों के साये में धूप लगना, मूल्यों के पतन की संश्लिष्ट अभिव्यक्ति है। दूसरे मिसरे में दुष्यन्त कहते हैं–चलो यहाँ से चले और उम्रभर के लिए। ऊपरी सतह पर मिसरे में पलायन प्रतीत होता है। जैसे कवि इस नये यथार्थ की जटिलता से फ़रार हो जाना चाहता हो। लेकिन ऐसा नहीं है। कवि, वास्तव में किसी नये समय और नये यथार्थ की रचना करना चाहता है। ऐसा भी प्रतीत होता है कवि मुक्ति की कोई राह खोज रहा है।

विडम्बना यह है कि नया समाज जितना आत्ममुग्ध है उतना आत्महीन भी है। अपनी आत्महीनता को भरने (या छुपाने) के लिए, जीवन को कोई नया अर्थ देने के लिए वस्तुओं को घरों में इस क़दर जमा करने लगाा है कि घर, अजायबघर बनकर रह गये हैं। इस 'वस्तु सर्कस' के खेल में लिप्त पूरा समाज, भोगवादी समाज बन चुका है। इसी भाव को दर्शाता यह शेर–

जाने कब महसूस करोगे गहराई बाज़ारों की
घर आँगन को लील गयी है परछाईं बाज़ारों की[2]

माधव कौशिक

माधव कौशिक के उपर्युक्त शेर में एक व्याकुलता-सी है कि यह समाज बाज़ारवादी छद्‌म को समझे बग़ैर उसकी ओर आकर्षित होता जा रहा है। यहाँ एक ग़ज़लकार की पीड़ा है जो दो मिसरों में किसी 'अंडर करंट' की तरह मौजूद है। पीड़ा यह कि समाज का मूल्यांकन संगृहीत की गयी वस्तुओं से होने लगे। पीड़ा यह भी है कि बाज़ार की मौजूदगी बाज़ार तक नहीं रही, वह आंगन (घर) तक चला आया है। इस तरह से देखें तो यह शेर नये समय का, सम्पूर्ण चेतना के साथ संज्ञान लेता है।

समाज के नवयथार्थ को रूपक में व्यक्त किया जा सकता है। एक चौड़ी सड़क है। बीच में डिवाइडर है। सड़क दो हिस्सों में विभाजित है। लोग आ रहे हैं। लोग जा रहे हैं। सब तेज़ रफ़्तार। सब एक-दूसरे से विमुख। सबके सब बेमुरव्वत। सबके सब अपनी निजाताओं में क़ैद। सबके सब किसी द्वन्द्व में। किसी तनाव में किसी व्यूहरचना में। कितना हतप्रभ करता दृश्य है। यात्री सब हैं। हमसफ़र कोई नहीं। एक शेर इसी अवस्था की मार्मिक अभिव्यक्ति–

इतनी कठिन किसी की कभी रहगुज़र न हो
रहबर मिलें तमाम कोई हमसफ़र न हो[3]

सुल्तान अहमद

यह नया समय मित्रविहीन और हमसफ़र विहीन समय है। यह समय जिसके पास केवल वर्तमानता बची है। स्मृतियों का क्षरण सबसे अधिक, इसी काल में हुआ है।

ऐसे बेचैन समय को माधव कौशिक अपने शेर के एक मिसरे में कारुणिक स्वर में व्यक्त करते हैं–वो हर इन्सान में रिश्तों की साँकल ढूँढ़ता क्यों है? साँकल एक शब्द है तो पुराना है। साँकल एक प्रतीक है तो बिल्कुल नया है जो नया भावबोध रचता है। साँकल, खनक सी पैदा करता हुआ। स्मृति की किसी गूँज-सा। सांकल मिसरे में स्मृति का प्रतीक बनकर हलचल पैदा करता है। सम्बन्धों के दरवाज़े, स्मृति की साँकल से भी खुल सकते हैं। 'वो' पात्र एक नये समय का बेचैन किरदार है जो नवयथार्थ में अकेला कर दिया गया है। वही पात्र रिश्तों की साँकल ढूँढ़ता फिरता है। एक जीवन्त बिम्ब की रचना!

ग़ौरतलब है, हिन्दी की ग़ज़लों में समकाल के शेड्स और बिम्ब इतने आवेग और जीवन्तता के साथ भी व्यक्त हो रहे हैं। यथा–

मुक्तिकामी चेतना अभ्यर्थना इतिहास की
यह समझदारों की दुनिया है विरोधाभास की[4]

अदम गोंडवी

हिन्दी ग़ज़लकारों ने इस बदलते समय तथा समाज की बदलती हुई भूमिका को बड़ी पैनी नज़र से देखा-परखा और व्यक्त किया है। दुष्यन्त के समय से ही इस यथार्थ की पहचान कर ली गयी थी। उसके प्रभाव को भी महसूस किया जाने लगा था। दुष्यन्त ने जब कहा था–कभी कालीन देखेंगे तुम्हारे। अभी तो पाँव कीचड़ से सने हैं–तो दुष्यन्त समाज की विडम्बना को व्यक्त करते हुए, आत्ममुग्ध वर्ग की सुखकारी छवियों को भी अभिव्यक्ति दे रहे थे। दुष्यन्त ने बहुत कम लफ़्ज़ों में नये यथार्थ की व्यजंनापूर्ण अभिव्यक्ति की। कुल दो प्रतीक चुने। कालीन और कीचड़। इसी प्रतीकात्मकता में द्वन्द्व का सृजन और दो वर्गों का ज़िन्दगीनामा! शेर में दुष्यन्त सम्पन्नवर्ग को सम्बोधित करते हैं। भाषा विनम्र! आदर भाव की भावना। लेकिन इस सादगी में बेचैन करता सन्नाटा भी है और सन्नाटे में नये समय का कोलाहल है।

नये समाज का नया यथार्थ यहाँ समाप्त नहीं होता, यहाँ से आरम्भ होता है। नये समय की ताज़ा और व्यजंनापूर्ण अभिव्यक्ति करनेवाले माधव कौशिक जब कहते हैं–'मैं अपनी आँख से देखूँ जहान की आँखें।'[5] 'जहान की आँखें' इस पद में मुहावरेवादी है। अनेकार्थी है यह मुहावरा। यह जो नया यथार्थ है, इसके अनेक सन्दर्भ हैं, अनेक अनुभव और अनेक दृश्य! माधव कौशिक इस नये समय को

चेतना की आँख से देखना चाहते हैं। यानी नये यथार्थ से संवाद करने (और उससे टकराने) के चेतनाकामी स्वर यहाँ भी हैं। उनकी ग़ज़ल का एक और शेर–

इस दौर की चीजें भी इन्सान को खाती हैं
पैरों की लियाकत को जूतों से अलग रखना

माधव कौशिक

दो मिसरे और व्याकुलता पैदा करती अभिव्यक्ति! यह नया समय, जिसमें मनुष्य के लिए जगह कम बची है, वस्तुओं के लिए ज़्यादा!–'चीज़ों का इन्सान को खाना' यह तहरीर ग़ौरतलब है। चीज़ें बड़ी और मनुष्य इस समकाल में छोटा हो गया है। पैरों की लियाकत के क्या अर्थ हैं? पैरों की लियाकत है चलना! यह अनुभव और शेर में व्यक्त अभिव्यक्ति सर्वथा नयी है। पैरों के प्रति व्यक्त यह भाव (और आदर) एक नयी खोज है। निर्धन अक्सर नंगे पाँव यात्रा करते हैं। पैरों की लियाकत (योग्यता) वही जानते हैं। उनके लिए पाँव लियाकत और जूते (वस्तु) किसी आडम्बर की तरह हैं। इस तरह से यह शेर भावना और पदार्थ के बीच जो अन्तर है, उसे भी खोजता है।

लगभग स्पष्ट हो चुका है कि यह नया समय किसी अनात्म की भाँति है। किसके प्रति कोई रागात्मकता, संवेदना और जज़्बा नहीं बचा। एक दिखती हुई उक्ताहट और अदृश्य व्याकुलता हर कहीं। व्यर्थता का बोध। अपरिचय का संकट। सब जैसे 'प्रेक्टिकल'। पदार्थ होते हुए। कुछ शेर इसी नये जीवन शिल्प को व्यक्त करते हुए–

ज़िन्दा चेहरे भी बदल जाते हैं तस्वीरों में
पेड़ मरते हैं तो ढल जाते हैं शहतीरों में

हरजीत सिंह

माँझा कोई यक़ीन के काबिल नहीं रहा
तन्हाइयों के पेड़ से अटकी पतंग हूँ

सूर्यभानु गुप्त

रंग रोगन में पुता पहलू में लेकिन दिल नहीं
आज का इन्सान भी काग़ज़ का पैकर हो गया

अदम गोंडवी

मज़ा लेते हैं सब एक दूसरे के ज़ख़्म गिन गिन कर
मगर हर शख़्स है अपने लहू में तर जहाँ मैं हूँ

बुद्धिसेन शर्मा

उमस अँधेरा घुटन उदासी ये बन्द कमरों की ख़ूबियाँ हैं
खुली रखो ग़र ये खिड़कियाँ तो कहीं से ताज़ा हवा भी आये[10]

सुल्तान अहमद

यह अनात्म समय बन्द खिड़कियों का समय है। समाज में संवादहीनता ही नहीं, अजीब तरह की उदासीनता भी है कि यदि आनन्द मिलता है तो–दूसरों के ज़ख़्म गिन-गिन कर। हरजीत इस रागात्मकहीन और अनात्म समय को तस्वीरों का समय कहते हैं। यह नया समय इतना अनात्म कि पेड़ शहतीर के रूप में उसे दिखाई देते हैं। अदम भी बिल्कुल इसी बात की तस्दीक करते हैं–आज का इन्सान भी काग़ज़ का पैकर हो गया। इस अनात्म समय में मनुष्य इतना अकेला कर दिया गया है कि–तन्हाइयों के पेड़ पर अटकी पतंग जैसा होकर रह गया है।

यह नये समय का नया यथार्थ ही तो है कि पूरा समाज साफ़-साफ़ दो 'भूगोलों' में बँटा दिखाई देता है एक समाज धनपति तथा आवारा पूँजी से बाज़ार के तिलिस्म को गढ़ता हुआ। दूसरा समाज संघर्षशील। व्याकुल, त्रस्त और भयभीत! भूख सबसे बड़ा मसला और भूख की लड़ाई सबसे बड़ा संघर्ष!

कुछ शेर–

क्या हक़ीक़त कहूँ पिटारी की
रोज़ी-रोटी है ये मदारी की[11]

रोशन लाल रोशन

कोई ख़ुद्दार बचा ले तो बचा वरना
पेट काँधों पे कोई सर नहीं रहने देता[12]

द्विजेन्द्र द्विज

सदा अभाव की चादर से तन को ढकता हूँ
मुझे उढ़ायेगा कमख़्वाब के दुशाले कौन[13]

साजिद प्रेमी

घर में दस्तरख़ान बिछा है वादों का
भूख से मेरी जान निकलने वाली है[14]

शाहिद भारती

रोज़ जब रात को बारह का गजर होता है
यातनाओं का अँधेरे में सफ़र होता है[15]

दुष्यन्त

तुम्हें नहीं मालूम यहाँ पर ज़िन्दा रहना मुश्किल है
किसको कितने ज़ख़्म दिखायें क्या-क्या राज़ बतायें बाबा[16]

चन्द्र त्रिखा

माफ़िया के मक्तल में आज मेरी बारी है
जल-ज़मीन-जंगल की जंग रोज़ जारी है[17]

राम मेश्राम

उपर्युक्त सभी शेर इस नये यथार्थ की आँखों में आँखें डालकर लिखे गये हैं। ये तमाम शेर हमारे उस समाज से छनकर आये हैं जो कहीं हाशिए पर रख दिया गया है। ये अश्आर तो रूमानियत का तिलिस्म तोड़कर, खुरदरे यथार्थ से तपकर आये हैं। इनमें शोषित के पक्ष में खड़े होने की बेचैनी है। इन अश्आर में एक कारुणिक संगीत-सा सुनाई देता है, जिसमें 'दुख' की 'सिम्फनी' है।

यही सच है—तीक्ष्ण, कटु और बहुआयामी। इस नये समय की अय्यार संरचना, इतनी जटिल और विडम्बनापूर्ण है कि इसे समझ पाना कई बार कठिन हो जाता है। यह यथार्थ एक सर्कस की परिकल्पना जैसा है जो सच से कहीं ज़्यादा सच्ची है।

'काफ़्का से संवाद' पुस्तक की पंक्तियाँ ग़ौरतलब हैं, "हम परस्पर काटती हुई रेखाओं और भ्रमों से लदे हुए समय में जी रहे हैं, जहाँ दैत्याकार घटनाएँ घटित होती हैं।"[18]

यह नया यथार्थ वस्तुत: अन्तर्विरोधों, द्वन्द्वों और विचलन का समय है। एक शेर—

वक़्त के इस शार्पनर से ज़िन्दगी छिलती रही
हम बनाते ही रहे इस पेंसिल को नोकदार[19]

हरेराम समीप

हरेराम समीप प्रतीकों से नये समय को अपने शेर में व्यक्त करते हैं। पेंसिल! शार्पनर! समय! नोक! ज़िन्दगी! सब मिलकर किसी रूपक की रचना प्रतीत होते हैं। पुराने प्रतीक में समय कुम्हार था और ज़िन्दगी उसके चाक पर रहती थी। नये समय की अभिव्यक्ति के लिए नये प्रतीकों की तलाश लाज़मी थी। समीप ने वक़्त को शापर्नर तथा ज़िन्दगी को पेंसिल जैसे नये प्रतीक के द्वन्द्व से, जीवन संघर्ष को बयान किया है।

वाल्टर बेंजामिन जानते थे कि पूँजीवादी संस्कृति का सबसे रोचक खेल, आधुनिक महानगरों में खेला जा रहा है। उन्होंने कहा, "कोई चेहरा इतना अतियथार्थवादी नहीं

है जितना कि एक शहर का चेहरा। यहाँ इच्छाओं और लालसाओं की भयावह मरीचिका रची गयी है। महानगरों में परिकथाओं के भयानक विरोधाभास हैं। चमक, रंगीनी के साथ-साथ, शोषण, अन्याय, अजनबीपन और अमानवीयकरण के सबसे जटिल रूप यहीं के दैनन्दिन जीवन में व्याप्त हैं।"[20]

बेंजामिन के लिए शहरी जटिलता, नये समय के नये यथार्थ का सार तत्त्व है। बेंजामिन जो जटिल समाज का चित्र प्रस्तुत करते हैं, हिन्दी ग़ज़लकार उसे अपने अश्आर में व्यक्त कर रहे हैं। ये ग़ज़लें तथा शेर महज़ अभ्यास से नहीं लिखे गये। इस यथार्थ के अनुभवों की सघन अनुभूति हैं ये ग़ज़लें और शेर। जो नष्ट होती रागात्मकता, टूटते मूल्यों, बिखरते सम्बन्धों पर एकाग्र हैं तथा मनुष्यहीनता के प्रति गहरी चिन्ताएँ और व्याकुलता भी महसूस की जा सकती है। कुछ शेर–

ज़िन्दगी से ज़िन्दगी ऐसे अलग
एक घर में हों कई कमरे अलग[21]

विनय मिश्र

जिसे देखिए यहाँ पर उसी को हज़ार ग़म हैं
किसी कशमकश में तुम हो किसी कशमकश में हम हैं[22]

सुल्तान अहमद

कभी अहसास होता है मुकम्मल आदमी हूँ मैं
कभी लगता है जैसे आदमी का इक 'डमी' हूँ मैं[23]

ओमप्रकाश चतुर्वेदी पराग

रात जुगनू से बातचीत हुई
अब अँधेरे से वो भी डरता है[24]

हरजीत सिंह

मेरी कारीगरी, अज़मत, मशक़्क़त
तवारीख़ों के कूड़ेदान में है
तुम्हारी आग भी भीगी हुई है
मेरा पानी भी आतिशदान में है[25]

नूर मुहम्मद नूर

मैं जिस बुनियाद पर दिन रात नौमहला बनाता हूँ
वो कितनी खोखली है ये भी अक्सर भूल जाता हूँ[26]

योगेन्द्र दत्त शर्मा

हरेक बौना मेरे क़द को नापता है यहाँ
मैं सारे शहर में उलझूँ मेरे इलाही क्या[27]

तुफ़ैल चतुर्वेदी

बन्द कमरा साथ में बन्दूक़ भी
अब वो लापरवाहियों के दिन गये[28]

ओमप्रकाश 'यती'

नये समाज और नये समाज की बदलती हुई सोच का संज्ञान उपर्युक्त अश्आर में बड़े सलीके से बयान हुआ है। यथार्थ के यदि अनेक चेहरे हैं तो उसे भेदने के लिए हिन्दी ग़ज़लकारों के पास शब्दों की हज़ार आँखें हैं। शब्द जब अश्आर का हिस्सा बनते हैं तो शब्द नहीं रहते। प्रतीकों का आकार धारण कर लेते हैं।

विनय मिश्र ज़िन्दगी को एक घर के रूप में देखते हैं और जैसे घर में अनेक कमरे होते हैं उसी प्रकार नये समय में एक घर (या अनेक ज़िन्दगियाँ) विभाजित हो चुकी हैं। घर कभी संवेदन लय हुआ करता था। अब वो कमरों का भूगोल बन चुका है।

सुल्तान नये समय की कशमकश और द्वन्द्व को बड़ी विनम्रता से व्यक्त करते हैं। एक शेर में दो मिसरे, नये समय की जैसे सम्पूर्ण हक़ीक़त बयान कर रहे हों। एक सफल ग़ज़लकार अपने मिसरों को व्यर्थ नहीं जाने देता। वो शब्दों के अतिरिक्त, शब्दों के बीच जो ख़ामोशी का अन्तराल होता है, उसे भी अर्थ की गूँज में बदल देता है। सुल्तान ऐसा ही करते हैं। 'कभी कशमकश में तुम हो कभी कशमकश में हम हैं–तुम और हम यानी सम्पूर्ण समाज! इस यथार्थ में बेशक हर मनुष्य ने अपना रास्ता चुना हो, लेकिन कशमकश, द्वन्द्व और अन्तर्विरोध, हर कहीं मौजूद हैं। यहाँ, इस शेर में, यथार्थ अपने चाक्षुष रूप में खड़ा दिखाई देता है।

हिन्दी के वरिष्ठ ग़ज़लकार ओमप्रकाश चतुर्वेदी पराग उस संशय को अपने शेर में, आधुनिक उपकरणों के साथ प्रस्तुत करते हैं, जो संशय इस नये यथार्थ की पृष्ठभूमि में किसी छाया की तरह मौजूद है। मनुष्य मुकम्मल है या नहीं, कितनी बड़ी ख़ालिश है। ख़ुद पर शक करता मनुष्य, गोया, इस नये यथार्थ के यातना शिविर में हो।

हरजीत संशय के अतिरिक्त भय की अभिव्यक्ति करते हैं। शेर जितनी सादगी से व्यक्त हुआ है, मारक क्षमता इसकी उतनी अधिक है। जुगनू बेख़ौफ़ होकर रात

को, जंगलों में, हवा में तैरते रहते हैं। लेकिन अब, इस नये समय में, वो भी डरने लगे हैं। किससे? अँधेरे से। अँधेरे को डरानेवाला जुगनू, अँधेरे से डरने लगा है। यह समय, विडम्बनामूलक समय है। और जुगनू डरा हुआ–एक प्रतीक!

नूर मुहम्मद नूर के दो अश्आर में करुणा है और कशमकश! एक विचलन-सा भी है। जैसे इस नये यथार्थ के विसंगत में कुछ छूटने और टूटने लगा हो।

तुफ़ैल जब कहते हैं–हर एक बौना मेरे क़द को नापता है यहाँ! तो वो हमारे समकाल के विसंगत की अभिव्यक्ति बड़े अर्थपूर्ण ढंग से करते हैं। शिखर पुरुषों का समय, वस्तुतः बौनों का समय है। लेकिन योगेन्द्र दत्त शर्मा बाहर की खोखल नहीं अपने भीतर की कमज़ोर बुनियाद को शेर में अर्थ देते हैं। यहाँ 'मैं' वह इकाई है जो समाज का एक रूप है। यह खोखल 'मैं' की नहीं, पूरे समाज की है।

ओमप्रकाश 'यती' के शेर में नवयथार्थ का एक तल्ख सच छुपा हुआ है कि भय, बेआवाज़ घर तक, मन तक (और समाज तक) आ पहुँचा है। यहाँ एक दृश्य है। कमरा बन्द है लेकिन भय यहाँ भी है। कवि इस नये समय को अनुभूत करता है कि भय बन्द कमरे में ही नहीं, वो हर कहीं मौजूद है। कमरे में बन्दूक़ रखी है। कमरा बन्द है ।भय फिर भी है। बन्दूक़ भय कम नहीं करती। वो ख़ुद, एक भय का प्रतीक है। यह शेर इस तरह, नये समाज की संरचना (डरे हुए समाज की संरचना) को कुशलता से व्यक्त करता है।

नये समय और नये समाज का यह नवयथार्थ अपने नये मूल्य, नये आदर्श और नया मुहावरा गढ़ रहा है। नया मुहावरा! नागरिकता के पास नये गैजेट्स आ पहुँचे हैं। नयी शब्दावली भी। लैपटॉप, मोबाइल, सिम, रिचार्ज, इंटरनेट, फ़ेसबुक, ई-शापिंग, मॉल कल्चर! वस्तुएँ देवता जैसी। गेजेट्स ईश्वर जैसे।

राजेश जोशी की कविता की कुछ पंक्तियाँ नये यथार्थ को व्यक्त करती हैं–
नदियों का नहीं, समुद्रों का नहीं, पेड़ों, पहाड़ों का नहीं/ बाज़ारों का है ये समय।[29]

बाज़ारों का है यह समय। 'ऐनी टाइम मनी' का समय है। बाज़ार हर वक़्त जागता रहता है। पैसा भी कभी नहीं सोता। पैसे की मशीन–'ए.टी.एम.' निरन्तर जागती है। धनवानों का जगत, ए.टी.एम का जगत है। इसी भाव, स्थिति, और बदलते मूल्यों (जीवन मूल्यों) को रेख़ांकित करते कुछ शेर ग़ौरतलब हैं–

तहज़ीब अब ख़ला में परवाज़ कर रही है
अब हमसफ़र हमारा लोहे का आदमी है[30]

हरजीत सिंह

तुम्हारी मेज़ चाँदी की तुम्हारे जाम सोने के
यहाँ जुम्मन के घर में आज भी फूटी रकाबी है[31]

अदम गोंडवी

इस घर में केवल मैं ही तो रहता हूँ
इतनी सारी नाम तख्तियाँ किसकी है[32]

माधव कौशिक

आपने अच्छा किया समझा दिया
यह हमारा घर नहीं बाज़ार है[33]

सुशील सिद्धार्थ

वक़्त ने क्या मिज़ाज बदला है
देखकर काँप-काँप जाता हूँ[34]

सत्य प्रकाश उप्पल

कहाँ अब पॉप म्यूज़िक का ज़माना
किशन की बाँसुरी की तान देगा[35]

चाँद शेरी

तरक़्क़ियाँ तो बहुत कुछ हुईं मगर अफ़सोस
मशीन हो गये हम लोग भी मशीनों से[36]

महेश अश्क

बेहिसी का है वो आलम क्या नगर क्या गाँव में
क़त्ल होता देखकर भी चौंकता कोई नहीं[37]

राम मेश्राम

उपर्युक्त शेर ग़ौरतलब हैं। इन पर नये समय, समाज और नये यथार्थ का प्रभाव है। बदलते हुए जीवन मूल्यों की व्याकुलता और जिरह साफ़ दिखाई देती है। जिरह जहाँ समय से है, अपने-आप से भी है। सम्भवत: इसलिए कि इस बदलते हुए जीवन मूल्यों के समय में स्वयं ग़ज़लकार क्या प्रभावित नहीं हो रहे? वो भी तो समय सापेक्ष हैं। ग़ज़लकार इन स्थितियों से यक़ीनन अवगत हैं। ये शेर नयी बहस और नयी चिन्ताओं की अभिव्यक्ति हैं। नये यथार्थ की आहटें और टूटते मूल्यों की आवाज़ें, इन शेरों में सुनी जा सकती हैं।

इसी मूल्यहीनता और पूँजी के आवेग ने समाज को अजीब-सी स्थिति में ला खड़ा किया है। डॉ. नामवर सिंह कहते हैं, "वास्तविकता यह है कि आवारा पूँजी

के आते ही सारी पवित्र चीज़ें अपवित्र हो गयी हैं। जो चीज़ें मुफ़्त देने की थीं, आज, बेचने-ख़रीदने की हो गयी हैं। जैसे विद्या, जैसे प्रेम! जो भी मनुष्य के जीवन में सुन्दर है, पवित्र है, पूँजी ने इसकी सुन्दरता को नष्ट किया है। पवित्रता कलुषित की है।"[38]

नये यथार्थ में पवित्रताएँ कलुषित हुई हैं और मूल्यों का पतन!

आल्डयुस हक्सले अपने लेख 'रेवेल्युशन' में इस नये यथार्थ पर टिप्पणी करते हुए कहते हैं, "सामाजिक संस्था के हर नये विस्तार के साथ, व्यक्ति की मानवीयता का और अधिक अवमूल्यन हो रहा है और वह (व्यक्ति) सामाजिक उपादेयता का पुर्ज़ा मात्र बनकर रह गया है। तैयारशुदा सृजनात्मकता से रिक्त मनोरंजन, मनुष्य की उदासीनता को निरन्तर, नये-नये क्षेत्रों में फैला रहा है। अब अस्तित्व सारहीन तथा असहनीय हो गया है।"[39]

सामने का समय इतना विद्रूप रच रहा है कि उसे भूल पाना कठिन है। यह यथार्थ, जो है, इतना कठिन और सारहीन है कि सह पाना असहज लगने लगा है।

हमारे नये समय में रोज़ाना बहुत कुछ घटित होता है। यूँ भी कह सकते हैं कि यह समय, घटनाओं का समय है। लेकिन घटनाएँ विचलन पैदा करती हैं। डराती हैं। यह समय डर पैदा करती घटनाओं (और वारदातों) का समय है। इसी घटना-समय को व्यक्त करता यह शेर–

ये जी-जी के मरने-बिखरने के दिन हैं
ये मर-मर के जीने, उतरने के दिन हैं
ये दिन दोस्तों की परीक्षा की घड़ियाँ
ये दिन दुश्मनों के सँवरने के दिन हैं[40]

नूर मुहम्मद 'नूर'

नवान भट्टाचार्य की कविता की पंक्ति है–'अब आँसुओं से ही चलेंगी मोटर गाड़ियाँ' (यह मृत्यु उपत्यका नहीं है मेरा देश)।

नवान भट्टाचार्य नये यथार्थ का भयावह और कारुणिक चित्र प्रस्तुत करते हैं–आँसुओं से मोटर गाड़ियों का चलना–कटु यथार्थ है।

सोल्झेनित्सिन अपने कैंसर वार्ड उपन्यास में लिखते हैं–"लोगों को ख़ुशहाली की तरफ़ कभी नहीं हाँकना चाहिए, क्योंकि ख़ुशहाली भी चौक में लगी एक मूर्ति ही है।"

हमारे नये समय का यही सबसे बड़ा यथार्थ है। ख़ुशहाली और चमक-दमक, बूढ़ी दीवार पर चस्पाँ किसी इश्तहार जैसी प्रतीत होती है–अर्थहीन!

खुद को छलते उम्र कटी
लिख अपनी अय्यारी लिख![41]

चन्द्र त्रिखा

यह नया समाज, अय्यारियाँ रचता समाज, एक अनुपस्थित समाज भी है। केवल 'प्राक्सी एक्ज़ीस्टेंस'! सब के सब, एक-दूसरे की 'फ़ोटोकॉपी'। सब के सब एक जैसा सोचते, एक जैसा खाते-पीते। एक जैसी जीवन शैली जीता हुआ यह समाज–'एक जैसे पन' की ऊब और वितृष्णा में जीने का अभ्यस्त हो रहा है।

इतना ही नहीं, नया समाज जो नये समय का स्क्रिप्ट लिख रहा है, दौड़ते हुए समाज की इसमें अहम भूमिका है। सब दौड़ रहे हैं। दौड़ ज़रूरी है। एक ऐसा मेराथन जिसका कहीं अन्त नहीं। दौड़ रुकती नहीं, जारी रहती है। पहुँचना कहाँ है? इस चिन्तन और मन्थन की परवाह किसी को नहीं सभी के पास दौड़ने की सूचनाएँ हैं। सब दौड़ रहे हैं। इसलिए दौड़ रहे हैं कि यह समय, दौड़ रही पूँजी का समय है। विडम्बना यह है कि इस नवयथार्थ में मनुष्य, मनुष्यत्व से वंचित कर दिया गया है।

एक शेर–

सभी हैं दौड़ में ना-आश्ना हक़ीक़त से
ये धरती गोल है वापिस वहीं पे मिलना है[42]

नरेश महाजन

यह नया यथार्थ जिसकी धमक पिछले तीन दशकों से अधिक सुनाई देने लगी है और इन्हीं दशकों में, समाज के चरित्र और मिज़ाज में सबसे ज़्यादा परिवर्तन महसूस किया गया है। तकनीक का इस्तेमाल भी इन्हीं दशकों में तीव्र गति से बढ़ा है। इसी परिदृश्य को व्यक्त करता एक उदाहरण प्रस्तुत है–

विटगैंसटाइन लिखते हैं, "यह अजीब लक्षण है कि जब संगीत के उपकरणों की तकनीकें बहुत बेहतर हुई हैं, तब, अच्छा संगीत बजानेवाले कम हुए हैं।" क्या तकनीक के विकास के साथ-साथ कल्पना का विकास होता है? कम साधनों के बीच, आप ज़्यादा काम, कल्पना से ले सकते हैं और कौशल का ज़्यादा इस्तेमाल करते हैं। लेकिन ज्यों-ज्यों तकनीक का विकास होता है तो प्रयोगधर्मिता फ़ार्म में बढ़ती है। हम तकनीक से चौंकाना चाहते हैं। एक तरह का प्रदर्शन बढ़ जाता है। विनम्रता कम होने लगती है।"[43]

राजेश जोशी

यह हमारे समय का यथार्थ, प्रपंचकारी यथार्थ है जिसमें विनम्रता, रागात्मकता, संवेदना और मनुष्यता निरन्तर कम हुई है। अहंकारी समय, समाज के नये मूल्य गढ़ रहा है। या फिर यह समाज, नये समय की रचना कर रहा है, नया समय जिसमें प्रत्येक दिन किसी विडम्बना की तरह, किसी वारदात की तरह, किसी विसंगत और असंगत की तरह टकराता है।

एक ज़माना वह था जिसमें केवल एक ज़माना था
एक ज़माना यह है जिसके भीतर कई ज़माने हैं[44]

विनय कुमार

कई बार किसी ओवरब्रिज पर, एक कोने में, खड़े होकर लोगों को उस डिस्प्ले बोर्ड की तरह देखने को मन करता है, जो ख़ुद तो रुका हुआ है, लेकिन लोगों को अपने-अपने प्लेटफ़ार्म पर भागने के लिए इशारा कर रहा है। लोग किसी उन्माद में भागते नज़र आते हैं। यही हमारे समय के नवयथार्थ का सच्चा 'रूपक' है।

एक भागता हुआ, बेचैन और बदहवास समाज! कुलदीप सलिल इस समाज की कैफ़ियत कुछ इस तरह बयान करते हैं–

तुम जा रहे हो रौनके-बाज़ार देखने
मैं आ रहा हूँ सूरते-बाज़ार देखकर[45]

कुलदीप सलिल

बाज़ार और पूँजी द्वारा संचालित यह नया समाज जिसका यथार्थ देवेन्द्र गौतम कुछ यूँ बयान करते हैं–

वो खुला माहौल वो जीवन कहाँ
घर तो है घर में मगर आँगन कहाँ[46]

देवेन्द्र गौतम

नया समय जिस नये यथार्थ को, किसी नामालूम भाषा में लिख रहा है, उसे पढ़ना और समझना बेहद ज़रूरी है। यह नया पाठ समाज शास्त्रियों के लिए ही नहीं, हमारे वक़्तों के अदीबों और कवियों के लिए भी लाज़मी है। हिन्दी के ग़ज़लकारों के अश्आर में नया समय साँस लेता और धड़कता दिखाई देता है। नये समय के नवयथार्थ की पड़ताल हिन्दी ग़ज़ल में दुष्यन्त तथा उसके बाद के समय से जारी है। यह नये समय की रचनात्मकता का ऐसा कालखण्ड है जिसमें कई तरह से नवयथार्थ को व्यक्त किया जा रहा है। मसलन–

झूठ तरतीबवार होता है
सच को लगता है डर सलीके से[47]

गणेश गम्भीर

इतने जंजाल हैं सर पे मेरे दुनिया भर के
जी में आता है सब छोड़ कर तन्हा हो जाऊं[48]

अतुल अजनबी

सारी दुनिया ख़रीद ली मैंने
फिर भी दिल बेकरार जैसा है[49]

हृदयेश मयंक

कैसे इन दुविधाओं की वेला में ख़ुद को समझाऊँ
बाज़ारों में शोर बहुत है घर में चीख-पुकार अलग[50]

विनय मिश्र

ये सकल संसार इक बाज़ार रमज़ानी चचा!
मुफ़्त में ही चाहते हो प्यार रमज़ानी चचा![51]

पुरुषोतम 'प्रतीक'

नया समय बाज़ारवादी समय, इतना बेलिहाज़, बेमुरव्वत और बेसुरा है कि तमाम पुराने मूल्य, परम्पराएँ, रिवाज़, तहज़ीब, संस्कार और स्नेहभावना पीछे छूट गयी है। नैतिकता की कुछ बूढ़ी चिमनियों से उसूलों की बुझ चुकी चिंगारियों का धुआँ शेष है।

नया समय, नयी अदाओं, हरकतों, हरारतों, हुंकारों और हरकारों का और नये हठयोग का समय है जिसके पास मानवीय मूल्य कम बचे हैं, बाज़ारवादी भंगिमाएँ ज़्यादा हैं।

थोड़ा ग़ौर से देखें किसी शापिंग मॉल में खड़े होकर, किसी मेट्रो स्टेशन पर या किसी फ़्लाई ओवर पर–तब अहसास होता है कि इस नवयथार्थ में हम ज़िन्दगी को नहीं जी रहे, उसके 'रफ़ ड्राफ़्ट' को जी रहे हैं। यह जीवन का रफ़ ड्राफ़्ट जिसमें विकृतियाँ, विस्मृतियाँ, विखण्डन और व्याकुलता सब शामिल हैं।

बाहर निकलो तो बाज़ार का यक्षगान अनवरत सुनाई देता हुआ, और घर की तरफ़ लौटकर आओ तो अभावों की जुगलबन्दी-अभाव और रोग!

इसी यथार्थ को पुरुषोतम प्रतीक अपने फक्कड़ अन्दाज़ में व्यक्त करते हैं–

क्या नया ताज़ा लिखूँ सारा शहर बीमार है
लेखनी आहत हुई है जानकी मामा![52]

पुरुषोतम प्रतीक

जानकी मामा और रमज़ानी चचा दो ऐसे अति-साधारण पात्र हैं (और ग़ज़लों में रदीफ़ हैं) जिनके ज़रिये पुरुषोतम प्रतीक नवयथार्थ की विडम्बनाओं को व्यक्त करते हैं। अश्आर का कथ्य कुछ मुँहफट-सा है लेकिन इस खुरदरे यथार्थ की अभिव्यक्ति के लिए, कभी-कभी ऐसे लबो-लहजे और संरचना की भी ज़रूरत पड़ती है।

हिन्दी ग़ज़ल का यह हलचलभरा समय है जैसा कि नये समय के समाज में नयी हलचल दिखाई देती है। नये विचार (आइडिया), नये आविष्कारों के नये समय, जिसमें ट्वीटर, फ़्यूज़न ब्लागिंग, एस एम एस, टी-20, थ्री डी, लिव-इन रिलेशन, आदि शब्द हैं। जो महज़ शब्द नहीं, बदलाव का पूरा तन्त्र रचते प्रतीत होते हैं। इन तमाम सुविधाओं (गेजेट्स) ने, समाज के जीवन और शैली को उलट-पलटकर रख दिया है। तीस वर्ष पूर्व इन शब्दों से और नये यन्त्रों से समाज सर्वथा अपरिचित था। अब ये तमाम नये शब्द, नये समाज का नवयथार्थ रच रहे हैं। इनके बिना जीवन असम्भव-सा प्रतीत होने लगा है। जीवन की अर्थहीनता को इन शब्दों (अथवा इन गेजेट्स) ने एक अर्थ दिया है, एक 'मीनिंग' दिया है।

ऐसे समय में एक बड़ी घटना यह घटित हुई है कि आदमी को छोटा या बड़ा इस आधार पर माना जाने लगा है कि उसके पास वस्तुएँ कितनी हैं, मकान कितने, कारें कितनी हैं और सूट कितने?

ब्रॉड में बदलता समय, मनुष्य के होने को नकार रहा है। पहचान इस नये समय का बड़ा संकट है। मनुष्य की पहचान एक उपभोक्ता के रूप में होने लगी है। यह विडम्बना नहीं, त्रासदी है।

नवयथार्थ के मिज़ाज को इस हिन्दी ग़ज़ल से समझा जा सकता है जिसमें वर्तमानता के अनेक बिम्ब, रिफ्लैक्शन और भंगिमाएँ हैं–

दुपहिया और कारों का समय है
बहुत लम्बी क़तारों का समय है

सुनारों-सा नहीं धीरज किसी में
ये निश्चित ही लुहारों का समय है

बदल जाते हैं मौक़ा देखते ही
इसी शैली के यारों का समय है

दिशा-निर्देश पर बाज़ार के अब
स्वयं के ही प्रचारों का समय है

है हाथों की कलाएँ हाशिए पर
मशीनी कामगारों का समय है

सदी इक्कीसवीं की रोशनी में
ये नैतिक अन्धकारों का समय है[53]

ज़हीर क़ुरैशी

नये समाज ने इच्छाओं को इतना अधिक विस्तार दे दिया है कि जीवन किसी 'इच्छाघर' जैसा प्रतीत होने लगा है।

क्रिस्टोफ़र कॉडवेल, विचारक और कला आलोचक, नये समय को अपने लेख में नये अर्थ देते प्रतीत होते हैं। उनके अनुसार, "अस्तित्व का अर्थ है एक फ़व्वारे जैसा होना और फिर भी एक शक्ल रखना, क्योंकि कोई चीज़ स्थिर नहीं है। यहाँ यथार्थ का तानाबाना है। मनुष्य जीवन की ओर खिंचता है क्योंकि जीवन उससे अलग खिसकता रहता है। उसकी (मनुष्य की) इच्छाएँ नक्षत्र जितनी पुरानी और अटल हैं।"

इच्छाओं के जंजाल में फँसा यह समाज ऋण लेकर अपनी अनन्त इच्छाओं की पूर्ति कर रहा है। इस नये समय के यथार्थ में कमोबेश पूरा समाज किसी न किसी रूप में क़र्ज़दार है–कार, मकान, फ्रिज, टीवी आदि को क़र्ज़ पर लेता और ई एम आई चुकाता यह समाज, ऋण संस्कृति का जन्मदाता भी बन चुका है। इस समय के यथार्थ ने सभी को ऋणी बना दिया है। प्रत्येक ऋणी किसी न किसी तनाव की ज़द में है। यह नया यथार्थ जाने-अनजाने पूरे समाज को तनावग्रस्त बना रहा है। सम्भवतः इसलिए चमक दमक के पीछे भागता समाज, सुविधाओं से भरपूर लेकिन सुखविहीन प्रतीत होता है। इसी सिलसिले में ये शेर–

यहाँ आये तो ख़ाली हाथ हम थे
सफ़र में क्या गिरा था देख लेते[54]

ध्रुव गुप्त

नये समय के नवयथार्थ की अभिव्यक्ति इस शेर में बेचैनी भरे वातावरण के साथ मौजूद है। यह समय जो है, लम्बी यात्रा करके आया है। कितने-कितने नये उपकरण! आधुनिक साज़ो-सामान! लेकिन जो पीछे छूट गया है वह क्या था? जो गिरा है, वह क्या था? वे जीवन मूल्य ही तो थे।

नवयथार्थ ने अपना एक मिज़ाज, संस्कृति और वातावरण निर्मित किया है, लेकिन पुराने मूल्यों, स्मृति रागात्मकता और नैतिकता को बेदख़ल करके। यही हमारे नवयथार्थ का एक परिदृश्य है।

टी.एस. इलिएट ने एक जगह कहा है–व्हेयर इज़ द लाइफ, वी हैव लास्ट इन लिविंग–कहाँ है वह जीवन, जिसे हमने जीवन में ही गँवा दिया है। यही है हमारा नवयथार्थ! जीवन जैसे कोई साँसों का कारख़ाना हो बस! और साँस लेना जैसे कोई अनिवार्य रोज़नामचा।

कुछ शेर–

ज़िन्दगी की सड़क रही सूनी
यूँ तो सबसे मिले-मिलाये हम[55]

दिनेश कुमार स्वामी

हर इक पल ज़िन्दगी का साँस के बदले में है
तो ये साँसों की काविश कोई मज़दूरी है क्या[56]

रजनीश सचान

बियर-बर्गर-अफेयर कोक पिज़्ज़ा
हमारे दौर की बाराखड़ी है[57]

मनोज अबोध

देख रहे हैं सबके बदन पर इक जैसी पोशाक
कौन है शहरी कौन पहाड़ी हमको नहीं मालूम

क़ुर्बान आतिश

हमारे समय का नया यथार्थ जिसमें जीवन इतना रेखीय है कि ज़िन्दगी सूनी सड़क का रूपक बनकर रह गयी है तो ज़िन्दगी जैसे सांसों की मज़दूरी करना।

हमारे इस दौर के ग़ज़लकार बड़े प्रतीकात्मक लहजे में नवयथार्थ को व्यक्त कर रहे हैं। हमारे दौर की बाराखड़ी यानी स्थूल रूप से जीवन को जीये जाना। तो यह भी कि 'एक जैसापन'–जीवन की ढब बनकर रह गया है। मेट्रो की सीढ़ियां उतरते हुए, मेट्रो स्टेशन की सीढ़ियाँ चढ़ते हुए, एक यन्त्र चालित भीड़–एक जैसा

सोचती हुई। एक जैसा बदहवास रूप लिए, एक जैसे तनाव की छाया में। सब कुछ एक जैसा। जैसे सारा समय, एक-दूसरे की फ़ोटो कॉपी हो?

इक्कीसवीं सदी का शोर है मगर यहाँ
प्राचीन से नवीन की बेहद हैं दूरियाँ[8]

हनुमन्त नायडू

कुल मिलाकर ये मिला इस दौर में
भय, थकन, कुण्ठा, निराशा सिसकियाँ[9]

अश्वघोष

भूख प्यास का मैंने भोग लगाया
रत्न-जड़ित ठाकुर जी क्रुद्ध हो गये

अवमूल्यन स्नेह का हुआ है इतना
अपने ही रक्तकण विरुद्ध हो गये[60]

भवानी शंकर

फ़रेबी पेशतर हक़दार पीछे
गरज़ आगे बढ़ी किरदार पीछे

अजब दस्तूर है जो काफ़िले के
है अब चलने लगा सालार पीछे[61]

नलिनी विभा नाज़ल

नवयथार्थ, वस्तुतः समाज और जीवन की विडम्बनाओं का यथार्थ है। ऐसे यथार्थ में विरोधाभास जीवन की हक़ीक़त बन जाते हैं। सालार (जो काफ़िले का मुखिया होता है) पीछे चलने लगा है। इसी तरह हक़दार पीछे गया है और कपट करनेवाले समाज के मोतबर बन रहे हैं। भवानी शंकर इसी विडम्बना को तंज़ के रूप में व्यक्त करते हैं। भूख का भोग लगाने से रत्न-जड़ित ठाकुर का क्रुद्ध होना, विडम्बनाओं की सशक्त अभिव्यक्ति है। हनुमन्त नायडू दो समय के बीच जो फ़ासला है उसकी अभिव्यक्ति करते हैं और अश्वघोष 'कुल मिलाकर' नवयथार्थ का निष्कर्ष निकालते हैं कि भूख, प्यास, कुण्ठा, वितृष्णा के अतिरिक्त इस यथार्थ में और कुछ है ही नहीं।

कुल मिलाकर नवयथार्थ एक ऐसा यथार्थ रच रहा है जिसमें मशीनें लोरियाँ देंगी। जिसमें स्मृतियाँ नष्ट हो जायेंगी। हमारे नये मनुष्य के पास 'कॅरियर' शब्द किसी तमगे की तरह, किसी तहरीर की तरह है लेकिन स्मृतियाँ उसके पास नहीं बचीं। अपनी वर्तमानता में जीवन जीता नये यथार्थ का मनुष्य, स्मृतिविहीन मनुष्य है। शेर है–

मैं गीली रेत पर लड़ते-झगड़ते घर बनाता था
मगर अब याद करता हूँ तो नादानी-सी लगती है[62]

महेश अग्रवाल

स्मृतिहीनता हमारे नवयथार्थ का चेहरा है। यह चेहरा सपाट शून्य चेहरा, जहाँ एकान्त की कमी खटकती है और अकेलापन किसी शत्रु जैसा, हर समय डराता हुआ। यह नवयथार्थ का ही तो सच है कि यहाँ मचान के नक़्शे छुपाकर रखे जाते हैं।

अपनी प्रगति पर गर्व करता यह नया समय और इस समय का नवयथार्थ–सौ-सौ चेहरे लगाकर खड़ा नवयथार्थ, जिसे हिन्दी के ग़ज़लकारों ने बड़े आत्मविश्वास के साथ अपनी ग़ज़लों में व्यक्त किया है।

सन्दर्भ सूची

1. साये में धूप–दुष्यन्त कुमार, राधाकृष्ण प्रकाशन, नयी दिल्ली
2. सारे सपने बाग़ी हैं–माधव कौशिक, वाणी प्रकाशन, नयी दिल्ली
3. नदी की चीख़–सुल्तान अहमद–राधाकृष्ण प्रकाशन, नयी दिल्ली
4. समय से मुठभेड़–अदम गोंडवी, वाणी प्रकाशन, नयी दिल्ली
5. सारे सपने बाग़ी हैं–माधव कौशिक, वाणी प्रकाशन, नयी दिल्ली
6. वही
7. एक पुल–हरजीत सिंह, स्वयं प्रकाशन, देहरादून
8. एक हाथ की ताली–सूर्यभानु गुप्त, वाणी प्रकाशन, नयी दिल्ली
9. नया ज्ञानोदय मासिक पत्रिका ग़ज़ल विशेषांक, भारतीय ज्ञानपीठ नयी दिल्ली
10. नदी की चीख़–सुल्तान अहमद–राधाकृष्ण प्रकाशन, नयी दिल्ली
11. अक्षरपर्व मासिक पत्रिका–सम्पादक ललित सुरजन, रायपुर
12. जन-गण-मन–द्विजेन्द्र द्विज–दुष्यन्त–देवांश प्रकाशन, माराण्डा, हिमाचल प्रदेश
13. ग़ज़ल दुष्यन्त के बाद–सम्पादक दीक्षित दनकौरी, वाणी प्रकाशन, नयी दिल्ली
14. वही

15. साये में धूप–दुष्यन्त कुमार, राधाकृष्ण प्रकाशन, नयी दिल्ली
16. दोस्त, अब पर्दा गिराओ–चन्द्र त्रिखा, युगमार्ग प्रकाशन, चण्ड़ीगढ़
17. अक्षरपर्व मासिक–सम्पादक ललित सुरजन, रायपुर
18. काफ़्का से संवाद–गुस्ताव जैनुक, संवाद प्रकाशन, मेरठ
19. किसे नहीं मालूम–हरेराम समीप, पुस्तक बैंक फरीदाबाद
20. अँधेरे में विचार–वैचारिक पुस्तक, सम्पादक विजय कुमार
21. सच और भी हैं–विनय मिश्र, मेधा बुक्स, नयी दिल्ली
22. नदी की चीख़–सुल्तान अहमद–राधाकृष्ण प्रकाशन, नयी दिल्ली
23. सात आवाज़ें सात रंग–सम्पादक ओम प्रकाश चतुर्वेदी पराग, प्रवाल प्रकाशन, ग़ाज़ियाबाद
24. ये हरे पेड़ हैं–हरजीत सिंह, स्वयं प्रकाशन, देहरादून
25. अक्षरपर्व मासिक–सम्पादक ललित सुरजन, रायपुर
26. नक़ाब का मौसम–योगेन्द्र दत्त शर्मा, किताबघर, नयी दिल्ली
27. 'लफ़्ज' पत्रिका–सम्पादक तुफ़ैल चतुर्वेदी, नोएडा
28. सात आवाज़ें सात रंग–ओम प्रकाश चतुर्वेदी पराग, प्रवाल प्रकाशन, ग़ाज़ियाबाद
29. कवि ने कहा–राजेश जोशी, किताबघर, नयी दिल्ली
30. ये हरे पेड़ हैं–हरजीत सिंह, स्वयं प्रकाशन, देहरादून
31. समय से मुठभेड़–अदम गोंडवी, वाणी प्रकाशन, नयी दिल्ली
32. ख़ूबसूरत है आज भी दुनिया–माधव कौशिक, भारतीय ज्ञानपीठ, नयी दिल्ली
33. हरिभूमि (रविवारी)–सम्पादक ओमकार चौधरी, नयी दिल्ली
34. ग़ज़ल दुष्यन्त के बाद–सम्पादक दीक्षित दनकौरी, वाणी प्रकाशन, नयी दिल्ली
35. वही
36. दस्तावेज़ पत्रिका सम्पादक विश्वनाथ प्रसाद तिवारी, गज़ल विशेषांक (अंक-67), गोरखपुर
37. अक्षरपर्व पत्रिका–सम्पादक ललित सुरजन, रायपुर
38. कथन पत्रिका–सम्पादक रमेश उपाध्याय, नयी दिल्ली
39. पहल पत्रिका–सम्पादक ज्ञानरंजन (अंक-51), जबलपुर
40. अक्षरपर्व– मासिक सम्पादक ललित सुरजन, रायपुर
41. दोस्त अब पर्दा गिराओ–चन्द्र त्रिखा, युगमार्ग प्रकाशन, चण्डीगढ
42. शब्दकारख़ाना ग़ज़ल विशेषांक (अंक-49-51)–सम्पादक शिवशंकर मिश्र, करडू (बिहार)
43. पहल सम्पादक ज्ञानरंजन–एक कवि की नोटबुक (राजेश जोशी) के लेख से अंश
44. हंस मासिक–सम्पादक राजेन्द्र यादव, नयी दिल्ली
45. पाखी मासिक–सम्पादक प्रेम भारद्वाज (जून-2014), नोएडा
46. ग़ज़ल दुष्यन्त के बाद–सम्पादक दीक्षित दनकौरी, वाणी प्रकाशन, नयी दिल्ली
47. शजर मिज़ाज–अतुल अजनबी, शिल्पायन,नयी दिल्ली
48. दिल से निकली दिल की बात–हृदयेश मयंक, परिदृश्य प्रकाशन, मुम्बई

49. सच और भी हैं–विनय मिश्र, मेधा बुक्स, नयी दिल्ली
50. अनभै साँचा ग़ज़ल विशेषांक–अतिथि सम्पादक ज्ञानप्रकाश विवेक, नयी दिल्ली
51. वही
52. उद्‌भावना पत्रिका–सम्पादक अजेय कुमार (अंक सितम्बर-2014), नयी दिल्ली
53. मौसम के बहाने–ध्रुव गुप्त, अनामिका प्रकाशन, इलाहाबाद
54. 'लफ़्ज़' पत्रिका–सम्पादक तुफ़ैल चतुर्वेदी, सेक्टर-12, नोएडा
55. लफ़्ज़ के फ़ासले पर ज़िन्दगी–रजनीश सचान, हिन्द युग्म मयूर विहार-II, नयी दिल्ली
56. ग़ज़ल दुष्यन्त के बाद–सम्पादक दीक्षित दनकौरी, वाणी प्रकाशन, नयी दिल्ली
57. पाखी–सम्पादक प्रेम भारद्वाज, सेक्टर-63, नोएडा
58. बया पत्रिका–सम्पादक गौरीनाथ, अन्तिका प्रकाशन, गाज़ियाबाद
59. गौरैया का घर आया है–अश्वघोष, राजेश प्रकाशन, गाज़ियाबाद
60. बया पत्रिका–सम्पादक गौरीनाथ, अन्तिका प्रकाशन, गाज़ियाबाद दिल्ली
61. ग़ज़ल दुष्यन्त के बाद–III–सम्पादक दीक्षित दनकौरी, वाणी प्रकाशन, नयी दिल्ली
62. समकालीन स्पन्दन अंक-2–सम्पादक धर्मेन्द्र गुप्त साहिल, वाराणसी

बदलते हुए सामाजिक, राजनीतिक और आर्थिक परिदृश्य में हिन्दी ग़ज़ल

पिछले कई दशकों में सामाजिक, राजनीतिक और आर्थिक परिदृश्य में बहुत सारे बदलाव आये हैं और बहुत कुछ नया घटित हुआ है। सामाजिक, आर्थिक और राजनीतिक स्तर पर, उनके रूतबे और छवि में इज़ाफ़ा हुआ है, जिनके पास धन है और धन से खेलने के साँप सीढ़ी के खेल भी मौजूद हैं।

इस नये बदलते परिदृश्य में मनुष्य अधिक स्वार्थी, अधिक आत्मकेन्द्रित और अधिक अनात्म हुआ है। नये समाज के नये यथार्थ में तथा राजनीतिक गलियारों में 'प्रपंच' किसी उत्सव की तरह, 'अहंकार' किसी जश्न की तरह और 'छल' किसी पुनीत कार्य की तरह किया जाने लगा है। वस्तुतः, यह नया समाज, आत्महीनताओं का मारा ऐसा समाज बनता जा रहा है, बदहवास होकर दौड़ना जिसकी नियति है और शायद नयी जीवन पद्धति भी। यह नया समाज नैतिकता के अंगारों को बुझी हुई राख में बदल चुका है तथा ज़िन्दगी की लय को, बेसुरे गणित में ढाल चुका है।

यही परिदृश्य राजनीति का है। यहाँ ग़ज़लकार कुँवर सिंह कुँवर का एक शेर प्रस्तुत है–सियासत में मुनाफ़ा ही मुनाफ़ा/तभी तो कारोबारी आ गये हैं। राजनीति एक कारोबार बनकर रह गयी है। बाहुबलियों का वर्चस्व जिस तरह राजनीति क्षेत्र में बढ़ा है, भय पैदा करता है। लोक कल्याण की बातें कभी राजनीति में हुआ करती थीं, अब पुराना 'पाठ' बदल चुका है। नये पाठ में राजनीति एक सफल उद्योग का रूप धारण कर चुकी है। साधारण मनुष्य पैदल चलता हुआ मनुष्य मात्र है, राजनीति के फ़्लाई ओवरों ने उसकी पगडंडियाँ तक छीन ली हैं।

इसी तरह आर्थिक क्षेत्र में साधारण मनुष्य, पहले से अधिक जर्जर हुआ है। यह शिकस्तगी, उपभोक्तावाद भूमण्डलीकरण के रास्तों से हो कर आयी है। बाज़ार

के शोर-शराबे, चमक-दमक में, साधारण मनुष्य के कष्ट, वेदना, तनाव, भय तथा निरीह आवाज़ दबकर रह गयी है। आर्थिक और राजनीतिक परिदृश्य में आम इन्सान का जीवन कितना कठिन हुआ है तथा नया समाज कितनी जटिलताओं के दौर से गुज़र रहा है–हिन्दी ग़ज़ल में इस अनुभूति की बहुत सशक्त और संश्लिष्ट अभिव्यक्ति हुई है।

राजनीतिक परिदृश्य और हिन्दी ग़ज़ल

राजनीतिक क्षेत्र की जब चर्चा की जाती है तो सामाजिक और आर्थिक क्षेत्र इसके साथ स्वतः जुड़ते चले जाते हैं। राजनीति प्रायः हर क्षेत्र को प्रभावित करती है। राजनीति ने साहित्य को भी यक़ीनी तौर से प्रभावित किया है। हिन्दी में लिखी जाने वाली ग़ज़लें, राजनीति के तमाम अवरोधों, प्रपंचों, विकृतियों तथा कदाचारों के समक्ष, अभिव्यक्ति का प्रतिसंसार रचती हैं। राजनीति की छलकारी मुद्राएँ जहाँ-जहाँ पहुँची हैं हिन्दी ग़ज़ल का प्रतिरोधी स्वर, वहाँ उपस्थित हुआ है।

सशक्त प्रतिरोध की राह बेशक दुष्यन्त ने दिखायी है। उनके बाद हिन्दी ग़ज़ल ने इसी भावना, भंगिमा तथा मिज़ाज को हिन्दी ग़ज़ल का मिज़ाज बना दिया।

दुष्यन्त जब कहते हैं–कहाँ तो तय था चराग़ां हर एक दर के लिए/कहाँ चराग़ मयस्सर नहीं शहर के लिए–तो वो एक व्याकुल और दुखी कवि के रूप में प्रश्नकर्ता बनकर, इस नये समय के सूरते हाल को देखकर सवाल करते हैं कि हर घर में रोशनी (यानी उम्मीद) देने का आश्वासन था और कहाँ पूरे शहर में अँधेरा! शेर के आरम्भ में, दोनों मिसरों में 'कहाँ' शब्द का इस्तेमाल हुआ है। यह कहाँ शब्द किसी माचिस की जलती हुई तीली जैसा है। यहाँ इस शेर में आक्रामकता से अधिक बेचैनी है। प्रतिरोध की आवाज़ ज़रूरी नहीं कि हमेशा तीक्ष्ण और आक्रामक हो, वह विनम्र भी हो सकती है लेकिन वह सच्ची और ईमानदार आवाज़ हो, जैसे कि वह यहाँ है। दो मिसरे, पूरे शहर या कहें कि पूरे राजनीतिक परिदृश्य का तबसरा करते प्रतीत होते हैं।

राजनीति का प्रिज़्म भी अजब है। एक तरफ़ तो 'आह' दूसरी तरफ़ 'वाह'। तन्त्र ताक़तवर है उसके पास 'वाह' है तो साधारण मनुष्य के जीवन में दुख, सन्त्रास, निर्धनता और इससे उपजी आह के स्वर बचे हैं। इसी सन्दर्भ में कुछ शेर–

टूटा था तख़्त शाह का अपने ही बोझ से
लोगों ने इसका दोष हमारा समझ लिया[1]

माधव कौशिक

इसीलिए तो कुचलती है रात-दिन दुनिया
हम अपना हक़ भी बड़ी आज़िज़ी से माँगते हैं[2]

तुफ़ैल चतुर्वेदी

यही राजनीति का खोट है। वह स्वत:स्फूर्त कुछ भी नहीं देती। माँगना पड़ता है। पहले यह माँगना किसी 'आज़िज़ी' की तरह होता है फिर यह माँगना, सड़क से संसद तक की आवाज़ बन जाता है। माधव भी इस राजनीतिक प्रपंच पर बड़ी बेचैनी और थरथराती हुई आवाज़ में कहते हैं कि सत्ता के अपने बोझ (अथवा कदाचार) से ही हर बार टूटता है सिंहासन! साधारण लोग इसके लिए ज़िम्मेदार नहीं होते।

यही तो बदलती हुई राजनीति के बदलते परिदृश्य की महालीला है कि पूरा देश किसी प्रयोगशाला जैसा और साधारण मनुष्य इस प्रयोगशाला का 'गिनीपिग'! यह राजनीति परिदृश्य की प्रयोगशाला है जहाँ साधारण मनुष्य का मामूलीपन 'लिटमस' जैसा होकर रह गया है जो बार-बार चालाक तन्त्र के रसायन में डाल दिया जाता है।

ऐसे छटपटाते समकाल में अपना कहने को कुछ भी नहीं होता। सत्ता सारे अधिकार छीन लेती है। हरजीत सिंह का यह शेर इसी बात की अभिव्यक्ति है। शेर की प्रतीकात्मकता, शेर के भीतर के कथ्य को घना-गाढ़ा बनाती है–

मेरा आकाश दूसरों का था
मैं परिन्दा समन्दरों का था[3]

हरजीत सिंह

सत्ता के पास सैकड़ों आँखें हैं वह दूर तक देखती है। उसने मीडिया की शक्ति को बहुत पहले से पहचान लिया था। मीडिया अब मनोरंजन पेश करने वाला माध्यम मात्र नहीं रहा। जीवन की वास्तविकता से दूर दूरदर्शन के कृत्रिम सीरियल भी जनसाधारण को बहलाने-फुसलाने और अपनी ऊर्जा को इसी में खपा देने के बड़े उपयोगी साधन हैं जो सत्ता के हित में हैं। सत्ता भी यही चाहती है कि वैचारिक ऊर्जा इस तरह के सतही आयोजनों में ख़र्च होती रहे। मीडिया इस खेल में शामिल है। वह सत्ता की ताक़त बनकर, प्रत्यक्ष या परोक्ष रूप से उसके पीछे खड़ा है। कभी अखबार तोप का मुक़ाबला करने वाले शक्तिशाली स्वर थे, आज मीडिया विज्ञापनों की सजी-धजी दुकान जैसा या फिर रहबरों की आवाज़ में आवाज़ मिलाता हुआ। संजीव एकल का यह शेर व्यंजना से भरपूर, नये राजनैतिक परिदृश्य पर टिप्पणी की भाँति–

ज्ञानियों ने तो एकल लिया मौनव्रत
अल्पज्ञानी बड़े तार्किक हो गये[4]

संजीव एकल

राजनीति अब बाहुबल का प्रतीक बन चुकी है। सत्ता प्रतिष्ठानों में 'अन्धायुग' हर दौर में रहा है। तब नियम होते थे। शर्तें भी। क़ानून भी। लेकिन इस नये परिदृश्य में सबसे बड़ी विडम्बना यह घटित हुई कि नियम-क़ानून का 'लैंडस्लाइडिंग' सबसे पहले और सबसे ज़्यादा इसी क्षेत्र में हुआ है।

मिशेल फूको के अनुसार–"जहाँ ताक़त है वहीं उसका प्रतिरोध है। यह एक नैसर्गिक प्रक्रिया है। ताक़त के नेटवर्क में, प्रतिरोध की जगहें हर कहीं रहती हैं। सारे प्रतिरोध, ताक़त के सम्बन्धों के भीतर से ही पैदा होते हैं। वो एक समय में अखण्डित विपक्ष को बनाते हैं, लेकिन दूसरे समय में, उनके बिन्दुओं, गठजोड़ों और एकाग्रताओं में परिवर्तित हो जाते हैं।"[5]

यह शेर इसी भाव की तस्दीक करता हुआ–

यक्ष है युग की चुनौती पर युधिष्ठिर कौन है
ढूँढ़ना इस प्रश्न का उत्तर बहुत अच्छा लगा[6]

गणेश गम्भीर

राजनीति, एक तरह का विडम्बनाओं का रंगमंच है, पर्दे की रस्सियाँ उन रहनुमाओं के पास हैं जो झूठ के कथानक पर सच के किरदार खड़े करने का हुनर जानते हैं। फ़ौलादी शिकंजों में जकड़े हुए, यह उन रहनुमाओं का कालखण्ड है जिनके पास बुद्धि है, चातुर्य है, अधिकार का विशाल चौगान है लेकिन आत्मा, विवेक, संवेदनशीलता और नैतिकता का नामोनिशान नहीं। इसी परिदृश्य को व्यक्त करते दुष्यन्त के कुछ शेर, जिनमें शब्द प्रतीक के रूप में हैं और शेर रूपक की रचना करते हुए। तीनों अश्आर भारतीय जनमानस के कष्ट, कवि की व्याकुलता और व्यवस्था की निस्संगता का आख्यान हैं–

मसलेहत आमेज़ होते हैं सियासत के क़दम
तू नहीं समझेगा इसको तू अभी इन्सान है

तथा

कल नुमाइश में मिला था चीथड़े कपड़ों में वो
मैंने पूछा नाम तो बोला कि हिन्दोस्तान है

तथा

यहाँ दरख़्तों के साये में धूप लगती है
चलो यहाँ से चलें और उम्रभर के लिए[7]

कवि का कहना कि चलो यहाँ से चलें–यह पलायन नहीं। फ़रार की सूरत भी नहीं। प्रतिवाद की यह भी एक तरक़ीब है–एक संवेदनशील कवि की तरक़ीब! वो इसलिए जाना चाहता है कि दरख़्त छाँव नहीं देते, धूप देते हैं। दरख़्त जो तप करते ऋषियों जैसे होते हैं। जिनके जीवन में देने का वरदान होता है। वही दरख़्त (यहाँ रहनुमा प्रतीक के रूप में) अपना शऊर भूल चुके हैं। यह शेर प्रतिरोध की नयी भाषा के साथ व्यक्त होता है। यह शेर समाप्त हो जाता है। लेकिन समाज के प्रति गहरी आस्था रखनेवाले कवि की व्याकुलता समाप्त नहीं होती।

अन्य शेर। नुमाइश। चीथड़े कपड़े। एक शख़्स। फटेहाल। नाम। और नाम हिन्दुस्तान! बहुत बड़े रूपक की रचना है इस शेर में। गोया कि दो मिसरों और छः सात प्रतीकों में, व्यवस्था की निस्संगता से बदहाल अवाम का एक 'स्टिल फोटो' उतार लिया हो। ऐसा कहा जाता है कि सिस्टम पर विरोध करनेवाले शेर लाउड हो जाते हैं। लेकिन इस शेर में विरोध का स्वर संयम में है। यह संयम ही शेर की ताकत है। न शेर हाथ से छूटता है न शेर के भीतर की रूपक रचना और न प्रतीक कमज़ोर पड़ते हैं। नुमाइश और चीथड़े कपड़े लपेटे हुए एक शख्स जिसका नाम हिन्दुस्तान है। पूरी नुमाइश सामने आ खड़ी होती है। और बदलते हुए तन्त्र का पाखण्ड पर्व भी सामने आ खड़ा होता है।...सम्भवतः इसलिए दुष्यन्त, इस मुल्क के साधारण इन्सान को तन्त्र की जटिलता का पाठ पढ़ाते हुए कहते हैं कि तू इन्सान है इन और जटिलताओं को समझना तेरे बस की बात नहीं। राजनीतिक पाठ को समझने के लिए अपनी मनुष्यता को तजना पड़ता है। यह विडम्बना अपने आप में राजनीतिक त्रासदी है। लेकिन ऐसी सियासत को मात देनेवाले 'पैदलों' की कमी नहीं रही। एक शेर इसी सिलसिले में–

महाज़े-वक़्त पे ऐसे भी शह-सवार मिले
क़दम-क़दम पे जिन्हें पैदलों से मात मिली[8]

मयंक अवस्थी

उपर्युक्त शेर में जो भावना है, उसके पस-मंज़र जो तसव्वुर है, उसका ख़ैरमक़दम! लेकिन ऐतिहासिक सच यह भी कि ऐसा होता रहा है जब पैदलों ने शाहसवारों को मात दी। नये राजनीतिक परिदृश्य में भी ऐसी सम्भावना बची रहती है।

लेकिन जो नया तन्त्र और तन्त्र की नयी परिभाषा गढ़ी है इस राजनीति ने! इसमें 'नीति' कम है। कहा जाता है कि राज जनकल्याण के लिए होता है लेकिन सबसे पहले इसी विचार की शपथ भंग होती है। विडम्बना यह भी है कि ईमानदारी से काम करनेवालों को राजनीति हाशिए पर रख देती है। साधारण मनुष्य के लिए राजनीति में कितनी जगह बची है–इतनी कम कि एक वक़्त पर वो एक मामूली वोटर होता है तो किसी अन्य वक़्त पर रैली में शामिल, नारे लगाता हुआ और भविष्य का शानदार सपना देखता हुआ कोई नामालूम इन्सान!

सच लिखने की कोशिश की तो क़लम हाथ से छूट गयी
ख़ौफ़ ज़ेहन में कितना होगा सत्ता के फ़रमानों का[9]

माधव कौशिक

एक दृश्य...इस परिदृश्य का एक दृश्य यह भी है कि राजनीति में नैतिकता किसी विकलांग वृद्ध की भाँति, जिसका न कोई अनुसरण करता है न अपने पास बिठाता है। सत्ता लाख सुरक्षा कवचों में और साधारण मनुष्य एक डरा हुआ असुरक्षित प्राणी–अपनी रूह तक लहूलुहान–हमारा दौर भी कितना बुरा है/लहू को लाल पानी कह रहा है।

यह समय राजनीति के 'कालिगुलाओं' का समय है जो इच्छाओं के चाँद बेशक हासिल कर लेना चाहते हों लेकिन मानवतावादी सोच कहीं पिछले पड़ाव पर धरी रह जाती है। कुछ शेर इसी सिलसिले में–

आँखों पर पट्टी बाँधे जो सच को देखा करते हैं
वो उत्तर देते हैं अक्सर गान्धारी की भाषा में[10]

ज़हीर क़ुरैशी

हम मर रहे थे दर्द की शिद्दत से जब सलिल
वो मुतमइन थे हालते-बीमार देखकर[11]

कुलदीप सलिल

सुख लदा छकड़ों में बस आता ही होगा
गाँव की मीटिंग में वो कह कर गये हैं[12]

विनोद तिवारी

कनीज़ों के आँगन में पिंजरे की मैना
सुनाती है शाही घराने की बातें[13]

इन्दु श्रीवास्तव

इस समय के नये राजनीतिक समीकरण नैतिकताविहीन संवेदना से ख़ारिज, मौखिक तसल्लियों के काग़ज़ी गुलदस्ते बन चुके हैं। सुविधाओं के नर्मो-नाज़ुक कालीन पर पाँव रखते हुए क़ौम के हुक़्क़ाम, जो मुफ़लिसों की बस्तियों का अवलोकन करते हैं कभी-कभी नाक पर इत्र का रूमाल और आँखों पर काला चश्मा चढ़ाकर। यह विरोधाभास है। सिस्टम की जड़ता ने, ख़लिश का प्रतिशत हर शख़्स को मुहैया कराया है। ऐसे में जब विकास की बात होती है तो एक मन्थन-सा चल पड़ता है कि विकास किन रास्तों से होकर आयेगा? राजनीति के इस जलसाघर पर, हिन्दी भाषा की ग़ज़लें अपनी गम्भीर भूमिका निभा रही हैं। कुछ शेर जिनमें सदाकत है, तुर्शी है और समयगत सच्चाइयाँ भी–

क्यूँ न वो प्रतिरोध करे सच्चाई का
अपने खोटे सिक्के जो भनुवाता है[14]

परवेज़

दया पर आपकी हम लोग निर्भर हैं किसे मालूम
सुखों में भी दुखों के यातनाघर हैं किसे मालूम[15]

विनय मिश्र

वो जो सरदार है क़बीले का
माँगो पानी तो आग देता है[16]

द्विजेन्द्र द्विज

इस लड़ाई से किसे क्या कभी हासिल होगा
शाह जीतेगा मगर जान सिपाही देगा[17]

योगेन्द्र दत्त

विषैले साँपों से डरता है ख़ुद सपेरा भी
बग़ैर ज़हर के जो हैं उन्हें नचाएगा[18]

अतुल अजनबी

सियासतदान सारे जानते हैं साँप की क़ीमत
वगरना आस्तीनों में सहारे कौन देता है[19]

लाज पुष्प

कितने उजले कपड़े उनके कितने उजले बोल
भूखों के मुँह से जो हरदम छीन रहे हैं कौर[20]

सुल्तान अहमद

यह नये क़िस्म का राजनीतिक परिदृश्य, ऐसे नये हस्तिनापुर की रचना करता है जहाँ संशय किसी नये अवतार के रूप में लिबास बदलकर आ खड़ा हुआ है।

जार्ज आर्वेल, जिन्होंने उन्नीस सौ चौरसी तथा ऐनीमल फार्म जैसे विश्व राजनीति को केन्द्र में रखकर उपन्यास लिखे, उनके अनुसार, "बीसवीं सदी के चौथे दशक तक, राजनीतिक सिद्धान्तों की सब बड़ी-बड़ी प्रवृत्तियाँ तानाशाही की ओर बढ़ने लगेंगी। जार्ज आर्वेल ने सचेत किया है कि बेघरी और निर्धन होने के अभिशाप, शीत युद्ध, बम, न समाप्त होनेवाले प्राक्सी युद्ध, मास कल्चर तथा मीडिया युग का विस्तार तथा ऑर्गनाइज़ेशन में उनका उत्सव होगा।"[21]

आर्वेल ने इन सब बातों के प्रति बहुत पहले सचेत किया हो, लेकिन ये तमाम बातें, हमारे नये राजनीतिक फ़लक पर घटित हो रही हैं। (ग़ौरतलब है कि आर्वेल ने अपने उपन्यास '1984' में एक सौ इक्तीस भविष्यवाणियाँ की थीं और उनमें सौ के क़रीब सही सिद्ध हुईं।)

विश्व परिदृश्य में और राजनीति में अनेक बदलाव आये हैं और जो बचा है वह पूँजीवादी गठजोड़ करके बचा है। उसका मुक़ाबला करने और उसे पराजित करने के लिए गहन विमर्श और सोच की ज़रूरत है। इस दृष्टि से हिन्दी की ग़ज़लगोई, जनपक्षीय प्रतिबद्धता के साथ, ज़रूरी हस्तक्षेप पैदा करती है।

मनोहर श्याम जोशी ने इस लोकतन्त्र को विराट मण्डी के रूप में देखते हुए अपने स्तम्भ में ये विचार व्यक्त किये, "लोकतन्त्र के नाम पर अब एक विराट मण्डी बची है, जो हमें, हमारे माल को, मार्केट में ब्राण्डेड नम्बर वन बना दे। मण्डी में भावनाएँ भड़कानेवाले शब्द चाहिएं, समझदारी बढ़ानेवाले नहीं।"[22]

मनोहर श्याम जोशी

इसी भाव की अभिव्यक्ति करते हुए कुछ हिन्दी भाषा के शेर–

इससे पहले कि खेल रुक जाये
वो खिलौनों में चाबियाँ देगा[23]

सलीम अख़्तर

आत्महत्या पर किसानों की सदन में चुप्पियाँ
मुल्क मेरा इन दिनों शहरीकरण की ओर है[24]

जयकृष्ण राय तुषार

काटना है तो बना कोई कुल्हाड़ी पहले
हाथ हैं नंगे तेरे और है बर्बर जंगल[25]

नूर मुहम्मद 'नूर'

आप अपना लक्ष्य अपने आप ही पहचानिए
पथ प्रदर्शक हैं यहाँ हर ओर नारद की तरह

सुभाष प्रेमी 'सुमन'

अन्त में, पहल के सम्पादकीय (सम्पादक ज्ञानरंजन) की कुछ पंक्तियाँ–'अजीब और ज़िद्दी अँधेरे से जूझती दुनिया किसकी तलाश में है? जबाब में कहा जा सकता है कि वह किसी उम्मीद की तलाश में है। इस प्रतिरोध में यदि हताशा का बोध है तो उम्मीद की किरण भी है तभी तो अश्आर में प्रतिरोध है। तभी तो चेतनाकामी स्वर हैं।

सामाजिक परिदृश्य और हिन्दी ग़ज़ल

वैश्विक राजनीति और भूमण्डलीकरण ने सिर्फ़ विश्व परिदृश्य को प्रभावित किया है उसने दुनिया के समाजों को भी बदलकर रख दिया है। अपने देश की सामाजिक अवस्था पर ग़ौर करें तो पूरा समाज बँट गया-सा प्रतीत होता है। दूर खड़े होकर देखें तो समाज एकसूत्र में बँधा हुआ दिखाई देता है लेकिन 'क्लोज़अप' में यह समाज बिखरा हुआ, बँटा हुआ। हर शख़्स, एक अकेली इकाई। यह निजता और आत्मकेन्द्रित संस्कृति, भूमण्डलीकरण की देन है। इसी ने राजनीति को ही नहीं, आर्थिक और सामाजिक ढ़ाँचे को भी प्रभावित किया है। स्वार्थ और लालसा जैसे तत्त्व भी इसी भूमण्डलीकरण तथा उपभोक्तावाद के रास्ते से होकर आये हैं। गार्नेड गुन्नर इस देश की सामाजिक अवस्था पर बड़ी संक्षिप्त लेकिन बड़ी मारक टिप्पणी करते हैं–'फंक्शनिंग अनार्की।' यानी, चलती-फिरती अराजकता।

स्वार्थी समाज इतना आत्मकेन्द्रित हो जाता है कि वह चुनी हुई चुप्पियों के साथ रहने लगता है। यूँ ग़ौर से देखें तो पूरा समाज पहले से अधिक वाचाल और बड़बोला हुआ है। लेकिन चुप्पियाँ, कवच की तरह हैं। चुप्पियाँ, प्राइवेसी की तरह और चुप्पियों में अपने होने का गरूर भी होता है। जहाँ शब्दों को होना चाहिए था जहाँ शब्द, एक-दूसरे के लिए सद्भावना बनते, बिल्कुल वहीं समाज, निरपेक्षता के ताबूत से चुप्पियाँ निकाल लेता है। समाज की यह चुप अखरती है। यूँ लगता है इस समाज की ख़ामोशी को देखकर, कि जैसे कोई ज़लज़ला इन्हें धमका के गया हो।

दुष्यन्त ऐसे समाज की चुप्पियों से हैरान होकर ये शेर कहते हैं–

वहाँ तो सिर्फ़ गूँगे और बहरे लोग बसते हैं।
न जाने किस तरह यारो वहाँ जलसा हुआ होगा[26]

सामाजिक परिदृश्य को देखने और महसूस करने के लिए दिल्ली एक मिथक

की तरह है और प्रतीक की तरह भी। दिल्ली एक ऐसी दूरबीन की तरह है जिसमें पूरे देश के नये सामाजिक यथार्थ और परिदृश्य को समझा जा सकता है। दिल्ली अब एक तेज़ रफ़्तार दौड़ता हुआ ऐसा मेट्रोनगर है जो पुरानी यादों, स्मृतियों, निशानियों को पछाड़ता हुआ आगे बढ़ा चला जा रहा है। दिल्ली की तरह सभी बड़े शहर अधिक चालाक, ज़्यादा चतुर, ज़्यादा अमानवीय, ज़्यादा भ्रष्ट और ज़्यादा बदहवास हुए हैं। संवेदना के लिए जगह कम बची है तो नैतिकता के लिए और भी कम!

एलविन टाफ़लर ने अपनी पुस्तक पावर शिफ़्ट में, इसी नये समाज के लिए, नया सूत्र वाक्य पेश किया था–मनी मस्सलज़ एंड माइंड! मनी, यानी मनी से हर शय ख़रीदी जा सकती है। यही सूत्र वाक्य, नये समाज ने, अपने जीवन में किसी अनिवार्य पाठ की तरह शामिल किया है।

इस नये परिदृश्य में दुर्घटना यह घटी है कि मनुष्य की हैसियत धन से नापी जाने लगी है। वैचारिक और बौद्धिक दृष्टि से शख़्स कितना दरिद्र क्यों न हो, यदि वह सम्पन्न है तो उसका रुतबा है। कुछ शेर इसी नये समाज की जीवन शैली पर तबसरा करते हुए–

अपनी इच्छाओं को सीमाओं में बाँधे रखिए
वरना ये शौक़ गुनाहों में बदल जायेगा[27]

राकेश विद्रोही

ज़िन्दा चेहरे भी बदल जाते हैं तस्वीरों में
पेड़ मरते हैं तो ढल जाते हैं शहतीरों में[28]

हरजीत

हम उतारे गये हैं हर एक हाथ से
एक रुक-रुक के चलती घड़ी की तरह[29]

स्वप्निल तिवारी 'आतिश'

उपर्युक्त अश्आर समाज को नये मुहावरे में व्यक्त करते हैं। राकेश तिवारी समाज की उस मानसिकता को बड़े सलीके से बयान करते हैं। यहाँ समाज की प्रवृत्ति की अभिव्यक्ति है तो एक मश्विरा भी है कि इच्छाएँ हद से बढ़ जायें तो वो गुनाह बन जाती हैं। ऐसे गुनाह, नैतिकता के तमाम दरवाज़ों पर साँकल चढ़ा देते हैं। हरजीत गहरी संवेदना से अपनी बात ग़ज़लों में कहते रहे हैं। यहाँ भी उन्होंने निस्संगता पर मार्मिक टिप्पणी की है। दो मिसरे जैसे पूरे समाज के व्यवहार की

अभिव्यक्ति हों। पेड़ महज़ शहतीर और ज़िन्दा इन्सान तस्वीरों जैसे! समाज जब संवेदनाओं से ख़ारिज होकर, अपनी उँगलियों में गणित की अँगूठियाँ डाल देता है तो सारी सोच बदल जाती है। युवा ग़ज़लकार आतिश भी इसी संवेदना के क्षरण की बात को अपने लबो-लहजे में व्यक्त करते हैं। नयी सामाजिक संरचना में इन्सानी सम्बन्ध, रुक-रुक कर चलती हुई घड़ी जैसे। कभी घड़ी पहन ली, कभी उतार ली। ...या फिर, कभी सम्बन्ध निभा लिए, कभी तोड़ दिए।

कुछ और शेर समाज के नये परिदृश्य पर सार्थक टिप्पणी की तरह–

आजकल धन की कसौटी पर सभी परखे गये
है वही अच्छा कि जिसका ख़ूब कारोबार हो[30]

हरेराम समीप

अहसास सच का झूठी दलीलों में बँट गया
ये ज़िन्दगी का केस वकीलों में बँट गया[31]

राजेन्द्र तिवारी

आपकी अच्छी किताबों में नहीं हम
सच बहुत कड़वा है जो हम बोलते हैं[32]

सत्य प्रकाश उप्पल

यह खाता-पीता नया समाज जो मॉल में दिखाई देता है तो नर्सिंग होम में भी। खाना-पीना इस नये समाज का उत्सव है तो बी.पी., हृदयरोग, डिप्रेशन, आत्महत्या की प्रवृत्ति, थायरायड, मोटापा जैसे रोग तथा मधुमेह जैसी लाइलाज बीमारी इस नये समाज के संकट हैं।

लक्ज़री कारें, लक्ज़री फ़्लैट, महँगे परफ़्यूम, महँगे कपड़े और जूते और ज्यूलरी! सब कुछ है इस समाज के पास। फिर भी यह समाज उदास क्यूँ नज़र आता है?

इस समाज को रूपक के ज़रिये व्यक्त करता यह शेर, जिसमें मितकथन इसलिए है कि प्रतीक घने हैं। यथा–

भेड़ियों के माथे पर जगमगाता सेहरा है
तितलियों की गर्दन में रस्सियों की माला है
जुगनुओं के हाथों में भीख के कटोरे हैं
सूरजों की आँखों में मकड़ियों का जाला है[33]

शम्मी शम्स वारसी

समाज जो विजय रथ पे सवार होकर दौड़ रहा है वस्तुत: पराजित मानसिकता को जीता हुआ समाज है। इसी बात को सुधीश पचौरी अपने लेख, आधी अधूरी क्रान्ति में कहते हैं–"इसी तरह लम्पटता, अराजकता, अवमानना, उच्छृंखलता, यौन उन्माद, निस्संगता, पैसे की पूजा, नैतिकता का विलोप और जोखिम लेने की आदत युवकों में बढ़ रही है। उनका सपना गाँव में दिल्ली और दिल्ली में अमेरिका बनाने का हैं"।[34]

और इस वातावरण में जो दृश्य उपस्थित होते हैं, उनमें संशय, भय, अकेलापन, छल, कपट, मोहभंग और हताशा के भाव शामिल हैं। एक शेर–

साजिशें हैं ख़ास हिस्सा आज के इस दौर का
मोतबर ख़तरे में है, न-मोतबर ख़तरे में है[35]

विजय ठाकुर सलाथिया

ये अविश्वास शायद इसलिए भी पैदा हुआ है कि समाज ने अपना ईश्वर खो दिया है। ईश्वर और कुछ नहीं तो एक भरोसा था। वो एक विश्वास का प्रतीक था। समाज ईश्वरहीन है या कहें कि विश्वासहीन! विश्वासहीनता ने समाज में अकेलेपन की यन्त्रणा दी है। फ़ेसबुक पर हज़ारों मित्र! यथार्थ में मनुष्य अकेला। यह समाज पहले टी.वी. में आँखें गढ़ाए रहता था, अब कम्प्यूटर है और इंटरनेट! अकेलापन कम करने का नया टोटका किसी एक्सपायर मेडिसन जैसा सिद्ध हुआ है। मनुष्य अब भी अकेला है। महानगरों में अकेलापन एक महारोग की भाँति फैल रहा है। वह अकेला नहीं आ रहा। वह अपने साथ अवसाद, हताशा और उदासी भी ला रहा है। क्या ये कारण तो नहीं कि नया समाज ज़्यादा चिड़चिड़ा, तल्ख़, तुर्श, रंजीदा, संजीदा और कशीदा नज़र आने लगा है। फास्ट फूड संस्कृति को जीनेवाला यह नया समाज, अपनी उदासी के बरअक्स 'लाफ़्टर शो' ले आया है। विडम्बना यह है कि इस शो के किरदार तमाम ठहाकों के बावजूद, उदास नज़र आते हैं। आख़िर वे भी तो इस नये समाज का हिस्सा हैं।

कुछ और शेर–

कतरा रहे हैं लोग तो पहचानने से यूँ
बाहर से आके जैसे कि उनके नगर में हूँ[36]

सुल्तान अहमद

बिखराव वो यहाँ है कि हमको तो डर लगे
हर एक शय खड़ी है जगह अपनी छोड़कर[37]

महेश अश्क

शहर से जब शहर मिलता है बिछुड़ जाते हैं लोग
तुम वहाँ खोये हुए हो, मैं यहाँ गुम हो गया[38]

निश्तर ख़ानक़ाही

यह एक ऐसा शून्य है जो नये समाज में है। जो दिखायी बेशक नहीं देता लेकिन है। वस्तुओं का अम्बार खड़ा करके मनुष्य ने अपने लिए जगह कम कर ली है। मोबाइल, इंटरनेट, फ़ेसबुक, व्हाट्सअप, टी.वी. विज्ञापन, पब, मॉल, ड्रिंक्स सब अपनी जगह। लेकिन इस नये समाज में बेरोज़गारों का बढ़ता हुआ प्रतिशत। आत्महत्या करते किसान। टूटते-बिखरते सम्बन्ध। लिव-इन-रिलेशन। यौन सम्बन्धों में खुलापन। बढ़ते तलाक़ तथा सेरोगेट मदर।

इस नये समाज को एक रूपक के रूप में व्यक्त करते हैं। पूरा हिन्दोस्तान, हमारे बचपन का एक मोहल्ला है। और विकसित दुनिया, एक भव्य कोठी या मकान! भव्य इमारत के पिछवाड़े कूड़े का बाज़ार। विकृत ज्ञान। घातक तकनीकें। बेमेल जीवन पद्धतियाँ। और महँगी लक्ज़री कारें। परफ़्यूम जूते। पोशाकें। समाज के जीने का अर्थ जैसे यहीं तक सिमट आया है।

विचारक देवेन्द्र इस्सर की चिन्ताएँ इस नये समाज को लेकर यूँ हैं कि वह किसी मसीहे की प्रतीक्षा में दिखाई देता है जैसे कि यह इन्तज़ार गोदो का इन्तज़ार हो। वो ये भी कहते हैं कि समाज की वर्तमान स्थिति, मनुष्य के मूल्यों हनन के कारण पैदा हुई है।[39]

इन्हीं कारकों के कारण मनुष्य आनात्म, अवसरवादी और यांत्रिक होता चला गया है। कुछ और शेर इसी सन्दर्भ में–

ख़ुश्क अन्धे कुएँ हर सदा खा गये
रस्सियों में बँधे डोल चीखा किये[40]

मेंहदी जाफ़र

साँस लेने की सब मशीनें हैं
ढूँढ़ता हूँ मैं आदमी कोई[41]

नन्दलाल पाठक

अपने घर को फैलाने की ख़ातिर हम
ले आये हैं पीपल को भी गमले तक[42]

नरेश महाजन

यह नया समाज जिसमें वृद्ध किसी स्क्रैप की दशा में हैं और युवा किसी पैकेज की तरह। यही वजह है कि पूरा समाज कला विहीन, संस्कृति चेतना-विहीन,

किसी स्वचालित यन्त्र जैसा।...मशीनें लोरियाँ देंगी तमाम बच्चों को। ये होगा हादसा इक्कीसवीं सदी के लिए।

यह समाज, निरन्तर संकट के दौर से गुज़रता समाज है। यह भी ठीक है कि दुनिया रोज़ नयी हो रही है। सामाजिक परिदृश्य भी रोज़ बदल रहा है। पुराने मूल्य, बन्द पड़े कारख़ानों में, जंग लगे औज़ारों जैसे होकर रह गये हैं। उन्हें बदलना था तो ऐसे बदला जाता कि नैतिकता का हनन न हो, संस्कृति की जगह बनी रहे और मनुष्यता बची रहे।

आख़िर में नये समाज पर तबसरा करते ये शेर–

पुरानी ऊन का चिथड़ा बने हैं लोग यहाँ
किसी सिरे से भी पकड़ो उधेड़कर रख दो[43]

हरजीत

मिरे अरूज़ की लिक्खी थी दास्तां जिसमें
मिरे ज़वाल का क़िस्सा भी उस किताब में था[44]

विकास शर्मा राज़

कहाँ से लायेंगे रोशनी के हसीन मंज़र सजे-धजे-से
मेरे शहर में हैं सारी चीज़ें मगर दिलों में ख़ुशी नहीं है[45]

माधव कौशिक

आर्थिक परिदृश्य और हिन्दी ग़ज़ल

पिछले कुछ दशकों में सामाजिक, राजनैतिक और आर्थिक परिदृश्य में अनेक परिवर्तन हुए हैं। अनेक बातें भी घटित हुई हैं। मसलन, मानवाधिकार आन्दोलन, अल्पसंख्यक चेतना, स्त्रीवादी चेतना, उपनिवेशवाद का विरोध, पर्यावरण सम्बन्धी चिन्ताएँ–ये सब वैश्विक पटल पर घटित होने वाले कारक थे। जिनके कारण देश के राजनैतिक, सामाजिक और आर्थिक परिदृश्य पर भी गहरा प्रभाव पड़ा।

देश के आर्थिक परिदृश्य की जहाँ तक बात है पूँजी की निर्बाध गतिशीलता तथा बाज़ारवादी सोच ने लोगों की जीवनशैली को प्रभावित किया है। राजनीति अब बाहुबल का खेल हो चुकी है। साधारण मनुष्य को हमेशा सपने परोसे गये तथा झूठे आश्वासनों से बहलाया गया।

यह भी आर्थिक परिदृश्य की विडम्बना है कि आर्थिक दृष्टि से समाज, दो समाजों अथवा अनेक समाजों में बँट जाये। समाज के भीतर एक ऐसा समाज भी हो, एक वक़्त भूखे रहना जिसकी नियति हो। एक शेर इसी सिलसिले में–

इधर एक दिन की आमदनी का औसत है चवन्नी का
उधर, लाखों में गांधी जी के चेलों की कमाई है[46]

अदम गोंडवी

इसी आर्थिक परिदृश्य में एक और समाज भी विकसित हुआ है–मध्यमवर्गीय समाज। बेशक, यह समाज पहले भी मौजूद था। लेकिन अब यह समाज ज़्यादा कमाने और ज़्यादा ख़र्च करने में यक़ीन रखता है। उपभोक्तावादी संस्कृति का यह सच्चा यंत्र है। यह समाज बाज़ार के हाथ में दिया गया एक लट्टू है। जिससे बाज़ार खेलता है और यह त्रासदी कि ग्लानि के विपरीत यह समाज गर्व का अनुभव करता है। शायद इसीलिए कि इसके पास धन बेशक आया हो, वैचारिक दरिद्रता गयी नहीं। इस समाज की जीवन शैली में निस्संगता, अवसरवादिता, अधीरता, अमीर होने की बेतहाशा ललक और कॅरियर बनाने की बदहवासी है। इस मध्यवर्ग के नये समाज की नयी जीवन शैली पर समाज शास्त्री भी चकित हैं और वे अपनी परिभाषाएं फिर से गढ़ रहे हैं।

उपभोक्तावाद ने इस मध्यमवर्गीय समाज में अपनी जगह बनायी है। ख़रीदारी का जुनून, उपभोक्तावादी संस्कृति की देन है। शौक़ इस हद तक कि घर मालगोदाम बन गये हैं। पुराना फेंकने और नया ख़रीदने की बदहवासी ने, इस वर्ग में क्रेडिट कार्ड संस्कृति को जन्म दिया है। हमेशा ऋण। हमेशा ईएमआई का भुगतान। एक शेर–

लहरों को भेजता है तकाज़े के वास्ते
साहिल है क़र्ज़दार, समन्दर मुनीम है[47]

पवन कुमार

भोगवादी संस्कृति और भोग वृत्ति का प्रसार, अपसंस्कृति से जुड़ा है। लोग बाज़ार में केवल ज़रूरी सामान ख़रीदने नहीं जाते, उन चीज़ों के लिए भी जाते हैं जो जीवन की विलासिता से जुड़ी हैं। यूज एंड थ्रो का विचार भी इसी नये बदलते हुए निस्संग और निरपेक्ष समाज से जुड़ा है। इस समाज में वस्तुएँ रह गयी हैं, स्मृतियों का लोप हो चुका है। यह समाज स्मृतिविहीन समाज केवल वर्तमान में रहता है। इसके बावजूद हर नयी वस्तु पर, उदासी और ऊब के टैग भी चस्पाँ हैं। यह नये समय का नया आर्थिक ज़ोन है। यह नये समाज का रामराज भी है–

काजू भुने हैं प्लेट में व्हिस्की गिलास में
उतरा है राम राज विधायक निवास में[48]

अदम गोंडवी

इस नये आर्थिक ज़ोन में अवसरवादी वर्ग ने अपनी माकूल जगह बना ली है। जो अन-आत्मीय है। जो अधीर है। जो धैर्यहीन है। जो ख़ुद फ़ैसला करता है जो ख़ुद वकील होता है और ख़ुद न्यायाधीश! सम्भवत: समाज में वो संचेतना और संवेदना खो गयी है जो समाज को एक सूत्र में जोड़ने का काम करती। अब एक भीड़वादी समाज है। अपनी पहचान और शिनाख़्त के लिए व्याकुल यह समाज, अपनी जेब में अपनी नेमप्लेट लिए घूमता है। लेकिन आवारा पूँजी के आवेग में सब व्यर्थ है।

इस नयी आर्थिकी की दृष्टि से, समाज कई हिस्सों में बँट गया है। एक समाज जो ज़मीन बेचकर सम्पन्न हुआ है। उसने बड़ी गाड़ियाँ ख़रीदी हैं और अपनी सुरक्षा तथा दूसरों को डराकर रखने के लिए हथियार भी ख़रीदे हैं। उन्हें इस्तेमाल भी करता है। ऐसा सम्पन्न, संस्कृतिविहीन समाज, रेस्तराँ में वेटर के पापड़ न लाने से रिवॉल्वर चला सकता है और कार के तेज़ हॉर्न पर ग़ुस्सा कर, किसी पर अपना आक्रोश उतार सकता है–रिवॉल्वर, गोली, हत्या, तुरन्त इन्साफ़।

एक अन्य समाज जो हमेशा कमाने और ख़ूब कमा कर, ख़ूब ख़र्च करने में यक़ीन रखता है। एक और समाज पसमांदा, ग़रीब, आर्थिक संकटों से जूझता, दो जून रोटी के लिए मरता खपता। इस आर्थिक परिदृश्य को व्यक्त करते कुछ शेर–

ये मुंसिफ़ अपनी आँखों पर अजब चश्मा लगाता है
बिना दौलत कोई सूरत भी पहचानी नहीं जाती[49]

बी.आर.विप्लवी

किसी महफ़िल में जब इन्सानियत का नाम आया है।
हमें याद आ गयीं बाज़ार में बिकती हुई चीजें।[50]

हस्तीमल हस्ती

उधर सब सन्त कहते हैं कि धन दौलत तो मिट्टी है।
इधर हमने लगा रक्खा है सारा धन ज़मीनों में।[51]

कमलेश भट्ट कमल

जंगल में चन्द फूल खिले थे किसी तरह
उनको भी लाके बेच गये हैं दुकानदार[52]

सुल्तान अहमद

उपर्युक्त शेर इसी समाज के बदलाव की ओर संकेत करते हैं। समाज के केन्द्र में केवल पूँजी है। इस आवारा पूँजी ने समाज के बरसों से बने ताने बाने को छिन्न-भिन्न करके रख दिया है। यह नया समाज, अन्यों से भयभीत है और अपने समय

से भी डरा हुआ। असुरक्षा का भाव, पूँजी ने पैदा किया है। जिसके पास अकूत धन है, वह धन की हिफ़ाज़त में चिन्तित है। जो निर्धन है वह अपने अभावों से त्रस्त है। पूरा समाज डर के हाथों रेहन रखा गया हो जैसे।

इस परिदृश्य पर कुछ शेर ग़ौरतलब हैं–

तमाम लोग हैं बेहिस मिज़ाज दुनिया में
अजब नहीं है कि तू भी मशीन हो जाये[53]

अशोक आलोक

मेरे मंज़र मेरे मौसम मेरे मधुमास वापिस दे
अगर सोने की चिड़िया है मेरी मीरास वापिस दे

पिरोया था जिन्हें रचनाओं में अपनी वो सबके सब
सबद चौपाइयाँ दोहे यमक अनुप्रास वापिस दे।[54]

ज़हीर ललित पुरी

ये कमाई है सारे दिन की सलिल
डर-सा लगता है शाम घर जाते[55]

कुलदीप सलिल

शहज़ादे के खेल-खिलौने थे ये कब
मेरे सपने टूट गये तो टूट गये[56]

जतिन्दर परवाज़

कोठियाँ घर महल अमीरों के
ये खुला आसमाँ फ़कीरों का[57]

अतुल अजनबी

किस तरह आगे बढ़े घनशाम पैसे के बिना
सामने हर रास्ता है जाम पैसे के बिना[58]

मधुवेश

इन्दु श्रीवास्तव के शेर का एक मिसरा है–

डाकिये की साइकिल-सी ज़िन्दगी चलती रही–इस नये समाज की चमक-दमक, माल और पब की संस्कृति के विपरीत एक ऐसा समाज भी है ज़ो गरीबी में पिसता हुआ किसी डाकिये की पुरानी साइकिल जैसा घिसटता हुआ। यह भूमण्डलीकरण के विरोधाभासी आर्थिक विकास के कारण हुआ है। अमीर ज़्यादा अमीर। ग़रीब ज़्यादा ग़रीब।

कोई हमसे पूछे कि हम कैसी अर्थव्यवस्था चाहते हैं तो इसका उत्तर इस प्रश्न से जुड़ा है कि हम कैसी संस्कृति और सभ्यता चाहते हैं। इसी से स्पष्ट है कि आर्थिक मुद्दे राजनीतिक और सामाजिक क्षेत्रों से, कहीं न कहीं, एक दूसरे से जुड़े हुए हैं। हिन्दी भाषी ग़ज़लों में स्वाभाविक तौर से जब इन परिदृश्यों को केन्द्र में रखकर अभिव्यक्ति की जाती है तो ग़ज़लों के शेरों में–तीनों परिदृश्य, किसी न किसी रूप में व्यक्त होने लगते हैं। यथा–

बस तसल्ली के लिए इसको पहन लेता हूँ
फट चुका कब से मेरे कोट का अस्तर पूरा[59]

अजय ढींगरा अजय

हमारी जेब में पैसे नहीं थे
हमारे गाँव में मेला लगा था[60]

दिनेश शुक्ल

उस भूखे आदमी का तब दर्द मैंने जाना
जब गोल चाँद को भी रोटी-सा उसने माना[60]

ज्ञान प्रकाश विवेक

थके मज़दूर रह रह के जुगत ऐसी लगाते हैं
कभी खैनी बनाते हैं कभी बीड़ी लगाते हैं[61]

ओमप्रकाश यती

नये आर्थिक परिदृश्य में नये आर्थिक ज़ोन तलाश किये जाने लगे हैं। ज्ञान-विज्ञान के संचित कोश (मानवमूल्य, संस्कृति तथा नागरिकता) पूँजी निवेश के लिए नये आर्थिक ज़ोन सिद्ध हो रहे हैं। इधर एन.जी.ओ. की बाढ़ इस बात का संकेत है कि प्रतिबद्धता और सोच, बाज़ार में बिकने के लिए आतुर नज़र आने लगे हैं।

अब फ़र्श हैं हमारे छतें दूसरों की हैं
ऐसा अज़ाब पहले कहाँ था घरों के साथ[62]

निश्तर ख़ान काही

बाज़ार दे रहा हमें आफ़र नये-नये
ख़्वाबों की मंज़िलें यहाँ मिलती उधार में[63]

आशीष दशोत्तर

यह नया आर्थिक परिदृश्य बेहद खोखला और कृत्रिम, जिसमें जीवन की लय का टूटना जारी है। सारी की सारी चमक, नैसर्गिक नहीं, लेमिनेटिड है।

अक्सर समाज पर ये गलतफहमियाँ हुईं
बादल समझ के लोग धुएँ से लिपट गये[64]

हरजीत

लेता है तलाशी मेरी आँखों की हमेशा
कमबख़्त, वो आँसू भी छुपाने नहीं देता[65]

ज्ञानप्रकाश विवेक

नये आर्थिक क्षेत्र की बड़ी विडम्बना है कि वो इच्छाओं के समन्दर उबालकर पी रहा है। यही उसका नया जीवन शिल्प भी है। नया जीवन शिल्प यह भी कि वह सोने के हिरणों को जीवन का सच समझ बैठा है। इसी विभ्रम में वह काल्पनिक बिम्ब रचता है। कभी बादलों से लिपटता है कभी धुएँ से। ये तमाम सम्मोहन एक ऐसे समाज में विकसित हो रहे हैं जो संस्कृतिविहीन है तथा जो धन को और वस्तुओं को पूजनीय समझ बैठा है। उसकी ज़िन्दगी की जेब में न स्मृतियों का कोई सिक्का है न संवेदना का। इस नये समाज में तात्कालिकता उसकी शैली है।

सन्दर्भ सूची

1. सारे सपने बाग़ी हैं–माधव कौशिक, वाणी प्रकाशन, नयी दिल्ली
2. 'लफ़्ज़' पत्रिका–सम्पादक तुफ़ैल चतुर्वेदी, नोएडा
3. ये हरे पेड़ हैं–हरजीत सिंह, स्वयं प्रकाशन, देहरादून
4. ग़ज़ल दुष्यन्त के बाद–सम्पादक दीक्षित दनकौरी, वाणी प्रकाशन, नयी दिल्ली
5. अँधेरे में विचार–सम्पादक विजय कुमार, संवाद प्रकाशन मेरठ
6. आधारशिला पत्रिका (अंक–44)–सम्पादक दिवाकर भट्ट, हल्द्वानी
7. साये में धूप–दुष्यन्त कुमार, राधाकृष्ण प्रकाशन, नयी दिल्ली
8. ग़ज़ल दुष्यन्त के बाद–सम्पादक दीक्षित दनकौरी, वाणी प्रकाशन, नयी दिल्ली
9. सारे सपने बाग़ी हैं–माधव कौशिक, वाणी प्रकाशन, नयी दिल्ली
10. भीड़ में सबसे अलग–मेधा बुक्स, नयी दिल्ली
11. हंस पत्रिका–सम्पादक राजेन्द्र यादव, दरियागंज, नयी दिल्ली
12. हिन्दी की चुनिन्दा ग़ज़लें–सम्पादक गौरीनाथ, अन्तिका प्रकाशन, गाज़ियाबाद
13. आशियाने की बात–इन्दु श्रीवास्तव, शिल्पायन, गोरखपार्क, दिल्ली
14. उत्तरगाथा पत्रिका–सम्पादक सव्यसाची, अंक जुलाई-1983, दिल्ली

15. सच और हैं–विनय मिश्र, मेधा बुक्स, नयी दिल्ली
16. बीच में जन-गण-मन–द्विजेन्द्र द्विज–दुष्यन्त–देवांश प्रकाशन, माराण्डा
17. सात आवाज़ें सात रंग–ओम प्रकाश चतुर्वेदी, पराग प्रवाल प्रकाशन, गाज़ियाबाद
18. शजर मिज़ाज–अतुल अजनबी, शिल्पायन, नयी दिल्ली
19. एस एम एस द्वारा ग़ज़ल का शेर प्रेषित किया गया
20. नदी की चीख़–सुल्तान अहमद, राधाकृष्ण प्रकाशन, नयी दिल्ली
21. वागर्थ-(2004) बीसवीं सदी का बौद्धिक-बिग ब्रदर–देवेन्द्र इस्सर द्वारा लिखे गये लेख से।
22. आउटलुक–सम्पादक नीलाभ मिश्र, (अंक-2004), मनोहर श्याम जोशी के स्तम्भ–शोर मचाते गूँगों का समाज से।
23. काली नदियाँ पीले लोग–सलीम अख़्तर, प्रक्षेप प्रकाशन, नागपुर
24. हिन्दी की श्रेष्ठ ग़ज़लें–सम्पादक माधव कौशिक, साहित्य अकादेमी, नयी दिल्ली
25. हंस पत्रिका–सम्पादक राजेन्द्र यादव (मई-2010), नयी दिल्ली
26. साये में धूप–दुष्यन्त कुमार, राधाकृष्ण प्रकाशन, नयी दिल्ली
27. ग़ज़ल दुष्यन्त के बाद–सम्पादक दीक्षित दनकौरी, वाणी प्रकाशन, नयी दिल्ली
28. एक पुल–हरजीत सिंह, स्वयं प्रकाशन, देहरादून
29. 'लफ़्ज़' पत्रिका दिस. 2014–सम्पादक तुफ़ैल चतुर्वेदी, नोएडा
30. इस समय हम–हरेराम समीप, शब्दलोक प्रकाशन, सादतपुर दिल्ली
31. सँभालकर रखना–राजेन्द्र तिवारी, उत्तरा बुक्स, दिल्ली
32. एस एम एस द्वारा भेजी गयी ग़ज़ल से
33. अभिनव प्रयास पत्रिका–सम्पादक अशोक अंजुम, जन-2013, अलीगढ़
34. राष्ट्रीय सहारा–सम्पादक मंगलेश डबराल, नोएडा
35. ग़ज़ल दुष्यन्त के बाद-III–सम्पादक दीक्षित दनकौरी, वाणी प्रकाशन, नयी दिल्ली
36. नदी की चीख़–सुल्तान अहमद, राधाकृष्ण प्रकाशन, नयी दिल्ली
37. दस्तावेज़ पत्रिका–सम्पादक विश्वनाथ प्रसाद तिवारी (अंक-141), गोरखपुर
38. हंस पत्रिका–सम्पादक राजेन्द्र यादव (अंक-44), नयी दिल्ली
39. आवारा हवाओं का मौसम–देवेन्द्र इस्सर, किताबघर, नयी दिल्ली
40. शेष पत्रिका–सम्पादक हसन जमाल (अंक दिस-2014), जोधपुर
41. काव्या पत्रिका–सम्पादक हस्तीमल हस्ती (अंक-28), मुम्बई
42. शब्द कारख़ाना–सम्पादक शिवशंकर मिश्र (ग़ज़ल अंक-49-50), करडू, बिहार
43. ये हरे पेड़ हैं–हरजीत सिंह, स्वयं प्रकाशन, देहरादून
44. बारिश खारे पानी की–विकास शर्मा, राज़ लफ़्ज़ प्रकाशन, नोएड़ा
45. सारे सपने बाग़ी हैं–माधव कौशिक, वाणी प्रकाशन, नयी दिल्ली
46. समय से मुठभेड़–अदम गोंडवी, वाणी प्रकाशन, नयी दिल्ली
47. वाबस्ता–पवन कुमार, प्रकाशन संस्थान, दरियागंज, नयी दिल्ली

48. समय से मुठभेड़–अदम गोंडवी, वाणी प्रकाशन, दरियागंज, नयी दिल्ली
49. अनभै साँचा–सम्पादक, चारुमित्र ग़ज़ल अंक, रोहिणी, दिल्ली
50. वही
51. मैं नदी की सोचता हूँ–कमलेश भट्ट कमल, प्रकाशन संस्थान, नयी दिल्ली
52. नदी की चीख़–सुल्तान अहमद, राधाकृष्ण प्रकाशन, दरियागंज, नयी दिल्ली
53. लिबास गज़ल-संग्रह–अशोक आलोक, मीनाक्षी प्रकाशन, शक्करपुर, दिल्ली
54. नयी गज़ल पत्रिका–सम्पादक महेन्द्र अग्रवाल (अंक-4), शिवपुरी
55. हंस पत्रिका–सम्पादक राजेन्द्र यादव (अंक मार्च-2004), दिल्ली
56. शब्द कारख़ाना पत्रिका–सम्पादक शिवशंकर मिश्रा, अंक-50 करड्डू, बिहार
57. शजर मिज़ाज–अतुल अजनबी, शिल्पायन प्रकाशन, दिल्ली
58. क़दम क़दम पर चौराहे–मधुवेश, शब्दलोक प्रकाशन, सादतपुर, दिल्ली
59. ग़ज़ल के बहाने–सम्पादक दरवेश भारती (अंक-16), नांगलोई, दिल्ली
60. ग़ज़ल दुष्यन्त के बाद–सम्पादक दीक्षित दनकौरी, वाणी प्रकाशन, नयी दिल्ली
61. सात आवाज़ें सात रंग–ओमप्रकाश चतुर्वेदी, प्रवाल प्रकाशन, ग़ाज़ियाबाद
62. हंस पत्रिका–सम्पादक राजेन्द्र यादव (अंक मार्च-2004), नयी दिल्ली
63. ग़ज़ल दुष्यन्त के बाद–सम्पादक दीक्षित दनकौरी, वाणी प्रकाशन, नयी दिल्ली
64. ये हरे पेड़ हैं–हरजीत सिंह, स्वयं प्रकाशन, देहरादून
65. चिराग़ जलते रहें–ग़ज़ल संग्रह से, लेखक ज्ञान प्रकाश विवेक

उत्तर-आधुनिकता और हिन्दी ग़ज़ल

आज के समय को फ्रांसीसी विचारक ज्याँ फ्रांक्योस ल्योतोर (Jean Francols Lyotard) उत्तर-आधुनिक स्थितियाँ कहते हैं। वैचारिक जगत में आजकल इसी उत्तर-आधुनिकता पर बहस छिड़ी हुई है। जिसके पक्ष तथा विपक्ष में विचारकों की एक जमात खड़ी हो गयी है। हिन्दी में उत्तर-आधुनिकता पर बहस की गर्माहट पिछली सदी के अन्तिम दशकों में पैदा हुई और अभी भी उत्तर-आधुनिकता को स्वीकार कर लेने या ख़ारिज कर देने की विपरीत वैचारिक स्थिति साथ-साथ दिखाई देती है, वैसे पश्चिम में भी स्थिति इससे अलग नहीं।

ल्योतोर ने 1979 में क्यूबेक सरकार के लिए ज्ञान की नयी स्थितियों पर ला-कंडीशन पोस्टमॉडर्न नामक अध्ययन किया। उत्तर आधुनिक बहस को केन्द्र में लाने का श्रेय ल्योतोर को जाता है।

फ्रेड्रिक जेमेसन के लिए उत्तर-आधुनिकता एक विशेष तरह का सौन्दर्यशास्त्र या शैलीगत मामला नहीं है। यह मनुष्य के समाज में एक ख़ास तरह की अवस्था है तथा उनके लिए उत्तर-आधुनिकता वैश्विक पूँजी का एक सांस्कृतिक तर्क है।[1]

लेकिन ब्रोद्रिल ने कहा है कि टेक्नोलॉजी और जन सम्प्रेषण के नये साधनों ने हमारे समय तक आते-आते सारी वास्तविकताओं का लगभग अपहरण कर लिया है और अब वास्तविकता की जगह, वास्तविक छायाएँ बची हैं।[2]

छठे दशक के अन्त में जॉक देरिदा के विखण्डनवादी सिद्धान्त ने उत्तर-आधुनिकता की आमद को और ज़्यादा पुख़्ता किया और यहीं से आधुनिकता के अस्वीकार का आख़िरी फ़ैसला भी था। और फिर बहुत सारी चीज़ें बहुत तेज़ी से बदलने लगीं। नयी थ्योरी के विमर्श में जॉक देरिदा, माइकेल फ़ूको, रोलां बार्थ, फ्रेड्रिक जेमेसन, स्टेनले फ़िश, टेरी ईगल्टन, एडवर्ड सईद, गायत्री चक्रवर्ती स्पीवॉक ने वैचारिक भिन्नता के बावजूद, बौद्धिक परिदृश्य को बुनियादी तौर पर, एक नये सिरे से बदल डाला।

ग़ौरतलब है, आधुनिकता पाठ को प्राथमिकता और महत्त्व देती थी, उत्तर-आधुनिकता अधिपाठ को। यानी, नये अर्थों की खोज। और यही विखण्डित अर्थगत तलाश अधिकथा के तानेबाने की रचना करती है। उत्तर-आधुनिकता अन्तर्पाठीय क्रिया को विशेष महत्त्व देती है। और अन्तर्पाठ को ही यथार्थ और यथोचित्य समझती है। उत्तर-आधुनिकता साहित्य श्लेष, प्रतीकात्मक, जटिल अभिव्यंजना और वक्रोक्ति से ओतप्रोत है तथा हर ढंग से शब्दों की बाज़ीगरी, अर्थगत अनेक स्तरीयता इसका वैशिष्ट्य है।

देवनागरी लिपि में लिखी जा रही समकालीन हिन्दी ग़ज़लों की ये तमाम विशेषताएँ रही हैं। वक्रोक्ति, प्रतीकात्मकता, जटिल अभिव्यंजना, शब्दों की बाज़ीगरी, व्यंग्य, इत्यादि तत्त्व हिन्दी ग़ज़ल की मुख्य धारा से सदैव जुड़े रहे हैं। हिन्दी-ग़ज़ल, उत्तर-आधुनिक परिप्रेक्ष्य में, भाषा, शैलीगत और अर्थगत स्वतन्त्रता के साथ मौजूद है। एक सशक्त ग़ज़ल भाषा शैलीगत तथा अर्थगत समझौते से अस्तित्व में आती है।

इस उत्तर-आधुनिक समय में, उत्तर-आधुनिक बोध को व्यक्त करती हिन्दी ग़ज़ल, अपने उत्तर-आधुनिक समय का संज्ञान लेती है।

मिशेल फूको के अनुसार, "यह उत्तर-आधुनिक समय उन फौलादी शिकंजों में जकड़े हुए विशेषज्ञों का युग है, जिनके पास बुद्धि तो है, पर आत्मा, विवेक, संवेदनशीलता और नैतिकता का नामोनिशान नहीं।[3]

हिन्दी ग़ज़ल मिशेल फूको के उत्तर-आधुनिक समय को अपने अश्आर में बड़ी कुशलता से अनुभूत कराती है। हमारा उत्तर-आधुनिक समय, जिसमें नैतिकता का सचमुच अपहरण हो चुका है। न आत्मा बची है और न संवेदना! कुछ शेर इसी सन्दर्भ में–

लाद कर काँधे पे अपने रोज़ विक्रम सत्य का
झूठ का अखबार निकलीं सुर्खियाँ अखबार की[4]

माधव कौशिक

सियाह रात के दरिया को पार करते चलो
बस एक दूसरे को होशियार करते चलो
उसूल एक ही होता है सिर्फ़ जंगल का
शिकार बनते रहो या शिकार करते चलो[5]

सौरभ शेखर

आदमी रुक गया-सा लगता है
सिर्फ़ सिक्के ही चल रहे हैं यहाँ[6]

विनोद कुमार शर्मा

वो ख़ौफ़नाक नज़ारों से डर के यूँ भागा
कहाँ से चलके कहाँ आ गया नहीं मालूम

सुल्तान अहमद

भेड़ियों के माथे पर जगमगाता सेहरा है
तितलियों की गर्दन में रस्सियों की माला है

शम्मी शम्स वारसी

उपर्युक्त अश्आर उस उत्तर-आधुनिक समय का संज्ञान लेते हैं जिसमें न संवेदना बची है न विवेक!

माधव कौशिक मिथक के ज़रिये इस समय के फ़रेब और अनैतिकता को बयान करते हें तो सौरभ शेखर अपने अश्आर प्रतीकों और मुहावरों में इस कालगत सच्चाइयों और विद्रूप को तहरीर करते हैं। यह समय किसी अँधेरी रात की तरह है। यहाँ तक बात साधारण है लेकिन अगली दो पंक्तियों में हाहकार पैदा करने की स्थिति है। शिकार बनते रहो या शिकार करते चलो। यह डरावना समय है–किसी जंगल के उसूल जैसा। सौरभ शेखर अपने दो शेर में उत्तर-आधुनिक समय में उस यथार्थ को अभिव्यक्त देते हें, मिशेल फूको जिस यथार्थ की बात करते हैं कि पूँजी उन लोगों के पास है जिनके पास न आत्मा है न संवेदना। विनोद कुमार शर्मा इस संवेदन से ख़ारिज समय को तंज़िया लहजे में बयान करते हैं कि यह मनुष्यता का नहीं सिक्कों का समय है। इसी अनात्म, अविवेकी और संवेदनाविहीन समय को सुल्तान अहमद बड़ी कुशलता से, रूपक की रचना करके महसूस कराते हैं। 'वो' जो साधारण पात्र है (या था) वे ख़ौफ़नाक नज़रों से डरकर भाग पड़ा। भागा इतना बदहवास होकर कि दिशाओं का उसे इल्म ही न रहा। शम्स वारसी अपनी बात नये प्रतीकों के ज़रिये व्यक्त करते हैं। तितलियों के गले में रस्सियाँ और भेड़ियों के माथे पर जगमगाता सेहरा। यह जो विरोधाभास है, यही विरोधाभास हमारे समय की वास्तविकता है। विरोधाभास हरजीत के इस शेर से स्पष्ट होता है–

किसी को वक़्त का अन्दाज़ तक नहीं लेकिन
ये शहर हाथ की घड़ियों के साथ मिलता है

हरजीत

उत्तर-आधुनिकता ज्ञान की एक ऐसी अवस्था है जो उच्च विकसित समाजों में पिछले दशकों में बनी हैं। फ्रांसुआ ल्योतार इसे ही पोस्ट माडर्न कहते हैं।

आधुनिकता और उत्तर-आधुनिकता में मूल भेद यह है कि आधुनिकता एक महाआख्यान को ठोस और अन्ततः इतिहास के दिशाहीन बहाव पर हावी करने की कोशिश करती है। मानवतावाद, उदारवाद ऐसे महाआख्यान हैं। आधुनिकता विभेदों का सामना करने की क्षमता नहीं रखती, वह विभेदों के स्थान पर एकरूपता पर बल देती है। जबकि उत्तर-आधुनिकता, केन्द्रीय राजनैतिक वर्चस्व के विपरीत, स्थानीयता पर बल देती है।

उत्तर-आधुनिकता को उसकी तीन मुख्य स्थापनाओं के अन्तर्गत समझा जा सकता है। मनुष्य की मृत्यु, इतिहास का अन्त तथा तत्त्वशास्त्र की समाप्ति। उत्तर-आधुनिकता, मनुष्य के केन्द्रीय स्थान को नकारती है। उत्तर-आधुनिकता की दृष्टि में इतिहास एक नहीं कई हैं। उत्तर-आधुनिकता, आधुनिकता का अन्त नहीं, उसका पुनर्लेखन ही है।

यह उत्तर-आधुनिक समय, तकनीक की उच्चता का वह समय है जिसमें मनुष्य स्वयं एक तकनीकी अकेलेपन की गिरफ़्त में है। यह उत्तर-आधुनिक समय, रागात्मकता के नष्ट हो जाने और निस्संगता के ख़राशज़दा कोलाहल का समय है। प्रोफ़ेसर केविन का कथन कितना सत्य प्रतीत होने लगा है कि इक्कीसवीं सदी में, रफ़्ता-रफ़्ता, मनुष्य और यन्त्र एकमेक हो जायेंगे। उत्तर-आधुनिकता में मनुष्य और मशीन, एक-दूसरे के पूरक होते जा रहे हैं। मनुष्य तकनीक पर इतना निर्भर कि 'टेक्नोमेनिया' से ग्रस्त!

अजय तिवारी के अनुसार, "आधुनिक जीवन स्थितियों ने आशावाद और भविष्य का स्वप्न दिया था लेकिन उत्तर-आधुनिक जीवन स्थितियाँ नितान्त वर्तमान बोध और नियतिवाद का सृजन करती हैं। शक्ति संरचना और असम्बद्ध बहुलता का सिद्धान्त नियतिवादी उत्तर-आधुनिकता की पहचान है।"[10]

इसी उत्तर-आधुनिक परिदृश्य में यह बात भी ग़ौरतलब है कि समकालीनता की अवधारणा भी बोध और वास्तविकता के द्वन्द्व से बनती है और वह मनुष्य केन्द्रित है। बोध यानी अनुभव और भाव। समकालीनता का बोध मानवीय बोध है।

इसी मानवीय बोध और उत्तर-आधुनिक परिदृश्य की उपस्थिति दुष्यन्त की ग़ज़लों में बड़ी सरगर्मी से महसूस की जा सकती है। हम यह बात बड़े विश्वास के साथ कह सकते हैं कि दुष्यन्त की ग़ज़लें (तमाम ग़ज़लें नहीं) उत्तर-आधुनिक ग़ज़लें हैं। शेर है–

कल नुमाइश में मिला था चीथड़े कपड़ों में वो
मैंने पूछा नाम तो बोला कि हिन्दुस्तान है।[11]

बहुत सीमित शब्दों में बहुत बड़ी बात व्यक्त की गयी है। यानी मितकथन है। बात प्रतीकात्मक भी है। यानी शेर में नये प्रतीक हैं। शेर के आख़िर में एक शब्द आता है–हिन्दुस्तान! वहाँ एक ख़ास तरह की गूँज है। वो तो है। लेकिन एक वक्र भी है। यानी वक्रोक्ति! ये सारे तत्त्व उत्तर-आधुनिक रचनात्मकता के तत्त्व हैं। यहाँ शेर का होना और शेर का दिखाई देना–दो सूरतें एकसाथ घटित होती हैं। व्यंजना मारक है। कोई शख़्स नुमाइश में मिले। वो चीथड़े कपड़ों में हो और नाम पूछने पर वे अपना नाम हिन्दोस्तान बताए–यह जदीदियत (आधुनिकता) से आगे उत्तर-आधुनिक तहरीर है।

एक और शेर इसी उत्तर-आधुनिकता के सन्दर्भ में–

मेरे सीने में नहीं तो तेरे सीने में सही
हो कहीं भी आग लेकिन आग जलनी चाहिए[12]

यहाँ दुष्यन्त आग की बात कर रहे हैं। आग प्रतीक है संघर्ष, बेचैनी, और संचेतना का। बात प्रतीकों में है जो उत्तर-आधुनिक है। और उत्तर-आधुनिकता जिस बहुलतावाद की बात करती है वो इस शेर के मूल में है। आग अगर मेरे सीने में नहीं तो तेरे सीने में सही। कवि मैं तक सीमित नहीं रहता। वह बहुलतावादी हो जाना चाहता है।

तू किसी रेल-सी गुज़रती है
मैं किसी पुल-सा थरथराता हूँ।[13]

शेर क्या है, दो छोटी-सी पंक्तियों में, मितकथन के साथ, नये प्रतीकों और रूपक के साथ, बड़ा विचार व्यक्त होता है। यह अभिव्यक्ति उत्तर-आधुनिक बोध है। थरथराता हुआ पुल! गुज़रती हुई रेल। दिखाई देता हुआ दृश्य। यह शेर विखण्डन का शेर है। प्रेम का शेर है। प्रेम के टूटने का शेर है। यह शेर जीवन की उद्दाम इच्छाओं का भी शेर है। अनेकार्थी। और अन्तर्पाठ की रचना करता शेर। उत्तर-आधुनिक बोध इस शेर में है।

वाल्टर लिपमेन कहते हैं, "उत्तर-आधुनिकता एक नयी भाषा, नया मुहावरा गढ़ने का उत्सव है। प्रोपोगंडा वही अच्छा होता है जो मनचाहे परिणाम देने में सक्षम हो। घुड़दौड़ में जीतता कौन है–यह बिल्कुल मायने नहीं रखता। मायने रखता है कि रैफ़री कौन है, एम्पायर कौन है?"[14]

यानी उत्तर-आधुनिकता समय छल-बल, अनैतिकता और प्रपंच का समय है। कुछ शेर ग़ौरतलब हैं–

सड़क पर जब कभी चलना हो तुझको
कलेजा हाथ में लेकर चला कर[15]

देवेन्द्र आर्य

सभ्यता रजनीश के हम्माम में है बेनकाब[16]

अदम गोंडवी

झूठ तरतीबवार होता है
सच को लगता है डर सलीके से[17]

गणेश गम्भीर

ब्रोद्रिल कहते हैं कि इसलिए चीज़ों से अर्थों के गायब हो जाने के इस तरीक़े से एक विषाद का जन्म होना अनिवार्य है और हम सब गहन रूप से विषाद ग्रस्त हैं। हम एक कृत्रिम दुनिया इसलिए गढ़ रहे हैं क्योंकि हमें वास्तविक विभेदों से डर लगता है।

हरेक चीज़ यहाँ पर भरम-सी लगती है
मैं इस गुमान को दुनिया कहूँ तो कैसे कहूँ।[18]

संदीप गुप्ते

तुम इस काग़ज़ की कश्ती में बहुत सामान रखते हो

आनन्द सरन निगम

वो टेबल पर रखी नन्ही घड़ी से
समय का हाल पूछे जा रहा है[19]

स्वप्निल तिवारी आतिश

सुगबुगा रही है अब रात की मुँडेरों पर
गुमशुदा चिराग़ों की दास्तान बस्ती में[20]

हरजीत सिंह

सादगी का नूर चेहरे से टपकता है हजूर
मैंने देखा जोहरी बाज़ार छोटा पड़ गया[21]

प्रताप सोमवंशी

आसमाँ वो भी दिखाता है परिन्दों को नये
हाँ, मगर उनपे कोई पर नहीं रहने देता[22]

द्विजेन्द्र द्विज

ब्रोद्रिल जिस बात का अहसास कराते हैं कि हम एक गहरे विषाद में हैं और कृत्रिम दुनिया गढ़ रहे हैं, उपर्युक्त सभी हिन्दी ग़ज़ल के अश्आर में यही अनुभव है। समय का हाल हम-बाहर, सूरज, धूप, हवा, समाज, से नहीं पूछ रहे, मेज़ पर रखी छोटी-सी उस घड़ी से पूछ रहे हैं जो कृत्रिम है जो यन्त्र है जो मनुष्य ने निर्मित की है। स्वप्निल तिवारी ने नये प्रतीकों के माध्यम से उत्तर-आधुनिक समय का संज्ञान लिया है तो संदीप गुप्ते की बेचैनियाँ भी इस उत्तर-आधुनिक बोध की हैं। सब कुछ भरम-सा है। एक गुमान। एक आभासी (और कृत्रिम) दुनिया। आनन्द सरन निगम इसी आभासी दुनिया की वास्तविकता को एक मिसरे में बड़े सलीके से तहरीर कर देते हैं–इस अवास्तविक दुनिया में (अपने विषाद कम करने हेतु) बहुत कुछ भर दिया है। हरजीत सिंह के प्रतीक संश्लिष्ट हैं–इमेज की रचना भी संश्लिष्ट। लेकिन बात वो भी इस आभासी दुनिया की ही कर रहे हैं। प्रताप सोमवंशी और द्विजेन्द्र द्विज इसी कृत्रिम दुनिया के गढ़े जाने की व्याकुलताएँ अपने अश्आर में व्यक्त करते हैं। दोनों के अश्आर में व्यंजना है। तुर्श क़िस्म का लहजा–मारक और सटीक।

एलविन टॉफलर ने 'दि थर्ड वेव' पुस्तक में लिखा है, "हमारे जीवन में एक नयी सभ्यता का उदय हो रहा है। दृष्टिहीन लोग हर जगह इसके आगमन को रोकने का प्रयत्न कर रहे हैं। यह नयी सभ्यता अपने साथ, नये पारिवारिक सम्बन्ध, कामकाज के नये तौर तरीक़े, प्यार और जीने के नये अन्दाज़, नयी वैज्ञानिक व्यवस्था, नये राजनीतिक संघर्ष और इन सबसे बढ़कर, एक नयी बदली हुई चेतना ला रही है।"[23]

"हम न सिर्फ़ परिवर्तन की गिरफ़्त में हैं बल्कि 'कायापलट' की प्रक्रिया से भी गुज़र रहे हैं।"[24]

एलविन टॉफ़लर जिस परिवर्तन, जीने के नये अन्दाज़, नयी वैज्ञानिक व्यवस्था और नयी बदली हुई चेतना तथा 'कायापलट' की बात करते हैं–हिन्दी ग़ज़ल के कुछ अश्आर इसी परिवर्तन को व्यक्त करते हुए ग़ौरतलब हैं–

ये जो है दुनिया ख़ुशी ग़म का बड़ा शोरूम है
तू कहाँ समझेगा इसमें चल रहे व्यापार को[25]

योगेन्द्र दत्त शर्मा

बाज़ार में है सबको मुनाफ़े की ही गरज़
पर सबके पास तर्ज़े-तिजारत तो नहीं है[26]

सौरभ शेखर

ताश के पत्ते, कलैंडर की अदाएँ शोख
बन्द कमरा, मेज़ मुक्का, तर्क, जूते, लात[27]

राम सेंगर

कंकरीट के इस जंगल में फूल खिले पर गन्ध नहीं
स्मृतियों की घाटी में यूँ कहने को मधुमास नहीं[28]

अदम गोंडवी

यहाँ हैं एक-से लोगों की अपनी इक दुनिया
जो दूसरा हो तो दूसरा ही रहता है[29]

महेश अश्क

प्रकृति और अवचेतन, दोनों पर वैश्विक पूँजी के कब्ज़े हैं। एलविन टॉफ़लर अपनी पुस्तक–'थर्ड वेव' में इस उत्तर-आधुनिक समय को बेशक नयी बदलती हुई चेतना का समय कहें या इसे कायापलट का नाम दें, विकासशील देशों के लिए यह उत्तर-आधुनिक समय ज़्यादा जटिल और विसंगतियों से पूर्ण है।

बहुत सारी चीज़ें इस उत्तर-आधुनिक काल में घटित हुई हैं। मानवाधिकार आन्दोलन, अल्पसंख्यक चेतना, स्त्रीवादी चेतना, उपनिवेशवाद का विरोध–सब मिलकर, एक संरचना के निर्माण के लिए एकजुट हो गयी हैं।

यह सब है। लेकिन जो चीज़ें हमें किसी हद तक समग्रताबोध का अहसास कराती हैं, वो हैं–विशाल शॉपिंग मॉल, डिजिटल छवियों का अबूझ संसार और विश्वभर वित्तीय बाज़ारों में, अरबों डॉलर का रोज़ाना होने वाला लेनदेन ये सब चीजें, उत्तर-आधुनिकता की अलौकिकता को रचती हैं। उसे भव्य और आनन्दमयी बनाती हैं। लोग भयमिश्रित आदर और उन्माद के साथ, उसकी तरफ़ खिंचे जा रहे हैं। और वस्तुओं के इस सारे लीला व्यापार में मनुष्य की हैसियत केवल एक उपभोक्ता की है।

फ्रेड्रिक जेमेसन कहते हैं, "हमारे उत्तर-आधुनिक समाज में पदार्थीकरण की प्रक्रिया ने शहरी जीवन की दिनचर्या में एक भयावह 'ऐलिएनेशन' को जन्म दिया है। मनुष्य इससे मुक्त होने के लिए छटपटा रहा है। उसी की यह छटपटाहट बाज़ार में एक ख़ास तरह के व्यामोह में लिपटे उसके हर्षोन्माद में व्यक्त हो रही है। चारों तरफ़ मरीचिकाओं का माया जाल है।"[30]

फ्रेड्रिक जेमेसन जिस उत्तर-आधुनिक समाज के पदार्थीकरण और उससे पैदा हुए ऐलिएनेशन की बात करते हैं, उसी सन्दर्भ में हिन्दी ग़ज़ल के कुछ शेर–

मुस्कराते लोग अब इस शहर में ऐसे मिले
जिस तरह तकिये तले खोये हुए पैसे मिले[31]

रवीन्द्र शर्मा रवि

वक़्त गुज़रा घट गयी क़ीमत भरे बाज़ार में
जी रहे हैं ऑफ सीज़न सेल जैसी ज़िन्दगी

इश्तिहारों के ज़माने में असल को ढूँढती
हो गयी है क्रीम साबुन तेल जैसी ज़िन्दगी[32]

विनीता गुप्ता

दिल के इस दश्त में ज़रा देखो
हसरतों के शजर भी बोने हैं[33]

चन्द्रशेखर पाण्डेय

मैं लौटा हूँ घर की तरफ़ हाथ ख़ाली
मैं जैसा हूँ वैसा ही संसार ख़ाली[34]

विनय मिश्र

समाज के पदार्थीकरण की विभिन्न छवियाँ और अनुभव हिन्दी ग़ज़ल के अश्आर में सघन रूप से रिफ़्लैक्ट होते हैं। रवीन्द्र शर्मा रवि नया मुहावरा (जो बेशक घरेलू है) पैदा करते हैं कि लोगों का मुस्कराना इतना अनायास और कम-कम हो गया है जैसे तकिये के नीचे अचानक पैसों का मिल जाना। समाज एक ऐसी स्थिति में पहुँच चुका है जहाँ न हँसना सहज है न रोना। यही पदार्थीकरण है। और यही चिन्ताजनक पहलू है। इसे और अधिक व्यंजनापूर्ण ढंग से विनीता गुप्ता अपने दो शेर में अभिव्यक्त करती हैं। समाज–ऑफ़ सीज़न सेल जैसी ज़िन्दगी जीता हुआ समाज। यह कटाक्ष है और निर्मम सत्य भी। विनीता और आगे बढ़कर कहती हैं कि हो गयी है क्रीम साबुन तेल जैसी ज़िन्दगी। यह उत्तर-आधुनिक परिदृश्य है कि मनुष्य उपभोक्ता ही नहीं, ख़ुद पदार्थ भी हो रहा है। चन्द्रशेखर पाण्डेय मनुष्य के बदलते स्वभाव और बढ़ती हसरतों पर तबसरा करते हैं। विनय मिश्र के शेर में सूफ़ियाना मिज़ाज की गूँज है। यह पदार्थीकरण का संसार, मरीचिकाएँ बिछाता है, देता कुछ नहीं। मैं पात्र, संसार में भटकने के बाद जब लौटकर वापिस आया तो उसे आत्मज्ञान हुआ कि इस यांत्रिकता ने उसे ख़ाली हाथ ही रखा।

उत्तर-आधुनिक संस्कृति अपने आप में एक उत्पाद है और बाज़ार ख़ुद किसी सामान की तरह। लेकिन इसका प्रतिफल ख़ाली हाथ लौटना।

वास्तविकता यह है कि साधारण अथवा विशिष्ट व्यक्ति शॉपिंग मॉल में, पूँजीवादी छवियों के सामने अपना समर्पण कर चुका होता है।

घेरती हुई तमाम छवियाँ हमें अलौकिक और चकित करती हैं।

फ्रेड्रिक जेमेसन–पॉलिटिक्स ऑफ़ थ्योरी जैसे लेख में उत्तर-आधुनिकता की बहस को आगे बढ़ाते हुए कहते हैं, "हम सब उत्तर-आधुनिक संस्कृति के दायरे के भीतर, एक ऐसी जगह पर खड़े हैं, जहाँ न तो इसकी सहज भर्त्सना सम्भव है और न इसके तृप्त और भ्रष्ट व्यवहार-आचार का उत्सव मनाना मुमकिन है। इस दौर को, पतनशील स्थिति का चरम कहकर एक झटके से ख़ारिज नहीं किया जा सकता। बेहतर यही होगा, नये सांस्कृतिक उत्पादों को संस्कृति के एक सामान्य परिवर्तनशील दायरे के भीतर रखकर समझा जाये।"[35]

यानी, इस आश्चर्यजनक लोक में अपनी वस्तुस्थिति से अवगत हुआ जाये कि पूरे परिदृश्य में हम कहाँ खड़े हैं।

बेंजामिन ने टेक्नोलॉजी के उदय में मनुष्य की मुक्ति का सपना देखा था। लेकिन ब्रोद्रिल कहते हैं कि टेक्नालॉजी और जन सम्प्रेषण के नये साधनों ने हमारे समय तक आते-आते सारी वास्तविकताओं का लगभग अपहरण कर लिया है। तथा भयावह दासता और विभ्रमों का संसार खड़ा कर दिया है। हमारे पास न अतीत की कोई कसक है न भविष्य का कोई यूटोपिया। न हम अतीत का स्वप्न देख सकते हैं न भावी स्मृतियों की कल्पना कर सकते हैं। बीते हुए सन्दर्भ खो गये हैं। और बीता हुआ किसी यांत्रिक तरीक़े से पुनरुत्पादित होता है। जितना ज़्यादा हम बीते हुए वास्तविक को पुनरुत्पादित करते हैं, उतना ही अधिक स्वयं को छायाभास में डुबोते चले जाते हैं।[36]

सन्दर्भ खो चुके हैं। न अतीत की कसक बची है न भविष्य का यूटोपिया। एक छायाभास। वास्तविकता का आभास देता छायाभास–यह उत्तर-आधुनिक परिदृश्य। इसी सिलसिले में कुछ हिन्दी ग़ज़ल के शेर–

भले रहते हों इक छत के ही नीचे
मगर हम कितना किसको जानते हैं[37]

महेश अश्क

अजीब रिश्ता है बिस्तर में नींद का अपनी
तड़प बदन में है सिलवट मगर कपास में है[38]

महेश अश्क

एक गूँगी दुकान पर हम तुम
शब्द अपने सजा के बैठ गये[39]

महेश्वर तिवारी

बांह के ताबीज-सी लटकी रही
साथ जीने और मरने की क़सम[40]

जया गोस्वामी

जिसको तुमने गोद लिया है
उस लड़के का नाम वहम है[41]

भवानी शंकर

तन्हाई का तुम्हारी था मुमकिन यही इलाज
घर के हरेक कोने को चीज़ों से भर दिया[42]

सौरभ शेखर

भरे पूरे से घर में तब से ही तन्हा हुआ हूँ मैं
गुमी है पोटली जब से पुरानी चिट्ठियों वाली[43]

गौतम राजरिशी

पड़े रहते हैं कोने में लपेटे ग़र्द की चादर
हमारी ज़िन्दगी तस्वीर है शेरी रिसालों की[44]

पवन कुमार

उपर्युक्त सभी शेर, जिनमें खो चुके सन्दर्भों का अहवाल है। वास्तविक दुनिया का अहसास कराता छायाभास। यही हैरान करने वाला उत्तर-आधुनिक परिदृश्य। जहाँ वास्तविकताओं का लगभग अपहरण हो चुका है।

उत्तर-आधुनिक संस्कृति में, संस्कृति अपने आप में एक उत्पाद है। बाज़ार अपना ही स्थानापन्न (Substitute) बन गया है। बाज़ार अब अपने भीतर रखे सामानों की तरह, स्वयं भी एक सामान है। आधुनिकता वस्तुओं का एक क्रिटिक तैयार करती थी, क्योंकि वह स्वयं अपना अतिक्रमण तैयार करना चाहती थी। उसकी द्वन्द्वात्मकता में विकल्प का भी एक स्वप्न था। उत्तर-आधुनिकता विशुद्ध पदार्थीकरण और उसके उपभोग की प्रक्रिया है। उसका कोई अवान्तर परिप्रेक्ष्य नहीं है।

फ्रेड्रिक जेमेसन कहते हैं कि उत्तर-आधुनिक युग की कला की सबसे बड़ी ख़ासियत यह है कि वह सपाट और सतह के अर्थों तक सीमित है। उसमें एक नयी तरह का छिछोरापन है।[45]

लेकिन टेरी ईगलटन (लिटरेरी थ्योरी तथा आफ़्टर थ्योरी) कहते हैं, "विडम्बनापूर्ण यह है कि इस सारे आलोचनात्मक विमर्श का कोई सुनिश्चित परिभाषित अर्थ नहीं है। केवल पद्धति महत्त्वपूर्ण है और सर्वोपरि है। इसलिए आप एक क्लासिक कविता और लाटरी टिकट का, एक समान पद्धति से विखण्डन कर सकते हैं।"[46]

लेकिन जेमेसन उत्तर-आधुनिक परिदृश्य और साहित्य के विषय में कुछ और विचार प्रस्तुत करते हैं, "उत्तर-आधुनिक समय ने, स्थान और काल को एक नयी तरह की स्थिति, मनुष्य समाज में रच दी है।"[47]

उत्तर-आधुनिकता अधिपाठ को ज़्यादा महत्त्व देती है। नये अर्थों की खोज। उत्तर-आधुनिक साहित्य अधिकांशतः पूर्व प्रचलित शैलियों की पुनर्रचना, श्लेष प्रतीकात्मक, जटिल अभिव्यंजना, व्यंजना, पेरोडी, रूपक वक्रोक्ति से ओतप्रोत तथा शब्दों की बाज़ीगरी अर्थगत अनेक स्तरीयता इसका वैशिष्ट्य है। कुछ शेर–

किसी को वक़्त का अन्दाज़ तक नहीं लेकिन
ये शहर हाथ की घड़ियों के साथ मिलता है[48]

अभिव्यंजना, हरजीत सिंह

हुआ था पूरी तरह दोस्त मैं बयाँ उस दिन
किसी ने काट ली लेकिन मेरी ज़ुबा उस दिन[49]

अभिव्यंजना, माधव कौशिक

हर लम्हा ज़िन्दगी के पसीने से तंग हूँ
मैं भी किसी कमीज़ के कॉलर का रंग हूँ[50]

प्रतीक, सूर्यभानु गुप्त

ज़िन्दगी कंघियों में ढाल हमें
तेरी ज़ुल्फ़ों का पेचोख़म निकले[51]

प्रतीक, सूर्यभानु गुप्त

फूट जायेगी बदन की गुल्लक
और निकलेंगे अनासिर मेरे[52]

प्रतीक, स्वप्निल तिवारी

कहाँ तो तय था चरागां हरेक दर के लिए
कहाँ चराग़ मयस्सर नहीं शहर के लिए[53]

वक्रोक्ति, दुष्यन्त

मसलेहत आमेज़ होते हैं सियासत के क़दम
तू नहीं समझेगा इसको तू अभी नादान है[54]

वक्रोक्ति, दुष्यन्त

किसी बच्चे ने कॉपी फाड़ के इक नाव तैराई
खिलौना पाके बच्चों की तरह इतरा गयी बारिश[55]

शब्दों की बाज़ीगरी, देवेन्द्र आर्य

पछुआ के ज़ुल्मी झोंके से पिछवाड़ेवाला पीपल
सीटी मारे दोपहरी में जैसे रेल का इंजन, उफ़![56]

शब्दों की बाज़ीगरी, गौतम राजरिशी

उपर्युक्त सभी अश्आर उत्तर-आधुनिक साहित्य के विशिष्ट अनुभवों, तत्त्वों के शेर हैं। हरजीत अभिव्यंजना के ज़रिये दो मिसरों में शहर का सूरते हाल बयान करते हैं–ये शहर हाथ की घड़ियों के साथ मिलने वाला शहर–लेकिन वक़्त का अनुमान किसी के पास नहीं। मितकथन (जो उत्तर-आधुनिक साहित्य की ज़रूरी शर्त है) में बात सम्पूर्ण की गयी है और बेहद सलीके से। वही सलीका माधव कौशिक के शेर में भी है। अभिव्यंजना यहाँ भी है और मितकथन भी। सम्पूर्णता से स्वयं को व्यक्त करने का नतीजा? ज़ुबान तक मैं पात्र की काट ली गयी। समय की जटिल और भयावह स्थिति को माधव कौशिक, लाउड हुए बग़ैर अभिव्यंजना में तहरीर करते हैं। वरिष्ठ ग़ज़लकार सूर्यभानु गुप्त अपने कथ्य को प्रतीकों के ज़रिये व्यक्त करते हैं। यह उनकी शैली है और कहन भी। यहाँ दोनों अश्आर में–कमीज़ का कॉलर, कंघी, पसीना, ज़ुल्फ़ जैसे प्रतीक हैं जो दोनों शेर को गम्भीर और स्तरीय अर्थ की ओर ले जाते हैं। बिल्कुल नये क़िस्म के प्रतीक स्वप्निल तिवारी के पास हैं। उनकी तमाम ग़ज़लों में हैरान करने वाले प्रतीक हैं। यहाँ भी वो बदन की गुल्लक जैसा प्रतीक चुनते हैं और छोटी-सी दो पंक्तियों में जीवन का फ़लसफ़ा बयान करने में सफल होते हैं।

दुष्यन्त के दोनों शेर वक्रोक्ति और जटिल अभिव्यंजना के श्रेष्ठ उदाहरण

हैं। पहले शेर में 'कहाँ' शब्द दोनों मिसरों में किसी 'वक्र' की तरह है–गूढ़ अर्थ पैदा करता हुआ। दूसरा शेर साधारण प्रतीत होता है। यही जटिलता है। जटिल अभिव्यंजना–'तू अभी इन्सान है।' दुष्यन्त यहाँ साधारण को, जटिल अभिव्यंजना से असाधारण अभिव्यक्ति की ओर ले जाते हैं। देवेन्द्र आर्य और गौतम राजरिशी के शेर, शब्द चमत्कार और शब्दों की बाज़ीगरी के कारण, आकर्षण पैदा करते हैं। दोनों अश्आर में, शब्द हलचल पैदा करते हैं और वे कथ्य के साथ-साथ चहलक़दमी करते प्रतीत होते हैं। शब्द संयोजन यहाँ अपने कलात्मक रूप में है। प्रतीक, अभिव्यंजना, शब्दों की बाज़ीगरी के अतिरिक्त, उत्तर-आधुनिक साहित्य में, नयी यथार्थवादी रचनाशीलता, अर्थवत्ता और कलात्मक उत्कर्ष की लहर ज़रूरी है। एक नया सौन्दर्यबोध और उसकी संचेतना तथा कलात्मक हस्तक्षेप की भी ज़रूरत है। कुछ शेर इसी बात की पैरवी करते हुए–

गाँवों में जो घर होता है
शहरों में नम्बर होता है[57]

विज्ञान व्रत

दिन की तस्वीर बूढ़े किसानों सी है
रात बेचैन सहमी थकानों सी है[58]

आचार्य सारथी

अग्निधर्मा है मगर इस आग का हम क्या करें
ज़ख़्म को जो और गहराए वो मरहम क्या करें[59]

रामकुमार कृषक

मछलियाँ तालाब की सब डर रहीं ये सोचकर
जब किनारे पर हैं बगुले और पानी में ज़हर।[60]

रामगोपाल भारतीय

वही हैं दोस्त वहीं शहर फिर घुटन कैसी
बदल गया है कहीं कुछ इधर के शहरों में[61]

सुरेश कुमार

मिला न खेत से उसको भी आबोदाना क्या
किसान शहर को फिर इक हुआ रवाना क्या[62]

सौरभ शेखर

आपका मक़सद पुराना है मगर खंजर नया
मेरी मजबूरी हैं मैं लाऊँ कहाँ से सर नया[63]

कृष्णनन्द चौबे

प्रतीक, अभिव्यंजना, वक्रोक्ति के अतिरिक्त, उत्तर-आधुनिक साहित्य में जिस नयी यथार्थवादी रचनाशीलता, अर्थवत्ता और कलात्मक उत्कर्ष की बात की जाती है वो इन सभी अश्आर में मौजूद है।

विज्ञान व्रत छोटी बहर के शेर में सघन रूप से, नयी यथार्थवादी सोच के ज़रिये, विषय को उठाते हैं। गाँव में घर थे। शहर तक आते-आते वो घर नम्बरों में तबदील हो गये। घर पहचान थे। उनका चेहरा था। 'नम्बर' का चेहरा नहीं होता। नम्बर सिर्फ़ संवेदनाविहीन एक नम्बर होता है। यह उत्तर-आधुनिक संस्कृति का नया यथार्थवादी रूप है। रामकुमार कृषक व्यंजना के ज़रिये नयी यथार्थवादी रचनाशीलता को व्यक्त करते हैं। शब्दों का बर्ताव सलाहियत से हुआ है। मितकथन और बात सम्पूर्णता से बयान। क्या करें? में व्याकुलता है। यह नया उत्तर-आधुनिक यथार्थवादी समझ एक ऐसी मरहम की तरह है जो ज़ख्मों को और अधिक गहरा करता है। नयी यथार्थवादी रचनाशीलता का कलात्मक रूप आचार्य सारथी की शेरीयत में भी है। रात और दिन। यानी रोज़नामचा। यानी ज़िन्दगीनामा। क्या है ज़िन्दगीनामा? दिन बूढ़े किसानों जैसा। रात थकानों जैसी। ये विशेषण और ये संज्ञाएँ, नया सौन्दर्यबोध प्रस्तुत करती हैं। इसी नये सौन्दर्यबोध की रचना सौरभ शेखर के शेर में भी है। यथार्थ का नुकीलापन प्रश्न के नेजे उछालता हुआ। ग़ौरतलब है, किसान जैसा पात्र ग़ज़ल में कहीं नहीं था। यह उत्तर-आधुनिक नयी रचनाशीलता के ज़रिये सम्भव हो पाया है। सौरभ शेखर के दो मिसरों में भावना का आवेग है। किसान जैसा किरदार अपनी ज़मीन छोड़कर शहर की तरफ़ रवाना हो रहा है? प्रश्न है वो क्यों हो रहा है रवाना? चूँकि खेत ने कुछ दिया ही नहीं। रामगोपाल भारतीय मछलियाँ, तालाब, बगुले और पानी में ज़हर—इनके ज़रिये नये यथार्थ को व्यक्त करते हैं तो सुरेश कुमार के शेर में अजीब सी बेचैनी की अभिव्यक्ति है। शहर की सभ्यता और संस्कृति का बदलाव कुछ ऐसा कि सब कुछ पहले जैसा लेकिन फिर भी कुछ कमी का अहसास। यह बोध, उत्तर-आधुनिक बोध है। वरिष्ठ ग़ज़लकार कृष्णनन्द चौबे बड़ी व्यंजना से विचार को शेर में तहलील करते हुए नयी रचनाशीलता के नये सौन्दर्यबोध का अहसास कराते हैं। आपके पास (व्यवस्था के पास) बेशक नया खंज़र है लेकिन मैं (साधारण किरदार) इसके लिए 'नया सर' कहाँ से लाये? यहाँ जो अभिव्यंजना है, मारक है।

उत्तर-आधुनिकता मनुष्य के केन्द्रीय स्थान को नकारती है। चूँकि सामाजिक स्थिति तथा सांस्कृतिक वातावरण रोज़ बदल रहा है। यथार्थ अतियथार्थ हो रहा है। मनुष्य की चेतना भी स्थिर तथा निश्चित नहीं हो सकती। इसी अतियथार्थ तथा मनुष्य की चेतना की अस्थिरता को व्यक्त करती ग़ज़ल के कुछ शेर–

सूर्य को अब किसी की ज़रूरत नहीं जुगनुओं को अँधेरे में पाला गया
फ़्यूज बल्बों के अद्‌भुत समारोह में रोशनी को शहर से निकाला गया

बुर्ज़ पर तम के झंडे फहरने लगे साँझ बनकर भिखारिन भटकती रही
होके लज्जित सरेआम बाज़ार में सिर झुकाए-झुकाए उजाला गया

नाम बदले खजूरों ने अपने यहाँ बन गये कल्पवृक्षों के समकक्ष वे
फल उसी को मिला जो सभा कक्ष में साथ अपने लिए फूलमाला गया[64]

कुमार शिव

उत्तर-आधुनिकता के चिन्तन में भाषा की पारदर्शिता के प्रश्न का केन्द्रीय स्थान है। उपर्युक्त ग़ज़ल के तमाम अश्आर की भाषा पर ग़ौर करें–भाषा किसी शीशे की तरह पारदर्शी है। जो समाज के अतियथार्थ को ही व्यक्त करती है। प्रत्येक शेर में एक ऐसे वातावरण की भी निर्मिति है जो शेर में प्रयुक्त प्रतीकों को नया सौन्दर्य प्रदान करती है। पूरी ग़ज़ल में लय और अर्थ की गूँज है।

आज का युग जनसंचार माध्यमों का चरण है। इलेक्ट्रॉनिक जनसंचार माध्यम के ज़रिये, अतिवास्तव 'हाइपर रिपल' ने वास्तव को हटाने में सफलता प्राप्त की है। हैबरमास के अनुसार विज्ञापन तथा टेलीविज़न ने जनता और जगह दोनों को नष्ट किया है। विज्ञापन अपने नये आयाम में हर चीज़ पर हमला करता है, क्योंकि सार्वजनिक जगह (गली, स्मारक, बाज़ार, दृश्य) ग़ायब हो जाते हैं तथा दूसरी ओर 'निजी जगह' हमारे जीवन की सर्वाधिक घनिष्ठ प्रतिक्रियाएँ जनसंचार माध्यमों का आभासी चरागाह बन जाती हैं। इस प्रकार, सार्वजनिक जगह और निजी जगह (मिरर ऑफ प्रोडक्शन) का भेद मिट जाता है। और इस तरह, सब कुछ (शौचालय से लेकर सोने के कमरे तक, बलात्कार से लेकर नरसंहार तक) सम्प्रेषण के नाम पर अनावृत कर दिया जाता है। इससे अन्ततः वास्तव की क्षति होती है क्योंकि सूचना असल में कोई अर्थ पैदा नहीं करती। कुछ शेर, इसी सिलसिले में–

सच को सच की तरह बोलता है
दिल कि बुज़दिल हुआ जा रहा है

हम लड़कपन से मजमें के शैदा
हमसे पूछो कि मज़में में क्या है
नीम ग़ाफ़िल मेरा दिल घड़ी से
पूछता है कि क्या बज रहा है[65]

राम मेश्राम

लिबासों में सजे धजे सब बनावटी लोग
यार, अमीरी आदमी को शराफ़त नहीं देती
एक मुझे छोड़कर हैं चीज़ें सभी महँगी
मैं बिक जाऊं पर दुनिया क़ीमत नहीं देती[66]

मोहसिन ख़ान

आज जो चीज़ बिक्री योग्य नहीं है, मूल्यहीन है। यानी, सब कुछ जो बिकता है, वह श्रेष्ठ है। और गर्व करने लायक है। तकनीकी क्रान्ति ने मीडिया को मास मीडिया में बदल दिया है। और मास मीडिया, यथार्थ को अतियथार्थ में बदल रहा है। अब हत्या और बलात्कार भी 'स्टोरी' बनाकर बेचे जाते हैं।

सच के भी कई पाठ यहाँ होने लगे हैं
तुम झूठ से अपनों को बचा लाये, बहुत है[67]

देवेन्द्र आर्य

उत्तर-आधुनिकता–हम सुबह-शाम बेबस मनुष्यों के चीत्कार, आर्तनाद, गिड़गिड़ाहट को देखते हैं। टीवी में अनेक बिम्ब, अनेक छवियाँ–किसी फ़िल्म जैसे सब दृश्य। लेकिन टीवी जो दिखाता है, वह कहीं न कहीं घटित हो चुका होता है। इन सबको देखनेवाला हमारा मन, घटित को देखते-देखते आदी हो चुका है। तथा पेसिव बन चुका है तटस्थ। निरपेक्ष। या कहें कि बेहिस और निष्क्रिय! कुछ शेर इसी स्थिति को बयान करते हुए–

एक सच को बयान करने में
टुकड़ा-टुकड़ा ज़बान होती है[68]

उर्मिलेश

जो कहेंगे आप सच होगा वही
आपकी तहरीर क़ातिब आपके[69]

राजेन्द्र तिवारी

काँटा रख बीच में सामान तौल ठीक से
ज़िन्दगी रंगमंच है संवाद बोल ठीक से
ज़ंग खाया दरवाज़ा है पीढ़ियों की धूल का
सब्र का दे तेल चाबी ताला खोल ठीक से[70]

नवरत्न पाण्डेय

समाज की ये सब विडम्बनापूर्ण स्थितियाँ हैं जिन पर पहले भी विचार किया गया है। भाषा व्यंजनापूर्ण और पारदर्शी है। यह उत्तर-आधुनिक भाषा और तहरीर है।

अब स्मृतियाँ बची हैं किसी अवशेष की तरह। मिलान कुंदेरा कहते हैं, "विस्मृति के नेतृत्व में एक पूरा राष्ट्र मृत्यु की ओर अग्रसर है। हम स्मृति के ख़ात्मे के बाद, ख़ुद को भी खो देते हैं। बिना स्मृति के हम मरे हुए हैं।"[71]

यह उत्तर-आधुनिक समय जिसमें समाज स्मृतिहीन हो चुका है। मनुष्य अब एक 'आई डी' है। मनुष्य की उपस्थिति एक अधूरी पहचान है। उपस्थिति से ज़्यादा ज़रूरी है आई डी! अदब यानी साहित्य, वो यथार्थ के रास्तों से बेशक आता हो, वो स्मृति के रास्ते से भी आता है। स्मृति सृजन का स्रोत है। यहाँ हर शख़्स के पास सूचनाओं का अम्बार है, स्मृतियों का शून्य! अर्न्स्ट क़िशर ने कहा था, "सूचनाओं की आँधी, सच को अपने साथ बहाकर ले जायेगी।"[72]

यही तो हो रहा है।

जॉ ब्रोद्रिय का कथन है, "उत्तर-आधुनिकता ने संचार के नये साधनों, सूचना और मीडिया तकनीक के द्वारा संकेतों को उसके सन्दर्भों से हटा दिया है। इसका परिणाम यह हुआ है कि वस्तुगत सत्य पर प्रश्नचिह्न लगा दिये गये हैं और प्रतीकात्मक यथार्थ ही हमारे जगत का निर्माण करने लगा है। इस प्रक्रिया में अन्ततः अर्थ की मृत्यु हो जाती है।"[73]

कुछ शेर इसी सन्दर्भ में–

आप हमसे मिलें तो ज़मीं पर मिलें
ये तकल्लुफ़ की दुनिया मचानों की है[74]

हरजीत सिंह

लपेटिए, इसे रखिए या काटते रहिए
ग़रीब आदमी कपड़े का थान होता है[75]

ज्ञान प्रकाश विवेक

उत्तर-आधुनिकता की अवधारणा इस समझ पर आधारित है कि द्वितीय विश्व युद्ध के बाद पूँजीवाद की प्रकृति में बहुत ही मूलभूत परिवर्तन हुआ है और बहुत ज़बरदस्त तरीक़े से। और इसलिए, पूँजीवादी और इस प्रकार के समाजों के लिए जो उचित है, इस तरह की राजनीति में भी।"[76] एजाज़ अहमद।

उत्तर-आधुनिक साहित्य में जिस कलात्मक लहर और उसके उत्कर्ष की ज़रूरत पर बल दिया गया है तथा विजन, नये सपने, शब्दों के विस्तार तथा नये अर्थों की तलाश की भी बात की गयी है, हिन्दी ग़ज़ल में उसकी आमद हो चुकी है और निरन्तर विकसित हो रही है। कुछ शेर ग़ौरतलब हैं–

हरेक शख़्स समझता है उसको दोस्त अपना
बदल-बदल के वो चेहरे सभी से मिलता है[77]

जया नर्गिस

जैसे बिल्ली चुपके-चुपके सीढ़ियाँ उतरे
ज़िन्दगी के आसमाँ से यूँ उतर जाती है शाम[78]

अश्वघोश

देख रहे हैं वो सबको मैली नज़रों से
शायद उनके कपड़े काफ़ी धुले हुए हैं[79]

भवानी शंकर

फ़क़त ज़ंजीर बदली जा रही है
मैं समझा था रिहाई हो रही है[80]

विकाश शर्मा राज़

उदासी एक लम्हे पर गिरी थी
सदी का बोझ है पसरा हुआ-सा[81]

गौतम राजरिशी

मिशेल फूको कहते हैं, "इस तथाकथित मानवतावादी मनोचिकित्सा ने हमारे समय को एक विशाल नैतिक क़ैदख़ाने की रचना की है।"[82]

वो ये भी कहते हैं कि "शक्ति का स्वरूप सबसे अधिक हमारे विचार विमर्श के ढाँचों में प्रकट होता है। विमर्श ही वह जगह है जिसमें वह चीज़ छिपी हुई है जो ताक़त और ज्ञान में अपना सम्बन्ध बनाती है।"[83]

लेकिन जेमेसन पदार्थीकरण की बात करते हैं कि उत्तर-आधुनिक काल में पूरा

समाज पदार्थीकरण की ओर बढ़ रहा है इससे 'ऐलिएनेशन' जैसा पैदा होने लगा है। एक शेर इसी सिलसिले में–

एक कश लेकर महज़ सिगरेट तुमने फेंक दी
और मैं बेचैन होकर देर तक जलता रहा[84]

विनय मिश्र

गूढ़ प्रतीकों में व्यक्त किया गया पाने के अकेलेपन का अवसाद! यहाँ रूपक की रचना है। मैं पात्र को सिगरेट की तरह समझकर कश लेकर (यानी उसका भरपूर इस्तेमाल करके) फेंक दिया गया। मैं पात्र सिगरेट सा जलता-सुलगता रहा। अन्य पात्र अपने आनन्द लोक में जा धँसा! फ्रेड्रिक जेमेसन जिस पदार्थीकरण की बात करते हैं वो यहाँ है। मैं पात्र कोई शख़्स है। लेकिन उसे 'पदार्थ' की तरह प्रयोग किया गया।

यही उत्तर-आधुनिक समाज का परिदृश्य है। सब अकेले हैं। सब सान्निध्य चाहते हैं। लेकिन नयी जीवन शैली ऐलिएनेशन तो देती है सान्निध्य नहीं।

तुम हो तो ये घर लगता है
वरना इसमें डर लगता है[85]

विज्ञान व्रत

विज्ञान व्रत का यह शेर फ्रेड्रिक जेमेसन के ऐलिएनेशन की ही अभिव्यक्ति है। शेर में हद दर्जे का अन्तर्द्वन्द्व है। तुम हो तो घर, घर लगता है। लेकिन यहाँ संशय इस बात का है कि तुम पात्र कितना क़रीब है। वो घर में है या घर से पलायन कर चुका है। तुम पात्र के होने में जीवन की गतिशीलता है। प्रेम का गाढ़ापन है। घर यानी सम्भावना। यानी उम्मीद। यानी प्रेम। यानी संवेदना। वरना इसमें डर लगता है। दूसरा मिसरा इसी ऐलिएनेशन की तस्दीक है। यही सामाजिक द्वन्द्व है। घर विखण्डित हो रहे हैं और अवसाद, ऐसे घरों का स्थायी निवासी बन रहा है।

नमिता सिंह अपनी बात सम्पादकीय, वर्तमान साहित्य में उत्तर-आधुनिक परिदृश्य पर बड़ी सटीक टिप्पणी करती हैं, "व्यक्तिवाद अपने चरम पर है और उत्तर-आधुनिक वैचारिकता का पर्याय बन रहा है।"[86]

इस प्रकार उत्तर-आधुनिकता को विकासशील देशों के सन्दर्भ में अनावश्यक वितण्डावाद माना जा रहा है। क्योंकि अभी भी यहाँ सामन्ती प्रश्न कायम हैं तथा आधुनिकता; विवेक, ज्ञानोदय और नवजागरण की परियोजना अधूरी है। लोग

जाति, धर्म, सम्प्रदाय, भाषा, क्षेत्र आदि के संकीर्ण दायरे में जी रहे हैं। सो, उत्तर-आधुनिकता का सतहीपन विकासशील देशों के ग़रीबों को लुभाते हुए भ्रमित कर रहा है। यथार्थ से दूर ले जाने के लिए आभासी दुनिया में उलझाये रखना चाहता है।"

उत्तर-आधुनिकता क्या है–[87]सुभाष शर्मा के इस लेख में वे उत्तर-आधुनिकता का विरोध करते दिखाई देते हैं। ये उनके अपने विचार हो सकते हैं। आज हम और हमारा नया समाज जिस नयी तकनीक के साथ जी रहा है और पदार्थीकरण की ओर बढ़ रहा है। वह क्या है? वह उत्तर-आधुनिक स्थितियाँ ही तो हैं। हिन्दी ग़ज़लकारों ने इन स्थितियों का आकलन बड़ी सूझबूझ के साथ अपनी ग़ज़लों में किया है।

सन्दर्भ सूची

1. फ्रेड्रिक जेमेसन का लेख–'वैश्विक पूँजी का सांस्कृतिक तर्क' से उद्धृत पुस्तक अँधेरे समय में विचार–सम्पादक विजय कुमार संवाद प्रकाशन, मेरठ
2. हिस्टिरिसाइज़िंग द मिलिनियम (अतिरेकी यथार्थ के युग में) लेख से उद्धृत, पुस्तक अँधेरे में विचार–सम्पादक विजय कुमार, संवाद प्रकाशन, मेरठ
3. मिशेल फूको (पॉवर/नॉलेज) ताक़त के खेल में ज्ञान की भूमिकाएँ लेख से उद्धृत, पुस्तक अँधेरे में विचार–सम्पादक विजय कुमार, संवाद प्रकाशन, मेरठ।
4. ख़ूबसूरत है आज भी दुनिया–माधव कौशिक, भारतीय ज्ञानपीठ, नयी दिल्ली।
5. फ़ेसबुक पर भेजी गयी सौरभ शेखर की ग़ज़ल से दो शेर (16.8.15)
6. ग़ज़ल दुष्यन्त के बाद–सम्पादक दीक्षित दनकौरी, वाणी प्रकाशन, नयी दिल्ली
7. नदी की चीख़– लेखक सुल्तान अहमद, राधाकृष्ण प्रकाशन, नयी दिल्ली
8. अभिनव प्रयास पत्रिका–सम्पादक अशोक अंजुम (जन–2013), अलीगढ़
9. ये हरे पेड़ हैं–हरजीत सिंह, स्वयं प्रकाशन, देहरादून
10. नया ज्ञानोदय पत्रिका–सम्पादक रवीन्द्र कालिया (सिम्बर–2008)
11. साये में धूप–दुष्यन्त कुमार, राधाकृष्ण प्रकाशन, नयी दिल्ली
12. वही
13. वही
14. अँधेरे में विचार–सम्पादक विजय कुमार, संवाद प्रकाशन, मेरठ
15. किताब के बाहर–लेखक देवेन्द्र आर्य, किताब महल, नयी दिल्ली
16. समय से मुठभेड़–अदम गोंडवी, वाणी प्रकाशन, नयी दिल्ली
17. हंस पत्रिका–सम्पादक राजेन्द्र यादव, (अक्तूबर–2005) दरियागंज, नयी दिल्ली
18. ग़ज़ल दुष्यन्त के बाद–III,–सम्पादक दीक्षित दनकौरी, वाणी प्रकाशन, नयी दिल्ली
19. लफ़्ज़ पत्रिका–सम्पादक तुफ़ैल चतुर्वेदी, (अंक अक्तूबर-2014) नोएडा
20. एक पुल–हरजीत सिंह, स्वयं प्रकाशन, देहरादून

21. नया ज्ञानोदय–सम्पादक रवीन्द्र कालिया (ग़ज़ल अंक कर–2014), नयी दिल्ली
22. बीच में जन गण मन–लेखक द्विजेन्द्र द्विज, देवांश प्रकाशन, मरांडा
23. थर्ड वेव, एलविन टॉफलर की पुस्तक–इससे पूर्व मनी मसल्लस एंड माइंड तथा पॉवर शिफ्ट! (यह अंश आवारा हवाओं का मौसम, देवेन्द्र इस्सर–किताब घर से लिया गया) किताबघर, दरियागंज, नयी दिल्ली
24. थर्ड वेव, एलविन टॉफलर की पुस्तक–इससे पूर्व मनी मसल्लस एंड माइंड तथा पॉवर शिफ्ट! (यह अंश आवारा हवाओं का मौसम, देवेन्द्र इस्सर–किताब घर से लिया गया) किताबघर, दरियागंज, नयी दिल्ली
25. सात आवाज़ें सात रंग–सम्पादक ओमप्रकाश चतुर्वेदी पराग, प्रवाल प्रकाशन, ग़ाज़ियाबाद
26. सौरभ शेखर की ग़ज़ल से शेर लिया गया फ़ेस बुक, दिनांक–16.8.2015)
27. उद्भावना पत्रिका–सम्पादक अजेय कुमार (अंक–जन–2015), दिल्ली
28. समय से मुठभेड़–अदम गोंडवी, वाणी प्रकाशन, नयी दिल्ली
29. दस्तावेज़ पत्रिका–सम्पादक विश्वनाथ प्रसाद तिवारी (अंक-141), गोरखपुर
30. पोस्ट मॉडर्निज़्म एंड कल्चर थ्योरीज़–फ्रेड्रिक जेमेसन, पुस्तक अँधेरे में विचार–सम्पादक विजय कुमार (एक अंश), प्रकाशक संवाद प्रकाशन, मेरठ।
31. जान-ए-ग़ज़ल–सम्पादक बालस्वरूप राही, अयन प्रकाशन, नयी दिल्ली
32. वही
33. फ़ेसबुक से यह शेर लिया गया–चन्द्रशेखर पाण्डेय की ग़ज़ल का एक शेर
34. सच और है–विनय मिश्र, मेधा बुक्स, दिल्ली
35. पोस्ट मॉडर्निज़्म एंड कल्चर थ्योरीज़–फ्रेड्रिक जेमेसन, पुस्तक–अँधेरे में विचार विजय कुमार, संवाद प्रकाशन, मेरठ।
36. हिस्टिरिसाइज़िंग द मिलेनियम अतिरेकी यथार्थ के युग में ज्याँ ब्रोद्रिला का लेख। अनुवाद अँधेरे में विचार–सम्पादक विजय कुमार, संवाद प्रकाशन, मेरठ।
37. दस्तावेज़ पत्रिका–सम्पादक विश्वनाथ प्रसाद तिवारी (अंक-141), गोरखपुर
38. वही
39. पुष्पागम पत्रिका–सम्पादक रामेश्वर द्विवेदी (अंक-17, 1986), मुंगेर
40. ग़ज़ल दुष्यन्त के बाद-III–सम्पादक दीक्षित दनकौरी, वाणी प्रकाशन, नयी दिल्ली
41. बया पत्रिका–सम्पादक गौरीनाथ (अंक-26), ग़ाज़ियाबाद
42. सौरभ शेखर की फ़ेसबुक में टैग की गयी ग़ज़ल का शेर (16.8.15)
43. पाल ले इक रोग नादाँ–गौतम राजरिशी, शिवना प्रकाशन, सिहौर
44. वाबस्ता–पवन कुमार, प्रकाशन संस्थान, दरियागंज, नयी दिल्ली
45. फूकोयामा का लेख–आर्कियोलॉजी ऑफ़ नॉलेज से उद्धृत, अनुवाद–अँधेरे समय में विचार–सम्पादक विजय कुमार, संवाद प्रकाशन, मेरठ
46. टेरी ईगलटन का लेख लिटरेरी थ्योरी तथा आफ़्टर थ्योरी अनुवाद–अँधेरे समय में विचार–

सम्पादक विजय कुमार, संवाद प्रकाशन, मेरठ

47. वही
48. एक पुल–हरजीत सिंह, स्वयं प्रकाशन, देहरादून
49. ख़ूबसूरत है आज भी दुनिया–माधव कौशिक, भारतीय ज्ञानपीठ, लोधी रोड, नयी दिल्ली
50. एक हाथ की ताली–सूर्यभानु गुप्त, वाणी प्रकाशन, नयी दिल्ली।
51. वही
52. लफ़्ज़ पत्रिका–सम्पादक तुफ़ैल चतुर्वेदी (अंक-40), नोएडा
53. साये में धूप–दुष्यन्त कुमार, राधाकृष्ण प्रकाशन, दरियागंज, नयी दिल्ली
54. वही
55. किताब के बाहर–देवेन्द्र आर्य, पुस्तक महल, नयी दिल्ली
56. पाल ले इक रोग नादाँ–गौतम राजरिशी, शिवना प्रकाशन, सिहोर
57. मैं यहाँ हूँ–विज्ञान व्रत, अयन प्रकाशन, दिल्ली
58. जान-ए-ग़ज़ल–सम्पादक बाल स्वरूप राही, अयन प्रकाशन, दिल्ली
59. अपयश अपने नाम, परमेश्वरी प्रकाशन, प्रीत विहार, दिल्ली
60. रामगोपाल की ग़ज़ल का यह शेर फ़ेसबुक से लिया गयाहै।
61. सुरेश कुमार की ग़ज़ल का यह शेर फ़ेसबुक से लिया गया है
62. सौरभ शेखर की ग़ज़ल का यह शेर फ़ेसबुक से लिया गया है
63. आधारशिला पत्रिका–सम्पादक दिवाकर भट्ट, ग़ज़ल अंक, हल्द्वानी
64. अनभै साँचा पत्रिका–सम्पादक द्वारिकप्रसाद चारुमित्र (ग़ज़ल अंक), दिल्ली
65. वर्तमान साहित्य–सम्पादक नमिता सिंह (अंक नवम्बर 2007), अलीगढ़
66. लेफ्टिनेंट मोहसिन ख़ान की ग़ज़ल का यह शेर फ़ेसबुक से लिया गया है
67. किताब के बाहर, लेखक देवेन्द्र आर्य, पुस्तक महल, नयी दिल्ली
68. पुष्पागम पत्रिका–सम्पादक रामेश्वर द्विवेदी (अंक–जन-1986), मुंगेर
69. काव्या पत्रिका–सम्पादक हस्तीमल हस्ती (अंक-25), मुम्बई
70. नवरत्न पाण्डेय की ग़ज़ल से दो शेर फ़ेसबुक से प्राप्त किये गये हैं
71. समयान्तर पत्रिका–सम्पादक पंकज बिष्ट (अंक-2009), नयी दिल्ली
72. कला की ज़रूरत–अर्नेस्ट फिशर, राजकमल प्रकाशन, नयी दिल्ली
73. अँधेरे समय में विचार–सम्पादक विजय कुमार, संवाद प्रकाशन, मेरठ
74. ये हरे पेड़ हैं–हरजीत सिंह, स्वयं प्रकाशन, देहरादून
75. चिराग़ जलते रहें, ग़ज़ल संग्रह-ग़ज़लकार ज्ञान प्रकाश विवेक
76. उद्भावना पत्रिका–सम्पादक अजेय कुमार, एजाज़ अहमद के लेख से एक अंश (अंक-105, जनवरी, 2013), दिल्ली
77. ग़ज़ल दुष्यन्त के बाद-III–सम्पादक दीक्षित दनकौरी, वाणी प्रकाशन, दरियागंज, नयी दिल्ली

78. वही

79. बया पत्रिका (अंक-26)–सम्पादक गौरीनाथ, गाज़ियाबाद

80. बारिश ख़ारे पानी की–विकास शर्मा राज़, लफ़्ज़ प्रकाशन, नोएडा

81. पाल ले इक रोग नादां–गौतम राजरिशी, शिवना प्रकाशन, सिहोर

82. अँधेरे समय में विचार–सम्पादक विजय कुमार, संवाद प्रकाशन, मेरठ

83. वही

84. सच और है–विनय मिश्र, मेधा बुक्स, दिल्ली

85. मैं यहाँ हूँ–विज्ञान व्रत, अयन प्रकाशन, दिल्ली

86. वर्तमान साहित्य पत्रिका–सम्पादक नमिता सिंह (उत्तर-आधुनिकता पर नमिता सिंह के विचार–एक अंश), अलीगढ़

87. नया ज्ञानोदय पत्रिका–सम्पादक रवीन्द्र कालिया (अप्रैल-2012), (उत्तर–आधुनिकता क्या है–लेख का एक अंश), नयी दिल्ली

स्त्री विमर्श और हिन्दी ग़ज़ल

सीमोन द बोउवार कहती हैं, "औरत को औरत होना सिखाया जाता है। औरत बनी रहने के लिए उसे अनुकूल किया जाता है।"[1]

पुरुष अन्तिम रूप से अनिवार्य साबित हुआ और स्त्री को अपने से सम्बन्धित एक शुद्ध 'अन्यता' में परिभाषित करता रहा। प्रश्न उठता है कि औरत में आज्ञाकारिता की यह चाह कहाँ से आयी? अपने अस्तित्व की गरिमा का यह स्खलन उसने क्यों स्वीकार किया?

औरत और सर्वहारा के बीच दो समानान्तर रेखाएँ खींची जा सकती हैं। सर्वहारा अपने आपको हम लोग कहकर सम्बोधित करते हैं। लेकिन स्त्री नहीं करती।

सीमोन कहती हैं, "स्त्री, पुरुष प्रधान समाज की एक कृति है। वह अपनी सत्ता को बनाये रखने के लिए स्त्री को जन्म से ही अनेक नियमों के ढाँचे में ढालता चला गया।"[2]

पितृसत्ता एक सामाजिक घटना है। हज़ारों सालों से चली आयी ऐसी व्यवस्था है जिसमें स्त्री की अधीनस्थ सर्वविदित है।

ऐसा भी कहा जाता है वह आनुषंगिक है। गौण है। पुरुष आत्म है। वह पूर्ण है। जबकि औरत बस अन्या है।

हाशिए पर धकेल दी गयी औरतों की भीड़ के पक्ष में लिखी गयी हिन्दी ग़ज़ल ने सघन संवेदना तथा गहरे अनुभवों की अभिव्यक्ति दी है। स्त्री विमर्श हिन्दी ग़ज़ल में, पूरी मानवीय गरिमा और संचेतना के साथ व्यक्त हो रहा है। हिन्दी ग़ज़ल में स्त्री संघर्ष, वेदना, कष्ट, स्त्री चेतना, उसकी निजता के विभिन्न आयाम हिन्दी ग़ज़ल में महसूस किये जा सकते हैं।

राजकुमारी रश्मि की ग़ज़ल के कुछ शेर जिनमें स्त्री की मुक्तिकामी चेतना की मार्मिक अभिव्यक्ति है–

अपनी क़लम के नाम अभी आसमां तो है
कहने के लिए आपसे कुछ दास्तां तो है

ले आये कुछ सवाल हैं हम आज इसलिए–
पत्थर न सही हाथ में, मुँह में ज़बां तो है
सुलगेगी कभी आग फिर बुझते अलाव की
तब तक हमारे पास ये थोड़ा धुआँ तो है[3]

आज के इस स्त्री विमर्श में समाज, संस्कृति, धर्म के द्वारा दिये गये दोयम दर्जे के विरुद्ध संघर्ष और मन-मस्तिष्क से जुड़े अनेक सवाल हैं। बलात्कार, प्रताड़ना, शोषण। वस्तुतः स्त्री विमर्श सभी प्रकार की समानता, भेदभाव के विरुद्ध, पुरुष समाज से संघर्षरत है।

स्त्री विमर्श ने व्यापक अनुसन्धान के बाद यह तो सिद्ध कर ही दिया है कि कुदरती और स्वाभाविक रूप से भी स्त्री किसी भी रूप में पुरुष से कमतर नहीं है।

लेकिन इसके विपरीत तल्ख़ हक़ीक़त यह है कि ज्ञानविज्ञान ही नहीं, कला, संस्कृति का सारा क्षेत्र, पुरुष नक्षत्रों से ही जगमगा रहा है। "यह पुरुषार्थ का क्षेत्र है। मर्दानी टिप्पणियों का एक सार यह भी है कि कला ज्ञान के या कर्म के क्षेत्र में आज तक कोई प्रथम श्रेणी की महिला जीनियस पैदा नहीं हुई। क्योंकि वे बहुत समय तक दिग्विजयी उन्मादियों की भौतिक सुविधाओं या बौद्धिक अमूर्तन में रह सकने में असमर्थ हैं। गोचर (ऐम्पेरिकल) होना उसकी शक्ति है और सामर्थ्य भी। (हंस जुलाई 2003 का सम्पादकीय अंश)[4]

इसी भाव की तस्दीक करता कृष्णा कुमारी का यह शेर–

जहाँ भर के दुख से मेरा दुख बड़ा है
कि छाती पे मेरी हिमालय खड़ा है[5]

पुरुषों के समकक्ष स्त्रियों की राजनीतिक, सामाजिक और शैक्षिक समानता का आन्दोलन, जिसे कुछ वर्ष तक नारीवाद कहा जाता था। अंग्रेज़ों ने इसके लिए फेमिनिज़्म शब्द प्रचलित किया। यह नारीवादी आन्दोलन मुख्यतः ब्रिटेन तथा अमेरिका में शुरू हुआ।

नारीवादी आन्दोलन 1848 में शुरू हुआ। आन्दोलन को जन्म देनेवाली कैंडी स्टैंडन तथा लुक्रेसिया कफ़िन मोर थीं। आन्दोलन बहुत तेज़ी से फैला। 1960 में

नारीवादी नये रूप में नारीमुक्ति आन्दोलन, अमेरिका में नये रूप से प्रकट हुआ। लेकिन यह आन्दोलन अतिवाद का शिकार होकर रह गया।

लेकिन स्त्री विमर्श हमारे नये समय की कालगत सच्चाइयों, ज़रूरतों, संघर्षों तथा मानवतावादी सोच से छनकर आया विमर्श है।

इसी सिलसिले में हिन्दी की प्रतिष्ठित लेखिका और चिन्तक मृदुला गर्ग की टिप्पणी ग़ौरतलब है, "पिछले पैंतीस-चालीस वर्षों में स्त्री ने उन जड़ संस्कारों से अपने को बहुत कुछ मुक्त कर लिया है। लेकिन पुरुष आज भी इसमें बन्धा बैठा है। अतिआधुनिकता का दम्भ भरनेवाला पुरुष भी व्यवहार के धरातल पर निहायत दकियानूसी ही सिद्ध होगा। चमड़ी की एक परत उतारिए। रूढ़ संस्कारों से ग्रस्त वही सामन्ती पति विराजमान मिलेगा।[6]

कुछ शेर इसी सिलसिले में–

साज़िशें हैं मुझे मिटाने की
ये बड़ी भूल है ज़माने की[7]

नूतन कपूर

है समन्दर हमारे भी अन्दर मगर
पार जाना मना डूब जाना मना।[8]

प्रतिभा शुक्ल

काँटों पे उसने मुझको चलना सिखा दिया है
फूलों में रह के मेरा विश्वास उठ न जाये[9]

विजय लक्ष्मी विभा

पुरुष का नज़रिया बेशक सामन्ती है। लेकिन स्त्री! काँटों पर चलने वाली स्त्री ने अपने भीतर इतनी ताक़त, ऊर्जा और हौसले को भर लिया है कि फूलों की कोमलता एक छल प्रतीत होती है। उसने काँटों पर चलने सिखाया है। किसने? पुरुष ने! यह शेर पुरुषवादी समाज की मानसिकता पर बड़ी विनम्र सी टिप्पणी करता है। समाज ने स्त्री के लिए कहकशां नहीं बिछाई। काँटों पर चलना की दृढ़ता उसने स्वयं पैदा की है।

शशि जोशी और नूतन कपूर–दोनों के शेर स्त्री विमर्श पैदा करने में सफल होते हैं। दोनों शेर, पुरुष समाज के बरअक्स अपनी उपस्थिति और पहचान सिद्ध करते हैं। दोनों शेर सबल और परिपक्व होती स्त्री की छवि को बड़ी कुशलता से व्यक्त करते हैं। नूतन कपूर, पुरुष समाज के विभ्रम (जिसमें स्त्री की पहचान मिटाने की

साज़िश है) को तोड़ती है तो शशि जोशी के शेर में, और शेर के हर लफ़्ज़ में आत्म विश्वास है। प्रतीक चट्टान है और प्रतीक हवा भी है। दोनों के बीच उस द्वन्द्व में मैं पात्र (स्त्री) अडिग खड़ी है–भरपूर आत्मविश्वास और संकल्पना के साथ।

स्त्री मुक्ति का सम्बन्ध, स्त्री मात्र की मुक्ति का सच, उसका सामाजिक सच बनने में है। स्त्री चेतना पहले से ज़्यादा प्रखर हुई है। स्त्री अपनी निहत्थी आवाज़ को किसी शस्त्र की भाँति प्रयोग करती है।

लेकिन वर्जीनिया वुल्फ़ अपनी पुस्तक–वन्स ओन रूम (अपना कमरा) में लिखती हैं–काल्पनिक रूप से उसका महत्त्व सर्वोच्च है। व्यावहारिक रूप से वह पूर्णतः महत्त्वहीन है। कविता में वह पृष्ठ-दर-पृष्ठ व्याप्त है। लेकिन इतिहास से वह अनुपस्थित है। कथा साहित्य में वह राजाओं और विजेताओं की ज़िन्दगी पर राज करती है। वास्तविकता में वह उस किसी लड़के की ग़ुलामी करती है, जिसके माँ-बाप उसकी अँगुली में एक अँगूठी ठूंस देते हैं और इस तरह स्त्री अपने पति की सम्पत्ति बन जाती है।[10]

देवी नागरानी का यह शेर स्त्री के तनावपूर्ण जीवन और अपने घर में अजनबीयत पैदा करते वातावरण की सूक्ष्म अभिव्यक्ति है–

बर्दाश्त करना खुद को भी इतना पड़ा मुझे
अपने ही घर में ग़ैर-सा रहना पड़ा मुझे[11]

देवी नागरानी

तनाव, दुख, कष्ट, निराशाबोध, अकेलापन और उससे उपजी अजीब तरह की विरक्ति और संशय–यह सब नये समय का ऐसा चक्र है जिसमें स्त्री का जीवन घूमता रहता है। विनीता गुप्ता ने ऐसी स्त्री को केन्द्र में रखकर जो शेर व्यक्त किया है उसमें तल्ख़ी भी है और तड़प भी–

मोती मानिक नहीं सिर्फ़ है रेत, रेत और रेत यहाँ
मैंने पहले भी बोला था मुझको नहीं खँगालो तुम।[12]

विनीता गुप्ता पहले मिसरे में रेत शब्द का तीन बार प्रयोग करती हैं। यानी रेत, और ता हद्दे नजर रेत! रेत प्रतीक है–नदी का विलोम है रेत! रेत यानी कष्ट, संघर्ष और अभाव। मोती मानिक सुख का प्रतीक हैं। स्त्री पात्र के जीवन में वो नहीं है। सिर्फ़ रेत है। दूसरे मिसरे का आरम्भ हल्की-सी चेतावनी के साथ होता है–मैंने पहले भी बोला था–मुझको नहीं खंगालो तुम! यदि तुमने मुझे खँगालने का साहस किया तो फिर रेत (संघर्ष और कष्ट) ही हाथ आयेगी।

स्त्री के जटिल जीवन को प्रतीकों के माध्यम से विनीता गुप्ता ने अपने शेर में तहरीर किया है। 'रेल' प्रतीक को सारिका त्यागी ने अपने शेर में प्रयोग किया है–

भीड़ के बावजूद तन्हा-सी
ज़िन्दगी रेल की तरह गुज़री[13]

शेर में बिम्ब उभरता है। दोनों तरफ़ पुरुष समाज खड़ा है। बीच में गुज़रती हुई रेल (स्त्री) बिल्कुल तन्हा। अपने निर्जन के साथ!

मेरी वोल्टसन क्राफ़्ट अपनी पुस्तक–स्त्री अधिकारों का औचित्य साधन (A vindiction of the rights of women) में लिखती हैं–"कोई भी सामाजिक विज्ञान बिन स्त्री अधिकारों के समता का दावा नहीं कर सकता।"

आज के दौर में भी जब स्त्री मुक्ति के नाम पर स्त्री देह मुक्त करते हुए उसे मॉडलिंग टूल्ज़, विज्ञापन चित्र या बाज़ार की जिन्स बनाने का कुचक्र चलाया जा रहा हो, मेरी वोल्टसन के विचार प्रासंगिक प्रतीत होते हैं। जब दो पुरुष मिलते हैं तो राजनीति, कला, साहित्य, दर्शन की बातें करते हैं। किन्तु जब दो स्त्रियाँ मिलती हैं तो वे आपस में ज़ेवरों, कपड़ों की बातें करती हैं या अपनों से सम्बन्धित पुरुषों की! जैसे कुँआरी लड़कियाँ भाइयों की, ब्याहता अपने पतियों की–लेखिका प्रश्न उठाती है क्या ऐसी स्त्रियाँ कभी अपना स्वतन्त्र व्यक्तित्व बना सकती हैं?[14]

याज्ञवल्क्य अपनी दोनों पत्नियों–मैत्रेयी तथा कात्यायनी से कहते हैं–आत्मनस्तु कामाय सर्व प्रियम भवत–अपने प्रयोजन के लिए ही कोई किसी को प्रिय होता है। यह कटु सत्य अब भी जस का तस है। स्त्री यदि पत्नी है तो पति उसे अपनी खेती समझने लगता है। तब स्त्री की (पत्नी की) देह पति के लिए उपनिवेश बन जाती है। देवी नागरानी की निम्न ग़ज़ल, इसी तल्ख़ यथार्थ को रेशा-रेशा खोलती चली जाती है–

कैसे दावा करूँ मैं सच्ची हूँ
झूठ की बस्तियों में रहती हूँ

मेरी तारीफ़ वो भी करते हैं
जिनकी नज़रों में रोज़ गिरती हूँ

भर गया मेरा दिल ही अपनों से
सुख से ग़ैरों के बीच रहती हूँ

ज़ीस्त 'देवी' है खेल शतरंजी
बनके मोहरा मैं चाल चलती हूँ[15]

पूरी ग़ज़ल पुरुष समाज के प्रपंच के बरअक्स, एक तड़पती हुई अभिव्यक्ति है। यहाँ स्त्री का 'अकथ' है जिसे देवी नागरानी ने, अश्आर के पीछे छुपा रहने दिया है। पूरी की पूरी ग़ज़ल में स्त्री के जीवन का यथार्थ गूँजता हुआ महसूस होता है। परवीन शाकिर का शेर बिल्कुल इसी पुरुष मानसिकता पर तंज़ कसता है–मैं सच कहूँगी मगर फिर भी हार जाऊँगी/वो झूठ बोलेगा और लाजवाब कर देगा।

यह स्थिति आज भी जस की तस है। स्त्री या तो 'नुमाइशी पदार्थ' है या फिर हाशिए पर रख दी जाने वाली वस्तु!

स्त्रियाँ, गोया अक्वेरियम की मछलियाँ।
चमकती हुई। तैरती हुई।
जगमगाती। खेल दिखलाती हुई।
लेकिन पुरुष समाज के
बनाये पारदर्शी काँचघर में।
उसे पता है सेज सजी है काँटों की
तकिये पर गुलदान बनाती है लड़की![16]

प्रमोद रामावत का यह शेर स्त्री यथार्थ की अभिव्यक्ति है। स्त्री को अपने विकट और जटिल जीवन का पता है। इसके बावजूद वो सपने (तकिये पर गुलदान) अच्छे समय के देखती है। यह कल्पनाशीलता उसे दृढ़ बनाती है।

क्या यह विडम्बना नहीं कि आज सम्पूर्ण विश्व की ज़मीन पर केवल एक प्रतिशत भाग महिलाओं के नाम हैं। जबकि वे आधी दुनिया हैं, यानी पचास प्रतिशत!

राजेन्द्र यादव कहते हैं–"पुरुष स्त्री को संरक्षण देता है, क़ीमत भी चाहता है। प्रॉपर्टी और लैंड का सिलसिला यहाँ से शुरू होता है। स्त्री बिना घर और संरक्षण के नहीं रह सकती। और यहीं से सारा संकट शुरू होता है।"

वो ये भी कहते हैं, "कला का मूल स्रोत स्त्री है। जब स्त्री से पुरुष प्रेम करता है तो वह श्रृंगार होता है। जब उससे भागता है तो वह अध्यात्म होता है। हमारे यहाँ जितने महापुरुष हुए उन्होंने स्त्रियों को छोड़ा या छोड़कर भागे। राम ने सीता को छोड़ा, कृष्ण ने राधा को, बुद्ध ने यशोधरा को। लेकिन पश्चिम में पुरुषों ने स्त्रियों के लिए जान दे दी। यह द्वन्द्व हमारे यहाँ हमेशा से रहा है। स्त्री के साथ जुड़ना, संसार के साथ जुड़ना। स्त्री से भागना, संसार से भागना।"

राजेन्द्र यादव ये भी कहते हैं कि एक बौद्धिक स्त्री पुरुष को कभी बर्दाश्त नहीं होती।[17]

यह तल्ख़ हक़ीक़त हैं कि स्त्री मुक्ति की राह में अब भी कितने नंगे कील गढ़े हैं। प्रश्न उठता है क्या स्त्रियाँ, विवाह के पश्चात पति की सम्पत्ति बन जाती है? प्रश्न उठता है, क्या स्त्री पुरुष के लिए देह रूपी उपनिवेश नहीं है? क्या ये सच नहीं कि स्त्रियों को बौद्धिक होने के विपरीत, धार्मिक होने दिया जाता है? किताब छीनकर, कर्मकाण्ड की सजीधजी थाली थमा दी जाती है।

इसी कटु सत्य को ग़ज़ल के अश्आर में अभिव्यक्ति देती हुई शरद सिंह, जो उपन्यास कहानियों में भी स्त्री विमर्श पैदा करते हुए अनेक तेज़ाबी सवाल उठाती हैं। यहाँ वहीं तीखापन अपनी सदाकत और सच्चाई के साथ व्यक्त है। शेर हैं–

उसकी मुट्ठी भरी हुई है मेरी मुट्ठी ख़ाली ख़ाली
पहले उसने छतरी माँगी फिर चुपके से धूप चुरा ली

कौन पैरवी करता मेरी वो वकील था वो ही जज
उसने अपनी ही दलील पर अपनी पीनल कोड बना ली[18]

पुरुष समाज में सारा प्रपंच यही है–छतरी देकर धूप चुरा लेने का प्रपंच! समाज रूपी अदालत में न्याय की उम्मीद करना कितना व्यर्थ होगा जहाँ पुरुष ही वकील हो और जज भी पुरुष! स्त्री के सम्मुख खड़ा पुरुष। यहाँ स्त्री की बेबसी की इंतिहा है कि पीनल कोड तक पुरुष ने अपने अनुसार गढ़ ली है। नये प्रतीकों में व्यक्त की गयी स्त्री की अवस्था। एक स्त्री ग़ज़लकार की सचकलामी है। इसी सचकलामी को विस्तार देता वर्षा सिंह का यह शेर–

घर हो बाज़ार हो सियासत हो
हादसों से भरी कथा औरत![19]

स्त्री का जटिल जीवन और संघर्षों की राह अपने आप में एक 'आपबीती' है। हर स्त्री एक 'आत्मकथा' है। हर स्त्री एक गाथा है। स्त्री, जिसकी यात्रा के रास्ते खुरदरे होते हैं और पाँव नंगे।

पिंजरा भर आकाश के बदले
पायल बिछुआ कंगना टीका[20]

देवेन्द्र आर्य

पुरुष समाज ने सैकड़ों वर्षों से स्त्री को गेजेट्स से बहलाने/फुसलाने/रिझाने/मनाने के षड्यन्त्र रचे। उसे हमेशा भौतिक सुविधाओं से ख़ुश किया गया। और एवज़ में एक अदृश्य क़ैद दी। उसे आज़ादी दी, लेकिन पिंजरे के भीतर। देवेन्द्र आर्य ने छोटी बहर के इस शेर के ज़रिये स्त्री के छले जाने की सशक्त अभिव्यक्ति दी है।

प्रसिद्ध आलोचक शिव कुमार मिश्र स्त्री विमर्श के विषय में बड़ी साफ़गोई से कहते हैं, जिसे स्त्री विमर्श कहते हैं, उसकी बुनियाद भी आधुनिक काल में पड़ी है–ख़ासतौर से स्वाधीनता के उपरान्त। जबकि नयी चेतना तथा पश्चिम के नारीवाद के कुछ प्रभाव के चलते, स्त्री लेखन को अलग से, उसकी स्वतन्त्र अस्मिता में पहचानने पर ज़ोर दिया गया। स्त्रियों ने स्वयं अपने हाथों में क़लम पकड़ी और अपनी ख़ुद की भाषा में, अपने ताप-त्रास, अपनी आकांक्षाओं, अपने स्वत्व और अधिकार तथा समाज में अपनी हैसियत की अपनी माँग को काग़ज़ पर शब्द और रूप दिये। लेकिन विडम्बनापूर्ण बात यह है कि 1950-60 के दशक में जो विद्रोह था, वह बीसवीं सदी के अन्त तक बाज़ार के उत्पाद में बदल गया। सेक्स को, जो तब वर्जित क्षेत्र था, और इसी कारण विद्रोह का वैध क्षेत्र था, तीन दशक के अन्दर ही ख़रीद-फरोख़्त की दुनिया की वस्तु में बदल गया।[21]

शिव कुमार मिश्र जिस स्त्री विमर्श की बात कर रहे हैं तथा इस बात से आश्वस्त भी हैं कि स्त्रियों ने स्वयं अपने हाथों में क़लम पकड़ी और ताप-त्रास को व्यक्त किया। हिन्दी ग़ज़ल में स्त्री विमर्श और स्त्री का ताप-त्रास स्वयं स्त्रियों ने बड़े निर्भीक, बेबाक और सन्तुलित भाषा में व्यक्त किया है। न अपशब्दों का प्रयोग और न अराजक अभिव्यक्ति! पुरुष समाज में रहकर इन महिला ग़ज़ल लेखिकाओं ने स्त्री की स्थिति स्पष्ट की है। शोषण और कष्ट तथा ताप-त्रास को; ग़ज़ल के मिज़ाज की समझ के साथ ग़ज़लों में तहरीर किया है। कुछ शेर–

देश आज़ाद आप भी आज़ाद
और अब तक ग़ुलाम है औरत![22]

रचना शुक्ला

असीर हौसला उड़ने का दे रहे हैं मगर
कि पंख काट दिये हैं मेरे सहारों ने[23]

नसीमा निशा

हाक़िम को मेरी चीख़ सुनाई नहीं देती
आदत है ये अपनी कि दुहाई नहीं देती[24]

सरिता सलिल

बोलियाँ हाट में थी उल्फ़त की
कितने सस्ते में आज़मा बैठी[25]

सरिता त्यागी

मुश्किल सुर ने इतना किया हौसला बुलन्द
हैरत है मेरे पाँव के छाले कहाँ गये[26]

श्रद्धा जैन

रूप रंग और ख़ुशबू लेकर रोज़ बहारें आती हैं
मैंने दामन को ऐ मित्रो काँटों में क्यूँ फँसते देखा[27]

मीनाक्षी जिजीविषा

उपर्युक्त सभी शेर हिन्दी ग़ज़ल लेखिकाओं ने लिखे हैं और स्त्री जगत के अनेक रूप प्रस्तुत किये हैं। रचना शुक्ला बड़ी बेचैनी से कहती हैं कि आज़ाद देश में आप तो आज़ाद हैं लेकिन स्त्री ग़ुलाम है। नसीमा निशा नये प्रतीकों से बात रखती हैं कि उड़ने का हौसला देने वाले असीर (पुरुष समाज) ही मेरे पंख काट रहे हैं। यही विडम्बनाएँ स्त्रियों के जीवन का यथार्थ बन चुकी हैं। सरिता सलित के शेर में परिपक्व सोच के अतिरिक्त उस सोच को सलीके से व्यक्त करने का शऊर भी हासिल है। यही बात श्रद्धा जैन के शेर में भी है। दो ग़ज़ल लेखिकाओं का भावबोध थोड़ा भिन्न है लेकिन संघर्ष कथाएँ एक जैसी हैं।

हिन्दी ग़ज़ल लेखिकाओं ने स्त्री विमर्श के सन्दर्भ में मनोरंजन और दिल बहलावे की ग़ज़लें नहीं लिखीं। उन्होंने स्त्री के दुख, कष्ट, अभाव, मानसिक तनाव, पुरुष के अहंकारी रूप की अभिव्यक्ति दी है। जो प्रतीक चुने हैं, वो नये समय के हैं। जो भाषा ग़ज़लों के लिए हासिल की, वह भाषा और उस भाषा से बनता मुहावरा बेहद सटीक है।

डॉ. नामवर सिंह कहते हैं, "मैं मानता हूँ कि औरत ही पुरुष को मुक्त कर सकती है। पर ऐसा, वह भय पैदा करके नहीं कर सकती। स्त्री आज आक्रामक मुद्रा में है। सामाजिक, आर्थिक और राजनीतिक जीवन में उसकी भागीदारी बढ़ रही है। शायद इसलिए उसे अधिक संयमित होने की ज़रूरत है।"[28]

विडम्बना यही है कि स्त्री की मुक्ति की राह पर डॉ. नामवर सिंह भी शर्त लगा देते हैं कि वो संयमित रहे। इसका खुलासा वो नहीं करते। संयमित रहे—ये बात डॉ. नामवर सिंह पुरुष के लिए नहीं कहते, स्त्री के लिए कहते हैं। वस्तुतः संयम से रहे—यह भी एक बन्दिश है।

इस कड़वे सच की तस्दीक प्रभा खेतान अपने लेख–'स्त्री लेखन की जगह'–में करते हुए कहती हैं, "स्त्री विरोधी वाक्यों और विशेषणों से हमारे शास्त्र भरे पड़े हैं। इन जुमलों को झेलना, सुनना औरत की नियति रही है। सामाजिक, आर्थिक और राजनीतिक संस्थाओं के माध्यम से पुरुष वर्ग की सुदृढ़ता पर भला किसे शक होगा? कारण, पितृसत्ता की इस वैचारिक व्यवस्था का इतिहास बड़ा प्राचीन है जो अपनी प्रामाणिकता और मूल्यों का अधिपत्य बनाये रखने की कोशिश में सामूहिक जनमानस का नियन्त्रण करता रहा है। पुरुष की विचारधारा चाहे जितनी भी स्त्री विरोधी रही हो, मगर है दुर्जेय!...अधिकतर पुरुष उदारता का मुखौटा भले ही लगा लें किन्तु वे पुरुष पहले हैं, मानवतावादी बाद में।"[29]

पूरा समाज–स्त्री-पुरुष समाज, दो समानान्तर रेल की पटरियों जैसा है। एक साथ। आमने-सामने। लेकिन व्यावहारिक जीवन में बेहद भिन्न! पुरुष सेमिनारों में भाग लेने निकल पड़ता है। व्याख्यान देता हुआ, महफिलों में–रचनापाठ करता हुआ ...तो स्त्री किटी पार्टी में तम्बोला खेलती हुई। यह फ़र्क़ जितना सपाट है, उतना गहरा। इसी फ़र्क को अभिव्यक्त करते हुए शेर–

फ़क़त इतना ही अन्तर है मेरे उसके मुक़द्दर में
उसे पत्थर उठाना है, मुझे शीशा हो जाना है

रही होगी तेरी ख़्वाहिश बुलन्दी पर बने रहना
मुझे तो ईंट-पत्थर के मकां को घर बनाना है

तिरा किरदार है तेरा मिरा किरदार है मेरा
तुझे परदा गिराना है मुझे परदा उठाना है[30]

उर्मिला कौशिक सखी

जो पितृसत्ता है, उसके हाथ में पत्थर है। और स्त्री! उसे शीशा हो जाने (दुर्बल) हो जाने की विवशता। तीनों शेर प्रतीकात्मक। बेशक, विरोधाभास पैदा करने के लिए ग़ज़ल लेखिका उर्मिला सखी ने पुराने प्रतीकों का प्रयोग किया है। इसी के ज़रिये वो दो समानान्तर दुनियाएँ रचने में कामयाब हुई हैं। जब उर्मिला कहती हैं कि उसे ईंट पत्थर के मकां को घर बनाना है तो वह उस यथार्थ से रू-ब-रू कराती हैं जिस यथार्थ के लिए स्त्री जानी जाती है। मकान बेशक पुरुष तामीर करता हो, उसे भावनात्मक स्तर पर घर का रूप स्त्री ही देती है। घर को बहुत ज़्यादा सँवारना भी

उसकी असुरक्षा और बेचैनी की अभिव्यक्ति होती है, जिसे वह अपने मन में छुपाये रखती है–

बेबसी अपनी कभी यूँ भी जता देती हूँ मैं!
और भी घर को करीने से सजा देती हूँ मैं![31]

मीनाक्षी

मीनाक्षी के इस शेर में एक तड़प सी है–एक अव्यक्त हाहाकार-सा। घर की सजावटी चीज़ों के पस:मंज़र कोई दुख बैठा होता है। स्त्री का सजा हुआ घर, उसकी उदासी की आत्मकथा भी हो सकता है। यह हिन्दी ग़ज़ल लेखिका की भाषा है। यही स्त्री की भाषा है–पुरुष की दम्भ से भरी भाषा के बरअक्स!

एक ऐसा समय भी आता है जब स्त्री के पास चुप से भरी भाषा होती है। उसका अपना अकेला कमरा होता है। अकेले कमरे में वह–अपने अकेलेपन के साथ। न ज़ेवर की लालसा न कपड़ों की इच्छा। न किसी समारोह का उत्साह न पार्टी में जाने का उल्लास। तब वह अपने भाव-विभाव के साथ, अपनी निजता के साथ, अपनी असफलताओं और अपने टूटने की मार्मिकताओं के साथ होती है। तब उसका अकथ, वह बेहद जटिल संरचना होता है। स्त्री के इस मनोभाव को व्यक्त करती नूतन कपूर की संश्लिष्ट और नये प्रतीकों की चमक से लिखी गयी यह ग़ज़ल–

कभी जंगलों कभी पर्वतों कभी सागरों के निकट गयी
मैं हूँ ऐसी बोगी उजाड़ में वो जो चलती गाड़ी से कट गयी

मैं कहानियों में रही नहीं मेरा पैर है न है सर कहीं
वो हवा भी एक बला-सी थी मेरा पृष्ठ-पृष्ठ पलट गयी

मेरा पानियों से है वास्ता मेरा सागरों से है सिलसिला
मैं उमंग हूँ मैं तरंग हूँ कभी बढ़ गयी कभी घट गयी

बड़ी छल कपट में महान थी, बड़ी आन-बान थी शान थी
वो ज़बान एक दूकान थी जो वचन से अपने पलट गयी[32]

लम्बी बहर की इस ग़ज़ल में स्त्री जगत की अनेक छवियाँ हैं। ग़ज़ल में दरिया जैसी रवानी है। यह रवानी स्त्री की भावनाओं को भी है। स्त्री जो अपने चेहरे से शान्त चित्त प्रतीत होती है। अपने भीतर से किसी पृष्ठ-पृष्ठ पलट दी गयी कहानी जैसी होती है। यहाँ स्त्री की अपनी आत्मकथाएँ हैं तो पुरुष की उस संगत की अनुभूति भी जो कपट की ज़मीन पर निर्मित होती है। पुरुष सम्बन्धों का अनुभव कितना

अवसादपूर्ण है कि–वो ज़बान एक दूकान थी जो वचन से अपने पलट गयी। ग़ज़ल का पहला शेर नये प्रतीकों को रचता हुआ, अमिट बिम्ब की रचना करता हुआ, बेहद जीवन्त! सामने घटित होती कथा जैसा। यहाँ मैं पात्र, जो स्त्री है। जो एक रेलगाड़ी की उस बोगी की तरह है जो उजाड़ में कहीं, रेलगाड़ी से कट गयी है। यह बोगी, जो स्त्री का बिल्कुल नया प्रतीक है, जंगल, पहाड़, पर्वत, नदी, नाले (यानी तमाम कष्टदायक रास्ते) से गुज़र गयी। रेलगाड़ी निकल गयी है। 'बोगी' कटकर अलग खड़ी है। यह शेर स्त्री के अकेलेपन से उपजे अवसाद का मनोवैज्ञानिक चित्रण है। यह शेर अपनी कल्पना, इमेज, बिम्ब, रूपक में भी उत्कृष्ट है। यह शेर, अकेला यह शेर, अपने आप में सम्पूर्ण कविता है। स्त्री जगत के नये समय को व्यक्त करता, अर्थवान शेर।

राजेन्द्र यादव कहते हैं, "स्त्री के सारे गीत सिर्फ़ अपनी व्यथा-कथाओं की कारुणिक अभिव्यक्तियाँ हैं। स्त्री की हर आत्मकथा, अपनी यातना की ऐसी निजी दास्तान है जो घर-घर में घटित होती है। जबकि पुरुषों का समाज मर्यादा का पाठ लिखता है और उसे वह लक्ष्मण लकीर कहता है। लकीर स्त्री के लिए होती है। लकीर डालने वाला मर्द होता है।"[33] कुछ शेर इसी सिलसिले में–

देखो यहाँ उदास ख़यालों में औरतें
उलझे हुए सवाल, सवालों में औरतें

बदलेंगी उस दिवस से ज़माने की सूरतें
जिस दिल ढलेंगी सुर्ख़ मशालों में औरतें

सदियों से क़ैद झेलती मर्दों की जेब में
'वर्षा' कढ़ी हुई है रूमालों में औरतें[34]

वर्षा सिंह

दुनिया कितनी बदल जाये लेकिन कुछ चीज़ें ऐसी हैं जो सदियों तक वैसी ही चलती आ रही हैं। हर युद्ध में पुरुष लड़ते हुए मारे जाते हैं और अन्त में स्त्रियाँ बचती हैं। और वे बची हुई स्त्रियाँ, अपनी ज़िन्दगी के बचे-खुचे, टूटे-फूटे सूत्रों की मदद से, फिर से बसने का प्रयास करती हैं।

महायुद्ध या क़बीलाई युद्ध ही नहीं, ख़ानदानी दुश्मनियाँ और रंजिशें अन्ततः स्त्रियों को अकेला और जीवन संघर्ष से जूझने के लिए विवश कर देती हैं। जब ज़िदें, और अहंकार और दर्प और महत्त्वाकांक्षाओं के तूफ़ान थमते हैं तो फिर वही

स्त्रियाँ, कभी बेचारगी के आलम में अवसाद से घिरी और अन्ततः दुख को सीने में छुपाकर, अवसाद की गर्द झाड़ते हुए फिर से उठ खड़ी होती हैं।

मैं इक चट्टान की मानिन्द ही हूँ
हवा चाहे तो मुझको आज़माए[35]

शशि जोशी

स्त्री की भाषा, देह भाषा को केन्द्र में रखकर लिखे गये राजेन्द्र यादव के सम्पादकीय (हंस पत्रिका) के कुछ अंश ग़ौरतलब हैं, "देह के साथ, देह की भाषा स्त्री का दूसरा सबसे बड़ा हथियार है। बन्दिशों के बीच, संकेतों के बीच, प्रतीकों में वह अपनी निजी और अचूक भाषा विकसित करती है। शब्दों का कितना धारदार और प्रभावी इस्तेमाल किया जा सकता है, यह स्त्री से अधिक कोई नहीं जानता। छोटी पारिवारिक दुनिया के ईर्ष्या, द्वेष, स्वार्थ और सरोकार, उसे हमेशा स्वार्थी या फिर युद्ध की मानसिकता में बनाये रखते हैं और इन्हें वह भाषा से साधती है"[36]

लेकिन एक सच यह भी है कि स्त्री दिखती कैसी है? यह कितनी बड़ी त्रासदी है और कितना बड़ा डरावना सच कि एक कम सुन्दर स्त्री इसलिए असफल हो जाये कि वह सौन्दर्य जगत के सेक्सी पैमाने पर खरी नहीं उतरती।

विज्ञापनी संसार में स्त्री की उपस्थिति किसी अतिवाद की तरह थी और अब भी है। ब्लेड, सिगरेट, टायर, कार, शराब, कंडोम, जूता, परफ़्यूम, साबुन, चश्मा, फेस क्रीम, कोल्ड ड्रिंक्स हर कहीं स्त्री! विज्ञापनी संसार में स्त्री, देहवाद की तरह है। देहवाद बिकता है। उपभोक्ता पुरुष है।

सुधीश पचौरी अपनी पुस्तक उत्तर-आधुनिक परिदृश्य में, स्त्री को विज्ञापनी बना देने के विषय में लिखते हैं, "त्वचा को कैनवस क्रीड़ा स्थली और रंगस्थली बना देने के गहरे सांस्कृतिक अनुरोध हैं। चूँकि प्रसाधन का सबसे बड़ा लक्ष्य स्त्री है। इन विज्ञापनों को पढ़ते हुए ऐसा लगता है, हम स्त्री नहीं, एक त्वचा के बारे में सोच रहे हैं।"[37]

युवा ग़ज़लकार रजनीश सचान ने बिल्कुल इसी विषय को केन्द्र में रखते हुए, बहुत सशक्त शेर व्यक्त किया है–

हमको हर तौर से इन्सान नज़र आती है
तुमको औरत कोई सामान नज़र आती है[38]

इसी प्रकार सामबे का एक शेर जो मिथक के ज़रिये भारतीय स्त्री के कष्ट और वेदना को बड़े स्पष्ट और साफ़ लहजे में व्यक्त करता है–

हर क़दम पे है चुनौती हर जगह संघर्ष है
राम की असली कथा तो जानकी के पास है[39]

देवेन्द्र आर्य का एक शेर, स्त्री के बाज़ारवादी होने पर, किसी कटाक्ष की तरह–

पुरुष के सोच में ढलने लगी हैं
खुलापन लेके महिलाएँ इधर कुछ[40]

विडम्बना यह भी है कि जिस विभेद की राजनीति के ख़िलाफ़ स्त्री अपना संघर्ष शुरू करती हैं, अन्ततः वह उसी के गिरफ़्त में आ जाती है। स्त्री को हमेशा से कमतर माना जाता रहा है तो इसके पस : मंज़र सामाजिक, आर्थिक परिस्थितियाँ कारक हैं।

लेकिन इस नये आधुनिक विचारों के समय में स्त्रियों की मुक्ति, पुरुषों का आखेट बनने के लिए नहीं है। देखने में यही आता है कि पुरुष किसी मित्र, सहयोगी और हमदर्द की तरह स्त्री से नहीं मिलता। दिखावा बेशक संवेदनशील होने का करता हो, उसके भीतर वही आदिम इच्छाओं वाला आखेटक ही होता है। इसी सन्दर्भ में सरिता सलिल की ग़ज़ल से कुछ शेर–

दाँव पर मुझको लगाया
वस्त्र बिन मुझको घुमाया

यौन शुचिता के बहाने
अग्नि में मुझको जलाया

छल किया था इन्द्र ने पर
मुझको ही पत्थर बनाया

क्या यही है न्याय तेरा
वन में जाकर छोड़ आया[41]

सरिता सलिल की छोटी बहर की ग़ज़ल अपने अहसास, मिज़ाज, अनुभूति और अभिव्यक्ति में बड़ी रचना है। ग़ज़ल क्या है, पौराणिक आख्यानों में उतरकर स्त्री के साथ किये गये क्रूर व्यवहार की गाथा है। सरिता सलिल ने वर्तमानता को जहाँ व्यक्त किया है वहीं, स्त्री के साथ हुए दुर्व्यवहार को मिथकों के ज़रिये भी अश्आर लिखकर, स्त्री के पक्ष में बड़ी मार्मिक दलील दी है। ऐसी ग़ज़लों ने, हिन्दी ग़ज़ल में स्त्री विमर्श को जीवन्तता प्रदान की है।

स्त्री विमर्श में स्त्री सशक्तीकरण की बात इधर बहुत ज़ोर-शोर से उठाई जा रही

है। लेकिन इसी विमर्श को मजाज़ ने अपनी ग़ज़ल के एक मिसरे में हलचल पैदा कर दी थी। मजाज़ ने जब कहा–तेरे कांधे पे ये आँचल बहुत ही ख़ूब है लेकिन/तू इस आँचल को इक परचम (झण्डा-प्रतीक है। जो उठकर खड़े हो जाने का अहसास पैदा करता है) बना लेती तो अच्छा था।

"इतिहास अपने पूरे दबाव के साथ औरत की छाती पर सवार था। फिर, धीरे-धीरे औरत उसका दबाव महसूस करते हुए भी सोचने लगी कि दबाव कितना बड़ा क्यों न हो, उसे परे धकेलने की कोशिश ज़रूर करनी चाहिए। इसी सन्दर्भ में एटवुड का यह कथन–मुझे इन्तज़ार है, मैं स्वयं को रच रही हूँ। मैं ही हूँ ऐसी शय जो मुझे अब रच ही देनी चाहिए।" एक स्त्री का अन्तर्जगत बनाम बहिर्जगत–लेखिका अनामिका।[42]

स्त्री अब अपने आपको रच रही है। स्त्री जिस चेतना और आत्मविश्वास के साथ उठ खड़ी हुई है, वह परिदृश्य आश्वस्त करता है। लेकिन रूढ़ियाँ, बन्दिशें और दकियानूसी विचार अब भी स्त्री के सशक्तीकरण में किसी हस्तक्षेप की तरह हैं।

ज्योति किरण का लेख–स्त्री मानसिकता और नैतिक प्रतिबन्ध–की कुछ पंक्तियाँ ग़ौरतलब हैं, "उत्तर-आधुनिक समय में, अपसांस्कृतिक भूमिका से संचार जगत में नयी क्रान्ति आयी है और आम ज़िन्दगी की रफ़्तार इससे बदल गयी है। नैतिकता और उदात्त संस्कृति के सारे प्रतिमान अब बदल चुके हैं। कारपोरेट कल्चर ने सांस्कृतिक मिज़ाज को इस कदर बदलकर रख दिया है कि नैतिकता, सांस्कृतिक धरोहर की चीज़ हो गयी है। मुक्ति संघर्ष जिन बन्दिशों और बेड़ियों को तोड़ने के लिए शुरू हुआ उसका अंजाम नयी और आधुनिक बन्दिश के रूप में सामने आया। कम होते कपड़े और तंग होते दिमाग़–जब से आधुनिकता की पहचान हो गयी है, तब से, आधुनिकता के मायने और सन्दर्भ यक़ीनन बिगड़ गये हैं। दिमाग़ से ख़ाली, सिर्फ़ शरीर के प्रति अतिरिक्त मोह और जागरूकता पैदा करने वाली उपभोक्तावादी संस्कृति, स्त्री को एक वस्तु, एक उत्पाद से आगे जानने समझने और बढ़ने ही नहीं देती।"[43]

स्त्री का यही यथार्थ है। आधुनिकता, उसके लिए बाज़ार विकसित करती है। कैटवॉक भी आधुनिकता है और विज्ञापनी दुनिया के तिलिस्मी संसार में उत्पादन की बिक्री बढ़ाना भी स्त्री के लिए आधुनिकता है। यह छल है और स्त्री इस छल को उपकार समझ रही है। कुछ शेर दिनेश शुक्ल की ग़ज़ल से–

उपभोक्ता युग विज्ञापन का
लड़की खुला बाजार बनी थी

इच्छाओं के जलसाघर में
लड़की के सपने कस्तूरी
लाभ-शुभों के समीकरण में
लड़की पूजा, लड़की पूँजी[44]

हम सब इस नये यथार्थ में एक अदृश्य, तदर्थ समय में जीने को हुनर मान रहे हैं। स्त्री सम्बन्धित जलते हुए प्रश्नों को किसी बूढ़े वक़्त की दरी के नीचे दबाये रखना चाहते हैं। सम्बन्धों का बाज़ार में तब्दील हो जाना बहुत बड़ी ही त्रासदी है। यह नया समय जहाँ भावनाओं को आइस क्यूब में बदला जा रहा है तथा स्त्री की देह को लाभकारी उद्योग में बदलने की सफल कोशिशें–शहर-दर-शहर में होने वाली सौन्दर्य प्रतियोगिताएँ, मॉडल बनने की व्याकुलताएँ और आकांक्षाएँ, यही बताती हैं कि उपभोक्तावादी बाज़ार का स्त्री पर कसता भव्य जाल है। यह है मर्दवादी ढाँचा और उसकी फ़रेबकारी सोच। दूसरी तरफ़ स्त्री के जटिल संसार की निजताएँ कितनी ग़मगीन हैं–अकेलापन, असुरक्षा, अधूरेपन का अहसास, विश्वास का गहराता संकट, टूटता भरोसा, सम्बन्धों के पस:मंज़र ठगे जाने का संशय और भय। यही है स्त्री के संसार का एक अन्य सच। बाहर जगमगाती दुनिया। भीतर भयावह अँधेरा।

ज़मानेभर से इज़्ज़त की उसे उम्मीद क्या होगी
ख़ुद अपने घर से वो लड़की बहुत डरकर निकलती है[45]

जयकृष्ण राय तुषार

ये सोने के हिरण सीता को जाने कब से छलते हैं
इन्होंने दम नहीं तोड़ा कभी पाने को कस्तूरी[46]

विजय किशोर मानव

घूम रही है थकी-थकाई मारी-मारी रामवती
ऐसा लगता है दुनिया में सबसे भारी रामवती

मर्यादा की एक पुजारिन को हम सीता कहते थे
मर्यादा की एक पुजारिन है ये नारी रामवती[47]

मयंक श्रीवास्तव

स्त्री विमर्श और स्त्री लेखन में स्त्री की अनेक छवियों की खोज पड़ताल जारी

है। नयी बहसों ने जन्म लिया है। तथा स्त्री के प्रति सोच और फ़िक्र व्यापक हुई है। स्त्री पहले से ज़्यादा प्रखर हुई है। यह एक लम्बी यात्रा है।

हिन्दी ग़ज़ल स्त्री विमर्श और स्त्री की सामाजिक सचकलामी को बड़े संवेदनशील नज़रिये से व्यक्त कर रही है। हिन्दी ग़ज़ल में महिला लेखिकाओं ने बड़ी हुनरमन्दी से स्त्री जगत की अनेक छवियों को प्रस्तुत किया है। पुरुषों ने भी हिन्दी ग़ज़ल में स्त्री केन्द्रित शेर और ग़ज़लें लिखी हैं। स्त्री यहाँ केवल माशूक़ या प्रेमिकाभर नहीं है। वह सामाजिक सरोकार रखने वाली पात्र है। जर्मेन ग्रीयर अपनी पुस्तक–'द फीमेल यूनक' में लिखती हैं, "क्रान्ति दमितों का उत्सव है, पितृसत्ता को समाप्त होना ही चाहिए"। स्त्री को उपभोक्ता वस्तु के साथ, उपभोक्ता बनने से बचना चाहिएं'। जर्मेन ग्रीयर, लेखिका क्रिस्टन विल्सन को उद्धृत करते हुए कहती हैं, "मेरी तारीफ़ होती है, क्योंकि मैं बहुत अच्छी तरह काम करती हूँ, इसलिए मैं एक क़ीमती सामान हूँ। मेरे बिना उसे कष्ट होगा। उसको साथ होते हुए भी मैं अकेली हूँ। मैं अनन्त काल तक अकेली हूँ।" इसी भाव को मार्मिक अभिव्यक्ति देती देवी नागरानी की ग़ज़ल से कुछ शेर प्रस्तुत हैं–

गहराइयों में दिल की दुनिया नयी बसी है
रेशम के जाल कितने अब तक वो बुन चुकी है

हस्ती ही मेरी तन्हा इक द्वीप-सी रही है
चारों तरफ़ है पानी फिर भी बची हुई है

ठोकर और ठेस का तो ये सिलसिला है जारी
हर बार बचके देवी हँस-हँस के रो पड़ी है[48]

नोबेल पुरस्कार विजेता डोरिस लैसिंग अपनी प्रसिद्ध पुस्तक गोल्डन नोट बुक में लिखती हैं, "औरत सचमुच एक ऐसा यथार्थ है, जिसकी व्याख्या नहीं हो सकती।" नूर मुहम्मद नूर की ग़ज़ल से कुछ शेर–

ख़ुद में कुदरत का इक करिश्मा है
कुदरती शहकार है औरत!

हर नगर गाँव हर गली नुक्कड़
हादसों का शिकार है औरत!

इस नये वक़्त में भी हर लम्हा
द्रौपदी की पुकार है औरत![49]

स्त्री विमर्श बहस के केन्द्र में है। यह भी एक कारण है कि हिन्दी साहित्य (और हिन्दी ग़ज़ल) में बड़ी संख्या में, स्त्री लेखन करने वाली, तथा स्त्रियों के जीवन की जटिलताओं को गहराई से समझाने वाली स्वयं महिलाएँ इस क्षेत्र में उतर चुकी हैं। यह गहरी संवेदना की बात है। स्त्री की ओर से पुरुष बोले, इसकी अपेक्षा स्त्रियाँ स्वयं बोलने लगी हैं। हिन्दी ग़ज़ल में भी यही हुआ है। पुरुषों ने स्त्रियों की वेदना और संघर्ष को व्यक्त करती हुई ग़ज़लें लिखी ज़रूर हैं। लेकिन अनुभूति का गाढ़ापन जो महिलाओं की ग़ज़लों में व्यक्त हुआ है, वह पुरुषों की ग़ज़लों में नहीं आ पाया। ऐसा भी हो रहा है कि हिन्दी ग़ज़ल के क्षेत्र में उतर चुकी कुछेक महिला ग़ज़ल लेखिकाएँ रूमानी ग़ज़लें लिख रही हैं। लेकिन वह सीमित परिदृश्य है।

स्त्री विमर्श तो एक छोटा-सा वक़्फ़ा है। लड़ाई तो कन्या के रूप में, जन्म के साथ ही जिजीविषा के लिए शुरू हो जाती है। यह एक ऐसी लड़ाई है जो पुरुष प्रधान और पितृसत्तात्मक, असमान अक्षम्य मूल्यों वाले समाज में बचपन में ही, विकृत समाजीकरण के रूप में शुरू हो जाती है। स्त्री की यह ऐसी निजी लड़ाई है जो नारी स्वतन्त्रता, फेमिनिज़्म के नारों और सिद्धान्तों से कहीं ज़्यादा विशाल और विकराल है। एक शेर समकालीन विसंगत और स्त्री की असुरक्षा को व्यक्त करता हुआ–

सदी हमारी है जैसे सुरंग बारूदी
कि छोर जिसका लहू की नदी से मिलता है[50]

जया नर्गिस

"जूलिया क्रिस्तएवा ने अपने लेखन को कभी भी स्त्रीवादी लेखन नहीं कहा है, लेकिन जब वे मानव-विज्ञानों की बहस में, देह के महत्त्व को ऐजेंडे पर ले आती हैं तो उनके ये विचार स्त्री विमर्श के लिए पुख़्ता ज़मीन तैयार करते हैं। देह को विमर्श के केन्द्र में लाने का अर्थ है स्त्री की दुनिया को रेखांकित करना। कारण यह है कि देह को हमेशा, स्त्री से जोड़कर देखा जाता रहा है। देह को हमेशा कमज़ोर, अपवित्र, अनैतिक और क्षरणशील माना गया है। वे कहती हैं कि अर्थ के किसी भी प्रतिनिधि के रूप में देह की गतिशीलता का महत्त्व है।"[51] हिन्दी ग़ज़ल के कुछ शेर स्त्री के अन्तर्मन की व्याख्या और नये अर्थ की खोज करते हुए–

ये पहली बार धुआँये नहीं मेरे जुमले
मैं दे चुकी हूँ सुलगते बयान पहले भी[52]

नूर मुहम्मद नूर

सोचने के लिए अब कुछ भी नहीं
कोई बतलाये कि अब क्या सोचूँ[53]

कैलाश गुरू स्वामी

लेकिन इस हताशाबोध से सूसन कैरे जो हावर्ड में मनोविज्ञान की प्रोफ़ेसर हैं, कहती हैं–" आप महत्त्वपूर्ण नहीं हैं तो आपके काम को भी महत्त्व नहीं दिया जायेगा। ख़ुद पर यक़ीन होना लाज़मी है।"[54]

करो कुछ .ख़ैरमक़दम ऐसी औरत का चलो यारो
मुसीबत के दिनों में जो हमेशा मुस्कराती है।

किश्वर नाहीद की एक पंक्ति है–मोज़े और बनियान बेचने वाली औरत मेरा नाम नहीं।

और यही सच नये समय और नये समाज की स्त्री का भी है। वह न सिर्फ़ अपने अधिकारों के प्रति अधिक सचेत हुई है बल्कि अपने होने की सार्थक पहचान भी उसने कराई है। इसलिए, इन सच्चाइयों को देखते हुए रिम्बा लिखती है–" वह दिन आयेगा जब स्त्री पर लगे बन्धन टूट जायेंगे। स्त्री अपने लिए भी जीएगी। पुरुष उसे स्वतन्त्र रूप से रहने देगा।"

हैलन फ़िशर अपने लेख 'स्त्री विमर्श : अस्मिता और अस्तित्व के आयाम' में लिखती हैं, " आधुनिक युग में इक्कीसवीं शताब्दी, पहली ऐसी शताब्दी होगी, जिसमें स्त्री और पुरुष दोनों समान रूप से काम करेंगे और समान रूप से ही ज़िन्दगी बसर करेंगे।"[55]

कौन रोकेगा रास्ता मेरा
मेरा बहना है इक नदी की तरह[56]

सौम्य जैन अम्बर

सन्दर्भ सूची

1. सीमोन द बोअवार, पुस्तक सेकेंड सेक्स (अनुवाद प्रभा खेतान) राजकमल प्रकाशन, नयी दिल्ली
2. वही
3. शिवम पत्रिका–सम्पादक विनोद तिवारी, अंक-फ़रवरी-2000, शिवाजी नगर, भोपाल
4. हंस पत्रिका (अंक जुलाई–2003), राजेन्द्र यादव के सम्पादकीय से 2/36, अंसारी रोड, नयी दिल्ली

5. अक्षरपर्व पत्रिका–सम्पादक ललित सुरजन, अंक-2003, रायपुर
6. कथादेश पत्रिका–सम्पादक–हरिनारायण, मार्च-2008, नारी विमर्श–भारतीय अवधारणा के भीतर नारी मुक्ति की तलाश–(मृदुला गर्ग)
7. हिन्दी ग़ज़ल दुष्यन्त के बाद खण्ड-I–सम्पादक दीक्षित दनकौरी, वाणी प्रकाशन, दरियागंज, नयी दिल्ली
8. ग़ज़ल गरिमा पत्रिका– सम्पादक भानुमित्र, अंक-3, जोधपुर
9. अक्षरम संगोष्ठी–सम्पादक निशिकान्त, जनवरी-2006, नयी दिल्ली
10. वर्जीनिया वुल्फ़–पुस्तक वन्स ओन रूम (अपना कमरा), संवाद प्रकाशन, मेरठ
11. हरिगन्धा पत्रिका अक्तूबर–2011, पंचकूला, हरियाणा
12. ग़ज़ल दुष्यन्त के बाद खण्ड-III–दीक्षित दनकौरी, वाणी प्रकाशन, नयी दिल्ली
13. ग़ज़ल दुष्यन्त के बाद खण्ड-I–दीक्षित दनकौरी, वाणी प्रकाशन, नयी दिल्ली
14. वर्तमान साहित्य पत्रिका––सम्पादक नमिता सिंह (अंक अप्रैल-2005) प्रभा दीक्षित का लेख–मेरी वोल्टसन की प्रासंगिकता
15. वर्तमान साहित्य पत्रिका–सम्पादक नमिता सिंह, अंक फ़रवरी-2009, अलीगढ़, उत्तर प्रदेश
16. ग़ज़ल दुष्यन्त के बाद-II–सम्पादक दीक्षित दनकौरी, वाणी प्रकाशन, नयी दिल्ली
17. स्त्री काल पत्रिका–सम्पादक समीर चन्दन, अंक-4 (स्त्री के विषय में राजेन्द्र यादव की टिप्पणी), धनवन्तरी नगर, महाराष्ट्र
18. ग़ज़ल दुष्यन्त के बाद-II–सम्पादक दीक्षित दनकौरी, वाणी प्रकाशन, नयी दिल्ली
19. वही
20. किताब के बाहर–देवेन्द्र आर्य, किताब महल, दरियागंज, नयी दिल्ली
21. समकालीन साहित्य पत्रिका–सम्पादक सत्यव्रत, दरियागंज, नयी दिल्ली (शिव कुमार मिश्र की टिप्पणी)
22. ग़ज़ल गरिमा (अंक-3)–सम्पादक भानुमित्र, जोधपुर
23. ग़ज़ल दुष्यन्त के बाद-III–सम्पादक दीक्षित दनकौरी, वाणी प्रकाशन, नयी दिल्ली
24. वही
25. ग़ज़ल गरिमा पत्रिका–सम्पादक भानुमित्र (अंक-3), जोधपुर
26. अनभै साँचा पत्रिका–सम्पादक डॉ. चारुमित्र (ग़ज़ल विशेषांक-2013), रोहिणी, दिल्ली
27. ग़ज़ल दुष्यन्त के बाद-III–सम्पादक दीक्षित दनकौरी, वाणी प्रकाशन, नयी दिल्ली
28. आउट लुक पत्रिका–सम्पादक नीलाभ मिश्र (अंक सितम्बर-2003) (डॉ. नामवर सिंह के विचार)
29. मधुमती पत्रिका–सम्पादक वेदव्यास, अंक-जनवरी-2013 (प्रभा खेतान का लेख)
30. हरिगन्धा पत्रिका–अक्तूबर-2011, पंचकूला, हरियाणा
31. अनभै साँचा पत्रिका–सम्पादक डॉ. चारुमित्र (ग़ज़ल विशेषांक) (अंक-2013), रोहिणी दिल्ली

32. ग़ज़ल दुष्यन्त के बाद-III, दीक्षित दनकौरी, वाणी प्रकाशन, नयी दिल्ली
33. हंस पत्रिका–सम्पादक राजेन्द्र यादव, 2/36–अंसारी रोड, नयी दिल्ली
34. ग़ज़ल गरिमा पत्रिका–सम्पादक भानुमित्र (अंक-3), जोधपुर
35. रस रंग पत्रिका–सम्पादक तुफ़ैल चतुर्वेदी (अंक-2002), नोएडा।
36. हंस पत्रिका–सम्पादक राजेन्द्र यादव (अंक-2005), राजेन्द्र यादव के सम्पादकीय से।
37. उत्तर-आधुनिक परिदृश्य–सुधीश पचौरी, सचिन प्रकाशन, नयी दिल्ली
38. लफ़्ज़ के फ़ासले पर ज़िन्दगी–रजनीश सचान, प्रकाशक हिन्दी युग्म, नयी दिल्ली
39. ग़ज़ल दुष्यन्त के बाद-III–सम्पादक दीक्षित दनकौरी, वाणी प्रकाशन, नयी दिल्ली
40. अष्टछाप–सम्पादक नचिकेता, प्रकाशक फोनमी, नयी दिल्ली
41. ग़ज़ल गरिमा पत्रिका–सम्पादक भानुमित्र (अंक-3), जोधपुर
42. सृजन पथ (अंक-2011) सिल्लीगुड़ी, पश्चिम बंगाल (डॉ. अनामिका की टिप्पणी के अंश)
43. सृजनपथ संपादक रंजना श्रीवास्तव–उपर्युक्त
44. कथादेश पत्रिका–सम्पादक हरिनारायण (अंक-2006), दिलशाद गार्डन, दिल्ली।
45. अनभैसांचा पत्रिका–सम्पादक डॉ. चारुमित्र (ग़ज़ल विशेषांक–2013), रोहिणी, दिल्ली
46. अनभैसांचा पत्रिका–सम्पादक डॉ. चारुमित्र (ग़ज़ल विशेषांक–2013), रोहिणी, दिल्ली
47. ग़ज़ल दुष्यन्त के बाद-III–सम्पादक दीक्षित दनकौरी, वाणी प्रकाशन, नयी दिल्ली
48. वर्तमान साहित्य (मार्च-2008)–सम्पादक नमिता सिंह, अलीगढ़
49. युगीन काव्या पत्रिका–हस्तीमल (अंक-मार्च-2008), मुम्बई
50. हंस पत्रिका–सम्पादक राजेन्द्र यादव (अंक-फरवरी-1994), दरियागंज, नयी दिल्ली
51. जूलिया क्रिस्तएवा का लेख (नेशन विदाउट नेशनलिज़्म–असहमति निषेध और सतत गतिशीलता लेख से उधृत–पुस्तक अँधेरे समय में विचार–सम्पादक विजय कुमार, संवाद प्रकाशन, मेरठ
52. नूर मुहम्मद नूर की ग़ज़ल से यह शेर फ़ेसबुक से लिया है
53. हंस पत्रिका–सम्पादक राजेन्द्र यादव (अंक-नवम्बर-1997), नयी दिल्ली
54. अँधेरे समय में विचार–सम्पादक विजय कुमार, संवाद प्रकाशन, मेरठ
55. आवारा हवाओं का मौसम–देवेन्द्र इस्सर (हैलन फिशर का लेख–दि फ़र्स्ट सेक्स), स्त्री विमर्श (अस्मिता और अस्तित्व के आयाम से उद्धृत)–प्रकाशक किताब घर, नयी दिल्ली
56. ग़ज़ल गरिमा (अंक-3)–सम्पादक भानुमित्र, जोधपुर

दलित / आदिवासी विमर्श और हिन्दी ग़ज़ल

दलितों, आदिवासियों और वंचितों की सबसे बड़ी पूँजी न धन होती है न सत्ता! उनकी सबसे बड़ी पूँजी होती है सामाजिक अन्याय और बर्बरता के ख़िलाफ़ न सिर्फ़ आवाज़ उठाना बल्कि एक वैकल्पिक मानवतावादी सोच की चाहत भी रखना।

हिन्दी का दलित और आदिवासी विमर्श इसी सिस्टम का प्रतिवाद है जो इधर हिन्दी लेखन में बड़े तीखे-तुर्श, सपाट और सदाकत के साथ बयान हो रहा है। दलित/आदिवासी लेखकों की आत्मकथाओं ने हिन्दी साहित्य में न सिर्फ़ ज़रूरी हस्तक्षेप पैदा किया है बल्कि शोषण, अन्याय और असमानता के अवसाद को भी गहरी मार्मिक अभिव्यक्ति दी है। जहाँ आत्मकथाओं के ज़रिये दलित लेखकों ने अपनी आवाज़ों को बुलन्द किया है, वहीं, हिन्दी के ग़ज़लकारों ने भी दलित, उपेक्षित, वंचित, शोषित आदिवासियों के पक्ष में ग़ज़लें लिखी हैं।

ग़ज़ल जैसी विधा जिसे सिर्फ़ रूमानी विधा कहकर ख़ारिज कर दिया जाता था, हिन्दी में आकर इस विधा ने न सिर्फ़ विस्तार हासिल किया है बल्कि बेहद सामाजिक होकर, समाज के पिछड़े दलित, आदिवासी वंचितों को अपने अश्आर का मुख्य पात्र बनाकर, उनके जीवन के कष्टों और उपेक्षा के दंशों को तहरीर किया है। कुछ शेर ग़ौरतलब हैं–

मेरे आँसू नहीं दीवार पे काई की तरह
ये उजाले हैं पसीने की कमाई की तरह

जाने किस शय की कमी है कि मेरे होठों पर
बात अधिकार की आती है दुहाई की तरह[1]

महेश अश्क

न भूलो तुमने ये ऊँचाइयाँ भी हमसे पाई हैं
हमारा क़द नहीं होता तो आदमक़द नहीं होते[2]

द्विजेन्द्र द्विज

किसकी राम कहानी है
इन आँखों में पानी है[3]

किशोर कुमार कौशल

महेश अश्क के दो शेर दलित/आदिवासी समाज की मार्मिक तहरीर की तरह हैं। यहाँ 'मैं' पात्र दलित/वंचित/शोषित मनुष्य है जिसे हमेशा उपेक्षा का सामना करना पड़ा। वो बड़े दर्दआमेज़ स्वर में अपने आपसे प्रश्न करता है कि जाने किस शय की कमी है कि मेरे होठों पर/बात अधिकार की आती है दुहाई की तरह। यह प्रश्नाकुलता व्याकुलता से भरी है। दूसरे शेर के शब्दों में थरथराहट-सी है। अधिकार नहीं बचे। जो बची है वह दुहाई है।

निवेदन है। कृतज्ञता है। कुमार कौशल अपनी छोटी बहर के शेर में इसी वेदना को बेचैनी से भरी बतकही में व्यक्त करते हैं। बात इतनी कि आँखों में पानी शेष है। द्विजेन्द्र द्विज के शेर में सीधे 'भद्रजनों' को मुख़ातिब होता है–हमारा क़द नहीं होता तो आपके पास! वह दलितों/वंचितों/आदिवासियों के श्रम का प्रतिफल है। इन सभी अश्आर में जो भावबोध है, वह अनुभवों से छनकर आता है।

कई बार ऐसा भी प्रतीत होता है कि एक ऐसा वर्ग भी है समाज में जो एक पराया और लगभग अनुपस्थित है। उसका होना हाशिए जैसा होकर रह गया है। लेकिन काफ़्का ने यह भी कहा है कि सबसे सुन्दर गीत प्रतिकूल अवस्था में गाये जा सकते हैं। दलितों के प्रति समाज की निस्संगता और भेदभाव, नये समाज में इसका निरन्तर प्रतिवाद हो रहा है।

दलितों में हम दलित हैं कुलीनों में हम कुलीन
हमको समाजी सच पे ठहरना पड़ेगा यार![4]

राम मेश्राम

राजेन्द्र यादव 'पाखी' पत्रिका में दलितों पर अपने विचार व्यक्त करते हैं, "हिन्दी साहित्य में दलित विमर्श की ज़रूरत उसके संघर्ष, यातना और सपनों को जानने के लिए ज़रूरी है। दलित विमर्श करके ही हम उनसे कुछ निचोड़ सकते हैं। जब किसी मुद्दे पर विमर्श नहीं होगा तो फिर उसकी कमियों और अच्छाइयों का पता कैसे चलेगा?[5]

दलित लेखक गुरदयाल सिंह के विचार ग़ौरतलब हैं, "दलित समाज की बात करें तो देश की आज़ादी के बाद भी बहुत बदलाव नहीं आया। दलित समाज को आज भी कमोबेश सभी राजनीतिक दल वोट बैंक के रूप में देखते हैं। जहाँ तक

दलित इतिहास का सवाल है तो मनु स्मृति के अनुसार हज़ारों सालों से दलित शोषित वर्ग दबा-कुचला है। आज भी उसकी स्थिति में कोई ज़्यादा फ़र्क़ नहीं आया।"[6]

यानी परिवर्तन कामी सोच केवल लफ़्फ़ाज़ी बनकर रह गयी है। हरेराम समीप के दो शेर इसी बात की ताईद करते हुए

जब भी आये सवाल काग़ज पर
कह गये मेरा हाल काग़ज़ पर
भीतरी आग अपनी तेज़ करो
मत बनाओ मशाल कागज़ पर

हरेराम समीप

दलित चिन्तक कँवल भारती अपनी बात बड़े बेबाक लहजे में कहते हैं। एक ख़ास तरह की धार और आक्रामकता होती है उनके विचारों में। यहाँ भी उनकी नाराज़गी साफ़ दिखाई दे रही है। वो कहते हैं, "यदि प्रश्न ग़रीबी और शोषण के ख़िलाफ़ आन्दोलन का है (दलित सन्दर्भ में) तो मौजूदा पूँजीवादी और जातिवादी राजनीति के चलते सम्भव नहीं है।"[8]

"इक्कीसवीं सदी का आरम्भ हिन्दी में दलित/आदिवासी चेतना के उभार के लिए याद किया जायेगा। यह संयोग दिलचस्प है कि भक्ति साहित्य की तरह, दलित साहित्य का प्रसार भी पहले दक्षिण में हुआ, फिर उत्तर में।"

"विमर्श के लिए दो शर्तें हैं। अस्मिता यानी अपनी विशेष पहचान तथा सत्ता यानी शक्ति के विद्यमान ढाँचे में वर्चस्व का स्थान। इसलिए यह बराबर देखा जाता है कि दलित बुद्धिजीवी सामान्यता वर्ग की अवधारणा से इनकार करते हैं।"

"यह बात जो निश्चित रूप से स्थापित हो गयी है वह यह है कि आज 'दलित' एक ऐसा पारिभाषिक पद है जो केवल आर्थिक या नैतिक अवधारणा नहीं है बल्कि सामाजिक समुदाय का द्योतक है, उसकी पहचान आर्थिक सम्बन्ध, सामाजिक स्थिति और सांस्कृतिक मनोभूमि के सन्निवेश से हुई है, इसलिए यह एक संश्लिष्ट संकल्पना है।"[9] ये विचार डॉ. अजय तिवारी के हैं।

अजय तिवारी की बात को विस्तार देते हुए यह बात बड़े यक़ीन के साथ कही जा सकती है कि दलित लेखन अब मुख्य धारा का रूप हासिल कर चुका है। हिन्दी कहानी, कविता, उपन्यास और दलित/आदिवासी आत्मकथाओं में पुख़्ता सोच और अभिव्यक्ति के अनेक पहलू व्यक्त हो रहे हैं। आत्मकथाएँ लिखकर दलित लेखकों

ने इस शिथिल हो चुकी विधा को पुनः प्रतिष्ठित किया है और भोगे हुए यथार्थ से रू-ब-रू कराया है। दलित साहित्य, और दलित/आदिवासी विमर्श हमारे समाज में बेहद ज़रूरी बन चुका है।

हिन्दी ग़ज़ल में दलित/आदिवासी विमर्श बड़ी शिद्दत और सदाकत से हो रहा है। यह ग़ज़ल लेखन दो तरह से हो रहा है। एक वे जो दलित ग़ज़लकार हैं तथा दूसरे वे ग़ज़लकार जो दलित नहीं हैं लेकिन दलितों/आदिवासियों के शोषण, दमन, तिरस्कार, उपेक्षा और निम्न स्तरीय जीवन से बेचैन होकर ग़ज़लें लिख रहे हैं। उनके लेखन में व्यवस्था विरोध के स्वर तीखे पड़ते हैं तथा दलितों/आदिवासियों/पिछड़ों /वंचितों के पक्ष में भावनाओं का आवेग ग़ज़लों में महसूस होता है। कुछ शेर–

दोस्ती का ऐसा मंज़र देखते हैं
दोस्ती के कर में खंज़र देखते हैं

कहाँ कैसे उगें समता की फ़सलें
दिलों की भूमि बंजर देखते हैं

कफ़न के हैं वही घीसू और माधव
ज़माने का वो अन्तर देखते हैं[10]

राज वाल्मीकि

वो तो ख़ारिज ही कर देंगे उनका क्या है
देंगे सिर्फ़ सिफ़र ही देंगे उनका क्या है

गर्दन तो काटेंगे लेकिन धीरे-धीरे
सिर पे अहसां धर ही देंगे उनका क्या है[11]

रामकुमार कृषक

माफ़ कर चुका शासन क़र्ज़ जब हमारे तो
सूदखोर खाते में क्यों लिखी उधारी है

किस जगह नहीं हावी माफ़िया की ये सत्ता
और आप कहते हैं ये ज़मीं हमारी है[12]

राम मेश्राम

आप कहते हैं सरापा गुलमुहर है ज़िन्दगी
हम ग़रीबों की नज़र में इक कहर है ज़िन्दगी[13]

अदम गोंडवी

दलित शब्द की व्युत्पत्ति दल धातु से हुई है जिसका अर्थ पिछड़ा, शोषित, रौंदा हुआ, अविकसित, अछूत आदि है। अर्थात् जिसे दबाया गया, विकसित नहीं होने दिया गया। परम्परा व्यवस्था से उपेक्षित रखा गया। दलित साहित्यकारों ने सबसे पहले मनुष्यत्व मानव की खोज की है। परन्तु ग़ैर दलितों द्वारा परानुभूति के बल पर शोषित मानव का किया गया अंकन भी दलित साहित्य है।"[14]

डॉ. सत्यप्रेमी के अनुसार, "दलित साहित्य नकार का साहित्य है जो संघर्षों से उपजता है। इसमें समता, स्वतन्त्रता और बन्धुत्व का भाव है।"[15]

डॉ. सुमनाक्षर का विचार है, "दलित साहित्य का मूलाधार दलितोत्थान है। अत: किसी भी साहित्यकार द्वारा दलितोत्थान हेतु लिखा गया साहित्य दलित साहित्य की सीमा में आता है।"[16]

दलित विमर्श का यथार्थ लेख में डॉ. अमरनाथ लिखते हैं, "दलित विमर्श आज के युग का एक ज्वलन्त मुद्दा है। दलित शब्द का अर्थ है जिसका दलन और दमन हुआ हो साहित्य में दलित विमर्श की तीन धाराएँ दिखाई देती हैं। पहली धारा स्वयं दलित जातियों में जन्मे लेखकों की है। जिनके पास स्वानुभूतियों का विशाल भण्डार है और वे मानते हैं कि वास्तविक अर्थों में उन्हीं का सृजन दलित साहित्य है। दूसरी धारा हिन्दू लेखकों की है जिनके रचना संसार में दलितों का चित्रण सौन्दर्य सुख की विषय वस्तु के रूप में होता है। तीसरी धारा प्रगतिशील लेखकों की है जो दलित को सर्वहारा की स्थिति में देखते हैं।"[17]

डॉ. अमरनाथ के इन विचारों से सहमत नहीं हुआ जा सकता कि हिन्दू लेखक दलितों का चित्रण सौन्दर्य सुख के लिए करते हैं। ये हिन्दू लेखक कहाँ से आ गये। हिन्दी साहित्य में दलित साहित्य की आमद हुई है न कि हिन्दू–ग़ैर हिन्दू लेखकों की विभाजक रेखा खींची गयी है। बहरहाल, कुछ शेर हिन्दी ग़ज़लकारों के प्रस्तुत हैं–

आटा चावल दाल बताशे महँगाई की मार में गुम
दो रोटी खाने का सपना आज हुआ बाज़ार में गुम[18]

मनोज अबोध

विकास हो रहा है, सच है, मगर हमवतनो!
अभी तो देश का अधिकांश भाग बस्तर है[19]

विनोद तिवारी

हम कीचड़ में रहने वाले आदिवासी लोग
भैया, कैसी सर्दी गर्मी क्या बरसात हमारी

कब उजड़ेंगे इस धरती से पिछड़ेपन के पाँव
भैया जीवन युद्ध में कब तक होगी मात हमारी

ठाकुर की कोठी में जब भी लगता है दरबार
भैया, बँट जाती है इज़्ज़त हाथों-हाथ हमारी[20]

खुर्शीद तलब

कोई हमें न शहर में जाने है साबजी
फिर कौन हमको काम पे रक्खे है साबजी

रोज़ी रही न गाँव में तो शहर को चले
घर अपना कौन शौक़ से छोड़े है साबजी

घर भी था खेत भी खलियान भी हजूर
वो सब तो साहूकार के गहने है साबजी

पूछा जो हाल आपने, हल्काया मन ज़रा
दुखिया से कौन इतना भी बोले है साबजी[21]

पुरुषोत्तम यक़ीन

उपर्युक्त सभी शेर वंचितों, दलितों और आदिवासियों के त्रासद और कष्टप्रद जीवन को केन्द्र में रख लिखे गये हैं। ख़ुर्शीद तलब और पुरुषोत्तम यक़ीन की ग़ज़लें सीधे-सीधे आदिवासियों के जनजीवन और अभावग्रस्त ज़िन्दगी का अहवाल हैं। दोनों ग़ज़लें बेहद मार्मिक और वेदना से भरपूर हैं। ये ग़ज़लें, हिन्दी ग़ज़ल में नया लबो-लहजा स्वभाव और मिज़ाज को रचती हैं। दोनों ग़ज़लों के अतिरिक्त विनोद तिवारी और मनोज अबोध के अश्आर में भी अभावग्रस्त आदिवासियों/दलितों का ज़िन्दगीनामा है। विनोद तिवारी जब कहते हैं–अभी तो देश का अधिकांश भाग 'बस्तर' है। तो बस्तर (आदिवासियों का क्षेत्र जहाँ जंगल जैसा कठिन जीवन है) प्रतीक बन कर उभरता है–त्रासद जीवन का।

प्रख्यात अम्बेडकरवादी लेखक यशवन्त मनोहर बजरंग बिहारी से बातचीत के दौरान कहते हैं, "मैं साहित्य उसे कहता हूँ जो बुद्धिवाद का सत्य और जीवन की अच्छाइयों का समाधान करता है। क्योंकि साहित्य का अर्थ ही सौन्दर्य है। शब्द संघटन को ही हम साहित्य कह सकते हैं। इसलिए मैं कह सकता हूँ कि साहित्य

जीवन में या शब्दों में रहने वाले सभी प्रकार के असुन्दर का प्रतिकार है, निषेध है। क्योंकि साहित्य का प्रयोजन ही सौन्दर्य है। समता, बन्धुत्व, सामाजिक न्याय और बुद्धिवाद ये मूल्य, जीवन को सुन्दर बनाने वाले मूल्य हैं। विद्रोह को मैं सौन्दर्य कहता हूँ और इसलिए सौन्दर्य को साहित्य कहता हूँ।"[22]

तो यही विरोध हिन्दी ग़ज़ल में है। अन्याय के विरुद्ध और सामाजिक न्याय के पक्ष में हिन्दी ग़ज़ल में निरन्तर अभिव्यक्ति हो रही है और बड़े मारक ढंग से हो रही है। कुछ शेर इसी सिलसिले में ग़ौरतलब हैं–

रोटी के लिए बिक गयी धनिया की आबरू
लमही में प्रेमचन्द का होरी उदास है[23]

अदम गोंडवी

हो गया किस दौर में बागी कबीरा
सुन, हवा में वो अभी तक गूँजता है[24]

राम मेश्राम

वो जो रूढ़ियों का ग़ुलाम है उसे क्या पता कि नया है क्या
जिसे टोटकों पे यक़ीन हो उसे क्या ख़बर कि दवा है क्या[25]

बल्ली सिंह चीमा

हम बराबर हैं सभी का सब वतन के फ़र्द हैं
क्या हुआ जो पेड़ का पत्ता बड़ा छोटा हुआ

अब तो ख़तरे में 'किरन' है हम ग़रीबों का वजूद
ख़ानदानी लोग हैं अब क्या कहें कि क्या हुआ[26]

प्रेम किरण

अश्क बनकर जो छलकती रही मिट्टी मेरी
शोले कुछ यूँ भी उगलती रही मिट्टी मेरी

कोशिशें जितनी बचाने को उसे की मैंने
और उतनी ही दरकती रही मिट्टी मेरी[27]

द्विजेन्द्र द्विज

अब तो शब्द दराँती भाले लाठी लेकर आये हैं
नये वक़्त के चेहरे पर हैं तनी घिनौनी ख़ामोशी[28]

हरेराम समीप

साँस तलक लेना भारी है देखेंगे कल क्या होता है
आज बहुत ही दुश्वारी है देखेंगे कल क्या होता है

दिल में कोई बारूदों-सी मायूसी-दर मायूसी है
और सच की चिंगारी है देखेंगे कल क्या होता है

एक जीत के लिए आपने क्या क्या झोंक दिया सोचो
हमने तो बाज़ी हारी है देखेंगे कल क्या होता है[29]

लक्ष्मण

उपर्युक्त अश्आर–अदम गोंडवी, राम मेश्राम, बल्ली सिंह चीमा, प्रेम किरण, द्विजेन्द्र द्विज, हरेराम समीप और लक्ष्मण के हैं। सभी अश्आर में दलितों/शोषितों/ वंचितों की व्यथा कथा है कहीं सीधे-सपाट स्वर में तो कहीं प्रतीकों के ज़रिये। राम मेश्राम, अदम गोंडवी और हरेराम समीप अपने अश्आर में तेवर के साथ भावनाओं को व्यक्त करते हैं। दलितों की यह पक्षधरता साफ़, स्पष्ट और सपाट है। लेकिन द्विजेन्द्र द्विज, प्रेम किरण, बल्ली सिंह चीमा और लक्ष्मण दलितों के शोषण, कष्ट, असमानता और अन्याय की भावनाओं को प्रतीकों के ज़रिये व्यक्त करते हैं। ग़ौरतलब है, यह शेरीयत, चाहे अदम गोंडवी, राम मेश्राम की हो या द्विज, प्रेम किरण, बल्ली सिंह चीमा और लक्ष्मण की, यह ठेठ हिन्दी ग़ज़ल का अपना मिज़ाज और स्वभाव है।

डॉ. अनामिका दलित चिन्तन के विषय में गम्भीरता से आकलन करती हैं, "जीने की दो पद्धतियाँ प्रचलित हैं–एक क्रान्ति प्रेरित त्वरित न्यायवाली पद्धति और दूसरी धैर्यधर्मी करुणा (साहित्य की तरह) मनुष्यमात्र की आधारभूत अच्छाइयों में विश्वास रखने वाली पद्धति। दलित चिन्तन के आलोक और दूसरे का ज्योतिबा फुले। प्रेशरग्रुप दोनों बनाते हैं, पर प्रेशर या दबाव जेनरेट करने की तकनीकें अलग-अलग हैं–एक विवादी है तो दूसरा संवादी है। एक का पथ विचार विमर्श है तो दूसरे का साहित्य।"[30]

दुष्यन्त जब कहते हैं, 'न हो कमीज़ तो घुटनों से पेट तक ढक लेंगे/ये लोग कितने मुनासिब हैं इस सफ़र के लिए।' इस शेर के अनेक पाठ हो सकते हैं। एक पाठ यह भी कि यह शेर सम्पूर्ण चेतना के साथ दलित और आदिवासियों की वेदना और शोषण की बेचैन करती अभिव्यक्ति है। यहाँ किसी सौन्दर्य सुख की तहरीर नहीं बल्कि कवि वंचित (दलित और आदिवासी) की कठिन और अभावग्रस्त जीवन शैली से बेहद व्याकुल दिखाई देता है। उनका एक और शेर भी इसी आलोक से देखा-परखा जा सकता है–कल नुमाइश में मिला था चीथड़े कपड़ों में वो /मैंने पूछा नाम तो बोला कि हिन्दोस्तान है।

कवि को चीथड़े कपड़ों में जो मिला आख़िर वो पात्र था कौन? वो दलित ही तो था। वो वंचित था। वो शोषित था। दमित था। वो कोई आदिवासी भी था।

हंस पत्रिका के सम्पादक राजेन्द्र यादव ने अपने एक साक्षात्कार (जो अजेय कुमार ने लिया) के दौरान कहा, "पहले एक ख़ास क़िस्म का, शास्त्रीय क़िस्म का साहित्य अतीत की तरफ़ देखता था, जिसका समाज सुनिश्चित था। वह स्थिर और गतिहीन साहित्य था। वह अपने ही बनाये पाठों के बाहर नहीं जाता था। हमें लगा कि सिर्फ़ टेक्स्ट का पढ़ाना, साहित्य या रचना को अधूरा पढ़ाना है। बिना बाहरी सन्दर्भों के आप मूल्यांकन के सही नतीजों पर नहीं पहुँचते। हमें लगा कि अगर साहित्य को समझना है तो उन शक्तियों को समझना होगा जो हाशिये पर हैं। जिनकी तरफ़ ध्यान नहीं दिया गया। जैसे दलित का सवाल है। स्त्री मुक्ति का सवाल है। अल्पसंख्यकों का सवाल है। ये वे लोग हैं जिन्हें साहित्य में प्रवेश करने की अनुमति नहीं रही, पात्रों की तरह भी वे नहीं आये। इसलिए मुझे ज़रूरत महसूस हुई कि उन पर बहस करूँ। उनके जो उभार और आग्रह यानी एसर्शन थे, वे धीरे-धीरे ज़्यादा उग्र दिखाई दिये सन् 1980 के बाद। तब दलित मुक्ति के लोकतान्त्रिक अधिकार इनके पास मौजूद नहीं थे, जो बाद में मिले।" इसी गुफ़्तगू में राजेन्द्र यादव ये भी कहते हैं, "आप सर्वहारा को वर्ग में परिणत नहीं कर सकते। जाति उसकी पहले है, वर्ग बाद में। जाति में एक ख़ास तरह की जड़ता या गतिहीनता होती है। दलित ज़िन्दगीभर अपनी जाति से मुक्ति नहीं पा सकते। यहाँ एकजुट होने की ज़रूरत है। तभी स्थायी और समग्र मुक्ति सम्भव हो सकेगी।"[31]

इसी चेतना और मुक्ति की सम्भावना को अभिव्यक्त करते हुए शेर–

चिराग़ हो के न हो दिल जला के रखते हैं
हम आँधियों में भी तेवर बला के रखते हैं[32]

हस्तीमल हस्ती

प्रतिष्ठा को पहनकर जो खड़े हैं
यक़ीनन वो खजूरों से बड़े हैं

सच्चाई है कहाँ पर क्या बताएँ
जहाँ खोदो वहीं सपने गड़े हैं

उजाले की जिन्हें डिग्री मिली है
वही अन्धी गुफ़ाओं में पड़े हैं

तुम्हारे आश्वासन ताज़गी के
हमें मालूम हैं कितने सड़े हैं

सम्भालो, रेशमी कपड़े सम्भालो
कि बाग़ी हो गये अब चीथड़े हैं[33]

भवानी शंकर

भवानीशंकर की पूरी ग़ज़ल में एक छटपटाहट सी है। यह ग़ज़ल एक ऐसे समाज का आक्रोश से भरा बयान है जो मुक्ति की इच्छा रखता है जो पहले से अधिक सचेत हुआ है जो रेशमी लिबास (भद्रलोक) को ललकारने की जुर्रत पैदा कर रहा है।

बिल्कुल इसी मुक्तिकामी भावना से पूर्ण ग़ज़ल हनुमन्त नायडू की है। कुछ शेर–

सवेरा आ रहा कब से न जाने सुन रहे हैं हम
अँधेरी रात में बैठे उजाला बुन रहे हैं हम

ये मौसम फूल का मौसम हमारी राजधानी में
यहाँ बस बाग़ में काँटे जनम से चुन रहे हैं हम

धरा जलती हुई, जलती हवाएँ, आग सिर पर है
तुम्हारा राज कैसा है कि जीवित भुन रहे हैं हम[34]

हनुमन्त नायडू

यह सच है कि दलित और आदिवासी साहित्य अब विमर्श के केन्द्र में है। प्रगतिशील साहित्य में वस्तुतः जो वर्ग विमर्श है, वह अमीर-ग़रीब, शोषक और शोषित का विमर्श है। इधर, जनवादी धारा ने दलित वर्ग के आर्थिक सवालों को उठाया है तो सामाजिक समानता के प्रश्न को भी स्वीकार किया है। वह अब पूँजीवाद के उन्मूलन के साथ-साथ ब्राह्मणवाद के विरुद्ध भी रचनाशील है। इसी आलोक में हिन्दी ग़ज़लों से कुछ शेर प्रस्तुत हैं–

आपका ये महलनुमा चेहरा
और मेरे ग़रीबख़ाने में

सिर्फ़ मज़दूर गला करते हैं
उनकी पूँजी के कारख़ाने में[35]

भवानीशंकर

कुछ नज़र आता नहीं है तो शिकायत किसलिए
सूरतें भी आपकी हैं आईना भी आप हो।[36]

पुरुषोत्तम प्रतीक

जिये तो आपके हक़ में रहे दुआ करते
बहुत ग़रीब थे हम लोग और क्या करते

हमारी ख़ुशियाँ जनमते ही मर गयीं अक्सर
हम अपनी ख़ुशियाँ ज़माने को दे दिया करते[37]

विनोद तिवारी

उपर्युक्त अश्आर सवर्णवादी प्रवृत्ति और आचरण को आईना दिखाते हैं। विनोद तिवारी आदिवासियों के दुख को बहुत मार्मिकता से अनुभूत कराते हैं तो भवानीशंकर और पुरुषोत्तम प्रतीक व्यंजना में भद्रलोक पर कटाक्ष करते हैं।

कुछ और शेर–

बदनसीबी की कहानी कुछ न पूछ
हाथ में पानी मगर पानी में रेत[38]

अशोक कृष्ण साहिल

हटा के देखिए अपने ज़ेहन की ज़ंज़ीरें
वो रास्ता जो कठिन था, वो रास्ता क्या है[39]

प्रफुल्ल कुमार परवेज़

"भारतीय समाज में वर्ण व्यवस्था के नाम पर जो बँटवारा हुआ, उसकी ही देन है जातिभेद! जो असमानता वर्चस्व और शोषण पर आधारित है। वर्ण व्यवस्था की एक लम्बी परम्परा है। अश्वघोष, बुद्ध से लेकर, भक्तिकाल के वे तमाम कवि जो शूद्र थे। भक्तिकाल में एक परम्परा है सूर तुलसी की और दूसरी है कबीर, रैदास की। दोनों परम्पराएँ साथ चलती हैं। लेकिन साहित्य में जो सम्मान सूर, तुलसी को मिलता है, वह कबीर, रैदास को नहीं मिलता।" ओमप्रकाश वाल्मीकि के दलित साहित्य सम्बन्धी विचार।[40]

डॉ. विजय मोहन सिंह अपने लेख में लिखते हैं, "दलित शब्द से मुझे इसलिए भी विरक्ति है कि यह नाम भी शोषण और शोषित शब्दों को बचाने के लिए और उन्हें एक अमूर्त रूप देने के लिए रखा गया है।"[41]

बहरहाल, इसी दलित और आदिवासी विमर्श को जीवन्तताभरी धार देते हुए हिन्दी ग़ज़ल के कुछ शेर प्रस्तुत हैं–

अपनों में रहता हूँ तब अनजाना लगता हूँ
ग़ैरों के हर ख़ेमे में पहचाना लगता हूँ

जब भी नीति सीखनी चाही राज आ गये आड़े
दल के दलदल में कीचड़ से साना लगता हूँ

काँटों के हर दंश, चुभन पलकों से बीन रहा
लोगों की नज़रों में क्यों दीवाना लगता हूँ[42]

नन्दल हितैषी

सच बता या न बता तेरी ज़रूरत और है
इस हक़ीक़त के पसेमंज़र हक़ीक़त और है

द्वार से जैसे लगे वैसी नहीं है ज़िन्दगी
ज़िन्दगी को जानने में एक गफ़लत और है

हम बराबर हैं लिखा क्यों आपने संविधान में
जानते हैं आप भी असली हक़ीक़त और है[43]

बल्ली सिंह चीमा

नन्दल हितैषी और बल्ली सिंह चीमा की ग़ज़लों में हक़बयानी और सचकलामी के अश्आर है। दोनों ग़ज़लकार उस अनुभव की बेचैनी को व्यक्त करने में कामयाब होते हैं जो व्यवस्था द्वारा मुद्दतों से पोषित हैं।

इसी सिलसिले में रामचन्द्र ओझा के विचार ग़ौरतलब हैं, "उत्तर-आधुनिकता सोच, मेधावान तथा फिसड्डी–सबको बराबर का हक़ देना चाहती है। उसकी मान्यता में न तो सभ्यता का उत्कर्ष है न कहीं अपकर्ष। शाश्वत सामाजिक मूल्यों और व्यापक सामाजिक सत्य जैसी परिकल्पना तो इनके लिए कल्पनातीत है। कोई बेहतर और ओछी संस्कृति नहीं–सब संस्कृतियाँ बराबर हैं। सामाजिक न्याय, उत्तर-आधुनिक समय की एक बहुत ही कर्णप्रिय अभिव्यक्ति है, किन्तु उतनी ही हृदय विदारक भी। जितनी भी हिंसात्मक कार्रवाइयाँ और पक्षतापूर्ण निर्णय हैं, चाहे वे विचारधारा के स्तर पर हों या मूल्यबोध के स्तर पर, सबके सब सामाजिक न्याय के बैनर तले फलते-फूलते रहे हैं।[44]

सामाजिक न्याय के नाम पर जो व्यवस्था में खेल खेला जा रहा है, वह बहुत कुछ पसेपर्दा है। हिन्दी ग़ज़ल में इस छल को निरन्तर व्यक्त किया जा रहा है। कुछ शेर–

बजा है ढोल पुराना किसी विरासत का
कि चोट-चोट पे आदर्श झाड़ता होगा[45]

राम मेश्राम

जागना ही था हमारा काम तो
आपके हिस्से रहा आराम तो

रामधन, कालू, जमालू एक सब
शीर्षक हैं सब हमारे नाम तो[46]

आज धर्म दैनिक जीवन में इस तरह आड़े नहीं आता। धर्म की शक्ति से बौरा कर आज कोई भी दलित को उसका नाम लेकर गाली नहीं दे सकता। लेकिन उन्हें अपनी स्थिति से उबरने न देने की साज़िशें सौ-सौ तरीक़ों से जारी हैं।[47]

कृष्ण किशोर के ये विचार उनके सम्पादकीय (अन्यथा) पत्रिका से हैं। वो सही कहते हैं कि लाख शोर-शराबे के बावजूद दलितों की स्थिति में कोई विशेष अन्तर नहीं आया। दलित और आदिवासी विमर्श का अर्थ ही यही है कि जिन सवालों से बचने का प्रयास समाज और सत्ता के पोषक करते रहे हैं, उन सवालों को केन्द्र में रखा जाये। दलितों /शोषितों /आदिवासियों के बीहड़नुमा त्रासद जीवन को हिन्दी ग़ज़लकार गहरी संवेदना और संचेतना से व्यक्त कर रहे हैं। कुछ शेर इसी आलोक में प्रस्तुत हैं–

कब तक कुछ लोग उठते जायें सूरज की तरफ
और कब तक कुछ किये नीची नज़र बैठे रहें[48]

ओम प्रभाकर

एक ख़त मैंने लिखा है ज़िन्दगी का
दोस्तो मैं दस्तख़त हूँ इस सदी का

मुट्ठियाँ तब-तब तनी हैं आदमी की
हादसा जब-जब हुआ है भुखमरी का

मैं अँधेरे रास्ते का दीप ख़ुद हूँ
मैं नहीं मोहताज तेरी रोशनी का[49]

सुधीर कुशवाह

अपनी ही नज़रों से गिरकर खड़े हुए
ग़ैरों के पैरों के नीचे पड़े हुए

सीधे मुँह क्यूँ बात करेंगे ये आख़िर
गुर्गे हैं अव्वल से ही सिर चढ़े हुए[60]

पुष्कर गुप्तेश्वर

ओम प्रभाकर सीधे सच्चे मन से प्रश्न उछालते हैं। दो मिसरे (एक शेर) पूरे समाज के सामने किसी यक्ष की तरह तनकर खड़े हो जाते हैं। सदियों से यही होता रहा है। दलितों को नीची नज़र रखने का फ़रमान जारी होता रहा। सुधीर कुशवाह जब कहते हैं–दोस्तो, मैं दस्तख़त हूँ इस सदी का। तो वो इस प्रतीक (दस्तख़त) में अपनी न सिर्फ़ पहचान कराते हैं बल्कि समाज को इस बात का भी शिद्दत से अहसास कराते हैं कि भक्तजनों की सहानुभूति का वह मोहताज नहीं। वो अपना दस्तख़त खुद हैं। पूरी ग़ज़ल में कुलीनता के बरअक्स एक प्रतिसंसार की रचना है। धर्मेन्द्र कुशवाह की ग़ज़ल के कुछ शेर हैं–

सपनों के जंगलों में भटका किया हूँ मैं
अब नींद न आये मुझे इसकी फ़िकर में हूँ

झीनी-झीनी चदरियाबीनी कबीर ने
कुछ ठोस बुनावट हो उसकी हुनर में हूँ

मुझको न रास आयीं ये सन्तों की बातियाँ
रूकना नहीं है दोस्तो, लम्बे सफ़र में हूँ।

धर्मेन्द्र कुशवाह

धर्मेन्द्र कुशवाह बिल्कुल आख़िरी शेर के दूसरे मिसरे में अपने (और अपने दलित समाज) की बेचैनी को व्यक्त करते हैं कि संघर्ष का यह सिलसिला किसी लम्बे सफ़र जैसा है। वो कबीर की तरह ऐसी चादर बुनना चाहते हैं जिसका 'हुनर' किसी ठोस नतीजे में बदलने जैसा हो। उन्हें सन्तों के प्रवचन किसी छल की भाँति प्रतीत होते हैं जो दलितों को उनकी नियति से बाहर निकलने के रास्ते नहीं सुझाते उनकी धैर्य की बातें फ़रेब और पाखण्ड का लेमिनेशन हैं। यह ग़ज़ल आक्रोश से भरी है और ख़ास तरह का आक्रामक वातावरण रचती है। इसी स्वभाव और संवेदना के कुछ और शेर–

अभी अँधेरे की बस्तियों में कहीं पे भी रोशनी नहीं है
तुम्हारी दुनिया के हाशिए पर हमारी दुनिया बनी नहीं है

यहाँ ज़रूरत ने जिस्म बेचा या भूख से ख़ुदकुशी हुई है
ख़बर रिसालों में छप रही है, मगर कहीं सनसनी नहीं है[52]

कमल किशोर श्रमिक

आपका ताबीज गण्डे आपके
आपके सब तीर्थ पण्डे आपके

आपकी जेबों में गर्मी जिस क़दर
उस क़दर हैं हाथ ठण्डे आपके

रफ़्ता-रफ़्ता पीठ पुख़्ता हो गयी
हैं बड़े मज़बूत डण्डे आपको[53]

नार्वी

महज़ इन्सान के हक़ में महकता पोस्टर हूँ मैं
भले ही मौन हूँ लेकिन चहकता पोस्टर हूँ मैं

सुलगते उन अलावों से धड़कती इन मशीनों तक
लगा कर हाथ तो देखो धड़कता पोस्टर हूँ मैं[54]

पुरुषोत्तम प्रतीक

बस हो चुकी अनुराग की आदर्श की ग़ज़ल
अब छेड़िए आक्रोश की संघर्ष की ग़ज़ल

पहले कहें विचार की, विमर्श की ग़ज़ल
हो पायेगी तभी किसी निष्कर्ष की ग़ज़ल

पहले हरेक शूल विपिन्न से हटा तो लें
फिर निर्विवाद गाएँ सभी हर्ष की ग़ज़ल[55]

सुभाष प्रेमी सुमन

नार्वी ने थोड़ी-सी ग़ज़लें लिखीं। उनकी ग़ज़लों का मिज़ाज न सिर्फ़ भिन्न है बल्कि व्यंजना की गूँज भी सुनाई देती है। वो सपाट लहजे में कुलीन वर्ग (सवर्ण जन) से कहते हैं कि सब कुछ आपका ही है सारे प्रतीक–ताबीज़ गण्डे, तीर्थ और पण्डे सब आपके ही हैं। हम शोषित और वंचित हैं। हमारा समाज यही दलित

लोगों का समाज है। कमल किशोर भी बिल्कुल ऐसे वातावरण की रचना करते हैं। रोशनी यानी न्याय यानी समानता का अधिकार वो अभी नहीं है। साफ़-साफ़ दो दुनियाएँ हैं–सवर्ण और दलित दुनियाएँ। पुरुषोत्तम प्रतीक की ग़ज़लों में व्यंग्य की धार रही है इसी के ज़रिये वो भद्रलोक पर कटाक्ष करते हैं। यहाँ पोस्टर प्रतीक है। पुरुषोत्तम प्रतीक की यह ग़ज़ल उस दौर की ग़ज़ल है जब पोस्टर (प्रतीक रूप में) बहुत ज़्यादा प्रयोग में लाया जाता था। तब राजधानी की दीवारें पोस्टरों से अटी रहती थीं। पोस्टरों की इबादत समाज, समय और सियासत की इबादत होती थी। प्रतीक की यह ग़ज़ल अब भी बेहद प्रासंगिक है। पोस्टर अब भी नये अर्थ की खोज करता प्रतीत होता है–इन्सान के हक़ में धड़कनेवाला पोस्टर–किसी जीवन्त इबादत की तरह। किसी गहरी संवेदना की तरह। वही पोस्टर–सुलगते अलाव (आक्रोश) धड़कती मशीनों (संघर्ष) तक धड़कता हुआ पोस्टर। यानी आवाज़। यानी न्याय की बात करता पोस्टर!

सुभाष प्रेमी सुमन की ग़ज़ल की रदीफ़ ही ग़ज़ल है। रदीफ़ 'ग़ज़ल' एक प्रकार की सम्भावना का अहसास है। ग़ज़ल में लिखी जा रही ग़ज़ल धीरे-धीरे सामाजिक न्याय और बराबरी के हक़ की ओर बढ़ती है। एक ऐसा वातावरण निर्मित करती है कि यहाँ आक्रोश के बदले विनम्रता का पाठ गूँजने लगता है।

'दलित साहित्य के सौन्दर्यशास्त्र लेख' में शिव कुमार मिश्र लिखते हैं, "हमारा समाज वर्गों में तो बँटा हुआ है ही वह वर्ण विभाजित समाज भी है। हमारी सामाजिक संरचना भेदभाव वाली सामाजिक संरचना है, जिसके तहत आदमी के गुण कर्मों के आधार पर नहीं, उसके जन्म के आधार पर उसकी सामाजिक हैसियत, उसके अधिकार तथा कर्तव्यों के तय किये जाने का विधान है। इस समाज में उच्च वर्गों और कुलीनों को तरह-तरह के अधिकार प्राप्त हैं जबकि निम्नवर्गों तथा अन्त्यजों के लिए तमाम सारे क्षेत्र निषिद्ध हैं। उन्हें जो नियति दी गयी है, वह उच्च वर्गों की सेवा करते रहने की है। इसे निम्न वर्गों अन्त्यजों में समाज का बहुत बड़ा हिस्सा है–ख़ास तौर से किसानों, कामगारों, शिल्पियों का जो किसी भी वर्ग में नहीं, वे अन्त्यज हैं। वे अस्पृश्य माने गये हैं। और अधिकार वंचित तो हैं ही। काव्यशास्त्र या सौन्दर्यशास्त्र जो सामने आया है, उसके कर्त्ता और बनाने वाले भी उच्चवर्गीय–कुलीन वर्ग के आचार्य हैं, और उनकी मानसिकता भी कुलीन मानसिकता है।"[56]

व्यक्ति पूजा के तोहफ़े नहीं चाहिए
मोहतरम, हमको पैसे नहीं चाहिए

चाहिए सिर्फ़ इज़्ज़त की दो रोटियाँ
स्वर्ण युग वाले झाँसे नहीं चाहिए[57]

राम मेश्राम

अम्बेडकर की ज़िन्दगी जीने की शर्त है
तुझको हज़ार हादसे मरना पड़ेगा यार

कोरे दलित विमर्श के फ़ैशन में झूमती
शोहरत की ख़्वाहिशों से मुकरना पड़ेगा यार

दलितों में हम दलित हैं कुलीनों में हम कुलीन
हमको समाजी सच पे ठहरना पड़ेगा यार![58]

राम मेश्राम

राम मेश्राम की दोनों ग़ज़लों के अश्आर में विचलित करती तड़प है। तुझको हज़ार हादसे मरना पड़ेगा यार! अगर तू दलित है तो तुझे हज़ार बार उपेक्षा का सामना करना पड़ेगा। वो ये भी कहते हैं कि कोरा दलित विमर्श नहीं, कुछ ठोस बातें भी हों–दलितों में हम दलित हैं, कुलीनों में हम कुलीन! यानी मनुष्यता और जीने का हक़ हमें भी है।

हिन्दी ग़ज़ल में जो दलित और आदिवासी विमर्श उभरकर सामने आ रहा है। वह बड़ी एकाग्रता, संचेतना और शऊर के साथ व्यक्त हो रहा है। हिन्दी ग़ज़ल में दलित और आदिवासी विमर्श में बर्बरता और शोषण के ख़िलाफ़ एक वैकल्पिक मनुष्यता प्रदान करने की जद्दोजहद और हलचल दिखाई देती है। हिन्दी ग़ज़ल में दलित और आदिवासी विमर्श वस्तुतः लोकतांत्रिक संस्कृति को प्रतिष्ठित करने का प्रयास है। पूरी हिन्दी ग़ज़ल में जो दलित आदिवासी विमर्श उभरकर आया है वह सामाजिक न्याय को ध्वनित करता है। और अन्त में आनन्द परमानन्द की यह ग़ज़ल–आदिवासियों से मुख़ातिब–पुरअसर ग़ज़ल!

उठो आदिवासी धनुष तीर लेकर
बदलते ज़माने की तासीर लेकर

ये धोखे की जड़-डालियाँ काट डालो
कुल्हाड़ी की अपनी ये जागीर लेकर

प्रतिज्ञा करो, अपनी धरती को लेंगे
वनों-पर्वतों की ये तस्वीर लेकर

ये महुआ की गरमी ये झरबेर का रस
चलो जाग जाओ मेरे वीर लेकर

जो लड़ता नहीं कुछ भी पाता नहीं है
सिफ़ारिश करो मत, नयन-नीर लेकर[59]

आनन्द परमानन्द की ग़ज़ल, हिन्दी ग़ज़ल में आदिवासी विमर्श का संज्ञान लेती, सशक्त ग़ज़ल है।

सन्दर्भ सूची

1. राख की जो पर्त अंगारों पे है–महेश अश्क, स्वयं प्रकाशन, गोरखपुर
2. बीच में जन-गण-मन–द्विजेन्द्र द्विज, देवांश प्रकाशन, मरांडा
3. ग़ज़ल दुष्यन्त के बाद-III–सम्पादक दीक्षित दनकौरी, वाणी प्रकाशन, नयी दिल्ली
4. शेष पत्रिका–सम्पादक हसन जमाल (अंक-68), जोधपुर
5. पाखी पत्रिका–सम्पादक प्रेम भारद्धाज (अंक मई-2010), नोएडा
6. पाखी पत्रिका–सम्पादक प्रेम भारद्धाज (अंक मई-2010), नोएडा
7. शिवम पत्रिका–सम्पादक विनोद तिवारी (अंक अप्रैल-2008), भोपाल
8. पाखी पत्रिका–सम्पादक प्रेम भारद्धाज (अंक मई-2010), नोएडा
9. नया ज्ञानोदय पत्रिका–सम्पादक रवीन्द्र कालिया (अप्रैल-2008) (लेख-दलित अभिव्यक्ति और अन्तर्विरोध का एक अंश)
10. जनसत्ता वार्षिकी–सम्पादक ओम थानवी (अंक-2009) कोलकाता
11. अपजस अपने नाम–रामकुमार कृषक, परमेश्वरी प्रकाशन, नयी दिल्ली
12. शेष पत्रिका–सम्पादक हसन जमाल (अंक-68), जोधपुर
13. समय से मुठभेड़–अदम गोंडवी, वाणी प्रकाशन, नयी दिल्ली
14. मधुमती पत्रिका–सम्पादक वेदव्यास (जुलाई-2013) उदयपुर (डॉ. पवन कुमार शर्मा के लेख का अंश)
15. वही
16. वही
17. नया ज्ञानोदय पत्रिका–सम्पादक रवीन्द्र कालिया (अंक-अप्रैल-2006), नयी दिल्ली
18. अनभै सांचा पत्रिका (ग़ज़ल विशेषांक)–अतिथि सम्पादक ज्ञान प्रकाश विवेक, रोहिणी, दिल्ली
19. शिवम पत्रिका–सम्पादक विनोद तिवारी (अंक 2002), भोपाल
20. सापेक्ष पत्रिका–सम्पादक महावीर अग्रवाल (अंक-32), नागपुर
21. ग़ज़ल दुष्यन्त के बाद-III– सम्पादक दीक्षित दनकौरी, वाणी प्रकाशन, नयी दिल्ली

22. कथादेश पत्रिका सम्पादक हरिनारायण (अंक मार्च-2008) दिल्ली (डॉ. यश्वंत मनोहर की डॉ. बजरंग तिवारी से बातचीत)
23. समय से मुठभेड़–अदम गोंडवी, वाणी प्रकाशन, नयी दिल्ली
24. शिवम पत्रिका–सम्पादक विनोद तिवारी (अंक-2002), भोपाल
25. अनभै साँचा (ग़ज़ल अंक मार्च-2013)–अतिथि सम्पादक ज्ञानप्रकाश विवेक, रोहिणी, दिल्ली
26. वही
27. वही
28. वही
29. वही
30. नया ज्ञानोदय–सम्पादक रवीन्द्र कालिया (अंक जुलाई-2015), नयी दिल्ली
31. हंस पत्रिका–सम्पादक राजेन्द्र यादव से अजेय कुमार की बातचीत (अंक मई-2013), दरियागंज, नयी दिल्ली
32. कुछ और तरह से–हस्तीमल हस्ती, वाणी प्रकाशन, नयी दिल्ली
33. बया पत्रिका–सम्पादक गौरीनाथ (सितम्बर-2014), गाज़ियाबाद
34. वही
35. वही
36. वही
37. वही
38. ग़ज़ल दुष्यन्त के बाद-III–सम्पादक दीक्षित दनकौरी, वाणी प्रकाशन, नयी दिल्ली
39. वर्तमान साहित्य–सम्पादक नमिता सिंह (अंक जुलाई-2006), अलीगढ़
40. सामाजिक सरस्वती पत्रिका–सम्पादक महेश भारद्वाज (अंक जून-2015), दिल्ली
41. नया ज्ञानोदय पत्रिका–सम्पादक रवीन्द्र कालिया (अंक मार्च-2012), नयी दिल्ली
42. वही
43. शब्द कारख़ाना पत्रिका–सम्पादक रमेश नीलकमल (अंक-50), करड़ू
44. नया ज्ञानोदय–सम्पादक रवीन्द्र कालिया (अंक अगस्त-2008), नयी दिल्ली (रामचन्द्र ओझा के लेख का अंश)
45. हिन्दी की चुनिन्दा ग़ज़लें–सम्पादक गौरीनाथ, अन्तिका प्रकाशन, गाज़ियाबाद
46. इंडिया न्यूज़ पत्रिका–सम्पादक अशोक मिश्र (अंक मार्च-2008), नयी दिल्ली
47. अन्यथा पत्रिका–सम्पादक कृष्ण किशोर (जून-2008), लुधियाना
48. नया ज्ञानोदय पत्रिका–सम्पादक रवीन्द्र कालिया (अप्रैल-2008) नयी दिल्ली
49. अंचल भारती पत्रिका–सम्पादक जयनाथ त्रिपाठी (अंक 69-70), देवरिया
50. मधुमती–सम्पादक वेदव्यास (अंक अप्रैल-2013), उदयपुर
51. अंचल भारती–सम्पादक जयनाथ त्रिपाठी (अंक-69-70), देवरिया

52. अनभै साँचा (ग़ज़ल विशेषांक अंक-29)–अतिथि सम्पादक ज्ञानप्रकाश विवेक, रोहिणी दिल्ली
53. वही
54. वही
55. कथा संसार पत्रिका (अंक दिसम्बर-2002), दिल्ली
56. नया ज्ञानोदय सम्पादक–रवीन्द्र कालिया (अंक दिसम्बर-2006), नयी दिल्ली
57. हिन्दी की चुनिन्दा ग़ज़लें–सम्पादक गौरीनाथ, अन्तिका प्रकाशन, ग़ाजियाबाद
58. शेष पत्रिका–सम्पादक हसन जमाल (अंक-68), जोधपुर
59. अलाव पत्रिका–सम्पादक रामकुमार कृषक (ग़ज़ल विशेषांक अगस्त-2015), सादतपुर, दिल्ली।

नयी सामाजिक संरचना में सम्बन्धों और मूल्यों का हिन्दी ग़ज़ल पर प्रभाव

हमारा यह समय विचित्र, अनोखा और हतप्रभ कर देने वाला समय है। हमारे समय में सबसे विचित्र बात यह घटित हुई है कि एक ऐसे समाज का निर्माण बहुत तेज़ी के साथ हुआ है जो पुरानेपन से छुटकारा पाने की ज़िद पर बेचैन नज़र आता है। चारों तरफ़ भूमण्डलीकरण, उदारीकरण, वैश्वीकरण का जो कोलाहल है, और गतिशीलता है, इसके पसेमंज़र, पूरे समाज में एक बदलाव सा दिखाई देता है। सामाजिक संरचना में बदलाव की यह प्रक्रिया एक दिन में घटित नहीं हुई, इसमें निरन्तरता है और एक ऐसी तेज़ी भी है जिसने सबको हतप्रभ करके रख दिया है। इस सामाजिक संरचना में जीवन मूल्यों की बहुत ज़्यादा टूटफूट हुई है। देखते ही देखते, एक ऐसा नया समाज निर्मित हुआ है जिससे तमाम पुराने जीवन मूल्य व्यर्थ और बोझिल प्रतीत होने लगे हैं। हमारे समय की सामाजिक संरचना ने मनुष्य को आत्मकेन्द्रित बनाया है। पूरा समाज ज़्यादा व्यस्त, ज़्यादा कमाता हुआ, ज़्यादा खाता-पीता हुआ समाज, केवल अपने हितों और स्वार्थों का सोचता हुआ समाज है। यह नया समाज इतना तेज़गामी है, ऐसा प्रतीत होता है कि जैसे नयी सामाजिक संरचना का यह समाज, फारमूला-वन रेस का समाज हो। वास्तविकता यह भी है कि इस समय की सामाजिक संरचना में मनुष्य केवल मात्र एक उपभोक्ता है। यह समय जिसमें प्रौद्योगिकी और सूचनाक्रान्ति ने पूरे जीवन तन्त्र को, हतप्रभ कर देने की हद तक हस्तक्षेप किया है, उसके असरात पूरी सामाजिक संरचना और जीवन मूल्यों पर भी पड़े हैं। इस सामाजिक संरचना में परम्पराओं का स्थान बहुत कम बचा है और स्मृतियों का और भी कम। यह समाज बेशक चेतना सम्पन्न है। इसके बावजूद किसी द्वन्द्व में घिरा, किसी कशमकश में बेचैन और चिन्तित समाज हो जैसे। अधिकारों के प्रति जागरूक लेकिन उत्तरदायित्वों के प्रति एक लापरवाह

समाज। यह एक भीड़वादी समाज जो अन्धानुकरण के कारण अपनी अस्मिता और पहचान खोकर किसी मॉल संस्कृति का उत्पाद होता जा रहा है।

इस सामाजिक संरचना में सबसे बड़ी विडम्बना यह हुई है कि सार्थक होने की निस्बत सफल होना ज़रूरी है। सफलता किसी भी रास्ते से होकर आये, पर आये। यही भावना समाज को हिंसक, क्रूर, आत्मकेन्द्रित, कॅरियररिस्ट, और अपुर्चनिस्ट (अवसरवादी) बना रही है।

सुप्रसिद्ध नोबेल पुरस्कार विजेता फ़िल्मकार 'दारियो फ़ो' कहते हैं, "समाज में जो सबसे बड़ी दुर्घटना घटित हो सकती है, वह है, ख़ामोशी की दुर्घटना। आत्मा की ख़ामोशी और विचारों की ख़ामोशी, समाज के सबसे बड़े दुर्भाग्य हो सकते हैं।"[1]

इस बात से आश्वस्त हुआ जा सकता है कि हिन्दी साहित्य कभी ख़ामोश नहीं हुआ। प्रतिवाद हिन्दी साहित्य के केन्द्र में रहा है। वैचारिक चुप को कभी महसूस नहीं किया गया। हिन्दी ग़ज़ल में बेहतरीन, जज़्बाती, सार्थक, हस्तक्षेप पैदा करती आवाज़ें उठती रही हैं। हिन्दी ग़ज़ल में, सामाजिक संरचना का प्रभाव और उथल-पुथल को महसूस किया जा सकता है।

यान्त्रिकता ने समाज को निरपेक्ष और तटस्थ बना दिया है। यह यान्त्रिकता नयी सामाजिक संरचना का मुख्य तत्त्व है। सौरभ शेखर के दो शेर इसी सन्दर्भ में बेहद प्रांसगिक हैं–

सामान है इस दरजा अम्बार से सर फोड़ो
दीदार करो छत का दीवार से सर फोड़ो

आगोश में टी वी की हर शाम करो काली
हर सुबह उसी बासी अख़बार से सर फोड़ो[2]

सौरभ शेखर

यहाँ एक वातावरण की निर्मित है। दोनों अश्आर में एक रोज़नामचा है जिसमें मनुष्य की जड़ता का बोध है। टी.वी., अख़बार और उसमें ख़ालीपन को भरता हुआ मनुष्य। एक रटा-रटाया हुआ रोज़नामचा जिसमें बासीपन है और जीवन की जड़ता है। घर अब घर नहीं रहे। घर को उपभोक्तावादी मनुष्य ने इस तरह वस्तुओं से भर दिया है कि घर, अजायबघर होकर रह गये हैं। उसी सामान को देखना और सर फोड़ना मनुष्य की दिनचर्या में शामिल है। यह हमारे नये समय की नयी सामाजिक संरचना का प्रभाव है कि दिल के बहलावे के लिए टी.वी., अख़बार या फिर घर में रखा बेजान सामान है। इन अश्आर का रदीफ़ है सर फोड़ो! इसमें ख़ास तरह की व्यंजना है जो ख़लिश पैदा करती है और पीड़ा भी देती है।

इस सामाजिक संरचना को दूर से देखें तो किसी शानदार दृश्य (सीनरी) के रूप में दिखाई देती है। हलचल और आवेगपूर्ण जीवन! सड़कों पर चमचमाती कारें। भरे हुए रेस्तराँ। चकित करते मॉल। सजेधजे अपार्टमेंट्स यानी, सुख से भरा समाज।

लेकिन इस सामाजिक संरचना को ज़रा नज़दीक से (और ग़ौर से) देखें तो सारा वैभव किसी पाखण्ड की तरह प्रतीत होता है। नया समाज एक ऐसे स्टीम इंजन की तरह है जिसमें पुराने मूल्यों का कोयला डालकर, नये जीवन मूल्यों की आग (और भाप) पैदा करने की भरपूर कोशिश की गयी। लेकिन इस आग में, यान्त्रिकता और बद्हवासी की भाप ज़्यादा है, सकून और इत्मीनान की आँच कम। शेर है–

किस खोज में हैं शहर के सब लोग न जाने
चेहरों पे उदासी भी है आँखों में थकन भी[3]

सौरभ शेखर

तकनीक ने हमारे समाज को कुशल, सुविधाभोगी सूचना सम्पन्न ज़रूर बनाया है। लेकिन नये मूल्यों ने वर्तमान देकर, स्मृतियों का अपहरण कर लिया है। इस समाज के जीवन शिल्प ने साहित्य, कला, संगीत को भी प्रभावित किया है। जार्ज लुकाच ने सही कहा है कि हमारी संस्कृति इस समय अँधेरे में है। यानी, इन नये जीवन मूल्यों ने एक कशमकश की अवस्था ज़रूर पैदा की है। लिव-इन-रिलेशन जैसा नया सम्बन्ध इस सामाजिक संरचना से पैदा हुआ है तो पारिवारिकता का क्षरण भी इस दौरान हुआ है। एक शेर इसी सिलसिले में–

तमाम तरह के दुख का हवाला देता हुआ
वो हँस रहा है मुझे घर निकाला देता हुआ[4]

स्वप्निल तिवारी

घर से बेदख़ली सिर्फ़ 'मैं' पात्र की ही नहीं हुई, बल्कि उन जीवन मूल्यों की भी हुई है जिन पर परिवार की संवेदना टिकी थी। 'मैं' पात्र यहाँ उस संवेदना के क्षरण का प्रतीक है।

पुराने मूल्यों का जयगान करना और नये मूल्यों को कठघरे में खड़ा करना– हमारा ऐसा मन्तव्य बिल्कुल भी नहीं है। लेकिन जो सामाजिक परिवर्तन हो रहे हैं उनको हिन्दी ग़ज़लकारों ने किस प्रकार महसूस किया है और किस तरह सामाजिक संरचना को अभिव्यक्ति दी है यह जानना बेहद लाज़मी है। हिन्दी ग़ज़ल में अनेक छवियों के ज़रिये, जीवन मूल्यों और सम्बन्धों को व्यक्त किया जा रहा है। दुष्यन्त जब कहते हैं–मत कहो आकाश में कोहरा घना है। यह किसी की व्यक्तिगत

आलोचना है–तो वो आलोचना न करते हुए नयी सामाजिक संरचना पर बड़ा विनम्र तबसरा कर डालते हैं। 'आकाश में कोहरा' दरहक़ीक़त नये मूल्यों की कशमकश को व्यक्त करता है। विरोधाभास ऐसा पैदा हुआ है समाज में कि एक और तकनीक के ज़रिये ज्ञान-विज्ञान, कला, संगीत तक पहुँचने की कोशिशें तो दूसरी ओर बढ़ता धार्मिक कर्मकाण्ड!

चमत्कार के क़िस्से गाते रहते हैं
हम पत्थर को दूध पिलाते रहते हैं[5]

किशोर तिवारी

नये समाज की संरचना में बहुत सारे तत्त्व शामिल हुए हैं। मनुष्य आत्मकेन्द्रित, अवसरवादी, कॅरियररिस्ट ही नहीं बल्कि बहुत ज़्यादा व्यक्तिवादी और अहंकारी भी हुआ है। नये जीवन मूल्यों में भ्रष्टाचार भी अब एक मूल्य (या पतन) का रूप ले चुका है। यह जानना भी बहुत ज़रूरी है कि इस समाज का नज़रिया पूँजीवादी नज़रिया है–ज़्यादा कमाओ। किसी भी रूप, किसी तरीक़े से कमाओ और फिर उसे बेदर्दी (लेविशली) ख़र्च करो।

अब पूरा समाज एक ऐसे प्रौद्योगिक तथा सूचनाक्रान्ति के युग में है जहाँ मनुष्य हर पल, हर समय बदलती हुई दुनिया को देख रहा है। पूरी दुनिया की विराटता एक 'चिप' में समा गयी है। और विज्ञापनी दुनिया का सम्मोहन, उस 'दृश्य' को रचता हुआ जो यथार्थ प्रतीत होता है और फंतासी भी। ऐसी फंतासी जो हमें भ्रमित करने में सफल होती है। दरअसल हम छल करती मरीचिकाओं के समय में प्रवेश कर चुके हैं–

कश्तियाँ डूब भी जायें तो मरने वालों में
होश जब तक रहे साहिल का गुमां होता है[6]

हरजीत सिंह

यह फंतासी की रचना करता विज्ञापनी समय, विभ्रम और गुमान पैदा करता समय है। यही समय हमारे समाज का और जीवन मूल्यों का भी समय है। यह फंतासीनुमा विज्ञापनी समय, एक नये यथार्थ की रचना करता प्रतीत होता है जो ख़ुशफ़हमियों के पण्डाल में सजता-सँवरता है। इसी भाव को व्यक्त करता ये शेर–

ख़ुशफ़हमियों में खोए हुए हैं मेरे हुज़ूर!
साबुन की एक टिकिया समन्दर में डालकर[7]

अनिल कुमार गौड़

समन्दर के स्वभाव और उसकी संरचना को साबुन की एक टिकिया से बदलने की कोशिश! कोशिश या ख़ुशफ़हमी। यह ख़ामख़याली समाज में अजीब तरह की विसंगत पैदा कर रही है। बेशक, सपने देखना बुरी बात नहीं। आँखों की आदत सपने देखने की होती है और यह आदत युगों से है। यह आदत युगों तक रहेगी भी। लेकिन 'सपनों' का रूप बदलता रहता है। तीन-चार दशक पहले युवाओं के सपनों में रेलगाड़ी होती। उसके पीछे भागता हुआ युवा होता। लेकिन नये समाज की आँखों में पैकेज, फ़्लैट, लक्ज़री कार, कॅरियर, लैपटॉप, गर्लफ्रेंड, हॉली डे ट्रिप, गेट-टू-गैदर पार्टी के सपने होते हैं। हमारे समाज का युवा वर्ग, दरहक़ीक़त, नये समाज के जीवन मूल्यों की रचना करने वाला रचयिता बन चुका है।

इधर एक और बात घटित हुई है। नयी सामाजिक संरचना में एक नया मध्य वर्ग विकसित हुआ है जो अपनी तरह से जीवन जीता, खाता-पीता, राग-रंग में मस्त है। वह अधिक निस्संग, अधिक आत्मकेन्द्रित, अधिक ग़ुस्सैल, अधिक अधीर, अधिक लालची, अधिक ख़र्चीला तथा अपने प्रति जज़्बाती, अन्यों के प्रति विमुख है। इसी मध्य वर्ग की वैचारिकता और जीवन शैली पर तंज़ करता हुआ यह शेर–

बुलन्दियों पे वो पहुँचा सकेगा क्या तुझको
जो तितलियों के परों पे सवार रहता है[6]

सुरेश कुमार

विज्ञापनी संसार की फन्तासी में मग्न और विभ्रम को हक़ीक़त समझनेवाला नया मध्यवर्गीय समाज ऐसा प्रतीत होता है जैसे तितलियों के परों पर सवार हो। यह बुलन्दी नहीं, बुलन्दी का विचलन ज़रूर है।

इस सामाजिक संरचना ने पैसा और प्रसिद्धि दी है और इसमें भी एक उजाड़ पैदा किया है। एक बंजरनामा। यह समाज, स्वयं अपना एक बंजरनामा भी लिख रहा है। स्मृतिविहीनता, अकेलेपन का डर, असुरक्षा का अवसाद। आत्महत्याएँ। शोषण, अत्याचार! इस समाज के रास्ते में जो आकाशगंगा बिछी हुई नज़र आती है, उसके नीचे बेचैनियों की किरचें भी हैं। कुछ शेर इस सामाजिक संरचना की विभिन्न छवियों को व्यक्त करते हुए–

जब धुआँ साँस की चौखट पे ठहर जाता है
तब हवाओं को बुलाने का जतन होता है[7]

द्विजेन्द्र द्विज

बढ़ी जो प्यास तो दरिया ने भी मुँह मोड़ लिया
लगी है जाल बिछाने दुकान पानी की[10]

अशोक अंजुम

उनकी बातों का असर तो देखिए
चाय की प्याली में भी तूफ़ान है[11]

कुमार विनोद

असल में मान जिनको चाहिए वो तो उपेक्षित हैं
ठगों को, रहज़नों को मुफ़्त में सब शान हासिल है[12]

राकेश अचल

यही इक आख़री सच है जो हर रिश्ते पे चस्पाँ है
ज़रूरत के समय अक्सर भरोसे टूट जाते हैं[13]

पवन कुमार

एक कबूतर चिट्ठी लेकर पहली पहली बार उड़ा
मौसम एक गुलेल लिए था पट से नीचे आन गिरा[14]

दुष्यन्त कुमार

दुष्यन्त के शेर से सामाजिक संरचना के अनुभवों पर तबसरा करते हैं। मानवतावादी मूल्यों का क्षरण इस दौर में अत्यधिक हुआ है। मनुष्य की बेहिसी और बेरुखी ने पूरे समाज के ढाँचे और सोच को अमानवीय हो जाने दिया है। मौसम के हाथ में नहीं, समाज के हाथ में गुलेल है। आसमान में उड़ता परिन्दा अब समाज की ज़द में है। बात प्रतीकों के ज़रिये व्यक्त हुई है। समाज, गुलेल, परिन्दा! ये मिलकर एक ऐसे रूप की रचना करते हैं जो समाज के यान्त्रिक स्वभाव को गहराई से व्यक्त करता है। पवन कुमार सम्बन्धों के विखण्डन पर मार्मिक टिप्पणी, अपने शेर के ज़रिये बयान करते हैं कि यह समाज, विश्वासहीनता का मारा समाज है। सामाजिक संरचना में मानवतावादी मूल्यों में भरोसा किसी ज़रूरी तत्त्व की तरह होता है, और वही छीजता चला गया है। राकेश अचल भी मानवातवादी मूल्यों के क्षरण की बात अपने शेर में बड़े सपाट लहजे में करते हैं। हिन्दी ग़ज़ल की एक धारा यह भी है जिसमें संकेतों के विपरीत, बड़े स्पष्ट शब्दों में बात कही जाती है। शेर में व्यंजना और तंज़ की अहम भूमिका होती है। वो यहाँ भी है। यही लहजा कुमार विनोद का भी है। लेकिन बात प्रतीकों में है। पूरा समाज ज़रा-सी बात का वितण्डा खड़ा कर देता है और 'मीडिया' दुख और संवेदना का भी 'मीडिया ट्रायल' करने से नहीं चूकता। नतीजा, मानव मूल्यों का ह्रास। अशोक अंजुम बाज़ारवादी सोच को अपने शेर में

कलात्मक अभिव्यक्ति देते हैं। मानवतावादी विचार पर बाज़ारवादी नज़रिया हावी है। यहाँ तक कि पानी भी 'दूकान' में बदल रहा है। द्विजेन्द्र द्विज सामाजिक संरचना के उस विडम्बनापूर्ण व्यवहार की व्याकुलताभारी अभिव्यक्ति देते हैं कि हवाएँ तब दी जाती हैं जब धुआँ अपनी सत्ता क़ायम कर लेता है। यहाँ हवा और धुआँ दो प्रतीक हैं, एक-दूसरे के विपरीत। हवा, मानवातावाद का प्रतीक है, धुआँ विसंगति का। विरोधाभास के ज़रिये, द्विज ने नयी सामाजिक संरचना को अभिव्यक्त दी है।

तुम्हें शहर ये शहर-सा लगे, लगे तो लगे
मेरे लिए तो महज़ ख़ामुशी का दरिया है[15]

जानकी प्रसाद शर्मा

शहर पूरे समाज अथवा पूरे परिदृश्य का प्रतीक है। शहर यानी समाज, जिसके पास शोर में तबदील होती आवाज़ें हैं। लेकिन इस शोर के भीतर एक अजीब तरह की ख़ामोशी भी है। ख़ामोशी यानी बेचैनी। यानी व्याकुलता।

मंच, विदूषक, भीड़ मुनादी
नारों के बैलून शहर में
घूम रहे हैं यहाँ भेड़िए
लिए भेड़ की ऊन शहर में[16]

दिनेश शुक्ल

नये समाज की संरचना बेहद जटिल हो चुकी है। अजीब क़िस्म की बदहवासी पूरे सामाजिक ताने-बाने पर हावी है। इसी को चलती-फिरती 'एनार्की' (अराजकता) कहा गया है। दिनेश शुक्ल के छोटी बहर के दो शेर इसी नयी सामाजिक संरचना पर तंज़ करते हैं। उनके शब्दों में तुर्शी और बेबाकी है।

कभी तू जहान से डरा गया कभी मैं जहान से डर गया
तू उधर गया, मैं इधर गया किसी तौर वक़्त गुज़र गया[17]

नरेन्द्र

नये मूल्यों के इस जहान से डर क्यों लगने लगा है? यह प्रश्न इस शेर के तलघर में है और इसका उत्तर भी इस शेर में मौजूद है कि एक भटकाव-सा पैदा हो चुका है जो इधर-उधर भटकने के लिए विवश कर रहा है। इस शेर में एक विचार भी उभरकर आता है। वह है कि समाज में अजीब क़िस्म का सतहीपन मौजूद है इसी के रहते जैसे-तैसे समय व्यतीत करने की जीवन शैली होने लगी है।

यह हमारे समाज का 'अधीर चेहरा' है। जिसमें–'दिल माँगे मोर' तथा मेरी कमीज़ से तेरी कमीज़ ज़्यादा साफ़ क्यों है–जैसा ईर्ष्या जनित स्लोगन–इसी समाज के भीतर की जीवन शैली को अभिव्यक्त करते हैं। यह वह समाज है जिसमें–दाग़ अच्छे लगते हैं–जैसा जीवन गरिमा का 'विलोम'। इससे पूर्व बच्चे बड़े यही जानते थे कि 'दाग़' बुरा शब्द है। लेकिन नयी सामाजिक रचना में विज्ञापनों का प्रभाव इतनी आक्रामकता से दिलो-दिमाग़ पर हावी हुआ है कि विज्ञापन का 'थॉट' समाज का 'विचार' बनने लगा है। तेज़ रफ़्तार का यह समय, 'बोहेमियन समय' है और हमारा समाज इसी समय में है।

ये पागल हवा और सफ़र बेकरां-सा
जुदा सर से दस्तार होकर रहेगी[18]

सुरेन्द्र सिंघल

रफ़्तार का यह समय, हिन्दी ग़ज़लकार सुरेन्द्र सिंघल इसे 'पागल हवा' के प्रतीक रूप में देखते हैं, इस यात्रा में, या कि इस जीवन शैली में, सर तो सलामत रहेगा, बेशक! लेकिन दस्तार? यानी सम्मान। यानी पहचान। यानी मनुष्यता। यानी तहज़ीब। वो संकट में है। हमारा समाज बहुत सारे संकटों के साथ चल रहा है।

अजीब मंज़र है। तात्कालिकता भी अब किसी जीवन मूल्य की तरह है। सब कुछ हासिल करने की तड़प और व्याकुलता। मोर किक मोर ज्वाय। मूमेंट्सफुल लाइफ़। डांस, ड्रिंक्स, पार्टी। सुखवाद। भोगवाद। आनन्द! आनन्द उद्योग। बाकी सब रबिश। मनुष्यहीनता का चरम!

कुछ शेर जो इसी समाज के तलघर से छनकर आये हैं–

तुम्हारे सीने में क्या है मुझे नहीं मालूम
तुम्हारे कपड़े मगर आदमी-से लगते हैं[19]

ज़हूर आलम

साँस लेने की सब मशीनें हैं
ढूँढ़ता हूँ मैं आदमी कोई[20]

नन्दलाल पाठक

वो लोग जिनके पास चरागों का ढेर है
वो लोग चाहते हैं बड़ी लम्बी रात हो[21]

दिनेश कुमार स्वामी

ज़हूर आलम, नन्दलाल पाठक और दिनेश कुमार स्वामी के अश्आर में समाज की विभिन्न स्थितियों पर सटीक तबसरा है। ज़हूर के शेर में कटाक्ष है। समाज के नये मूल्यों से निर्मित मनुष्य सिर्फ़ कपड़ों से मनुष्य अथवा मनुष्य जैसा ज़रूर प्रतीत होता है। बस इतना ही। उसके भीतर की अवस्था कैसी है? यह प्रश्न मारक है। लेकिन नन्दलाल पाठक थोड़ा मुखर होकर आज के मनुष्य पर शेर व्यक्त करते हैं–

साँस लेने वाली मशीनों के बीच कोई इन्सान मिले–उसी की तलाश है। दोनों अश्आर बदहवास आदमी की जीवन शैली पर सवाल खड़े करते हैं।

तीसरे शेर में भी इसी समाज के भोगवादी चेहरे की अभिव्यक्ति है। तंज़ यहाँ भी है। लेकिन बड़ी कुशलता से कवि कटाक्ष को छुपा-सा लेता है। समाज में सबकुछ हासिल कर लेने की प्रवृत्ति ने सन्तुलन नष्ट कर दिया है। वो लोग लम्बी रातें चाहते हैं जिनके पास चराग़ों का ढेर है। लेकिन जिसके पास रोशनी नहीं, वो लम्बी रातों का क्या करें? यानी यह समाज सम्पन्न लोगों का है जो ख़ूब ख़र्चीला जीवन जीना अपना जीवन मूल्य बना चुके हैं।

यह हमारा समाज, विडम्बनाओं का उत्पाद जहाँ सबसे अधिक हो रहा है, विसंगति जहाँ जीवन मूल्य की तरह है।

सर जो मुश्किल है तो अब पैर ही काटे जायें
तय हुआ है कि किसी से कोई ऊँचा न रहे[22]

महेश अश्क

बराबरी का हक़ देने का यह कैसा विसंगत फ़रमान है कि कोई किसी से ऊँचा न रहे–इसके लिए अमानवीयता का इंतिहाई फ़ैसला। यह हमारे समय का दृष्टिबोध है। इस फ़ैसले का माकूल जवाब ज़हीर क़ुरैशी के इस शेर में निहित है–

आँखों पर पट्टी बाँधे जो सच को देखा करते हैं
वे उत्तर देते हैं अक्सर गांधारी की भाषा में[23]

ज़हीर क़ुरैशी

यह विडम्बना हमारे समाज की है, रोशनी का भावार्थ तब समझाया जाता है जब आँखें महाजनों को ब्याज के रूप में चुका दी जाती हैं।

यह समाज और इस समाज की विडम्बना। विडम्बना में छुपा अजीब तरह का विरोधाभास। मकान की बात करने वाला समाज, मचान का नक़्शा अपने तलघर में छुपाकर रखता है।

यह समाज और इस समाज के नैतिक प्रश्न। लेकिन वर्तमानता का युधिष्ठिर उत्तरहीन, पराजय के बोध से पीड़ित।

लेकिन नयी जीवन शैली के जीवन मूल्यों के प्रश्नों के लेकर खड़ा यक्ष! समाज में नेज़े की तरह उछलते प्रश्न। हमारा समाज वस्तुतः प्रश्नों का यक्षगान गाता समाज है।

इस समाज को व्यक्त करते सूर्यभानु गुप्त की ग़ज़ल के कुछ मिसरे। यहाँ 'चेहरे' प्रतीक हैं। समाज, मनुष्य, समय, जीवन शिल्प और जीवन मूल्यों का प्रतीक।

चेहरे मरे हुए कोलम्बस
चेहरे लोकगीत फाकों के
चेहरे अटकी हुई पतंगें
चेहरे गौतम की तन्हाई[24]

'चेहरे' नयी सामाजिक संरचना की अभिव्यक्ति हैं। दुष्यन्त अपने शेर में भी इसी प्रतीक को वक्रोक्ति में व्यक्त करते हैं। सामाजिक संरचना की यह अभिव्यक्ति आईने के ज़रिये बेशक हुई है लेकिन बात में 'चेहरा' है। चेहरे इतने नहीं टूटे जितने कि आईने। यानी टूटे चेहरे भी हैं। शेर है–

इस तरह टूटे हुए चेहरे नहीं हैं
जिस तरह टूटे हुए आईने हैं[25]

दुष्यन्त

यह हमारा समाज जिसकी संवेदना की सीपियाँ रिक्त हैं और रेत पर मछलियों को नचाने (या कहें कि तड़पाने) को शगल समझता है। हमदर्दियों की किरचें और मौखिक तसल्लियाँ इसके आचरण में हैं। यह हमारे समाज के नये जीवन मूल्यों का सृजन है। और प्रेम! प्रेम पत्रों में प्रेम नहीं, आदेश है। और आदेश में अध्यादेश। इसलिए कि समाज स्मृतिविहीन है। स्मृतिविहीन समाज अपनी निशानियाँ गुम कर बैठता है और भावनाएँ निष्कासित। एक शेर इसी अहसास की अभिव्यक्ति के रूप में–

जिस्म पहनकर चलता हूँ
लेकिन क्या मैं ज़िन्दा हूँ[26]

इरशाद ख़ान सिकन्दर

यह शेर समाज के कटु यथार्थ की मार्मिक अभिव्यक्ति है। भावहीन और स्मृतिविहीन समाज के पास जिस्म को पहने हुए लोग तो हैं, लेकिन उनके ज़िन्दा होने पर प्रश्नचिह्न इसलिए चस्पाँ हैं कि भावनाविहीन समाज क्या जीवित समाज भी होता है? यह समाज सबको अपने गले से लगाने के फ़रेब रचता है—बेशक! लेकिन किसी को अपना नहीं होने देता। बेगानापन इस समाज की कन्द्राओं में है यानी डी.एन.ए. में। बेगानापन भी इस समाज के जीवन मूल्यों का एक अंश है।

यहाँ मजबूत से मज़बूत लोहा टूट जाता है
कई झूठे इकट्ठे हों तो सच्चा टूट जाता है[27]

हसीब सोज़

हसीब सोज़ का यह शेर हमारे पूरे समाज की हक़ीक़त बयानी है। पहले सच बोलने वाले मनुष्य को; जो अपनी नैतिकता की लड़ाई लड़ रहा होता है—अकेला कर दिया जाता है। यहीं से उसकी पराजय का आरम्भ होता है। यह एक ऐसा खेल है जो हमारा समूचा समाज खेल रहा है बड़ी तन्मयता के साथ। बड़े ठाठ के साथ। एक तरफ़ सच की लड़ाई लड़ता अकेला मनुष्य, दूसरी तरफ़ अपनी-अपनी मक्कारियों और कपट के साथ खड़े लोग। उनका झूठ इतना ताक़तवर होता है कि सच की लड़ाई लड़ता हुआ अकेला मनुष्य हार जाता है। हमारे समाज ने नैतिकता को एक ऐसी घास बना दिया है जिस पर वो अपने लोहे के जूते डालकर खड़ा है।

यह ऐतिहासिक सच है कि समय की यात्रा के साथ-साथ, समाज भी यात्रा करता रहता है। अपनी यात्रा में वो नये जीवन मूल्यों को गढ़ता है। मूल्यों की यह टूट-फूट जारी रहती है। समाज समय सापेक्ष होता है और उसी के अनुसार वह अपनी जीवन शैली का सृजन करता है। समाज दीवार पर टँगा पुराना कलैंडर नहीं होता। वह वॉल क्लॉक ज़रूर होता है जागता हुआ, हर पल गतिशील।

इसके बावजूद वाल्टर बेंजामिन कहते हैं—अतीत के भग्नावेष हमेशा वर्तमान में मौजूद रहते हैं और इन बिम्बों का अध्ययन करते हुए, वर्तमान की शक्ल बनायी जाती है। रोज़मर्रा का घिसापिटा जीवन, एक समूचे युग की माइक्रो सोशियोलोजी को गढ़ता है।[28]

समाज के घिसेपिटे रोज़नामचे में समाज के जीवन मूल्यों की आहटों को महसूस किया जा सकता है।

लेकिन हमारा समाज 'गैजेट' के सहारे जीता हुआ, सुविधाओं की तमाम 'हेल्पलाइनों' को इस्तेमाल करता हुआ ऐसा मध्यवर्गीय नया समाज है जिसमें व्यक्तिवाद अपने चरम पर है तथा सम्बन्धों को समीकरणों के प्रिज़्म से देखा-परखा

जा रहा है। ज़िन्दगी को संवेदन लय से नहीं 'प्रोफेट एंड लॉस' के प्रश्नों की तरह हल किया जाने लगा है।

फ्रेड्रिक जेमेसन ठीक ही कहते हैं, "हमारे समय के समाज ने पदार्थीकरण की प्रक्रिया ने न सिर्फ़ सबको पदार्थ में बदल दिया है बल्कि 'एलिएनेशन' को भी जन्म दिया है।[29]

नये समाज में यह चिन्ताजनक पहलू है कि परिवार नामक संस्था अपना प्रभाव खोने लगी है। शादियों के जोड़े डिस्पोज़ेबल या पेपर गाउंस में बदल गये हैं। मातृत्व और पितृत्व लोप होने लगा है। सेरोगेट मदर या सन्तान प्राप्ति के लिए जीन्स (वीर्य) बैंक खुल गये हैं। यह वह समाज है जिसमें सम्बन्धों का क्षरण सबसे अधिक हुआ है। इसकी चिन्ताएँ और इसका प्रभाव हिन्दी ग़ज़ल में साफ़ और स्पष्ट देखा जा सकता है। सम्बन्धों के बिखराव, क्षरण और विखण्डन को हिन्दी ग़ज़लकारों ने बड़ी मार्मिकता और सूझबूझ के साथ अभिव्यक्ति दी है। दुष्यन्त का एक शेर सम्बन्धों की जटिलता, तनाव और वास्तविकता का बयान है–

तू किसी रेल-सी गुज़रती है
मैं किसी पुल-सा थरथराता हूँ[30]

दुष्यन्त

इस शेर में रूपक की रचना है। बिम्ब इतना सजीव कि पुल से गुज़रती हुई रेलगाड़ी तब-तब दिखाई देती है, जब-जब इस शेर का पाठ होता है। यह शेर की अद्‌भुत संरचना है। लेकिन शेर यहीं समाप्त नहीं हो जाता। शेर हॉट करता है और अपने कथ्य तक ले जाने में सफल होता है जहाँ कवि इस चिन्ता को व्यक्त करता है कि सम्बन्धों में बिखराव आ चुका है। इस शेर में दो पात्रों (तू और मैं) के ज़रिये सामाजिक ढाँचे की गूँज है। तू पात्र का रेलगाड़ी की तरह गुज़रना और मैं पात्र का पुल की तरह थरथराना।

शहर हो या देहात, हर रिश्ता दो पक्षों में बँट चुका है। एक पक्ष ताक़तवर है। दूसरा पक्ष कमज़ोर है। एक पक्ष पुल-सा थरथराता रहता है। दूसरा पक्ष रेलगाड़ी-सा गुज़र जाता है अपनी निस्संगता के साथ।

कुछ और शेर–सम्बन्धों के बिखराव और विखण्डन को व्यक्त करते हुए–

इस समय हम काँच के केबिन में हैं
कम से कम इस वक़्त तो झगड़ा न कर[31]

हरेराम समीप

उम्र गुज़री है सारी शहरों में
अब कहाँ बेरुखी से डरता हूँ[32]

सुल्तान अहमद

रिश्तेदारी है टेलीफून मशीन
सिक्का डालो तो बात होती है[33]

विनय सरगम

इससे पहले कि खेल रुक जाये
वो खिलौनों में चाबियाँ देगा[34]

सलीम अख़्तर

हरेराम समीप, विनय सरगम, सलीम अख़्तर और सुल्तान अहमद ने समाज के भीतर सम्बन्धों के तनाव और उनके टूटने को बहुत सशक्त रूप में अभिव्यक्ति दी है। हिन्दी कविता अगर वैचारिक दृष्टि से विकास कर रही है तो यही विकास हिन्दी ग़ज़ल में भी देखा जा सकता है। हिन्दी ग़ज़लकारों ने प्रायः हर विषय को बड़ी ज़िम्मेदारी के साथ ग़ज़ल में व्यक्त किया है।

समीप के शेर में तंज़ है जो 'बतकही' में व्यक्त हुआ है। हम झगड़ रहे हैं। यह सच है। लेकिन ज़रूरी यह भी है कि झगड़ा जग ज़ाहिर न हो। 'काँच के केबिन में झगड़ा' यह नया मुहावरा है। मैं पात्र इसी बात से भयभीत है। झगड़ा बेशक हो। लेकिन काँच के केबिन में नहीं। कम से कम इस वक़्त तो झगड़ा न कर–यह बतकही का अन्दाज़ अपनी मारक क्षमता में है। मिसरे में जो सादगी है, वह हलाक़ करके रख देती है। सादगी सुल्तान अहमद के शेर में भी है। सादगी की मारक क्षमता यहाँ भी है। यहाँ व्यंजना है और खिलंदड़ापन भी। तबसरा शहर पर है यानी समाज पर। समाज जो शहरवालों का समाज है–निस्संग और बेमुरव्वत! सुल्तान जब कहते हैं–अब कहाँ बेरुखी से डरता हूँ–तो, दरहक़ीक़त वो इस बेरुखी को 'सब्जेक्ट' के रूप में लेते हैं। बेरुखी भी हमारे समाज का जीवन मूल्य बन चुकी है। विनय सरगम की छोटी बहर का शेर, जिसमें सम्बन्धों को 'टेलीफून मशीन' के प्रतीक के रूप में अभिव्यक्ति दी है। यह शेर सम्बन्धों के औपचारिक हो जाने मात्र तक सीमित नहीं रहता। यह शेर समाज के उस जीवन मूल्य की बात करता है जहाँ सम्बन्ध 'प्रॉफेट एंड लॉस' का खेल बन चुके हैं। तथा बिना निजी स्वार्थ के कोई मित्रता नहीं निभाता। सलीम अख़्तर बड़ी प्रतीकात्मकता के साथ इस 'खेल' को अपने शेर में व्यक्त करते हैं। वो खिलौनों में चाबियाँ देगा–यानी हमारे दौर के सम्बन्ध 'चाबी के खिलौने' बनकर रह गये हैं। जो चलते हैं तो सिर्फ़ चाबी भरने से। यही सबसे

बड़ी त्रासदी है कि रिश्तों में सहजता का भाव समाप्त हो चुका है। हर रिश्ता, जो चल रहा है, उसमें चाबी भरी जा चुकी है। यही सतहीपन है जो सम्बन्धों में किसी गहरी चिन्ता की तरह है।

सामाजिक संरचना में सम्बन्धों के बीच जो कशीदगी, बिखराव और फ़ासला पैदा हुआ है, कुछ शेर उसी अनुभूति को केन्द्र में रखकर लिखे गये हैं, यहाँ प्रस्तुत हैं–

खाट-बिछौना अपना अपना
रोना-धोना अपना अपना
इक कमरे का घर है फिर भी
कोना-कोना अपना-अपना[35]

नरेश महाजन निर्गुण

मैं ही क्या पहचान पाऊँगा उसे
यक-ब-यक वो राह में मिल जाये तो[36]

शशिकान्त

मैं अँधेरे बनों में भटकता रहा
तू मुंडेरों पे दीपक जलाती रही[37]

दिनेश मंज़र

जब कभी मैं तुमसे मिलने आऊँगा तुम देखना
साथ में आ जायेंगे लम्बी उमर के फासले[38]

अश्वघोष

उपर्युक्त सभी अशआर में सम्बन्धों के बिखराव की मार्मिक अभिव्यक्ति है। हिन्दी ग़ज़लकार अनुभव के साथ-साथ चिन्तन जैसे तत्त्व को भी अभिव्यक्ति में शामिल करने लगे हैं। इस तरह शेर न सिर्फ़ सपाट होने से बच जाता है, बल्कि वह और अधिक मानीख़ेज़ भी हो जाता है। नरेश महाजन अपने शेर में 'घर' का सूरते-हाल बयान करते हैं। घर है। कमरे हैं। लोग हैं। सम्बन्ध हैं। लेकिन सबके अपने-अपने कोने निश्चित हो चुके हैं। कोना यानी गैप। कोना यानी दूरी। कोना यानी आत्मकेन्द्रित अवस्था। कोना यानी ईगो।

शशिकान्त के शेर में भय की एक जुम्बिश है। एक हरारत है स्मृतियों की। और थरथराहट सम्बन्धों के बीच पसरे फ़ासले की भी है।–मैं ही क्या पहचान पाऊँगा उसे–मैं पात्र का अपने आपसे किया गया सवाल, 'टूटन' की उस आवाज़ को पैदा

करता है जो रिश्तों से होकर आयी है। आत्मीय लोग जब पहचान के केन्द्र से बाहर हो जाते हैं तो एक ख़लिश-सी, अपनी हांफती हुई आवाज़ के साथ हमेशा मौजूद रहती है।

अश्वघोष का शेर भी इसी फ़ासले को व्यक्त करता है। कई बार किसी अपने से मिलना इतना जटिल हो जाता है कि लगता है, हम नहीं मिल रहे। हमारे बीच की जो दूरियाँ हैं वो मिल रही हैं।

लेकिन दिनेश मंज़र बड़े प्रतीकात्मक और लयात्मक लहजे में (विरोधाभास पैदा करते हुए) सम्बन्धों पर तबसरा करते हैं। कितनी निरपेक्षात्मकता का आलम है। किसी से कोई सरोकार नहीं बचा। मैं पात्र जंगल के अँधेरे में भटकने को अभिशप्त है। लेकिन 'तू'। तू जो प्रेमिका है वह निश्चिन्तता के साथ घर में दीये जला रही है। सम्बन्धों की जटिलता और फ़ासले को व्यक्त करने की यह शैली बहुत प्रभावशाली है। लेकिन मैं पात्र यहाँ स्त्री पात्र की निस्संगता को अभिव्यक्ति देता है। कुछ और शेर प्रस्तुत हैं–

ज़िन्दगी की सड़क रही सूनी
यूँ तो सबसे मिले-मिलाये हम![39]

दिनेश कुमार स्वामी

अपने नाख़ून लगाकर तूने
मेरे ज़ख़्मों पे दवा रक्खी है[40]

रजनीश सचान

कैसा अजीब रोग मेरी जां को लग गया
हर वक़्त है किसी से मुलाक़ात की तलब[41]

सौरभ शेखर

अभी क्या है अभी ये दायरे कुछ और सिमटेंगे
वो दिन भी आयेगा जब लोग तन्हाई में भटकेंगे[42]

सुरेश कुमार

तकलीफ़ तो होगी मेरे बच्चों को यक़ीनन
मैं आज खिलौनों की दुकाँ बेच रहा हूँ[43]

ज्ञान प्रकाश विवेक

सब बहा ले जायेगी ये वक़्त की सूखी नदी
एक दिन कहलायेंगे हम, एक थे 'देवेन्द्र जी'[44]

देवेन्द्र आर्य

लोग अपने ही घरों में फिरते हैं ख़ानाबदोश
बिस्तरों पर अपने ख़्वाबों का नगर बाँधे हुए[45]

सुरेश कुमार

बूढ़े बरगद की छाया में
पूरा कुनबा रह जाता था

झगड़ा अनबन शिकवा ताना
इक आँसू में बह जाता था[46]

अश्विनी शर्मा

ये कुछ शेर हैं। नयी सामाजिक संरचना के नये यथार्थ और भावबोध को व्यक्त करते हुए, समाज की विभिन्न छवियों को महसूस कराते हैं। सभी शेर बड़ी कलात्मकता और ग़ज़ल के मिज़ाज और तग़ज़्ज़ुल से छनकर आते हैं। यहाँ वो समाज है जो अपने आचरण में निस्संग और बेहिस होता जा रहा है। अकेलापन इस समाज के तलघर में है तो मानवतावादी मूल्यों के प्रति उपेक्षा इस समाज की आदत बन चुकी है। दिनेश कुमार स्वामी ज़िन्दगी को एक सड़क के प्रतीक रूप में लेते हुए सामाजिक अकेलेपन की बात करते हैं तो रजनीश सचान, मित्रता में, भरोसे के टूटने का विचार शेर में बड़ी मार्मिकता से व्यक्त करते हैं। नाख़ून और ज़ख़्म। यही सामाजिक संरचना का विरोधाभास है। अकेलेपन की वेदना सौरभ शेखर, सुरेश कुमार और देवेन्द्र कुमार आर्य के अश्आर में है। लेकिन अभिव्यक्ति, भावबोध और कहन सबकी भिन्न है। हमारी सामाजिक संरचना में यदि मानवतावाद किसी मूल्य की भाँति जीवित रहता तो अकेलेपन का त्रासद मंज़र कभी न पैदा होता। समाज जितना अधिक अमानवीय हुआ है, उतना अधिक अकेला भी। सौरभ शेखर के शेर में मुलाक़ात की तलब जैसा मुहावरा, अकेलेपन की बेचैनी को व्यक्त करता है तो सुरेश कुमार इस अकेलेपन की व्याकुलता, घर में ख़ानाबदोश हो जाने जैसे मुहावरे से पैदा करते हैं। देवेन्द्र आर्य के शेर में 'थे' का महत्त्व है। समाज अपनी वर्तमानता में होने के बावजूद, सब कुछ खोकर, केवल एक स्मृति बनकर रह जायेगा। ज्ञान प्रकाश विवेक की चिन्ताएँ स्पष्ट हैं। संवेदना का उत्पाद हो जाना–यह विडम्बना –मानवतावादी मूल्य का पतन है। अश्विनी उन दिनों को याद करते हैं जब घर,

सचमुच घर थे–संवेदन लय से भरपूर। लड़ाई, झगड़े, अनबन, शिकवे-सबके सब तत्त्व सम्बन्धों को प्रगाढ़ करते रहते थे। लेकिन अब यह बातें याद करना, व्याकुलता पैदा करता है। कुछ और शेर–सम्बन्धों की जटिलताओं को व्यक्त करते हुए–

तेरे मेरे बीच की दुनिया यहाँ
चिट्ठियों से डाकघर का फ़ासला[47]

इन्दु श्रीवास्तव

जो ख़त बैरंग लौटा है मेरे घर एक मुद्दत में
मैं अक्सर सोचता हूँ उसपे मेरा ही पता होगा[48]

योगेन्द्र दत्त शर्मा

आप अपने से बात करता हूँ
क्या हुआ है ये आजकल मुझको

चैन से बैठने नहीं देता
ये मेरी सोच का खलल मुझको[49]

शशि भूषण चिराग़

ग़ौर से देखा तो तस्वीर मेरे घर की थी
रास्ते में जिसे मैं यूँ ही उठा लाया था[50]

ओम प्रभाकर

कुछ टोल-फ्री नम्बर हैं मुसीबत के समय में
हम फ़्लैट हैं फ़्लैट पड़ोसी नहीं होते[51]

देवेन्द्र आर्य

सम्बन्ध की दुनिया कितनी सिमट चुकी है, इसका अहसास इन्दु श्रीवास्तव अपने शेर में कराती हैं। तेरे मेरे बीच की दुनिया में पहले बहुत कुछ था–तपिश, जज़्बात, प्रेम, उल्लास, उत्सव और भी बहुत कुछ–वो सब ख़त्म हो चुका है। जो बचा है वो चिट्ठियाँ हैं। और चिट्ठियाँ। चीख़ते हुए फ़ासलों का बयान हैं।

हमारे समाज में एक बड़ी घटना यह भी घटी है कि चिट्ठियाँ भी नहीं बचीं। यह समाज कितना विचित्र समाज है जो चिट्ठियों के ख़त्म हो जाने पर भी विचलित नहीं होता। ई-मेल और एस.एम.एस. के आधुनिक उपकरणों से प्रसन्न होने वाला समाज, नये जीवन मूल्यों को जीता हुआ। यह समाज, पड़ोसी विहीन समाज है। एक समय पहले मकान होते थे। मकानों की निशानियाँ होती थीं–पीपल के पास। नीम के पेड़ के नज़दीक। मन्दिर से कुछ दूर। तब मकान थे। मकानों का चेहरा था।

अब फ़्लैट हैं। फ़्लैटों का कोई चेहरा नहीं होता। फ़्लैटों के साथ-साथ रहने वाले लोग पड़ोसी नहीं होते, वो 'रेजीडेंट्स' होते हैं। बीमार होने पर कोई किसी की मदद नहीं करता। पड़ोसगिरी ख़त्म हो चुकी है। एक ज़माना पहले एक ख़ूबसूरत लफ़्ज़ था–'हमसाया'। यानी पड़ोसी। वो लफ़्ज़ नयी जीवन शैली में व्यर्थ हो चुका है। क्योंकि 'पड़ोस' जैसी संवेदना बिखर चुकी है। हर किसी के पास अस्पतालों के टोल फ्री नम्बर होते हैं–इमरजेंसी नम्बर होते हैं। यह समाज टोल फ्री नम्बरों का समाज बन चुका है। देवेन्द्र आर्य हमारे समय के प्रयोगधर्मी ग़ज़लकार ने, बिल्कुल नये प्रतीकों से अपने शेर में नये समय के सम्बन्धों को अभिव्यक्ति दी है।

ओम प्रभाकर भी 'घर' जैसी संवेदना के क्षरण को अपने शेर में इस प्रकार व्यक्त करते हैं कि घर के टूटने की उदास गूँज, शेर में गूँजती रह जाती है।

योगेन्द्र दत्त शर्मा के शेर में सम्बन्धों के विखण्डन से पैदा हुई अकेलेपन की बेचैनी है। बेरंग ख़त जो मैं पात्र के पास एक मुद्दत के बाद वापिस लौट कर आया है। वो अकेला नहीं आया। वो अपने साथ रिश्तों के ख़त्म होने की दास्तान भी लेकर आया है।

शशिभूषण चराग़ जब कहते हैं–आप अपने से बात करता हूँ–तो वो इसी एक मिसरे में मित्रविहीन होते समाज को व्यक्त कर देते हैं। यह समाज केवल मित्र-विहीन ही नहीं हुआ, उसने अकेलेपन को भी पैदा किया है। यह समाज इस अकेलेपन को आधुनिक उपकरणों से भरने की कोशिशों से जुटा हुआ है। विडम्बना यह है कि चौबीसों घण्टे चलने वाले टी.वी. चैनल, उसे और अधिक अकेला कर रहे हैं। फ़ेसबुक, व्हाट्सएप, ईमेल, जी-मेल, एक सीमा के बाद ऊबाने लगते हैं। जीवित मनुष्यों के संसार को अन्ततः जीवित मनुष्यों की दरकार रहती है। कुछ और शेर–

कभी कभार मेरा फ़ोन जब नहीं बजता
मैं सोचता हूँ तेरी उलझनों के बारे में[52]

अतुल अजनबी

घर में कोई काटता है रोज़ मीलों का सफ़र
आपकी भी इस तरह की ज़िन्दगी हो जाये तो[53]

सुल्तान अहमद

जो बनके अजनबी बैठा हुआ है
मुझे अच्छी तरह पहचानता है[54]

बुद्धिसेन शर्मा

उसकी चुप्पी पचा न पाये हम
नींद में ख़ूब बड़बड़ाये हम[55]

सौरभ शेखर

रंज इतना नहीं कि हम टूटे
ये तो अच्छा हुआ भरम टूटे
एक अफ़वाह थे सभी रिश्ते
टूटना तय था और हम टूटे[56]

सूर्यभानु गुप्त

उपर्युक्त सभी अश्आर उस सामाजिक संरचना से छनकर आये हैं जिसने बेचैनी, व्याकुलता में लपेटकर अकेलापन दिया है। जब अपने आत्मीय की चुप असहनीय हो जाती है तो वो इतना व्याकुल कर देती है कि वह आत्मालाप में बदल जाती है। सूर्यभानु गुप्त सम्बन्धों को अफ़वाह मानते हैं और अफ़वाह रूपी सम्बन्धों को अन्ततः टूटना ही था। सुल्तान के शेर में अकेलेपन की ऐसी त्रासदी है कि 'मैं' पात्र अपने घर के चक्कर लगाने के लिए विवश है। तो बुद्धिसेन इस सामाजिक संरचना में अजनबीयत की उपस्थिति को शेर में व्यक्त करते हैं। अतुल, गहरी संवेदना के साथ टूटते हुए सम्बन्धों की तार को पकड़ने की कोशिशों में नज़र आते हैं।

निस्सन्देह, हमारे समय की सामाजिक संरचना में सम्बन्धों का क्षरण सबसे अधिक हुआ है। पूँजी के विस्तार, समय की कमी, दफ़्तर-ऑफ़िस, मेट्रो का तनाव, प्रतिस्पर्धा और कॅरियर, ऊँची जीवन शैली अपनाने की होड़—इन सब कारकों का प्रभाव सम्बन्धों पर पड़ा है। लोग ज़्यादा 'ईगोइस्ट' हुए हैं। यह भी एक बड़ा कारण है।

सम्बन्धों का छीजना अब भी जारी है। इस सोशल स्ट्रक्चर में जहाँ रिश्तों का टूटना डर पैदा करता है। बिल्कुल वहीं, हिन्दी ग़ज़ल में 'सम्बन्धों' को केन्द्र में रखकर बहुत सशक्त ग़ज़लें लिखी जा रही हैं। यह महज़ संयोग नहीं कि हिन्दी ग़ज़ल में सम्बन्धों को लेकर न सिर्फ़ तपिश और भावनाओं से लबरेज़ ग़ज़लें लिखी जा रही हैं, बल्कि, हिन्दी ग़ज़ल में चेतना इस बात के लिए भी जाग्रत की जा रही है कि जीवन में (चाहे वो कितना ही आधुनिक क्यों न हो) रिश्तों के बिना नहीं जीया जा सकता।

आर्थिक विवशताओं के कारण या फिर आवासीय समस्याओं के कारण संयुक्त परिवारों का अस्तित्व लगभग समाप्त हो चुका है। घर का मतलब फ़्लैट। फ़्लैट जिसमें पति, पत्नी और बच्चे हों। यह पारिवारिक संरचना, हमारे सोशल स्ट्रक्चर से छनकर आयी है। यह पारिवारिक संरचना, सुविधाभोगी संरचना है।

हिन्दी ग़ज़लकार इस संरचना का प्रतिवाद, अपनी रचनात्मकता से व्यक्त कर रहे हैं। माँ, पिता, बहन, भाई, बाबू जी, अम्मा जी को केन्द्र में रखकर जो ग़ज़लें लिखी जा रही हैं, वे महज़ फ़ैशन के तहत नहीं लिखी जा रहीं। उनकी अपनी संचेतना है। उनका अर्थ है। सम्बन्धों के इस नख्लि़स्तान में, सम्बन्धों को केन्द्र में रखकर लिखी जा रही ग़ज़लों की अपनी सार्थकता है। इसे नकारा नहीं जा सकता। इधर, एक और साहित्यिक घटना घटी है। बच्चों को केन्द्र में रखकर व्यापक स्तर पर ग़ज़लें लिखी जाने लगी हैं। एक ज़माना पहले उर्दू शायरी में केवल एक पात्र था–प्रेमिका। हिन्दी ग़ज़ल; और उर्दू ग़ज़ल में भी, यह परिवर्तन आया है। ग़ज़ल समाजोन्मुख, परिवारोन्मुख हुई है। सम्बन्धों में जो दरारें आयी हैं, हिन्दी ग़ज़ल में उनको पाटने की मनोवैज्ञानिक और संवेदनशील कोशिशें जारी हैं। कुछ शेर–

भूल मत 'हस्ती' दुआ माँ-बाप की
काम करती है दवा इक हद तलक[57]

हस्ती मल हस्ती

जो पेड़ मेरे पिता ने कभी लगाया था
पिता के बाद पिता-सा ही उसका साया था[58]

ज़हीर क़ुरैशी

किस तरह रिश्तों के जंगल में रहे, बोलो पिता!
ज़ख़्म अपनों ने दिये, कैसे सहे, बोलो पिता!

वक़्त की मुट्ठी में सम्बन्धों की भीगी धूल से
क्यों घरौंदे प्रेम के गढ़ते रहे, बोलो पिता!

चार-रोटी इक कटोरी दाल सब्ज़ी के लिए
रोटियों का क्यों गणित बनते रहे, बोलो पिता![60]

दिनेश शुक्ल

उपर्युक्त सभी अश्आर में पिता हैं। पिता एक चरित्र के रूप में हैं, किरदार के रूप् में हैं। वो घर के मुखिया के रूप में हैं। वो स्मृति के रूप में हैं। वो एक ऐसे पात्र के रूप में भी हैं जिसके पास अब अधिकार नहीं बचे। भारतीय परिवारों में 'पिता'

केवल पिता ही नहीं होता। वो घर की गाड़ी खींचने वाला मेहनतकश भी होता है। वो घर में आत्मीय होता है–दुख-सुख का साथी। किसी चारागर जैसा है। उसके कंधे पर पूरा घर होता है। जब उसके कन्धे कमज़ोर होने लगते हैं तो घर का सन्तुलन बिगड़ने लगता है। बच्चे रोज़ी-रोटी की तलाश में बड़े शहरों में रवाना हो जाते हैं। बूढ़े घर में शेष जो बचता है, वह होता है–बूढ़ा पिता, बूढ़ी माँ और बूढ़ी उम्मीदें। कुछ शेर–

एक ओर माँ लेटी एक ओर बाबू जी
ख़ाँस रहे माँ से भी ज़ोर-ज़ोर बाबू जी

आधी-चिट्ठी बाँची, आँखें पूरी भरीं
डूब गये बेटों में पोर-पोर बाबू जी[60]

विजय किशोर मानव

आज माँ का जी बहुत अच्छा रहा
आज दिनभर रेडियो बजता रहा[61]

स्वप्निल तिवारी आतिश

ये माँ नींदों से उठकर देखती है
कि बच्चा पढ़ते-पढ़ते सो गया क्या[62]

स्वप्निल तिवारी आतिश

कभी दर्ज़ी कभी आया कभी हाक़िम बनी हैं माँ
नहीं है उज्र उसको कोई भी किरदार जीने से[63]

पवन कुमार

उपर्युक्त अश्आर में माँ-पिता किरदार हैं। उनकी प्रबल भावनाएँ हैं। शेर में, संघर्ष गाथाएँ हैं। यहाँ बाबू जी हैं। यहाँ अम्मा हैं। यहाँ माँ है यानी, उन रिश्तों को बचाये रखने की कोशिशें हैं जिनका इस सामाजिक संरचना में क्षरण हो रहा है।

इतना ही नहीं, हैरान करने की हद तक हिन्दी ग़ज़ल में बच्चों को केन्द्र में रखकर ग़ज़लें (अथवा) शेर लिखे जा रहे हैं। कुछ शेर प्रस्तुत हैं–

फूल शाखों के सब काग़ज़ी हो गये
और बच्चे पकड़ते रहे तितलियाँ[64]

महेश अश्क

अपने बच्चों को ढक के पंखों में
बन गयी पासबान गौरैया।[65]

सुल्तान अहमद

बड़ी हैरत में डूबी आजकल बच्चों की नानी है
कहानी की किताबों में न राजा है न रानी है[66]

कुमार विनोद

पापा घर मत लेकर आना
रात गये दफ़्तर की बातें[67]

विज्ञान व्रत

इक रेल में बैठे हुए बच्चे को पता क्या
हम भाग रहे हैं या शजर घूम रहे हैं[68]

राजेन्द्र तिवारी

दूध की ख़ाली बोतल से भी बच्चे का है इश्क़ अजीब
थक जाते हैं होंठ मगर वो काविश करता रहता है[69]

प्रवीण कुमार अश्क

बच्चों के कंचों की गूँजें ज़रा ध्यान से सुन लेना
मन्दिर की घंटी ही उनकी नक़ल उतारा करती है[70]

कैलाश सेंगर

है ताक़त वतन की ग़रीबों के बच्चे
सितम झेलते कम-नसीबों के बच्चे[72]

राकेश शर्मा

कभी सूरज कभी चन्दा कभी तारा देखूँ
मेरी नन्हीं सी परी तुझमें मैं क्या क्या देखूँ

जब भी जाती है तू इस्कूल को बस्ता लेकर
जाते रिक्शा का बड़ी देर नज़ारा देखूँ[73]

विनीता चौहान

हमारे समय की सामाजिक संरचना जटिल है और सपाट भी। एक समय पहले घर में नाना-नानी थे। उनकी क़िस्सागोई थी। वो समाप्त हो चुकी है। उपर्युक्त अश्आर, किताबें, कापियाँ, काग़ज़ी फूल, उड़ती हुई तितलियाँ, गौरैया, चलती हुई रेलगाड़ियाँ और बच्चों का एकटक वृक्षों को देखना–ये सब प्रतीक, बच्चों की भावना, संवेदना, मासूमियत, कल्पनाशीलता और मनोविज्ञान से जुड़े हैं। बच्चे अब

पहले की निस्बत ज़्यादा समझदार हुए हैं। परवीन शाकिर (पाकिस्तान की दिवंगत शायरा) का शेर, बच्चों की समझदारी पर सशक्त टिप्पणी है–जुगनू को दिन के वक़्त परखने की ज़िद करें/बच्चे हमारे दौर के चालाक हो गये।

यानी हमारे इस सामाजिक स्ट्रक्चर में बच्चों ने अपना समय ख़ुद गढ़ना आरम्भ किया है। उनके बस्ते में मोरपंख और तितलियाँ नहीं होतीं। शार्पनर, इरेज़र, कलर-बाक्स, टैटू, नयी तरह की पेंसिलें, पेन और जमैट्री-बाक्स होते हैं। यहाँ तक कि मोबाइल भी होते हैं। बच्चे जान गये हैं कि चाँद में बुढ़िया चरखा नहीं कातती। बच्चों के पास ज्ञान बेशक न हो, सूचनाएँ अनेक हैं। हसीन ख़्वाब की तितलियाँ पकड़ने वाला बच्चा हमारी इस सामाजिक संरचना में कहीं दिखायी नहीं देता। शेर है–वो बच्चा खो गया दुनिया की भीड़ में कब का हसीन ख़्वाब कि जो तितलियाँ पकड़ता था (द्विजेन्द्र द्विज) माँ पिता, बहन, बेटियाँ, बच्चे और पत्नी को केन्द्र में रखकर हिन्दी ग़ज़लें लिखी जा रही हैं। हिन्दी ग़ज़ल ज़्यादा परिपक्व, ज़्यादा संवेदनशील, ज़्यादा रचनात्मक और ज़्यादा सामाजिक हुई है। हिन्दी ग़ज़ल की यह चिन्तनशील भूमिका सराहनीय है। सामाजिक संरचना में नये जीवन-मूल्यों की निर्मित को हिन्दी ग़ज़ल में गहराई से परखा गया है।

सन्दर्भ सूची

1. समयान्तर पत्रिका–सम्पादक पंकज बिष्ट (अप्रैल-2014 अंक), दिलशाद गार्डन, दिल्ली। लेख से उद्धृत अंश
2. सौरभ शेखर के दो शेर फ़ेसबुक (10.8.2015) से लिए गये
3. वही
4. लफ़्ज़ पत्रिका–सम्पादक तुफ़ैल चतुर्वेदी (अंक-2012), नोएडा
5. ग़ज़ल दुष्यन्त के बाद-III–सम्पादक दीक्षित दनकौरी, वाणी प्रकाशन, नयी दिल्ली
6. ये हरे पेड़ हैं–हरजीत सिंह, स्वयं प्रकाशन, देहरादून
7. ग़ज़ल दुष्यन्त के बाद–सम्पादक दीक्षित दनकौरी, वाणी प्रकाशन, नयी दिल्ली
8. सुरेश कुमार की ग़ज़ल का शेर फ़ेसबुक (16.8.2015) से लिया।
9. जन-गण-मन–द्विजेन्द्र द्विज, देवांश प्रकाशन, मराण्डा (हि.प्र.)
10. कथाबिम्ब पत्रिका–सम्पादक मंजुश्री (अंक जून-2015), मुम्बई
11. अक्षरपर्व पत्रिका–सम्पादक ललित सुरजन (अंक-अप्रैल-2015), रायपुर
12. वही
13. वाबस्ता–पवन कुमार, प्रकाशन संस्थान, दरियागंज, नयी दिल्ली

14. साये में धूप–दुष्यन्त कुमार, राधाकृष्ण प्रकाशन, नयी दिल्ली
15. ग़ज़ल दुष्यन्त के बाद-I–सम्पादक दीक्षित दनकौरी, वाणी प्रकाशन, नयी दिल्ली
16. वही
17. समय से मुठभेड़–नरेन्द्र, अन्तिका प्रकाशन, गाज़ियाबाद
18. सुरेन्द्र सिंघल, मेधा बुक्स, नयी दिल्ली
19. ग़ज़ल दुष्यन्त के बाद-III–सम्पादक दीक्षित दनकौरी, वाणी प्रकाशन, नयी दिल्ली
20. काव्या पत्रिका–सम्पादक हस्तीमल हस्ती (अंक–2003), मुम्बई
21. लफ़्ज़ पत्रिका–सम्पादक तुफ़ैल चतुर्वेदी (अंक–2012), नोएडा
22. दस्तावेज़ पत्रिका–सम्पादक विश्वनाथ प्रसाद तिवारी (अंक–141), गोरखपुर
23. अक्षर पर्व पत्रिका–सम्पादक ललित सुरजन (अंक–मार्च–2010), रायपुर
24. एक हाथ की ताली–सूर्यभानु गुप्त, वाणी प्रकाशन, नयी दिल्ली
25. साये में धूप–दुष्यन्त, राधाकृष्ण प्रकाशन, नयी दिल्ली
26. लफ़्ज़ पत्रिका–सम्पादक–तुफ़ैल चतुर्वेदी (अंक–(दिसम्बर) 2013) नोएडा
27. अनभै साँचा–सम्पादक चारुमित्र, (अंक)–ग़ज़ल विशेषांक, रोहिणी, दिल्ली
28. अँधेरे समय में विचार–सम्पादक विजय कुमार, संवाद प्रकाशन, मेरठ (वाल्टर बेंजामिन के लेख से उद्‌धृत)
29. वही
30. साये में धूप–दुष्यन्त कुमार, राधाकृष्ण प्रकाशन, नयी दिल्ली
31. इस समय हम–हरेराम समीप, पुस्तक बैंक, फ़रीदाबाद
32. नदी की चीख़–सुल्तान अहमद, राधाकृष्ण प्रकाशन, नयी दिल्ली
33. रोशनी पाँच सौ चराग़ों की–कल्पना सक्सेना, ज्ञान भारती प्रकाशन, नयी दिल्ली
34. काली नदियाँ पीले लोग–सलीम अख़्तर, प्रक्षेप प्रकाशन, नागपुर
35. ग़ज़ल दुष्यन्त के बाद, भाग-II–सम्पादक दीक्षित दनकौरी, वाणी प्रकाशन, नयी दिल्ली
36. ग़ज़ल दुष्यन्त के बाद, भाग-III–सम्पादक दीक्षित दनकौरी, वाणी प्रकाशन, नयी दिल्ली
37. वही
38. वही
39. लफ़्ज़ पत्रिका–सम्पादक तुफ़ैल चतुर्वेदी (अंक जन-फर-2013), नोएडा
40. लफ़्ज़ के फ़ासले पर ज़िन्दगी–रजनीश सचान, हिन्दी युग्म प्रकाशन, नयी दिल्ली
41. फेसबुक से शेर प्राप्त किया (दिनांक 18.8.2015)
42. वही
43. चिराग़ जलते रहे, ग़ज़ल संग्रह ज्ञान प्रकाश विवेक
44. किताब के बाहर– देवेन्द्र आर्य, किताब महल प्रकाशन, दरियागंज, नयी दिल्ली
45. फ़ेसबुक से शेर प्राप्त किया गया (दिनांक 16.7.2015)
46. वक़्त से कुछ आगे, लेखक अश्विनी शर्मा, बोधि प्रकाशन, जयपुर

47. आशियाने की बात–इन्दु श्रीवास्तव, शिल्पायन, दिल्ली
48. नक़ाबों का मौसम–योगेन्द्र दत्त शर्मा, किताब घर प्रकाशन, नयी दिल्ली
49. ग़ज़ल दुष्यन्त के बाद-III–सम्पादक दीक्षित दनकौरी, वाणी प्रकाशन, नयी दिल्ली
50. नया ज्ञानोदय पत्रिका–सम्पादक रवीन्द्र कालिया, (ग़ज़ल विशेषांक-2012) लोधी रोड, नयी दिल्ली
51. ग़ज़ल दुष्यन्त के बाद–सम्पादक दीक्षित दनकौरी, वाणी प्रकाशन, नयी दिल्ली
52. नदी की चीख़– सुल्तान अहमद, राधाकृष्ण प्रकाशन, नयी दिल्ली
53. ग़ज़ल दुष्यन्त के बाद–सम्पादक दीक्षित दनकौरी, वाणी प्रकाशन, नयी दिल्ली
54. पाखी पत्रिका–सम्पादक प्रेम भारद्वाज (अंक–फरवरी-2015), नोएडा
55. एक हाथ की ताली–सूर्यभानु गुप्त, वाणी प्रकाशन, नयी दिल्ली
56. कुछ और तरह से–हस्तीमल हस्ती, वाणी प्रकाशन, नयी दिल्ली
57. भीड़ में सबसे अलग–ज़हीर क़ुरैशी, मेधा बुक्स, दिल्ली
58. ग़ज़ल दुष्यन्त के बाद-III–दीक्षित दनकौरी, वाणी प्रकाशन, नयी दिल्ली
59. वही
60. अनभै साँचा (ग़ज़ल विशेषांक)–विशेष सम्पादक ज्ञान प्रकाश विवेक, रोहिणी, दिल्ली
61. लफ़्ज़ पत्रिका–सम्पादक तुफ़ैल चतुर्वेदी (अंक-40), नोएडा
62. वही
63. वाबस्ता–पवन कुमार, प्रकाशन संस्थान, दरियागंज, नयी दिल्ली
64. दस्तावेज़ पत्रिका–सम्पादक विश्वनाथ प्रसाद तिवारी (अंक-141) गोरखपुर
65. नदी की चीख–सुल्तान अहमद, राधाकृष्ण प्रकाशन, नयी दिल्ली
66. बेरंग हैं सब तितलियाँ–कुमार विनोद, आधार प्रकाशन, पंचकूला
67. जिस जगह मैं हूँ–विज्ञान व्रत, अयन प्रकाशन, नयी दिल्ली
68. सँभालकर रखना–राजेन्द्र तिवारी, उत्तरा बुक्स, दिल्ली
69. ग़ज़ल दुष्यन्त के बाद-III–दीक्षित दनकौरी, वाणी प्रकाशन, नयी दिल्ली
70. वही
71. वही
72. जान-ए-ग़ज़ल–सम्पादक बालस्वरूप राही, अयन प्रकाशन, दिल्ली

खण्ड तीन

1. भारतीय मिथक और उर्दू ग़ज़ल
2. भारतीय मिथक और हिन्दी ग़ज़ल
3. लोक संस्कृति, लोकवार्ता लोक जीवन तथा लोकतत्त्व और हिन्दी ग़ज़ल
4. नये मुहावरे, नयी शैली (अनुभूति और अभिव्यक्ति तथा हिन्दी ग़ज़ल)
5. ग़ज़ल विधा की व्यापकता और विस्तार

भारतीय मिथक और उर्दू ग़ज़ल

हिन्दी ग़ज़ल का अवतरण उर्दू ग़ज़ल से हुआ है। उर्दू ग़ज़ल से, हिन्दी ग़ज़ल ने सिर्फ़ विधा को ही ग्रहण नहीं किया बल्कि ग़ज़ल की शास्त्रीयता, छन्द सम्बन्धी व्याकरण, ग़ज़ल का मिज़ाज, चरित्र, तासीर पैदा करने का कौशल तथा एक शेर के हो जाने तक की तमाम बारीकियों को भी हासिल किया है। प्रतीक और मुहावरे बेशक हिन्दी ग़ज़ल ने अपने तलाश किये। लेकिन एक शेर में प्रतीक रचना की कलात्मकता को उर्दू ग़ज़ल से ही ग्रहण किया है।

उर्दू ग़ज़ल में मिथकों के प्रयोग की बहुत लम्बी परम्परा रही है। उर्दू ग़ज़ल की रवायत में (यानी शुरुआती दौर में) अरबी, फ़ारसी मिथकों का प्रयोग बड़ी शान से होता रहा। काबा, कलीसा, कोहेतूर, शेख़, बिरहेमिन, सैयद, बुलबुल, मीना, साक़ी, जैसे मिथक और प्रतीक उर्दू की रवायती ग़ज़ल में निरन्तर प्रयोग होते रहे।

लेकिन उर्दू की जदीद ग़ज़ल ने तमाम पुराने मिथक और प्रतीकों को ग़ज़ल संरचना से बाहर कर दिया। उर्दू की जदीद ग़ज़ल ने भाषा, मुहावरा, प्रतीक, कथ्य तथा मिथकों के प्रयोग में ज़मीनी हक़ीक़तों को सामने रखा। विभाजन के बाद उर्दू की जदीद ग़ज़ल किसी मुल्क विशेष की ग़ज़ल के बजाय, उपमहाद्वीप की ग़ज़ल बन गयी। चूँकि विभाजन से पूर्व भारत एक देश था और तहज़ीब तथा संस्कृति भी एक ही थी। अतः, विभाजन के बाद, उर्दू ग़ज़ल में मिथक और प्रतीक भारतीय ही रहे। उर्दू की जदीद ग़ज़लों में भारतीय मिथकों का प्रयोग, केवल प्रयोग के स्तर तक सीमित नहीं रहा, बल्कि ग़ज़ल के अश्आर में उन भारतीय मिथकों की उपस्थिति बड़ी संवेदना, हार्दिकता और शिद्दत के साथ हुई। यहाँ महानायकों की स्मृति भर के लिए ये प्रयोग नहीं हुए, बल्कि उन पात्रों के औदात्य रूप को, शायरी के उच्च संस्कारित मूल्यों की पैरवी करते हुए किया गया। उर्दू ग़ज़ल में यह न केवल जदीदियत का विस्तार था, बल्कि महाकाव्यों के मिथकीय पात्रों के ज़रिये, ग़ज़ल

में आख्यान को उपस्थित करने की भी कलात्मक कोशिश थी। अश्आर में मिथकीय पात्र उनका चरित्र। क़िस्सागोई। लेकिन सन्दर्भ नये। बिल्कुल नये समय के तनाव, द्वन्द्व और कशमकश। मसलन, पाकिस्तान के शायर जमीलुद्दीन आली का यह दोहा जिसमें रामायण महाकाव्य के पात्र एक तरफ़ तो दूसरी तरफ मैं पात्र का द्वन्द्व और घनघोर अवसाद–'आली' तू जो चाहे कहे ज़ाहिर तेरा अंजाम /सौ-सौ रावण तेरे बैरी, तू लक्ष्मण न राम!

जब कोई मिथकीय प्रयोग होता है तो वह केवल भारतीय ही नहीं रहता, वह पूरे उपमहाद्वीप का मिथक हो जाता है। जॉन एलिया उर्दू के जदीद शायर जो विभाजन के दौरान पाकिस्तान चले गये, लेकिन हिन्दुस्तान का कोई कोना ऐसा भी था जो हमेशा उनके दिल में मौजूद रहा। स्मृतियों को उन्होंने अपनी शायरी का सरमाया बनाया। गंगा-जमुना जैसी नदियों को याद करते हुए ग़ज़ल लिखी ऐसी ग़ज़ल जिसमें गंगा-जमुना नदियाँ नहीं रहतीं, मिथकीय रूप हासिल कर लेती हैं। पूरी रचना (ग़ज़ल) अपने मिथकीय वैभव और स्मृति आख्यान के रहते बड़ी रचना हो जाती है। कुछ शेर ग़ौरतलब हैं–

मत पूछो कितना ग़मगीं हूँ गंगा जी और जमुना जी
क्या मैं तुमको याद नहीं हूँ गंगा जी और जमुना जी

अपने किनारे से कह दीजो आँसू तुमको रोते हैं
अब मैं अपना सोग़नशीं हूँ गंगा जी और जमुना जी

मैं जो बगूला बनकर बिखरा वक़्त की पागल आँधी में
क्या मैं तुम्हारी लहर नहीं हूँ गंगा जी और जमुना जी

अब तो यहाँ के मौसम मुझसे ऐसी उम्मीदें रखते हैं
जैसे हमेशा से मैं यहीं हूँ गंगा जी और जमुना जी[1]

जॉन एलिया

ग़ज़ल में रदीफ़ की अहमियत सबसे कम होती है। लेकिन इस ग़ज़ल में रदीफ़ का वैभव है और रदीफ़ का चमत्कार! रदीफ़ की धज है और रदीफ़ की तान! पूरी ग़ज़ल में स्मृतियों की गूँज है। बेशक है। लेकिन रदीफ़-गंगा जी और जमुना जी का मिथकीय प्रयोग, ग़ज़ल को अमर रचना में बदल देता है। जोन एलिया की भावभूमि का उच्च स्तर महसूस करने लायक है। गंगा को वो 'गंगा जी' कहते हैं यमुना को 'जमुना जी'! नदियों के साथ यह आदरभाव से भरा सम्बोधन जहाँ शायर की अपनी

उच्चता का अहसास कराता है, बिल्कुल यहीं 'जी' के प्रयोग से मिथकीयता का मिज़ाज भी पैदा हुआ है। गंगा को गंगा जी और जमुना को जमुना जी कहते हुए, ख़ुद जॉन एलिया किस क़दर जज़्बाती हुए होंगे और कैसी भावना उनमें जाग्रत हुई होगी, यह ख़ुश ख़याल सुकून पैदा करता है।

मिथक सिर्फ़ संस्कृति की पहचान ही नहीं कराते, बल्कि रचना के ज़रिये अपनी जड़ों से जुड़े रहने का अहसास भी पैदा करते हैं।

यूँ तो उर्दू ग़ज़ल में राम, कृष्ण, सीता, लक्ष्मण, रावण, कंस, द्रौपदी, राधा, धृतराष्ट्र, कर्ण, दुर्योधन, अभिमन्यु, युधिष्ठिर, अर्जुन, अहल्या, सावित्री, गंगा, जमुना, हिमालय आदि मिथकों का ग़ज़लों में बड़ी सलाहियत और बड़े शऊर के साथ प्रयोग होता रहा है।

भारतीय परिवेश, आस्था और संस्कृति से जुड़े मिथक ग़ज़लों में महज़ चमक पैदा करने के लिए इस्तेमाल नहीं किये गये। अगर ऐसा होता तो प्रयोग किये गये मिथक कृत्रिम और यांत्रिक प्रतीत होते। उर्दू ग़ज़ल में मिथकों का प्रयोग प्रबल भावना के साथ हुआ है। हिन्दी ग़ज़ल में जो मिथकीय प्रयोग हो रहे हैं उनका श्रेय भी उर्दू ग़ज़ल को जाता है। मिथक प्रयोग की यह हुनरमन्दी, हिन्दी ग़ज़लकारों ने उर्दू ग़ज़ल से ही सीखी है। मिथकों के प्रयोग ने उर्दू शायरी को उदार और मानवतावादी भी बनाया है। मीर जब कहते हैं–

'मीर' के दीनो-मज़हब को तुम क्या जानो हो उनने तो
कशका खैंचा दैर में बैठा कबका तर्क इस्लाम किया[2]

(कशक-तिलक, दैर-मन्दिर, तर्क-त्यागना)

महाकवि मीर का उदार और मानवतावादी रूप इस शेर में प्रबलता से व्यक्त होता है। उन्होंने इस्लाम का त्याग नहीं किया था। वो सच्चे मुसलमान थे। लेकिन यहाँ वो इस शेर के ज़रिये, अपने इस विचार को स्पष्ट करने में कामयाब हुए हैं कि एक कवि का (या कहें कि एक इन्सान का) सबसे बड़ा दीन मनुष्यता होती है और दृष्टिकोण मानवतावादी होता है।

पौराणिक और महाकाव्यों के मिथकों ने पूरे उपमहाद्वीप को, किसी न किसी रूप में, एक सूत्र में बाँधकर रखने का प्रयास किया है। उर्दू ग़ज़ल में राम के प्रति रागात्मकता सबसे अधिक है। राम महज़ दशरथ पुत्र राजा रामचन्द्र ही नहीं हैं। राम एक विनम्रता का पाठ हैं। वो भारतीय जनमानस में, बनवास भोगते, कष्ट सहते,

बुराई (रावण) से लड़ते नायक के रूप में विराजमान हैं।

पाकिस्तान के शायर अफ़ज़ल जाफ़री का एक शेर ग़ौरतलब है–

इश्क़ ने मर के स्वयम्वर में इसे जीता है
दिल श्रीराम है दिलबर की रिज़ा सीता है[3]

(दिलबर-प्रेमी, रिज़ा-स्वीकृति)

उपर्युक्त शेर में धनुष लीला है, लेकिन नये अन्दाज़ में। धनुष लीला के ज़रिये प्रेम के विराट रूप को शायर अफ़ज़ल जाफ़री ने बड़ी हार्दिकता से व्यक्त किया है। प्रेम रूपी स्वयम्वर यूँही नहीं जीता गया। वह 'मरकर' जीता गया है। यह मुहावरा (मर कर जीतना) प्रेम के असीम रूप को व्यक्त करता है। दूसरे मिसरे में राम और सीता के माध्यम से, चिन्तन की एक धारा भी बहती हुई महसूस होती है–श्रीराम अगर मन है तो सीता उस मन की मनोकामना है। उस मन की स्वीकृति है।

उपर्युक्त शेर में धनुष लीला के माध्यम से इश्क़ (प्रेम) की तहरीरें हैं तो शनावर कीरतपुरी 'बनवास' को शेर का मफ़हूम (विषय) बनाते हैं। शनवार कीरतपुरी राम बनवास को नये सन्दर्भों से जोड़कर शेर में आधुनिक बोध पैदा करत हैं–

वो राम थे जो काट चुके अपनी मुसाफ़त
मैं चौदह बरस बाद भी बन से नहीं लौटा[4]

शनावर कीरतपुरी (मुसाफ़त-बनवास)

शनावर कीरतपुरी मिथक प्रयोग के ज़रिये इस बात का भी शिद्दत के साथ अहसास कराते हैं कि हर शख़्स के अन्दर एक अदद 'राम' है और हर शख़्स को अपना बनवास काटना पड़ता है।

फ़िराक़ गोरखपुरी भी इसी विषय को एक भिन्न् रूप में व्यक्त करते हैं। यहाँ जो मनुष्य का उजाड़ है और विस्थापन की वेदना है, वही तो है जो ज़िन्दगी का बनवास है। शेर है–

हर लिया है किसी ने सीता को
ज़िन्दगी है कि राम का बनवास![5]

फ़िराक़ गोरखपुरी

मुहाज़िर फ़राज़ के शेर में भी राम हैं। उनके आदर्श। जीवन मूल्य। उजले ख़्वाब! लेकिन राम के पदचिह्नों पर चलने वालों ने क्या किया? सारे आदर्श त्याग दिए। शेर है–

भक्तों ने आदर्शों के सब हीरे मोती नोच लिए,
राम ने किनको सौंप दिये थे अपने युग के उजले ख़्वाब![6]

मुहाज़िर फ़राज़

लेकिन जब डॉ. इक़बाल कहते हैं–है राम के वुजूद पे हिन्दोस्तां को नाज़!–तो यह मिसरा इस बात की तस्दीक कराता है कि शेर कहते वक़्त डॉ. इक़बाल को सचमुच गर्व का अहसास हुआ होगा। यह मिसरा किसी अनुभव की तरह है। जैसे हिन्दुस्तानियत की तशरीह कर रहा हो यह मिसरा।

इसी भावभूमि को शायर ज़फ़र अली ख़ाँ जिस शेर में व्यक्त करते हैं, वहाँ मिथकीय किरदारों का औदात्य रूप तो है ही, शायर जिस अन्दाज़ से इन मिथकीय किरदारों को शेर में उपस्थित करता है, उसका भी एहतराम ज़रूरी है। शेर है–

नक़्श-ए-तहज़ीब-ए-हुनर अबभी नुमायाँ है अगर
तो वो सीता से है लक्ष्मण से है और राम से है[7]

ज़फ़र अली ख़ाँ

एक मुसलमान शायर को तहज़ीब के नक़्श अगर कहीं दिखाई देते हैं तो वो राम, सीता और लक्ष्मण ही हैं। उर्दू ग़ज़ल ने इसी भावना को कभी मरने नहीं दिया। उर्दू ग़ज़ल का यह बेहद सशक्त पहलू है कि भारतीय मिथक, प्रतीक और भारतीय मिट्टी की गन्ध पूरी आन बान शान से महसूस होती है।

डॉ. इक़बाल भी इसी जज़्बे को बड़े ख़ुलूस से व्यक्त करते हैं–

दुनिया के तीरथों से ऊँचा हो अपना तीरथ
दामान-ए-आसमां से उसका कलस मिला दे।[8]

डॉ. इक़बाल के जज़्बात का एहतराम! वो काबा-कलीसा की बात नहीं कर रहे। वो तीरथ, शिवाला और कलस जैसे भारतीय प्रतीकों से रूहानियत का अहसास कराते हैं–दामान-ए-आसमां से उसका कलस मिला दे–कलस आकाश को छूने लगे–एक कवि जब यह विचार व्यक्त कर रहा होता है तो उसके दिलो-दिमाग़ की कैफ़ियत का अन्दाज़ा लगा सकते हैं। यह मिसरा केवल धार्मिक प्रतीकों तक सीमित नहीं रहता, बल्कि मुल्क की तरक़्क़ी और ख़ुशहाली की कामना करता एक शायर होता है।

मिथकों के विषय में कहा गया है कि एक कवि अपनी प्रेरणा को मिथक के रूप में, मनुष्य और प्रकृति के बीच अनन्त, सीमाहीन, सभ्यताओं से गढ़ता है, जो उसकी कविता की आत्मा हैं। यानी, मिथ अपने सृजकों का इतिहास है। इसी चेतना को पाकिस्तान के शायर सरशार सिद्दीक़ी बड़ी मार्मिकता से कहते हैं–

जीवन की तपती धूप में हूँ
मैं ख़ुद भगवान के रूप में हूँ

सरशार सिद्दीक़ी

सरशार सिद्दीक़ी जीवन के तनाव, कष्ट, वेदना को 'तपती धूप' कहते हैं। यानी जीवन से मुठभेड़ करता हुआ, कष्ट झेलता हुआ इन्सान ख़ुद भगवान के रूप में होता है।

पाकिस्तान के ही शायर जमील मलिक, जीवन की कशमकश, जद्दोजहद को मिथकों और प्रतीकों के ज़रिये व्यक्त करते हैं तो शेर न सिर्फ़ अर्थवान हो जाता है बल्कि शेर एक मेयार भी हासिल करता है। शेर है–

क्या जंगल और कैसा सावन मुझसे रूठ गये मन भावन!
मैं तन्हा और लंका दुश्मन, इक सीता और कितने रावण।[10]

जमील मलिक

पाकिस्तान की शायरा ज़ेहरा निगाह सीता को मिथकीय किरदार बनाते हुए एक तरह से स्त्री विमर्श भी पैदा करती हैं--

सीता को देखे सारा गाँव
आग पे कैसे धरेगी पाँव[11]

ज़ेहरा निगाह

दो छोटे-से मिसरों में रूपक की रचना है। मिथक सीता। बात नये समय की। नये समय की किसी स्त्री को अग्नि परीक्षा से गुज़रना है और सारा गाँव इस घटना को देखने के लिए आ खड़ा हुआ है।

इस बात का ख़ैरमक़दम कि जीवन की जटिलताओं की अभिव्यक्ति के लिए शायरों ने भारतीय मिथकों को चुना वो हिन्दुस्तान हो या पाकिस्तान! हर शायर को ये मिथक 'अपने से' प्रतीत हुए। और अभिव्यक्ति के दौरान बड़ी निष्ठा और भावबोध के साथ भारतीय मिथकों का उर्दू ग़ज़ल में प्रयोग होता रहा है।

उर्दू ग़ज़ल में राम, सीता, लक्ष्मण, रावण के अतिरिक्त भी महाभारत कालीन तथा अन्य पौराणिक मिथकों को, नये समय के यथार्थ से जोड़कर शेर कहे जाते हैं। यथा–

मैं वचनबद्ध नहीं भीष्म पितामह की तरह
फिर भी मुझसे न कहो छोड़ तरीक़ा अपना[12]

सिराज अजमली

सिराज अजमली का शेर विमर्श तलब है। यहाँ भीष्म पितामह की प्रतिज्ञा का स्मरण है। महाभारत ऐसा महाकाव्य है जिसमें प्राय: सभी पात्र किसी न किसी प्रतिज्ञा से बँधे हैं। इस शेर में शायर ने बेशक भीष्म जैसी प्रतिज्ञा नहीं ली। इसके बावजूद, वो अपने जीवन शिल्प के प्रति दृढ़-प्रतिज्ञ है और अपने तौर-तरीक़े छोड़ने को तैयार नहीं। एक शायर का तौर-तरीक़ा क्या हो सकता है? ज़ाहिर है, नैतिकता और मानवतावाद! शेर में भीष्म पितामह के बिना भी बात हो सकती थी। लेकिन मिथकीय प्रयोग से शेर का क़द बड़ा हो गया है।

अपनी वर्तमानता की अभिव्यक्ति के लिए शायर मिथक प्रयोग इसलिए भी करते हैं कि एक ही समय में दो कालखण्ड, एक शेर में महसूस होने लगते हैं। यथा–

मैं अपने दौर का शंकर हूँ इसलिए शायद
मेरे ही हिस्से में सारी बलायें आती हैं[13]

मैकश अजमेरी

शायर मैकश अजमेरी ने बड़ी सलाहियत से पौराणिक मिथक (शंकर) को आधुनिक समय से जोड़कर 'मैं' पात्र की कशमकश, तनाव, कष्ट, संघर्ष और जटिलताओं को बयान किया है। शेर मेयारी इसलिए भी हो गया है कि शायर ख़ुद को नये वक़्तों का 'शंकर' समझता है। शंकर ने विष पिया। तो नये समय का किरदार भी उसी मुश्किल दौर से गुज़र रहा है–मेरे ही हिस्से में सारी बलायें–

यानी मैं अपने समय का शंकर हूँ–जीवन जीता हुआ और हालात का विष पीता हुआ।

उपर्युक्त शेर में मैकश अजमेरी ख़ुद को शंकर समझते हैं (अपने समय की जटिलताओं से गुज़रते हुए) लेकिन इंशा अल्लाह इंशा शंकर और पार्वती के प्रेम को शेर में बड़ी हार्दिकता से याद करते हैं। शेर है–

शिव के गले से पार्वती जी लिपट गयीं
क्या ही बहार आज है ब्रह्मा के रुण्ड पर[14]

इंशा अल्लाह इंशा

मार्केज़ कहते हैं कि कविता मनुष्य का निश्चित प्रमाण है तो मिथकों के विषय में कहा जा सकता है कि मिथकों के आशय यथा प्रसंग मुखर होते हैं। शेर की आत्मा पर मिथक अनेक रूप से प्रभाव डालते हैं और यह प्रभाव शेर के भीतर ज़्यादा मानीख़ेज़ होकर उभरता है।

शायरों ने राम-सीता, लक्ष्मण, शंकर के अतिरिक्त भी अनेक मिथकों को अपने अश्आर में उतारा और भारतीयता के विराट रूप के साथ-साथ अपनी फ़राख़दिली का भी अहसास कराया। कुछ अश्आर इसी सिलसिले में ग़ौरतलब हैं–

धन-दौलत ग़र पास नहीं किरदार सुदामा जैसा रख
कोई तेरा चाहनेवाला मोहन भी हो सकता है।[15]

रोशन कोटवी

खनकते हाथों से वो आरती उतारे जब
महकते होंठों से मुरली की तान ख़ुशबू दे।[16]

सैयद मेहदी

निर्वाण घर में बैठे के मिलता नहीं कभी
बुद्ध की तरह कोई मुझे घर से निकाले[17]

मुहम्मद अली 'ताज'

उपर्युक्त सभी अश्आर में मिथकों की भूमिका अहम है। शेर कहे गये। विचार व्यक्त किये गये। चिन्तन जैसे तत्त्व का भी इसलिए शुमार हो सका कि शेर के केन्द्र में मिथक था। गौतम, सुदामा, कृष्ण, बांसुरी (प्रतीक) के ज़रिये शायरों ने मन की कैफ़ियत और समाज की कैफ़ियत को व्यक्त करने में सफलता प्राप्त की। अश्आर में मिथकों के कारण नयी अनुभूति की अभिव्यक्ति हुई और शेर बहुआयामी भी हो सके।

यह जटिल समय जब मनुष्यता पर संकट गहराने लगा है। मानवतावादी सोच कम हुई है। व्यक्ति न सिर्फ़ आत्मकेन्द्रित हुआ है वह स्वार्थी, कर्मकाण्डी और धैर्यहीन भी हुआ है। ऐसे मुश्किल यथार्थ में फ़क़ीराना अन्दाज़ और कबीराना ठाठ की ज़रूरत है। सूफ़ियाना दर्शन जीवन के लिए लाज़मी हो गया है। उर्दू ग़ज़ल में भारतीय मिथकों के प्रति आदरभाव की जो अभिव्यक्ति हुई है, वह चेतना को स्पर्श करती है। शायरी का यह संसार समाज के लिए किसी पाठशाला की तरह है।

युवा शायर ख़ुर्शीद अकबर की ग़ज़ल के कुछ शेर। भारतीय मिथकों का जिस शऊर से इस ग़ज़ल में प्रयोग हुआ है, वह न केवल दिलकश है, जीवन दर्शन की ध्वनियाँ भी सुनाई देती हैं–

दिल दरवाज़े बैठ सखी दरबानी कर
रोना-धोना छोड़ चुनर को धानी कर

शाम सजन की राह नयन के दीप जला
मन-मन्दिर को थाम भजन दीवानी कर

मोहन दर्पण, मृग तृष्णा, जोगन रूप
बात जिया की मान पिया को पानी कर

चिकनी माटी गहरी घाटी पनघट दूर
काया कुम्भ सँभाल किशन! आसानी कर[18]

ख़ुर्शीद अकबर

कृष्ण और सखी के बीच यह प्रेम राग और यह जीवन की लय। इस मिथकीय ग़ज़ल में सूफ़ियाना दर्शन के भी दीदार होते हैं।

पाकिस्तान के शायर माजिदुल बाकरी ने त्यौहार दीवाली को मिथक बनाकर शेर में अभिव्यक्ति दी है–

बीस बरस से इक तारे पर मन की जोत जगाता हूँ
दीवाली की रात को तू भी कोई दिया जलाया कर[19]

माजिदुल बाकरी

यह ग़ज़ल जो गीतनुमा ग़ज़ल है। इसका मिसरा ग़ौरतलब है। दीवाली मिथकीय रूप में है। दीवाली रोशनी का प्रतीक है। शायर प्रेमिका से कहता है–दीवाली की रात को तू भी दिया जलाया कर। बात दिया जलाने की है। बात उजाले की है। उजाला जो प्रेम की भावना है। शेर के केन्द्र में प्रेम है–प्रतीक दीवाली है। दीवाली जो मिथक रूप भी है। शेर में सूफ़ियाना मिज़ाज की पैरवी है।

यह उर्दू ग़ज़ल का उज्ज्वल रूप है कि यहाँ शेर में प्रयुक्त शब्द गूँजते हैं तो उनके अर्थ की गूँज भी सुनाई देती है। लेकिन जब उर्दू शायर भारतीय मिथकों का प्रयोग अपनी ग़ज़लों में करते हैं तो हिन्दुस्तानियत गूँजती हुई महसूस होती है। तब किसी मुसलमान शायर के अन्दर पूरा हिन्दोस्तान साँस लेता प्रतीत होता है। तब उसका सबसे बड़ा दीन मानवतावाद होता है। इसी सिलसिले में यह शेर–

तुम्हारा शहर बनारस नहीं कि बस जाऊँ
तिलक लगा के जबीं पर बिरहमिनों की तरह!

शायर ने बनारस को मिथकीय रूप देते हुए कहा है कि आपका महानगर बेशक आलीशान हो। लेकिन वो 'बनारस' तो नहीं। अगर वो बनारस होता तो मैं वहाँ तिलक लगाकर किसी ब्राह्मण की तरह बस जाता!

भारतीय मिथकों के प्रयोग में नज़ीर अकबरावादी ने तो बादशाहत हासिल की है। होली, दीवाली, कृष्ण कन्हैया, गुरुनानक जैसी नज़्में लिखकर उन्होंने न सिर्फ़ शानदार मिथकीय परम्परा का निर्वाह किया है बल्कि क़ौमी यकजैती का सबूत भी पेश किया है। उनकी ग़ज़ल के कुछ मिसरे–

तारीफ़ करूँ, अब मैं क्या क्या, उस मुरली अधर बजैया की
नित गलियन कुंज फिरैया की और वन-वन गऊ चरैया की

गोपाल बिहारी बनवासी दुख हरना मेहर करैया की
गिरधारी सुन्दर श्याम बरन और हलधर जू के भैया की

यह लीला है उस नन्द ललन, मनमोहन जसुमती छैया की
रख ध्यान सुनो दंदौत करो जय बोलो किशन कन्हैया की[20]

इब्ने इंशा की ग़ज़ल का एक शेर जो सदाकत भरी आवाज़ के साथ, सारे भारतवासी अपनी समरसता के साथ, इसी पृथ्वी के वासी हो जाते हैं–जहाँ बहुलतावाद एक राग की तरह है। शेर है–

सीधे मन को आन दबोचें मीठी बातें सुन्दर बोल
मीर, नज़ीर, कबीर और इंशा सारा एक ज़माना हो[21]

हमारा यह समाज गंगा-जमुनी तहज़ीब का शानदार गुलदस्ता है। यह बहुलतावाद और यह समरसता और यह गंगा-जमुनी तहज़ीब जिसको देखकर पूरा विश्व चकित रह जाता है। इस तहज़ीब की लम्बी परम्परा है। उर्दू ग़ज़ल में मिथकीय प्रयोगों से इस बात की तस्दीक भी होती है कि समरसता की भावना जो समाज में है इसकी जड़ें बहुत मज़बूत हैं। यह देश मीर, नज़ीर, ग़ालिब, कबीर, तुलसी, सूर, रसखान, रहीम का देश है।

सन्दर्भ सूची

1. श्रेय पत्रिका (पाकिस्तानी ग़ज़ल विशेषांक अंक-3, जून-1984)–सम्पादक डॉ. मोहनलाल श्रीवास्तव, लिबर्टी, करोल बाग़, नयी दिल्ली
2. महाकवि मीर–सम्पादक रामनाथ सुमन, भारतीय ज्ञानपीठ, लोदी रोड, नयी दिल्ली
3. पाकिस्तानी उर्दू शायरी–सम्पादक नरेन्द्र नाथ (खण्ड-तीन) राधाकृष्ण प्रकाशन, दरियागंज, नयी दिल्ली
4. शेष पत्रिका–सम्पादक हसन जमाल (अंक-32) लोहारपारा, जोधपुर

5. गुले नग़्मा–फ़िराक़ गोरखपुरी, भारतीय ज्ञानपीठ, लोदी रोड, नयी दिल्ली
6. युगीन काव्या–सम्पादक हस्तीमल, (अंक-30), 28 कलिका निवास, सान्ताक्रूज़, मुम्बई
7. पाकिस्तानी उर्दू शायरी–सम्पादक नरेन्द्र नाथ (खण्ड-चार) राधाकृष्ण प्रकाशन, दरियागंज, नयी दिल्ली
8. इक़बाल की शायरी–सम्पादक प्रकाश पण्डित, राजपाल एंड सन्स, मदरसा, कश्मीरी गेट, नयी दिल्ली
9. पाकिस्तानी उर्दू शायरी–सम्पादक नरेन्द्र नाथ (खण्ड-4) राधाकृष्ण प्रकाशन, दरियागंज, नयी दिल्ली
10. वही
11. वही
12. समकालीन भारतीय साहित्य–सम्पादक गिरधर राठी (उर्दू अंक), फिरोजशाह रोड, नयी दिल्ली
13. युगीन काव्या–सम्पादक हस्तीमल हस्ती, 28 कलिका निवास, सान्ताक्रूज़ मुम्बई
14. इंशा अल्लाह इंशा–सम्पादक प्रकाश पण्डित, राजपाल एंड सन्स, कश्मीरी गेट, नयी दिल्ली
15. युगीन काव्या (अंक-14)–सम्पादक हस्तीमल हस्ती, 28 कलिका निवास, सान्ताक्रूज़, मुम्बई
16. आरम्भ पत्रिका–सम्पादक प्रदीप चौबे (अंक-2), मुरादाबाद
17. युगीन काव्या–सम्पादक हस्तीमल हस्ती (अंक 11) 28 कलिका निवास, सांताक्रूज़, मुम्बई
18. अनभै साँचा (आधुनिक उर्दू ग़ज़ल विशेषांक वर्ष-2010)–सम्पादक डॉ. द्वारिका प्रसाद चारुमित्र, रोहिणी, दिल्ली
19. पाकिस्तानी उर्दू शायरी–सम्पादक नरेन्द्र नाथ, (खण्ड चार), राधाकृष्ण प्रकाशन, दरियागंज, नयी दिल्ली
20. नज़ीर अकबराबादी और उनकी शायरी–सम्पादक सरस्वती सरन कैफ़, राजपाल एंड सन्स, कश्मीरी गेट, नयी दिल्ली
21. कल चौदहवीं की रात थी–इब्ने इंशा, वाणी प्रकाशन, दरियागंज, नयी दिल्ली

भारतीय मिथक और हिन्दी ग़ज़ल

डॉ. नामवर सिंह के अनुसार, "मिथक समस्त साहित्यिक रचनात्मकता का आधारभूत तत्त्व है। मिथक से तात्पर्य उस लघु रूपक तक से है जो मूल संस्कृति में बहुत संश्लिष्ट होकर गुँथा हो।"[1]

अब देखना यह है कि हिन्दी ग़ज़ल में भारतीय मिथकों का निर्वाह किस रूप में हुआ है।

लेकिन इससे पूर्व निर्मल वर्मा के मिथकों के विषय में विचार जानना लाज़मी है। उनके अनुसार, "हमारे साहित्य में मिथक या पौराणिक चेतना पर आज विचार करना इसलिए भी आवश्यक जान पड़ता है, क्योंकि इससे सम्बन्धित भ्रान्तियाँ आज की आधुनिक मानसिकता का इतना ज़्यादा अभिन्न अंग बन गयी हैं कि उन पर किसी तरह की शंका करना ही पुराणपन्थी का लक्षण मान लिया जाता है। हम अक्सर सोचते हैं कि केवल प्राचीन साहित्य की क्लासिक कृतियों में ही मिथक माइथॉलॉजी की चालक शक्ति, प्रमुख रूप से प्रकाशमान होती है। मैं शुरू से ही उस भ्रान्ति को दूर करना चाहूँगा। मिथक का सम्बन्ध, आधुनिक या प्राचीन से नहीं है। समय का ऐतिहासिक विभाजन उसके लिए बहुत कम महत्त्व रखता है। यदि कोई विभाजन मूल्यवान है तो वह अतीत और वर्तमान, प्राचीन और आधुनिक के बीच न होकर, स्वयं मनुष्य की अन्तश्चेतना में विराजमान है जो निरन्तर समय के सांसारिक पक्ष के बीच प्रवाहित होती रहती है।"[2]

निर्मल वर्मा मिथकों के विषय में अपने विचार व्यक्त करते हुए आगे लिखते हैं, "मिथकीय चेतना वर्तमान और अतीत के ऐतिहासिक कठघरों से मुक्त होकर स्वयं समय का अतिक्रमण करती है। वह किसी एक कालखण्ड की बन्दी न होकर हर मानवीय स्थिति में प्रकट हो सकती है। यदि क्लासिक समय के कालजयी महाकाव्य महाभारत, रामायण और इलियड हो, हमारी आदिम आकांक्षाओं और तृष्णाओं

को आलोड़ित करने में आज भी समर्थ होते हैं तो इसलिए कि मिथक चेतना हमारे भीतर उतनी ही जीवन्त और ज्वलन्त रूप में विद्यमान है, जितनी पहले कभी थी। मिथक चेतना किसी स्मृति की तरह, किसी स्वप्न की तरह खोये हुए स्वर्गलोक के नोस्टेलजिया की तरह जीती है।"[3]

हिन्दी ग़ज़ल में जहाँ एक ओर समकालीनता को केन्द्र में रखकर ग़ज़लें लिखी जाती हैं, वहीं, ग़ज़लकार ग़ज़लों के अश्आर में कहीं–कहीं मिथकों तथा पौराणिक पात्रों के ज़रिये अपनी बात को अधिक सघन, चिन्तनपरक, तथा वर्तमानता में आख्यन को उपस्थित कर रहे हैं। मिथकीय पात्रों को हिन्दी ग़ज़ल में दो तरह से व्यक्त किया जा रहा है, एक उन्हें स्मरण करते हुए शेर की रचना। तथा दूसरे, मिथकीय पात्रों को आधुनिक समय-सन्दर्भों से जोड़कर, विमर्श, चिन्तन और वैचारिक उथल-पुथल पैदा करना। इसी सन्दर्भ में कमलेश द्विवेदी की ग़ज़ल के कुछ शेर–

हर युग में बनवास राम को सहना पड़ता है
और सिया को भी पावक में दहना पड़ता है

वो चाहे दुर्योधन का हो या रावण का हो
अहंकार के पर्वत को भी ढहना पड़ता है

हरिश्चन्द्र बन जाना इतना सरल नहीं होता
राजा को भी सेवक बनकर रहना पड़ता है[4]

कमलेश द्विवेदी

ग़ज़ल के प्रत्येक शेर में मिथकों का प्रयोग है जो बहुत सफलतापूर्वक हुआ है। लेकिन ग़ौरतलब बात यह है कि ग़ज़लकार ने तमाम मिथकीय पात्रों यथा–राम, सीता, रावण, दुर्योधन और राजा हरिशचन्द्र को यहाँ स्मरण किया है। यहाँ मिथकीय पात्र हैं और उनके साथ प्रतीक कथाएँ हैं। रावण के साथ अहंकार है। राम के साथ बनवास सीता के साथ दहना (अग्निपरीक्षा) ग़ज़ल के अश्आर में यह मिथकीय पात्रों का स्मरण, पाठक को उनके चरित्र और घटनाओं से जोड़ देता है। शेर को सुनते हुए या पढ़ते हुए, पाठक-श्रोता महाकाव्यों के काल में जा पहुँचता है।

यही वजह है कि मिथक समय के मंच से भले ही तात्कालिक रूप से निष्कासित कर दिये गये हों, किन्तु अपनी प्राणवत्ता में वे आज भी उतने ऊर्जामय, सशक्त, विस्फोटक और स्मृतियों में जीवित हैं।

राम-राम की करे बात पर दिल से राम नहीं निकला
रावण को ही खिला रही है बेर यहाँ शबरी चखकर[5]

अनिल करमेले

अनिल करमेले ने मिथकीय पात्रों को मौजूदा समय क़ी विसंगतियों और नैतिक पतन से जोड़कर यथार्थ रचना की है। रामायण में शबरी बेर चखती है। मीठा बेर राम को खिलाती है। कड़ुवा बेर फेंक देती है। उसका बेर को चखना, प्रेमभावना और श्रद्धा का असीम रूप है। रामायण में यह घटना महान आख्यान में बदल जाती है जब राम शबरी के जूठे बेर को बड़े मनोभाव से खाते चले जाते हैं। वो रामायण काल था। नये समय की विडम्बना यह है कि शबरी राम के लिए नहीं, रावण के लिए बेर चख रही है। नये समय का यह पतन, मूल्यों का पतन है और नैतिकता का क्षरण!

नये समय के पतनकाल की अनुभूति हिन्दी के वरिष्ठ ग़ज़लकार सूर्यभानु गुप्त अपने एक शेर में इस प्रकार व्यक्त करते हैं–

पहली दफ़ा तो संग में सीता भी थी लखन भी
अबके न कोई होगा निकले जो राम जंगल![6]

सूर्यभानु गुप्त

रामायण में राम वनवास का दृश्य इस शेर को पढ़ते हुए ध्यान आता है। राम वन को प्रस्थान कर रहे हैं। भ्राता लक्ष्मण साथ हैं और पत्नी सीता! वो रामायण काल था। लेकिन अब सम्बन्धों का विखण्डन इस क़दर हो चुका है कि अगर राम को नये युग में वनवास मिले तो उन्हें अकेले ही जाना होगा। शेर में मिथकों के ज़रिये दो कालखण्डों का वातावरण है दो समयों के मूल्यों का बोध भी इस शेर में है।

अशोक मिज़ाज भी नये समय की पड़ताल अपने शेर में जब मिथक के ज़रिये करते हैं तो शेर विमर्श तलब हो जाता है–

मेरे बनवास में सब ठीक है बस एक अड़चन है
न कश्ती है न केवट है न सीता है न लक्ष्मण है[7]

अशोक मिज़ाज

नये समय की संरचना अशोक मिज़ाज के शेर में भी है। यहाँ भी राम वनवास है। नये युग का राम। निहत्था और अकेला। दरअस्ल, रामवनवास के ज़रिये सूर्यभानु गुप्त और अशोक मिज़ाज, नये समय के मनुष्य के विस्थापन को व्यक्त करते हैं–मिथकीय पात्र (राम) और मिथकीय कथा–राम वनवास!

डॉ. रामजी तिवारी मिथकों के विषय में अपने विचार व्यक्त करते हुए कहते हैं, "मिथक जनमानस में पहले से बैठे होते हैं। उनका आधार लेने से रचना की सम्प्रेषणीयता ज़्यादा हो जाती है।"[8]

डॉ. तिवारी का कथन बिल्कुल दुरुस्त है। मिथकों को केन्द्र में रखकर व्यक्त अश्आर ज़्यादा प्रभावी और चेतना को स्पर्श करने वाले होते हैं। चूँकि मिथकीय पात्रों के साथ अनेक घटनाएँ भी जुड़ी होती हैं। और जब शेर में मिथक की उपस्थिति होती है तो उनकी घटनाएँ एक साथ गूँजती हुई महसूस होती हैं। कुछ और शेर–

मुझे ये कलयुगी क़िस्सा बहुत बेचैन करता है।
अयोध्या में ही रहकर राम का बनवास हो जाना[9]

ओमप्रकाश चतुर्वेदी पराग

नये समय का राम अयोध्या में ही है। (यानी अपने घर में) और वो वनवास भोग रहा है। यह 'ऐलिएनेशन' ही है। समाज की यांत्रिकता और सम्बन्धों का बिखराव।

लेकिन अपनी बात को एक अन्य शेर में वो दूसरे रूप में व्यक्त करते हैं। जैसे कवि अपने आपको दिलासा दे रहा हो–

मैं इतनी बात तो दावे के साथ कहता हूँ
किसी भी राम से रावण बड़ा नहीं होता[10]

ओमप्रकाश चतुर्वेदी पराग

उपर्युक्त शेर में राम और रावण दो किरदार हैं मिथकीय पात्र। एक अच्छाई और विनम्रता का प्रतीक। दूसरा बुराई और अहंकार का प्रतीक। लेकिन अहंकार टूटता है और बुराई कभी भी अच्छाई से बड़ी नहीं हो सकती। शेर को बेहद सादगी से कहा गया है। विषय बेशक आज़मूदा है। लेकिन मिथकों के प्रयोग के कारण शेर प्रभावशाली हो गया है।

यह बात सही है कि कोई भी शक्तिमान मिथक हमारी सामूहिक संचेतना को झकझोर कर रख देता है। और आधुनिक समय सन्दर्भों से जोड़कर ग़ज़ल लेखक उस शक्तिमान मिथक को पुनर्नियोजित करते हुए, न केवल नये अर्थ प्रदान करते हैं, बल्कि चिन्तन के स्तर पर भी अश्आर की पहुँच को विस्तार देते हैं।

हमारे समूचे अस्तित्व को हिला देने वाले मिथक जब अश्आर में प्रयुक्त होते हैं तो वे काव्य क्षण न सिर्फ़ उद्वेलित करते हैं बल्कि विराट अनुभूति का भी अहसास कराते हैं। कुछ शेर इसी सिलसिले में–

कहानी राम की वनवासियों पे फ़ख़्र करती है
उसूलों के लिए जो राजधानी छोड़ जाते हैं[11]

उदय प्रताप सिंह

राम (मिथक) ने उसूलों के लिए ही तो राजधानी का त्याग किया था। उसूल यानी वचन का पालन। रामकथा का गर्व राम के राजतिलक से नहीं, वनवास से है। हिन्दी-उर्दू ग़ज़ल में राम जैसे मिथकीय पात्र को केन्द्र में रखकर सबसे अधिक शेर लिखे गये हैं। राम यहाँ राजा रामचन्द्र के रूप में कहीं नहीं हैं। वे हमेशा वनवासी राम के रूप में ही हैं। यहाँ शेर में एक नया अर्थ यह भी हो सकता है कि सुविधाभोगियों पर कभी गर्व नहीं किया गया। गर्व सदैव उन पर हुआ जिन्होंने कठिन समय से मुठभेड़ की। इसी भावबोध की अभिव्यक्ति कमल किशोर भावुक अपने शेर में इस प्रकार करते हैं–

राजसी सुख त्यागने का तो तभी औचित्य है
जी सके जब राम जैसी ज़िन्दगी वनवास में[12]

कमल किशोर भावुक

राम मिथकीय रूप में महानायक और औदात्य चरित्र के रूप में स्मरण किये गये। ग़ज़ल लेखकों ने उनके इसी रूप को अपने अश्आर में व्यक्त किया। वे सदैव शक्तिमान मिथक के रूप में उभरकर अश्आर में व्यक्त हुए। लेकिन सीता ? जिसे वनवास मिला और अग्नि परीक्षा से भी गुज़रना पड़ा। उसे राम जैसा महानायकत्व कभी हासिल न हो सका।

राजेश रेड्डी का शेर वर्तमान की सीता (स्त्री विमर्श) की इस विडम्बना को व्यक्त करता है।

रावण के ज़ुल्म सहके अदालत में राम की
सीता खड़ी हुई है गुनहगार की तरह[13]

राजेश रेड्डी

सीता, रामायण महाकाव्य का मिथकीय पात्र है–एक ऐसी स्त्री जिसे अग्नि परीक्षा से गुज़रना पड़ता है। मर्यादा रूपी लक्ष्मण रेखाएँ उसके लिए हर युग में खींच दी जाती हैं। बेशक, हमारे समकाल में स्त्री, वर्जनाओं को तोड़ने का साहस दिखा रही है। ये और बात कि भेस बदलकर रावण उसे यहाँ भी मिलते हैं। रामायण काल में एक रावण था तो कलयुग में सैकड़ों रावण मौजूद हैं। शेर है–

बदलकर शक्ल हर सूरत उसे रावण ही मिलते हैं
कोई सीता जब लक्ष्मण रेखा के बाहर निकलती है[14]

जय कृष्ण राय 'तुषार'

रोलां बार्थ ने 'मिथ टुडे' में मिथक्करण की अनेक विशेषताएँ बताई हैं जिनमें पहचान के प्रतीकों का विन्यास, एक अभ्यान्तर भूमिगत यात्रा तथा अपने लिए नये मुहावरे का निर्माण ! हिन्दी ग़ज़ल में मिथकों के प्रयोग में नये मुहावरे का निर्माण तो होता ही है एक भूमिगत यात्रा पौराणिक आख्यानों की भी होती रहती है।

राम जैसे रामायण महाकाव्य के मिथकीय पात्र और शक्तिमान स्मृति केन्द्रित कुछ और शेर–

सूने चारों धाम करेंगे
राम अवध विश्राम करेंगे

फिर पायें बनवास रामजी
ऐसा इन्तेज़ाम करेंगे[15]

सलीम ख़ाँ फ़रीद

सलीम ख़ाँ फ़रीद मिथकीय वातावरण का सृजन अपनी छोटी बहर के दो अश्आर में करते हैं तो नूर मुहम्मद नूर, मन के द्वन्द्व और कशमकश को मिथकों तथा प्रतीकों से बयान करते हैं। शेर है–

मैं किसके पक्ष में कैसे लड़ूँ अब
है मेरा राम तो रावण भी मेरा[16]

नूर मुहम्मद 'नूर'

रावण भी मेरा ? यह बेबाक अभिव्यक्ति एक ग़ज़लकार की है। सभी अपने भीतर किसी राम की तलाश कर रहे हैं। लेकिन एक कवि जानता है कि उसके भीतर दोनों पात्र (राम और रावण-मिथक) मौजूद हैं। अच्छाई और बुराई दोनों तत्त्व उसके अन्दर हैं। मिथकों के ज़रिये ग़ज़लकार अपने द्वन्द्व (और अपनी सत्यता) को उद्घाटित करता है।

इसी द्वन्द्व और असमंजस को प्रमोद रामावत प्रमोद अपनी प्रेयसी को बड़ी हार्दिकता से सम्बोधित होते हैं। पूरा परिदृश्य रामायण कथा का। लेकिन असमंजस नये समय का। नये मूल्यों का। शेर है–

पैर धुलाकर खड़े राम के असमंजस-सा मेरा मन
कभी-कभी मुझको केवट की उतराई-सी लगती हो[17]

प्रमोद रामावत प्रमोद

मिथक जब रचना (शेर) में आता है तो अपना नायकत्व, चरित्र, घटना और वातावरण के अतिरिक्त तमाम स्मृतियाँ भी लेकर आता है। इस शेर में यही दृश्यात्मकता है।

किसी भी राष्ट्र की पहचान उसकी संस्कृति से होती है। संस्कृति के भीतर साहित्य अपना मुकाम बनाता है। और इसे हम संस्कृति से अलग करके नहीं देख सकते। संस्कृति के बनने-सँवरने में हज़ारों साल का तप और ताप, राष्ट्र की आन्तरिक लय, स्पन्दन, पौराणिक आख्यान और मिथकों का योगदान रहता है।

साहित्य में रोज़ाना नया समय घटित होता है और उसे अभिव्यक्त करना रचनाकारों की ज़िम्मेदारी भी होती है। रचनाकार ऐसा करते भी हैं। लेकिन कई बार रचनाकार मिथकों के ज़रिये अपनी रचना (ग़ज़ल) को ज़्यादा अर्थवान तथा कालजयी बनाते हैं। मिथक हमारी सांस्कृतिक औदात्य और स्मृति को परिलक्षित करते हैं तथा वर्तमान से जुड़कर उसे ज़िन्दा रखते हैं। इसी सिलसिले में कुछ शेर–

सिवा राम के ये सच्चाई किसे समझ में आयेगी
झूठे होकर भी सच्चे हैं बेर समय की शबरी के[18]

माधव कौशिक

शेर में शबरी का मिथकीय रूप है। बेर प्रतीक है। घटना रामायण महाकाव्य की है। महत्त्वपूर्ण विषय यह है कि राम महानायक हैं। वे तो स्मृति में गूँजते रहते हैं। बेशक ! लेकिन शबरी तो अतिसाधारण पात्र है। जो जूठे बेर राम को खिलाती है। यही सादगीभरा व्यवहार, आख्यान का रूप धारण कर लेता है। यह भावना का प्रबल रूप शबरी के क़द को बड़ा बना देता है। उसी भाव की पैरवी करता यह शेर अपनी संरचना और अर्थ की गूँज में बड़ा हो जाता है।

इसी मिथकीय पात्र शबरी को दिनेश सिन्दल अपने शेर में कुछ अन्य रूप में तहरीर करते हैं। यहाँ मैं पात्र है। उसका स्वप्न है। शबरी की स्मृति है और राम किसी उम्मीद का नाम है–

मैं चख-चख रख रहा शबरी की माफ़िक बेर सपनों के
न जाने किस घड़ी मेरी कुटी में राम आ जायें[19]

हिन्दी ग़ज़ल में राम, सीता, लक्ष्मण, रावण, शबरी इत्यादि मिथकीय पात्रों पर सबसे ज़्यादा शेर लिखे गये हैं। लेकिन महाभारत जैसे महाकाव्य और अन्य पौराणिक आख्यानों के मिथकों को भी हिन्दी ग़ज़लकारों ने बड़ी संचेतना और एकाग्रता के साथ अश्आर में अभिव्यक्ति दी है। कुछ शेर ग़ौरतलब हैं–

है पशोपेश में अर्जुन कि सभी अपने हैं
तीर तो तीर है क्या जाने कहाँ क्या लिख दे[20]

रामबाबू रस्तोगी

ये द्रोण उससे अँगूठा तो माँग लेते हैं
ये एकलव्य को शिक्षा कभी नहीं देते[21]

द्विजेन्द्र द्विज

यक्ष है युग की चुनौती पर युधिष्ठिर मौन है
ढूँढ़ना इस प्रश्न का उत्तर बहुत अच्छा लगा[22]

गणेश गम्भीर

युद्ध में जब अर्जुन होता है
कर्ण के ही फँसते हैं पहिए[23]

महेश अश्क

चक्रव्यूही युद्ध में निरुपाय होकर रह गया है
आदमी अभिमन्यु-सा असहाय होकर रह गया है[24]

राधेश्याम शुक्ल

ख़त्म होते ही हर महाभारत
ख़ैरियत पूछता है सन्नाटा[25]

सूर्यभानु गुप्त

साथ है शकुनि का कैसे न बनूँ दुर्योधन !
कृष्ण का साथ अगर हो तो सुदामा हो जाऊँ[26]

देवेन्द्र आर्य

उपर्युक्त सभी अश्आर महाभारत जैसे महाकाव्य के पात्रों को केन्द्र में रखकर रचे गये हैं। यहाँ यह बात भी ग़ौरतलब है कि यहाँ मिथकीय पात्रों की उपस्थिति उस स्मृति तक ले जाती है, जो स्मृति हमने अपने पात्र के लिए बना रखी है।

रामबाबू रस्तोगी का शेर धर्मयुद्ध की याद दिलाता है। जब सारथी कृष्ण थे। धनुर्धर अर्जुन। लेकिन युद्ध भूमि में विचलित से अर्जुन। कशमकश में घिरे। शेर में द्वन्द्व की रचना है और बिम्ब की रचना भी। अर्जुन का विचलन और रणभूमि! ...महेश अश्क भी इसी युद्ध भूमि को अपने शेर में इसी विडम्बना को व्यक्त करते हैं। दो छोटे से मिसरे। प्रश्न का हाहाकार इन मिसरों में। कर्ण जैसे लोग ही क्यों अभिशप्त होते हैं सदैव ! कुलीनता जीतती है। पराजित होता है साधारण पात्र।

हिन्दी ग़ज़लकार महाभारत महाकाव्य के मिथकीय पात्रों के ज़रिये जो शेर व्यक्त कर रहे हैं, वहाँ आख्यान की स्मृति। पात्र की स्मृति। और नये समय का यथार्थ है। मिथकीय शेर इस दृष्टि से संश्लिष्ट और अर्थ में व्यापक हुए हैं।

गणेश गम्भीर के शेर में आधुनिकताबोध है। यह नया समय यक्ष की चुनौती जैसा। इस युग में यक्ष तो है–सवालों के नेज़े उछालता। लेकिन उत्तर देनेवाला युधिष्ठिर नहीं है। इसलिए जीवन के अनेक प्रश्न अनुत्तरित हैं। सूर्यभानु गुप्त के शेर में भी धर्मयुद्ध की पृष्ठभूमि है। एक तरह से यह शेर युद्ध का प्रतिवाद करता है। शेर प्रतीकात्मकता में युद्ध की विनाशलीला को अभिव्यक्ति देता है–ख़ैरियत पूछता है सन्नाटा। यह मिसरा, अभिव्यंजना की रचना करता हुआ–सभ्यताओं पर भी कटाक्ष करता है। सन्नाटा, महज़ सन्नाटा नहीं, वह मृत्यु का चेहरा भी है।

राधेश्याम शुक्ल के शेर में चक्रव्यूह की स्मृति है। अभिमन्यु का नायकत्व है मिथक के रूप में। जो व्यूह रचना में घिर चुका है और असहाय-सा हो चुका है। इस घटना को नवयथार्थ से जोड़कर राधेश्याम शुक्ल आधुनिक रूप देने में सफल होते हैं।

द्विज के शेर में व्यंजना का तत्त्व है कि नये समय के द्रोण भी एकलव्यों के रूप में अँगूठा तो ले लेते हैं, शिक्षित नहीं करते। नये समय के शिक्षा संस्थानों पर यह शेर किसी प्रश्न की तरह है। देवेन्द्र आर्य उस संगत को विषय बनाते हैं जो मनुष्य का स्वभाव ही नहीं, डी एनए तक बदल कर रख देती है। मिथकों के ज़रिये शेर की अभिव्यक्ति है। दुर्योधन और शकुनि की कपटपूर्ण संगत। वैसी संगत ग़ज़लकार की है। काश, यह संगत कृष्ण और सुदामा जैसी होती।

ओम निश्चल मिथकों के विषय में कहते हैं, "बड़े लेखक की निगाह जहाँ एक तरफ़ अपनी परम्परा से ओझल नहीं होती, वहीं दूसरी ओर समकालीनता के कैनवस पर वह मिथकों को पुनर्जीवित करता है और परखता है कि पुराने मूल्य वस्तुत: हमारे लिए कितने मूल्यवान हैं।"[27]

हिन्दी के ग़ज़लकार, पौराणिक मिथकों से न सिर्फ़ धूल पोंछते हैं बल्कि नये समय से संवाद की सूरत भी पैदा करते हैं। और यह अहसास भी कराते हैं कि नये समय की यथार्थ अभिव्यक्ति के लिए महाकाव्यों के मिथक क्यों ज़रूरी हो जाते हैं। कुछ शेर इसी सिलसिले में–

सदन में आ गये धृतराष्ट्र चुनकर
कुछ इस कारण भी संजय बढ़ रहे हैं[28]

ज़हीर क़ुरैशी

कहाँ अब पॉप म्यूज़िक का ज़माना
कृष्ण की बाँसुरी की तान देगा[29]

चाँद शेरी

फिर उसके बाद सोच कि बाक़ी बचेगा क्या
तू बाहर कृष्ण भक्ति से अगर रसखान कर दे[30]

इरशाद ख़ान सिकन्दर

जो अक़्स उभरता है रसखान की नज़्मों में
क्या कृष्ण की वो मोहक तस्वीर बदल देंगे[31]

अदम गोंडवी

सुयोधन मुंसिफ़ी के भेस में है
युधिष्ठिर अज़माए जा रहे हैं[32]

बी. आर. विप्लवी

कुरुक्षेत्र प्रश्नों का लगता हर पल जीवन का
स्वयं पार्थ को चिन्ता करनी होगी उत्तर की[33]

राम स्नेही यायावर

उपर्युक्त सभी अश्आर में मिथक महाभारत जैसे महाकाव्य से लिए गये हैं लेकिन कथ्य समकालीन है। ग़ज़लकारों ने बड़ी हुनरमन्दी से अपने समय को व्यक्त किया है। बड़े साहस के साथ जहाँ कहीं ज़रूरत पड़ी है, वहाँ मिथकों में तोड़फोड़ भी की गयी है। बी. आर. विप्लवी जब कहते हैं सुयोधन मुंसफ़ी के भेस में है–तो यह मिथक को तोड़कर उसकी पुनर्रचना है। इसी प्रकार ज़हीर क़ुरैशी के शेर में भी मिथक की पुनर्रचना है। सदन समकालीनता का सूचक है और उस सदन में धृतराष्ट्रों की मौजूदगी। यानी वे तमाम सांसद जो देश की बदहाली के लिए ज़िम्मेदार

हैं। बेशक, शेर का लहजा मुँहफट हो गया है। यहाँ जो यथार्थ है वो इकहरा है। यही अवस्था चाँद शेरी के शेर में है। समकालीन पॉप म्यूज़िक के बरअक्स कृष्ण की बाँसुरी! इसी तुलना (अथवा द्वन्द्ध) से चाँद शेरी नये समय के पदार्थीकरण और यांत्रिक मिज़ाज को बयान करते हैं। लेकिन इरशाद ख़ान सिकन्दर और अदम गोंडवी मिथकों और प्रतीकों से सामाजिक समरसता को संवेदन लय में व्यक्त करते हैं। कृष्ण भक्ति से रसखान को बाहर कर दें तो बाकी क्या बचेगा? रसखान महज़ नाम नहीं, वो भावना, जज़्बे, निष्ठा और रागात्मकता का भी प्रतीक है।

साधारण विषय जब मिथकों के साथ शेर में व्यक्त होते हैं तो असर पैदा करने में सक्षम होते हैं। राम स्नेही का शेर–यह नया समय प्रश्नवाचकों से घिरा हुआ। पार्थ मिथक है। कुरुक्षेत्र प्रतीक। पार्थ और कोई नहीं–हर वो इन्सान है जो नये समय के कुरुक्षेत्र में संघर्षरत है। यह चिन्ता का प्रश्न भी उसका है, क्योंकि जीवन रूपी कुरुक्षेत्र भी तो उसका अपना है।

हिन्दी ग़ज़ल में द्रौपदी, सीता, अहल्या, शबरी जैसे स्त्री मिथक बड़ी गरिमा और भावनात्मक आवेग के साथ अश्आर में प्रयुक्त हुए हैं। इन मिथकीय पात्रों के स्मरण के साथ-साथ स्त्री विमर्श के लिए भी स्पेस बनता चला गया है।

'द्रौपदी' को केन्द्र में रखकर हिन्दी ग़ज़लकारों ने ग़ज़ल में चिन्तन को भी महत्त्वपूर्ण स्थान देने का प्रयास किया है। कुछ शेर इस सिलसिले में प्रस्तुत हैं–

द्रौपदी

करते थे द्रौपदी की बड़ाई ज़बान से
लेकिन किसी ने तीर न खींचा कमान से[34]

माधव कौशिक

जिस घड़ी मन कृष्ण जैसी रास-लीलायें रचे
उस घड़ी इक पल ठहर कर द्रौपदी का सोचना[35]

संजय ग्रोवर

आज दुर्योधन की इस दुनिया में जीना है कठिन
फिर सभा में द्रौपदी की लाज की बाते करें[36]

भगवान दास जैन

कृष्ण तूने आज ये कैसी महाभारत रची
द्रौपदी की लाज के हैं प्रश्न सब टलते रहे[37]

कमलेश प्रकाश

सीता

यहाँ शोलों से सीता को परखने की रवायत है
कहाँ पाकीज़गी का रास्ता ले जायेगा हमको[38]

बी. आर विप्लवी

उन्होंने दम नहीं तोड़ा कभी पाने को कस्तूरी
ये सोने के हिरन सीता को जाने कब से छलते हैं[39]

विजय किशोर मानव

वनवास भोगती हुई सीता और आकर्षण सोने के हिरण का। यह विरोधाभास बेशक है। लेकिन ऊपरी स्तर पर है। ज़रा गहराई से विश्लेषण करें। एक स्त्री जंगल में है। हर तरफ़ वीरानी। सन्नाटा। एक जैसापन। और ऐसे में बेहद सुन्दर स्वर्ण मृग का दिखाई देना और ओझल हो जाना। यह तो स्त्रियोचित सहजता ही है। राम भी जानते हैं कि सीता लम्बे अरसे से वनवास में है। वे सीता की इच्छा का सम्मान करते हैं। स्वर्ण मृग की तलाश में निकल पड़ते हैं। यहाँ तक रामायण की घटना है। लेकिन विजय किशोर मानव इस शेर को और इस मिथक को आधुनिक बोध देते हैं कि ये सोने के हिरन सीता को जाने कब से छलते हैं। हर बार स्त्री इन्हीं प्रतीकों से फँसती रही है।

विप्लवी भी सीता की अग्नि परीक्षा को नये और आधुनिक अर्थ देते हैं–यहाँ शोलों से सीता को परखने की रवायत है। पुरुष समाज पर गहरा कटाक्ष है। मिथकीय पात्र सीता है। प्रतीक भी वही पुराने आग यानी अग्नि परीक्षा! लेकिन 'यहाँ' शब्द ग़ौरतलब है। 'यहाँ' में नया समाज है। रवायत बेशक पुरानी है। लेकिन 'रवायत' में व्यंजना है। आज भी हर स्त्री सीता है। और आज भी हर स्त्री के लिए एक अदद अग्नि परीक्षा निश्चित है। कन्या भ्रूण का बच जाना पहली अग्नि परीक्षा होती है।

लेकिन द्रौपदी, महाभारत के तमाम स्त्री पात्रों से कहीं ज़्यादा ज़हीन, विवकेशील, बुद्धिमान, स्वाभिमान से भरपूर दृष्टि सम्पन्न स्त्री है। कृष्ण को द्रौपदी का सान्निध्य इसलिए अच्छा लगता है कि वह केवल सुन्दर, सौम्य ही नहीं, विचारवान भी है। हिन्दी ग़ज़लकारों ने दोनों स्त्री पात्रों (महाकाव्यों के मिथकों) को अपनी-अपनी तरह से अश्आर में व्यक्त किया है। द्रौपदी का चीरहरण होता रहा। पाण्डव असहाय होकर देखते रहे–लेकिन किसी ने तीर न खींचा कमान से। माधव कौशिक जब ये शेर कहते हैं तो व्याकुलता का अहसास भी पैदा करने में सक्षम होते हैं।

यही बेचैनी, व्याकुल अवस्था और तड़प संजय ग्रोवर, भगवानदास जैन और कमलेश प्रकाश के अश्आर में भी है। कृष्ण की रास लीलाएँ हैं। कृष्ण की अनेक छवियाँ हैं। लेकिन उसके बरअक्स द्रौपदी। उसका कृष्ण के प्रति भावनात्मक प्रेम है। इस प्रेम और इस सम्बन्ध का कोई नाम नहीं। इसलिए यह सम्बन्ध उच्च संस्कारित है।

सुमित्रा अग्रवाल अपने लेख 'कौन है द्रौपदी' में लिखती हैं, "द्रौपदी मूर्तिमती शक्ति है। आधुनिक नारी रोल मॉडल के लिए जब अतीत की ओर दृष्टिपात करती है तब द्रौपदी की छवि पुन: उसकी आँखों में कौंध उठती है। वह महाभारत के सम्पूर्ण कथानक को गति प्रदान करती है।"[40]

सुमित्रा अग्रवाल द्रौपदी जैसे मिथकीय पात्र के विषय में लिखती हैं, "इस मिथक की रचना द्वारा महर्षि व्यास अपनी मानस पुत्री द्रौपदी के व्यक्तित्व को एक अद्‌भुत सामर्थ्य, एक विलक्षणता, एक गरिमा और एक सौन्दर्य प्रदान करना चाहते हैं। द्रौपदी का अलौकिक जन्म, उसके व्यक्तित्व को अन्यों की दृष्टि में असाधारण बनाता है। द्रौपदी लौकिक ही है, पर उसका मानसिक सामर्थ्य अलौकिक है। यह अलौकिक मानसिक सामर्थ्य ही उसकी तेजस्विता का आधार है जो उसके व्यक्तित्व की प्रमुख पहचान है।"[41]

वन्दना शर्मा द्रौपदी के विषय में कहती हैं, "द्रौपदी एक ऐसा व्यक्तित्व है जिसकी स्वतन्त्र छवि-उसका विद्रोह, उसकी यातना, उसकी बेचैनी में आज की आधुनिक नारी अपनी ही कोई ध्वनि सुनती है। सीता के दुख में करुणा प्लावित हुआ जा सकता है, किन्तु वैचारिक संगति द्रौपदी के साथ होती है। क्योंकि द्रौपदी परम्पराभंजक है।"[42]

रामायण और महाभारत जैसे महाकाव्यों में मिथक पात्रों के साथ-साथ अन्य प्रतीक और मिथकों को केन्द्र में रखकर हिन्दी ग़ज़लकारों ने अश्आर व्यक्त किये हैं और मिथकों के ज़रिये अपनी बात रखने और विचार व्यक्त करने की परम्परा को बल मिला है। कुछ शेर ग़ौरतलब हैं–

मैं तो पत्थर की तरह रोज़ लुढ़कता हूँ 'मयंक'
तू जो गंगा है तो फिर मुझको बहाकर ले जा[43]

हृदयेश मयंक

सरल नहीं था कटकर गंगा जल हो जाना
किसी हिमालय का यूँ गलना तुम क्या जानो[44]

सतीश कौशिक

गंगा जी के पास रहा
मन हर दम रैदास रहा[45]

विनय मिश्र

फँसी है किस महाभारत में गंगा
उठाई जा रही आढ़त में गंगा

नदी होगी तुम्हारी पोथियों में
यहाँ तो है मेरी फ़ितरत में गंगा[46]

देवेन्द्र आर्य

गंगा नदी भारतीय जनमानस के मन में केवल नदी की तरह नहीं है। वह जीवन लय, जीवन मूल्य और जीवन उत्सव की तरह भी है। गंगा एक संस्कृति भी है। लेकिन ग़ज़लकारों ने गंगा नदी के मिथकीय रूप की रचना अपने शेर में करते हुए उस बाज़ारीकरण के प्रति भी चिन्ता व्यक्त की है जो इसे प्रदूषित कर रहे हैं। देवेन्द्र आर्य जब कहते हैं–यहाँ तो है मेरी फ़ितरत में गंगा। तो इस जज़्बे को ख़ैरमक़दम करने का मन करता है और यह भाव चेतना को स्पर्श करता है। बिल्कुल यही जज़्बा विनय मिश्र के शेर में भी है। वह जब गंगा नदी के पास होता है तो मन रैदास (रविदास) जैसा सादगी से पूर्ण हो उठता है। यहाँ गंगा मिथक है जिसके प्रति कवि आस्थावान है। हृदयेश मंयक स्वयं को पत्थर जैसा निष्क्रिय मानते हैं और गंगा को गतिमान! यही विचार सतीश कौशिक के शेर में भी है–थोड़ी भिन्न क़िस्म की अभिव्यक्ति! वे हिमालय के नये यथार्थ से तआरूफ़ कराते हैं। हिमालय का गलना, गंगा नदी का होना है। कुछ और मिथक केन्द्रित शेर–

जो महल छोड़ के चल देते हैं गौतम की तरह
आदमियत की वो तक़दीर बदल देते हैं।[47]

सुनील दानिश

लौट कर आयेगा सिद्धार्थ इक दिन तो यक़ीनन
एक बूढ़ी शहज़ादी आज भी इस आस में है[48]

चन्द्र त्रिखा

वक़्त की धूप कितनी बड़ी है
बनके पत्थर अहल्या खड़ी है

राम आयें तो उद्धार होगा
ये प्रतीक्षा की नाज़ुक घड़ी है[49]

रवीन्द्र भ्रमर

मर्यादाएँ टूट चुकी हैं
स्वाँग रचाते राम बहुत हैं[50]

सत्य प्रकाश उपल

राधा का अनुराग अभी तक बाक़ी है
और विदुर का साग अभी तक बाक़ी है[51]

अरुण हरलीवाल

हर एक सिकन्दर का अंजाम यही देखा
मिट्टी में मिली मिट्टी पानी में मिला पानी[52]

सूर्यभानु गुप्त

विजय तिलक के लिए इन्द्र का माथा तुम स्वीकार करो
हम दधीचि के वशंज हैं, कंकाल हमारी आँखों में[53]

शिवकुमार पराग

उपर्युक्त अश्आर में गौतम बुद्ध, सिद्धार्थ, अहल्या राधा, विदुर, दधीचि, इन्द्र और सिकन्दर मिथक के रूप में विभिन्न सन्दर्भों में प्रयुक्त हुए हैं। सभी मिथक करीने से, बड़ी संचेतना के साथ, अश्आर के केन्द्र में रहकर कथ्य अथवा विचार को पुष्ट और अश्आर में जीवन्त हलचल पैदा करते हैं। मिथकीय पात्रों की स्मृतियाँ आवेगपूर्ण हैं और इन्हें नये समय के यथार्थ से जोड़ना साहसिक और चुनौतीपूर्ण कार्य था, जिसे हिन्दी ग़ज़लकारों ने बड़ी निष्ठा, एकाग्रता और संचेतना से पूर्ण किया है। कुछ और शेर–

अब कंस भी तो कंस की मुद्रा में नहीं है
लगता है मेरा कृष्ण भी मथुरा में नहीं है[54]

हरेराम समीप

जिस विष पे देवताओं में हड़कम्प मच गया
शिव के गले में जाते ही कैसे वो पच गया[55]

सुल्तान अहमद

बहुत ही अलग थी व्यथा द्रौपदी की
वो सीता का बनवास भी तो अलग था[56]

माधव कौशिक

हर एक शख़्स परीशाँ है ज़िन्दगी के लिए
कि जैसे राम भटकते थे जानकी के लिए[57]

ज्ञान प्रकाश विवेक

हर एक की क़िस्मत में उद्धार नहीं होता
कितनी भी अहल्याएँ मर जाती हैं पत्थर में[58]

राजेश रेड्डी

रावण के ज़ुल्म सहके अदालत में राम की
सीता खड़ी हुई है गुनहगार की तरह[59]

राजेश रेड्डी

सिर्फ़ लंका दहन नहीं होता
ये नये युग की रामलीला है[60]

देवेन्द्र आर्य

यह हिन्दी ग़ज़ल का अनुभूति के स्तर तथा कथ्य के लिहाज़ से नया विस्तार है। हिन्दी ग़ज़ल भारतीय मिथकों के ज़रिये नये युग के नये यथार्थ को अभिव्यक्त करने में अधिक प्रखर तथा अधिक वैभवशाली सिद्ध हो रही है।

भारतीय मिथक इतने शक्तिशाली हैं कि वे हर दौर में अपनी स्मृति को जीवित रखने में सफल रहते हैं तथा नये यथार्थ के नये सन्दर्भों में उतरकर अश्आर को ऐसी रचनाशीलता प्रदान करते हैं जो अर्थवान, गूढ़, सांकेतिक, आकर्षक तथा नये और पुराने दोनों युगों को ध्वनित करती है।

उपर्युक्त सभी अश्आर भारतीय मिथकों–उर्मिला, सीता, अहल्या जैसे स्त्री पात्रों से जुड़कर हर युग की भारतीय स्त्री के संकटों को जहाँ शिद्दत से बयान करते हैं वहीं यह अहसास भी कराते हैं कि असुरक्षा की भावना स्त्री जीवन का अनिवार्य हिस्सा बनकर रह जाती है। सुल्तान अहमद और हरेराम समीप भारतीय मिथकों के ज़रिये नयी सामाजिक संरचना को संकेतों में व्यक्त करने में सफल हुए हैं। नये समय के देव, तुच्छता और कायरता के तलघर को छुपाकर रखते हैं तथा कंस

अपनी भूमिकाएँ बदल चुके हैं। समाज में वो इतने चेहरे लगाकर घूमते हैं कि उनको पहचानना कठिन हो गया है।

भारतीय मिथकों की हिन्दी ग़ज़ल में उपस्थिति जहाँ महाकाव्यों के पात्रों को बड़ी हार्दिकता से याद करती है, बिल्कुल वहीं, हिन्दी ग़ज़ल को वैचारिक तथा चिन्तन के स्तर पर उच्च संस्कारित, विश्वसनीय तथा अर्थवान बनाती है।

सन्दर्भ सूची

1. पल प्रतिपल पत्रिका–सम्पादक देश निर्मोही (अंक-60, जून, 2002) (डॉ. नामवर सिंह से राजकुमार राकेश की बातचीत)
2. नया ज्ञानोदय पत्रिका–सम्पादक प्रभाकर श्रोत्रिय (अंक-2, अप्रैल, 2003), (निर्मल वर्मा का लेख–आधुनिक साहित्य में (मिथकीय) पौराणिक चेतना), लोदी रोड, भारतीय ज्ञानपीठ, नयी दिल्ली
3. वही
4. युगीन काव्या–सम्पादक हस्तीमल हस्ती (अंक दिसम्बर, 2012), कलिका निवास, मुम्बई
5. युगीन काव्या–सम्पादक हस्तीमल हस्ती (मार्च-2009), कलिका निवास, मुम्बई
6. एक हाथ की ताली–सूर्यभानु गुप्त, वाणी प्रकाशन, दरियागंज, नयी दिल्ली
7. सुखनवर–सम्पादक अनवारे इस्लाम (अंक-6), भोपाल
8. द्रौपदी शोधग्रन्थ पर अध्यक्षीय भाषण, मुम्बई विश्वविद्यालय, मुम्बई
9. सात आवाज़ें सात रंग–सम्पादक ओमप्रकाश चतुर्वेदी पराग, प्रवाल प्रकाशन, गाज़ियाबाद
10. वही
11. समकालीन हिन्दी ग़ज़ल संग्रह–सम्पादक माधव कौशिक, साहित्य अकादेमी, नयी दिल्ली
12. समकालीन साहित्य समाचार–सम्पादक सत्यव्रत (अंक अक्तूबर, 2014) अंसारी मार्ग, नयी दिल्ली
13. उड़ान–राजेश रेड्डी, वाणी प्रकाशन, दरियागंज, नयी दिल्ली
14. समकालीन हिन्दी ग़ज़ल संग्रह–सम्पादक माधव कौशिक, साहित्य अकादेमी, नयी दिल्ली
15. काव्या पत्रिका–सम्पादक हस्तीमल हस्ती (अंक-24), कलिका निवास, मुम्बई
16. अंचल भारती अंक 69-70–सम्पादक चन्द्रमणी, देवरिया, उत्तर प्रदेश
17. ग़ज़ल दुष्यन्त के बाद–सम्पादक दीक्षित दनकौरी, वाणी प्रकाशन, नयी दिल्ली
18. ख़ूबसूरत है आज भी दुनिया–माधव कौशिक, भारतीय ज्ञानपीठ, नयी दिल्ली
19. समकालीन हिन्दी ग़ज़ल संग्रह–सम्पादक माधव कौशिक, साहित्य अकादेमी, नयी दिल्ली
20. आधारशिला पत्रिका (अंक-44)–सम्पादक दिवाकर भट्ट, हल्द्वानी
21. बीच में जन-गण-मन–देवांश, मरांडा, हिमाचल प्रदेश
22. ग़ज़ल के बहाने–सम्पादक दरवेश भारती (अंक-6) नांगलोई, दिल्ली

23. दस्तावेज़ पत्रिका–सम्पादक विश्वनाथ प्रसाद तिवारी (अंक-141), गोरखपुर
24. ग़ज़ल के बहाने–सम्पादक दरवेश भारती (अंक-6), नांगलोई, दिल्ली
25. एक हाथ की ताली–सूर्यभानु गुप्त, वाणी प्रकाशन, दरियागंज, नयी दिल्ली
26. मोती मानस चून–देवेन्द्र आर्य, अयन प्रकाशन, महरौली, दिल्ली
27. वागर्थ पत्रिका–सम्पादक एकान्त श्रीवास्तव (अंक-243, अक्तूबर] 2015) भारतीय भाषा परिषद्, कोलकाता
28. युगीन काव्या–सम्पादक हस्तीमल हस्ती (अंक अगस्त 2006), मुम्बई
29. ग़ज़ल दुष्यन्त के बाद-III–सम्पादक दीक्षित दनकौरी, वाणी प्रकाशन, नयी दिल्ली
30. लफ़्ज़ पत्रिका अंक फ़रवरी 2012–सम्पादक तुफ़ैल चतुर्वेदी, नोएडा
31. समय से मुठभेड़–अदम गोंडवी, वाणी प्रकाशन, नयी दिल्ली
32. समकालीन हिन्दी ग़ज़ल-संग्रह–सम्पादक माधव कौशिक, साहित्य अकादेमी, नयी दिल्ली
33. नयी ग़ज़ल–सम्पादक महेन्द्र अग्रवाल (अंक-10, 2012) शिवपुरी
34. ख़ूबसूरत है आज भी दुनिया–माधव कौशिक, भारतीय ज्ञानपीठ, लोदीरोड, नयी दिल्ली
35. काव्या पत्रिका (अंक-21)–सम्पादक हस्तीमल हस्ती, कलिका निवास, मुम्बई
36. ग़ज़ल दुष्यन्त के बाद-III–सम्पादक दीक्षित दनकौरी, वाणी प्रकाशन, नयी दिल्ली
37. तर्जनी पत्रिका–सम्पादक छन्दराज (अंक 1994 अप्रैल), मुंगेर
38. स्पन्दन पत्रिका (ग़ज़ल विशेषांक अक्तूबर 2015)–सम्पादक धर्मेन्द्र गुप्त साहिल, वाराणसी
39. आँखें खोलो–विजय किशोर मानव, किताब घर प्रकाशन, नयी दिल्ली
40. नया ज्ञानोदय–सम्पादक रवीन्द्र कालिया (अंक अक्तूबर 2007), (लेख–कौन है द्रौपदी से उद्धृत) भारतीय ज्ञानपीठ, नयी दिल्ली
41. वही
42. वही
43. स्पन्दन पत्रिका (ग़ज़ल विशेषांक अक्तूबर 2015)–सम्पादक धर्मेन्द्र गुप्त साहिल, वाराणसी
44. परवाज़–सतीश कौशिक, अयन प्रकाशन, महरौली, नयी दिल्ली
45. सच और भी है–विनय मिश्र, मेधा बुक्स, दिल्ली
46. ख़्वाब ख़्वाब ख़ामोशी–देवेन्द्र आर्य, शिल्पायन, गोरखपार्क, दिल्ली
47. ग़ज़ल दुष्यन्त के बाद–सम्पादक दीक्षित दनकौरी, वाणी प्रकाशन, नयी दिल्ली
48. दोस्त अब पर्दा गिराओ–चन्द्र त्रिखा, युगमार्ग प्रकाशन, चण्डीगढ़
49. हिन्दी ग़ज़ल पत्रिका (अंक-6, जनवरी 1984)–सम्पादक प्रमोद कुमार, समुद्र प्रकाशन, अलीगढ़
50. काव्या पत्रिका (अंक-22)–सम्पादक हस्तीमल हस्ती, कलिका निवास, मुम्बई
51. ग़ज़ल सप्तक-3–सम्पादक जितेन्द्र चौहान, पार्वती प्रकाशन, इन्दौर
52. एक हाथ की ताली–सूर्यभानु गुप्त, वाणी प्रकाशन, नयी दिल्ली
53. ग़ज़ल दुष्यन्त के बाद-III–सम्पादक दीक्षित दनकौरी, वाणी प्रकाशन, दरियागंज, नयी दिल्ली

54. हरेराम समीप ने यह शेर व्हाट्सअप पर पोस्ट किया
55. ग़ज़ल के बहाने पत्रिका–सम्पादक दरवेश भारती (अंक 18-19, सितम्बर 2015), नांगलोई, नयी दिल्ली
56. ख़ूबसूरत है आज भी दुनिया–माधव कौशिक, भारतीय ज्ञानपीठ, लोदी रोड, नयी दिल्ली
57. गुफ़्तगू अनाम से है, ग़ज़ल संग्रह–ज्ञान प्रकाश विवेक, वाणी प्रकाशन, नयी दिल्ली
58. समकालीन हिन्दी ग़ज़ल–सम्पादक माधव कौशिक, साहित्य अकादेमी, नयी दिल्ली
59. वही
60. किताब से बाहर–देवेन्द्र आर्य, किताब महल, दरियागंज, नयी दिल्ली

लोक संस्कृति, लोकवार्ता, लोक जीवन तथा लोकतत्त्व और हिन्दी ग़ज़ल

"लोक एक गत्यात्मक तथा व्यापक जीवन चेतना है। इसकी व्युत्पति लोक या लोच धातु से हुई है। इन दोनों का अर्थ है–देखना या जानना या दोनों तत्त्व देखना व जानना। लोक दिखने वाले जगत को कहा गया है। निवासियों को जैसे लोग कहा जाता है उसी प्रकार लोक शब्द का अर्थ है जगत में रहने वाला प्राणी। यहाँ लोक से आशय उस मानव समूह से है, जिसे अपनी पारम्परिक जीवन-शैली और लोक-शैली का मान रहता है। पारम्परिकता ही लोक जीवन और लोक संस्कृति का प्राण है। लोकतत्त्व यानी लोक संस्कृति। लोक संस्कृति का निर्माण असभ्य और अशिक्षित समझी जाने वाली जातियों द्वारा होता है। इनके सामाजिक और पारिवारिक जीवन के बहुरंगी चित्र ही लोकतत्त्व हैं। यह किसी संस्कृति की वह जीवन पद्धति है जो मौखिक परम्पराओं पर आधारित होती है। पीढ़ी दर पीढ़ी संक्रमित होती हुई जनमत में बद्धमूल हो जाती है।"[1]

लोक को परवाह नहीं होती कि सभ्य समाज, उनके विश्वास तथा मान्यताओं के विषय में क्या सोचता है। उसकी अपनी जीवन-शैली है।

दरअसल, लोक संस्कृति आम लोगों के जीने की वह कला है, जिसमें उनके छोटे-बड़े दुख-सुख, दैनिक गतिविधियाँ, रीतिरिवाज और भविष्य की आकांक्षाएँ परिलक्षित होती हैं। यह एक स्वतःस्फूर्त प्रक्रिया है जो अनादि काल से चली आ रही है। आम लोगों के जीवन में विविधता के साथ सामूहिकता भी होती है। वे अपनी अलग पहचान बनाये रखते हुए भी समष्टि में स्वयं को समाहित रखते हैं। इसलिए इनके सांस्कृतिक पण्डाल में कई छोटी-बड़ी संस्कृतियाँ पलती-बढ़ती हैं।

लोक संस्कृति कभी किसी सत्ता की दख़लअन्दाज़ी को सहन नहीं करती। शोषित-उत्पीड़ित लोगों को यही वह माध्यम प्रदान करती है, जिसके ज़रिये वे

व्यवस्था के अन्यायी कृत्यों का प्रतिरोध करते हैं। लोक का जो सौन्दर्यबोध है वह सौन्दर्य, लोक की संवेदना से जुड़ा हुआ है।

इस पतनशील समय में जो आशा की किरण दिखाई देती है वह है लोक संस्कृति। हम नये समय में किसी ख़ाली कुएँ के समान हो चुके हैं। लेकिन इन ख़ाली कुओं को लोक संस्कृति, लोकतत्त्व, लोकरंजना के रस से भरा जा सकता है।

बिना लोक संस्कृति से जुड़े हम उन मानवीय मूल्यों को नहीं पा सकते जिन्होंने समाज को दिशा दी और लोगों को आपस में जोड़े रखा। यह लोक संस्कृति के लोकतत्त्व ही हैं जो आदिम युग से पर्यावरण के प्रति चिन्ता व्यक्त करते आ रहे हैं। लोकरंजना, लोकतत्त्व, लोक साहित्य तथा लोकवार्ता की पक्षधरता की आज आवश्यकता है। हम जितना जड़ों से कटेंगे, उतना ही न केवल अपनी संवेदन लय से कटेंगे बल्कि समाज और मूल्यों का अहित भी करेंगे। इसलिए लोक से जुड़ना बेहद ज़रूरी है।

हिन्दी ग़ज़ल में लोकतत्त्व और लोकरंजना की उपस्थिति आश्वस्त करती है। हिन्दी ग़ज़ल का अवतरण बेशक उर्दू ग़ज़ल से हुआ हो, लेकिन लोकतत्त्व की मौजूदगी उर्दू ग़ज़ल में या तो अनुपस्थित है या बहुत कम है। उर्दू ग़ज़ल में नागरिकता अधिक है। शहरी तहज़ीब के तनाव, अकेलापन, अवसाद, आत्मसंघर्ष, और इन सबसे ज़्यादा इश्क़ को केन्द्र में रखकर बहुत ग़ज़लें लिखी गयीं और लिखी जा रही हैं। लेकिन हिन्दी ग़ज़ल ने इस लिहाज़ से व्यापकता हासिल की है। हिन्दी ग़ज़ल में विषयगत विस्तार और समाज के विराट सच सामने आये हैं। इसी सन्दर्भ में देखें तो हिन्दी ग़ज़ल में लोक संस्कृति को शामिल करके ग़ज़लकारों ने अनूठी, अनोखी और महत्त्वपूर्ण अभिव्यक्ति दी है। लोक जैसा महत्त्वपूर्ण विषय ग़ज़ल में बेदख़ल ही रहता अगर हिन्दी ग़ज़लकार इस ओर ध्यान केन्द्रित न करते। हिन्दी ग़ज़लकारों के पास लोकतत्त्वों के जो गहरे, सच्चे और चकित कर देनेवाले अनुभव थे, वे हिन्दी ग़ज़ल में जब प्रविष्ट हुए तो हिन्दी ग़ज़ल पहले से अधिक समृद्ध हुई।

लोकतत्त्व हिन्दी ग़ज़ल में महज़ गाँव की फोटोग्राफ़ी बनकर नहीं उभरा, बल्कि लोक का अर्थ व्यापक जनजीवन, संघर्ष तथा लोकरंजना से है तथा लोक शब्द के व्यापक अर्थ को समझते हुए है। यह उस दुनिया का पर्याय है जो श्रमशीलों से जुड़ी है तथा अभिजनों से भिन्न है। सामूहिकता, सादगी, स्पष्टता, पारस्परिकता, निश्छलता, बेबाकी, प्रकृति से निकटता उसकी विशेषता है।

हिन्दी ग़ज़ल के कुछ शेर जिनमें लोक संस्कृति के स्वर गूँजते हुए महसूस होते हैं–

आधी सदी काट दी उसने खाकर चना चबेना जी
मेहनत उसकी मौज तुम्हारी ये अब नहीं चलेना जी[2]

वेदप्रकाश अभिताभ

मुस्कान बनी चूल्हा, चूल्हे पे चढ़ा बर्तन
एक भात की दुनिया में ख़ुशबू से भरा बर्तन[3]

हेमन्त प्रसाद दीक्षित

उसने देखीं फिर अपनी फटी साड़ियाँ
जैसे बनिये को लिक्खी गयी पर्चियाँ

उसके चेहरे पे चूल्हे की कालिख-सा दिन
हाथ से पाँव तक सब धुआँ ही धुआँ

महेश अश्क

सड़कें-सड़कें तनी दुनाली आँगन डरें अटारी से
तौर-तरीक़े वक़्त बदलता प्रेतों के घर जैसे दिन[5]

दिनेश शुक्ल

आँगन में कुम्हलाया-सा है तुलसी का बिरवा
जाने क्यों घबराया-सा है तुलसी का बिरवा

खेतीबाड़ी, गाय-बैल अब कुछ भी नहीं बचा
एक मूक चौपाया-सा है तुलसी का बिरवा[6]

किशन तिवारी

तुलसी का बिरवा लोक संस्कृति का प्रतीक है। यहाँ तुलसी का बिरवा, महज़ तुलसी का बिरवा नहीं, वह लोक संस्कृति और उसके मूल्यों की स्मृति का आख्यान रचता कोई प्रतीक भी है। किशन तिवारी ने इसे व्यर्थ नहीं जाने दिया। महेश अश्क, दिनेश शुक्ल, हेमन्त प्रसाद दीक्षित और वेदप्रकाश अमिताभ के अश्आर में भी लोक संस्कृति की गूँज है। वहाँ के संघर्ष, कष्ट, अभाव इन अश्आर में गहरी संवेदना के साथ व्यक्त हुए हैं। चना-चबेना, तुलसी का बिरवा, चूल्हे की कालिख, बनिए की पर्चियाँ तथा आँगन डरें अटारी से–ये सभी पद लोकतत्त्वों से छनकर आये हैं।

रमेश चन्द्र मस्तान लोक संस्कृति के विषय में बड़ी पते की बात कहते हैं– "लोक एक ऐसा आलोक है जिसमें सब कुछ चमकता, सजता, सँवरता, बिखरता

एवं सौन्दर्य की एक अद्भुत अनुभूति कराता, सम्पूर्ण समाज को अतीत से जोड़ता हुआ प्रेरणा और प्रोत्साहन देता है। सामाजिक सन्दर्भों में लोक का ख़जाना, कुबेर के ख़जाने से कम नहीं है। लोक शब्द अपने भीतर इतनी व्यापकता और व्यावहारिकता को समेटे हुए है कि यह अपने लघु स्वरूप में भी प्रेम के ढाई आखरों के समान, गहन, गम्भीर, व्यापक सम्भावनाओं और अटल सच्चाइयों को व्यक्त करता हुआ दिखाई देता है।"[7]

हर लोक संस्कृति में दो संसार मिलते हैं एक संसार वास्तविक है तो दूसरा स्वप्निल या काल्पनिक! दरहक़ीक़त, लोकचेतना, जनता का स्वप्न है। इसमें कुछ लोकतत्त्व इतने अर्थपूर्ण होते हैं कि उनका आकर्षण सदियों तक बना रहता है। ख़ासतौर से वे सपने जो इन्सानी भावनाओं को गहराई से व्यक्त करते हैं और तमाम मुश्किलों को दरकिनार करते हुए, फिर से उठ खड़े होने की चेतना पैदा करते हैं।

नार्वी की ग़ज़ल के कुछ शेर इसी सन्दर्भ में विशेष महत्त्व रखते हैं–

छा गयी उफ़ किस कदर बेचारगी बीड़ी जला
याद अपनी असलियत फिर आ गयी बीड़ी जला

सर्दियों की बात होती सिर्फ़ तो क्या बात थी
ज़िन्दगी ही बन गयी है जनवरी बीड़ी जला

किसने अपने नाम तेरी चाय के कप लिख लिए
इनमें जाने कौन है वो आदमी बीड़ी जला

किस तरह उनकी रगों में खो गया तेरा लहू
तू नहीं समझेगा ये जादूगरी बीड़ी जला

सरफ़रोशी के इरादे कल भी यूँ ही थे जवां
कल भी बस बीड़ी जली थी आज भी बीड़ी जला[8]

नार्वी

नार्वी की इस ग़ज़ल में बीड़ी जला रदीफ़ है। पूरी ग़ज़ल में लोक है। लोक से जुड़ी संवेदना और लोक-संघर्ष। दुख, कष्ट, अभाव वो सब। इसके बावजूद एक लय। जीवन जीने की उद्दाम इच्छाएँ। एक ऐसा जीवन राग जो 'बीड़ी जला' जैसे पद में निरन्तर ध्वनित होता है।

यहाँ जो साधारणत्व है और साधारणत्व की फ़ाकाकशी है पूरी ग़ज़ल में, वह लोकरंजना को रचती है। लोक के पास अपार दुख हैं। इसके बावजूद कवि उससे (लोक से जुड़े हर मनुष्य से) कहता है–छोड़ सारी व्यथाएँ–चल बीड़ी जला। बीड़ी जलाने में साथीपन है। मैत्रीभाव है। यही लोक संस्कृति के अहम तत्त्व हैं। 'बीड़ी' अभिजात का विलोम है। 'बीड़ी' इस ग़ज़ल का ताक़तवर प्रतीक है जो रदीफ़ के रूप में भी है। अक्सर ग़ज़लों के रदीफ़ शेर को पूरा करने की भूमिका भर होते हैं। लेकिन यहाँ बीड़ी जला रदीफ़, कुलीनता को नकारता किसी साधारण के परचम जैसा प्रतीत होता है।

बिल्कुल इसी भावबोध का एक शेर देवेन्द्र आर्य तथा एक शेर हरिश्चन्द्र पाण्डेय का उपस्थित है। शेर है–

उलझन है बेचैनी है
साहब! थोड़ी खैनी है[9]

देवेन्द्र आर्य

कमर दराती अब भी है
मन देहाती अब भी है[10]

हरिशचन्द्र पाण्डेय

दो छोटे मिसरों में साधारणत्व की आख्यान रचना। खैनी एक प्रतीक है। खैनी साथीपन का अहसास कराता एक ऐसा प्रतीक है जिसमें बहुत मामूली 'सुख' का होना है। खैनी लोकतत्त्व की गूँज पैदा करता, एलीट कल्चर का प्रतिवादी प्रतीक भी है। लोक की गूँज इस प्रतीक में यूँ भी है कि एक साधारण श्रमिक और कुछ नहीं मांग रहा। वह सिर्फ़ खैनी माँग रहा है। इसमें हैसियत के विपरीत 'औक़ात' का अर्थ ध्वनित होता है। सम्बोधन में 'साहब' है साहब में आदरभाव है। और अंडरकरंट एक तंज़ भी है। साहब अभिजात है। खैनी मज़दूर की जीवन-शैली (लोक जीवन) का प्रतीक!

हरिश्चन्द्र पाण्डेय बहुत सशक्त कवि हैं। उन्होंने नये मिज़ाज की कुछेक ग़ज़लें भी लिखी हैं। उनकी ग़ज़ल का यह शेर लोक के अनुभवों की अभिव्यक्ति है। यहाँ 'दराती' है। जो लोक चेतना का प्रतीक है। दराती नागरिकता का भाव पैदा नहीं करती। दराती देहातीपन या कहें कि लोक संस्कृति की कोख से जन्मा प्रतीक है। दराती फ़सलों को काटने में इस्तेमाल होती है तो वक़्त आने पर दराती (जो कमर में रखकर देहाती स्त्रियाँ चलती हैं) हथियार भी बन जाती है। कमर में दराती यानी संघर्षशील लोकमानस का जीवन। कमर में दराती है तो मन स्वतः देहाती है।

इस प्रकार के लोक जीवन से जुड़े प्रतीक और शब्द हिन्दी ग़ज़ल को विस्तार दे रहे हैं। शरद सिंह के दो अश्आर में लोक संस्कृति की छवियाँ सम्मोहन पैदा करती हैं–

गेरू लेकर दीवारों पर शुभ-शुभ शब्द उकेर
जाने कैसा दिन गुज़रेगा बैठा काग मुँडेर

लिए हथकड़ी दौड़ रही है हवा मुचलका भूल
छत पर बैठा सूरज झाँके देखे आँखें तरेर[11]

लोक गीतों और लोक साहित्य की रचना अपने-अपने समय में भिन्न-भिन्न रूप में होती रहती है। लेकिन ग़ज़ल में लोकतत्त्व और लोक संस्कृति की उपस्थिति अनूठे और चकित कर देने वाले रूप में सामने आयी हैं। शरद सिंह के उपर्युक्त अश्आर में हवा का हथकड़ी लेकर दौड़ना, मुचलका भूलना, काग का मुँडेर पर बैठने का अपशगुन, दीवारों पर शब्द (आकृतियों) का उकेरना–लोक संस्कृति से छनकर आये अनुभव हैं। लोक जीवन में कुछ प्रचलित मान्यताएँ और एक अपनी शब्दावली होती है। उसकी अनुभूति इन दो अश्आर में है।

लोक का अर्थ, क्षेत्र और किसी संज्ञाकारी अहंकारी का बोध नहीं देता। बल्कि विनम्रता, आत्मीयता, आपसदारी, सामूहिकता और साथीपन का अहसास कराता है। नार्वी की ग़ज़ल के कुछ शेर–जिनमें रामकली रदीफ़ है, और रामकली पात्र भी। रामकली लोक चेतना की ऐसी संज्ञा है जो लोक व्यवहार, संस्कृति के अतिरिक्त लोक जीवन से जुड़े कष्ट, संघर्ष और जद्दोजहद का भी प्रतिनिधित्व करती है। यथा–

चप्पा-चप्पा रामकली है आँगन-आँगन रामकली
फागुन-फागुन रामकली है सावन-सावन रामकली

नाम न पूछो रामकली का कोई नाम नहीं होता,
गाम न पूछो, गली-गली की है बंजारन रामकली

रामकली सबसे मधुबन का पता पूछती रहती है
और कहा करते हैं सब है ख़ुद एक मधुबन रामकली[12]

नार्वी

यह ग़ज़ल अपने आप में ग़ज़ल है और लोक संघर्षों (जिसमें स्त्री के जीवन की संघर्षगाथा है) का लोकगीत भी है।

लोकगीत लोक भावना के सबसे महत्त्वपूर्ण तत्त्व का बोध देते हैं। तमिल कवि ए. के. रामानुज की पुस्तक फोक टेल्ज़ फ्राम इंडिया में एक सघन विचार है कि पक्षी इसलिए गाते हैं कि उनके पास गीत हैं।

लोक कथा और लोक साहित्य में लोक जीवन का चित्रण वास्तविक रूप में व्यंजित होता है और अपने यथार्थ रूप को प्रतिबिम्बित करता है, इसलिए उसे लोक से जोड़कर देखा जाता है। लोक संस्कृति ऐसी सौन्दर्य की सृष्टि करती है जो धीरे-धीरे मनुष्य के भीतर आत्मीयता का भाव जगाने लगती है। इन्दु श्रीवास्तव की ग़ज़ल जिसमें लोक रंजना किसी गूँज की तरह मौजूद है–

तेरे भीतर आग कबीरे
जाग सके तो जाग कबीरे

तेरी धरती तेरा अम्बर
फिर कैसा बैराग कबीरे

ख़ुद को छोड़ कहाँ जायेगा
चाहे जितना भाग कबीरे

आड़ा चन्दन बन जायेगा
पेशानी का दाग़ कबीरे

भूखा बंजारा क्या समझे
क्या कजरी क्या फाग कबीरे

मन के तारों में बजता है
रोटी का ही राग कबीरे[13]

इन्दु श्रीवास्तव

पूरी ग़ज़ल में लोक उपस्थिति है। 'कबीरे' रदीफ़ की गूँज, निरन्तर लोकरंजना की अनुभूति कराती है। कबीरे–यानी, कबीर जैसा फक्कड़पन जीते हुए लोक मानस!

इसमें कोई संशय नहीं कि लोक साहित्य संस्कृति को प्रतिफलित करता है। लोक साहित्य अतीत के अवशेषों का संकलन न होकर वर्तमान का जीवन अभिलेख है। इस भाव की पुष्टि करते हिन्दी ग़ज़ल के कुछ शेर–

ये बातें हैं फ़कत बातें हैं बाबू
हम इनसे कान सहलते हैं बाबू

हमारी रीढ़ में ख़ामी नहीं है
झुके हम पेट के नाते हैं बाबू

जहाँ गीला है कंगाली में आटा
वहीं, मेहमान भी आते हैं बाबू

भले कुव्वत न हो उड़ने की लेकिन
हम अपने पंख फैलाते हैं बाबू[14]

देवेन्द्र आर्य

आइए गाँव की कुछ खबर ले चलें
आँख भर अपना घर, खण्डहर ले चलें

राम को तो सिया मिल ही मिल जायेगी
मिल सकें तो जटायू के पर ले चलें

एक सुबहा सुबकती-सिमटती हुई
साँझ होती हुई दोपहर ले चलें[15]

रामकुमार कृषक

खेतों से कुछ दाने लेकर घर से दीना निकलेगा
लेकिन बेचारे का पहले ख़ून पसीना निकलेगा[16]

मधुवेश

हिन्दी ग़ज़ल लोक चेतना से किस तरह प्रखर रूप से जुड़ रही है, उपर्युक्त अश्आर से पता चलता है। देवेन्द्र आर्य की ग़ज़ल का रदीफ़ 'बाबू' और सम्बोधन भी बाबू! बाबू शहरी संस्कृति में पला-बढ़ा मनुष्य है। जबकि सम्बोधित करने वाला मनुष्य, लोकजीवन के संघर्षों की जीवन शैली को अपनाता रहा है। पूरी ग़ज़ल में वे सब कष्ट हैं जो लोक मानस के जीवन में किसी साथी की तरह साथ रहते हैं। आख़री शेर में जो अनुभूति है,—भले कुव्वत न हो उड़ने की लेकिन/हम अपने पंख फैलाते हैं बाबू! यह अनुभूति 'लोक' को गहराई से व्यंजित करती है। रामकुमार कृषक के तीनों अश्आर में लोक संस्कृति की मौजूदगी है। राम यानी राजा राम नागरिक मिथक हैं तो जटायू लोक संस्कृति का मिथक है। साँझ होती दोपहर, और खँडहर होते घर—लोक जीवन के दुखों का मार्मिक बयान है। यही मार्मिकता मधुवेश के शेर में भी है। यहाँ पात्र 'दीना' है। यह नाम ही दीनता का बोध कराता है।

हिन्दी ग़ज़ल में लोक की उपस्थिति, वर्तमानता और उसके जटिल यथार्थ की अभिव्यक्ति में है। एक तरह से ये ग़ज़लें, लोकगीतों की तरह–'लोक ग़ज़लें' हैं। कुछ शेर–

कब से बैठे बाट निहारे अब तो आओ सावन जी
उमड़-घुमड़ नभ में छा जाओ ध्रुपद गाओ सावन जी

रोज़ आँधियाँ रोज़ बगूले रोते-रोते ख़ाली गाँव
मोठ मतीरा, फली-काचरी कुछ तो गाओ सावन जी

उजड़ा नीम, फटी धरती खड़ी खेजड़ी बाँझ हुई
भेंड़ें गयीं मालवे सारी, वापिस लाओ सावन जी

झूले-गोठें, मेले-ठेले पचरंगी पेचों के पेच
कुण्ड भंवारे छात बुहारें जल बरसाओ सावन जी[17]

अश्विनी शर्मा

अश्विनी शर्मा की उपर्युक्त ग़ज़ल में लोकरंजना की अद्‌भुत उपस्थिति है। यहाँ, शब्दावली के ज़रिये वातावरण की रचना है। एक तरह से पूरी ग़ज़ल में 'लोक वातावरण' की गूँज है। सूखा, कष्ट, तक़लीफ़–बाँझ खेजड़ी, उजड़ा नीम के जरिए इनकी मार्मिक अभिव्यक्ति हुई है तो मोठ, मतीरा, काचरी, फली, झूले, गोठें, मेले–ठेले, पचरंगी पेचों को याद करते हुए (और याद कराते हुए) लोकरंजना को ग़ज़ल में ध्वनित किया गया है। ग़ज़ल में सावन जी को पात्र बनाया गया है और उसे मुख़ातिब होकर लोकतत्त्व की रचना की गयी है। यहाँ लोक का ठाठ बेहद सहज है और कहीं भी कृत्रिम प्रतीत नहीं होता। पूरी ग़ज़ल में अभावों की दुनिया है और यही दुनिया लोक संस्कृति की पहचान भी है जो तिनका-तिनका सुख को जीते हैं और पहाड़ जैसा कष्ट उठाते हैं।

लोक संस्कृति के विषय में दिनेश प्रसाद का कथन है "लोक संस्कृति में सामाजिक जीवन के प्रतिफल का एक अर्थ यह भी है कि इसमें बदलते रहने के अतिरिक्त नये सृजन की क्षमता भी होती है।"[18]

दिनेश प्रसाद

लोक जीवन की शब्दावली, मुहावरा, भाषा, संस्कार, व्यवहार–अभिजात और शहरी जीवन से न केवल भिन्न होते है बल्कि वहाँ न चतुराई होती है न दुराव -छिपाव! सब कुछ व्यक्त और जीवन के उदग्र तथा व्याकुल अनुभवों से छनकर आया हुआ। इसी सिलसिले में कुमार शिव की ग़ज़ल के कुछ शेर–

गीली लकड़ी चूल्हा चौका चिमटा बेलन और धुआँ
भीगा अंजन बजते कंगन यह गोरा तन और धुआँ

द्वार द्वार पर कढ़े मांडने, आँगन आँगन रांगोली
कमरों में लेकिन मकड़ी के जाले सीलन और धुआँ

मेंहदी रचे हुए हाथों पर लिखा यही अब किस्मत ने
गोबर चारा झाड़ू बर्तन मिट्टी इंधन और धुआँ[19]

कुमार शिव

कुमार शिव ने धुआँ रदीफ़ को ग़ज़ल के केन्द्र में रखकर, लोक जीवन के अभावों को जो अभिव्यक्ति दी है, वह मानीख़ेज़ है यहाँ लोक जीवन में स्त्री है। जिसका वास्ता हमेशा धुएँ से पड़ता है धुआँ अभाव और धुआँ संघर्ष!

लोक जीवन के अभाव की अभिव्यक्ति प्रभा दीक्षित तथा गौतम राजरिशी के इन शेरों में भी कारुणिक रुप में हुई है।

हमारे गाँव के बच्चे गरीबी की तलैया में
नहाते वक़्त गफ़लत में उघारे डूब जाते हैं[20]

प्रभा दीक्षित

जल गयी है फ़स्ल सारी पूछती अब आग क्या
राख पर पसरा है होरी सोचता निज भाग क्या

खेत सारे सूद में देकर रघु आया नगर
देखता है गाँव को मुड़ मुड़ लगी है लाग क्या[21]

गौतम राजरिशी

गाँव को मुड़ मुड़ के देखता हुआ रघु जो अपने खेत सूद में लुटा आया है कवि उससे सवाल पूछता है। लगी है लाग क्या–जब सब कुछ तेरा चला गया और गाँव में कुछ नहीं बचा फिर कैसी 'लाग' कुछ ना बचा होने के बावजूद गाँव की मिट्टी से लाग लगी रहना यही लोक सस्कृति है।

लोक संस्कृति के विषय में प्रभा दीक्षित के विचार ग़ौरतलब हैं। उनके अनुसार लोक संस्कृति केवल पिछड़ी हुई जीवन शैली नहीं है बल्कि मनुष्य जाति के अतीत और वर्तमान का वह लेखा-जोखा है जिसे आधार बनाकर मानव जाति अपने भविष्य को संवारने का प्रयास करती है। लोक और संस्कृति के गठजोड़ से बना यह वाक्य

अपने अर्थों में समूचे विश्व के मानवों के क्रिया कलापों का दिग्दर्शन कराते हुए एक बेहतर मानव जीवन की प्रेरणा प्रदान करता है"[22]

लोक जीवन के विराट अनुभवों को उद्घाटित करते कुछ और शेर–

दर्द के खेत में किसानी कर
अपनी कविता का रंग धानी कर[23]

केशव शरण

दुख की टीस सदा जीने की ताक़त देती है
जब तक मुमकिन हो पैरों के छाले रखना जी[24]

रमेश तैलंग

अपनी ही मिट्टी से मैं लेता हूँ हर रोज़ जन्म
अपने ही पाँव तले रोज़ कुचल जाता हूँ।[25]

महेश अश्क

घास फूँस के घर अलाव दरवाज़े पर
आंधी के आसार हमारी बस्ती में[26]

विजय किशोर मानव

इतने फँदों में झूलकर भी प्रान हैं बाक़ी
गोया हमारे कई इम्तेहान हैं बाक़ी[27]

विजय किशोर मानव

चला था लेके चबेना मैं कल सफ़र के लिए
किसी ने छुप के मेरी जेब में टाफी रख दी[28]

रामदरश मिश्र

हरापन मर नहीं सकता हरे को मारने वालो
तुम्हें दिखता नहीं जंगल हरा यूँ भी है और यूँ भी[29]

बल्ली सिह चीमा

उपर्युक्त सभी अश्आर में लोक की मौजूदगी को महसूस किया जा सकता है। इन ग़ज़लों के अश्आर में कथ्य के भीतर जो लोकचेतना है वह कथ्य की शक्ति है और हिन्दी ग़ज़ल के लिए भी। इससे पता चलता है कि हिन्दी ग़ज़ल में विषय विस्तार की अपार क्षमता है। रमेश तैलंग दुख की टीस में जीवन जीने का भरोसा

ढूँढ़ लेते हैं जो लोक संस्कृति का तत्त्व है, वहीं केशव शरण दर्द के खेत में किसानी का पाठ रचते हैं। महेश अश्क जब कहते हैं अपनी मिट्टी से जन्म लेता हूँ तो यह मिट्टी से जन्म लेना लोकचेतना का अनुभव है। वही लोक के अनुभव विजय किशोर मानव के दो अश्आर में ध्वनित होते हैं। रामदरश मिश्र "लेके चला था चना चबेना बिल्कुल लोक जीवन और लोक शैली का पद है लेकिन किसी ने छुपाकर जेब में टॉफी या गोली रख दी–यानी, लोक संस्कृति को कुलीनता और नागरिकता भ्रमित भी करती रहती है। बल्ली सिंह चीमा लोक के विषय में गहरे अनुभव रखते हैं वे इसी लोक संस्कृति से जुड़े एक किसान ग़ज़लकार हैं।

"भारतीय संस्कृति की वेगवती धारा लोक और वेद इन दो किनारों के बीच बहती रही है। 'लोके वेदे च' यह भारतीय संस्कृति को अर्थाने का मूल सूत्र है। वेद की परम्परा में समस्त शास्त्रों का निचोड़ है। यह पण्डितों की भाषा है। दूसरी ओर लोक साहित्य की परम्परा अनुश्रुत के रूप में आयी है। इसका उद्गम लोक या फिर जन जन का हृदय है।"[30]

हिन्दी काव्य की मूलधारा लोकधर्मी रही है। हिन्दी ग़ज़लों में भी लोक संस्कृति, लोकचेतना और रंजना के माध्यम से, जीवन का रस, जीवन सम्बन्धों का प्रवाह, हृदय के सच्चे भाव, इन्हीं लोक तत्त्वों से उजागर हुए हैं। हिन्दी ग़ज़लों में सामान्य जन की उत्कण्ठा की अभिव्यक्ति देना तथा लोकचेतना के जरिए उपेक्षित, परित्यक्तों के कष्ट की बात करना मुख्य उद्देश्य रहा है। कुछ शेर इसी सिलसिले में–

बैरंग चिट्ठी में आये हैं स्वर अकुलाये गाँव से
हरखू ननुआ जुम्मन के कुछ आँसू आये गाँव से

साँझ ढले चतुरी की बेटी बँटी सियासतदारों में
ऐसे में बोलो किस किस की रपट लिखाये गाँव से

साहू का कारिन्दा कल था आया साथ अमीन लिए
कुर्क किये घर-खेत ले गया, धान सवाये गाँव से[31]

कृष्ण शलभ

तार पर चल रहे पहाड़ लिए
हम भी संसार के नटों में रहे

चाहे चौखट हो कि दीवार कि ताख
दीप हर जगह संकटों में रहे[32]

श्री प्रकाश श्रीवास्तव

माटी रचे अनाम कुम्हार तलाश करे
गंगाजली की जाम कुम्हार तलाश करे

तन का कलश लबालब चन्दन से फिर भी
मन से गयी न घाम कुम्हार तलाश करे[33]

ओम प्रकाश चतुर्वेदी पराग

अलगू चिरकुट छिन्नू बोलें सोने चाँदी की भाषा
और बिचारी भूखी प्यासी सुरसती है बस्ती में

प्रेमचन्द के होरी धनिया अब भी फाके करते हैं
मस्ती है आज़ादी है इक नयी सदी है बस्ती में

राम आसरे जीने पर मजबूर ज़िन्दगी की ख़ातिर
दो को चार बनाने वाली एक बही है बस्ती में[34]

चन्द्रमणि त्रिपाठी

कृष्ण शलभ, श्रीप्रकाश श्रीवास्तव, ओमप्रकाश चतुर्वेदी पराग तथा चन्द्रमणि त्रिपाठी के अश्आर में लोक अपने तमतराक और धज के साथ मौजूद है। कष्ट यहाँ जीवन शैली की तरह हैं और श्रम यहाँ पूजनीय। इन अश्आर में लोक वातावरण का सृजन लोक संस्कृति के विराट रूप का दीदार कराता है। सभी अश्आर में लोकतत्त्वों से रचीबसी शब्दावली है। यथा बैरंग चिट्ठी, अकुलाये गाँव, अमीन, कारिन्दा, कुर्क, माटी, गंगाजली, नट, कलश, बही के अतिरिक्त जो पात्र इन अश्आर में आये हैं वे भी ठेठ लोक जीवन से जुड़े हैं। लोक महज़ इन नामों अथवा पात्रों में ही नहीं इनके रहन-सहन जीवन शैली में भी बसता है। हरकू, ननकू, सुरसती, जुम्मन, कुम्हार, अलगू, चिरकुट, छिन्नू, रामआसरे होरी तथा धनिया ये सब पात्र लोक संस्कृति को जीवित रखने वाले तथा इनका लोकतत्त्वों से अटूट रिश्ता है। यही फोकलोर भी है।

फोकलोर यानी लोकवार्ता। लोकवार्ता का प्रचलित अर्थ है जनता का साहित्य। जनता जो कुछ कहती-सुनती है अथवा उसके विषय में जो कुछ कहा-सुना जाता है वह सब लोकवार्ता (फोकलोर) है। जिस प्रकार प्रत्येक देश की अपनी एक भाषा होती है। उसी प्रकार उस देश की अपनी एक लोकभाषा यानी फोकलोर भी होती है।

"एनसाइक्लोपीडिया ब्रिटेनिका में फोक को परिभाषित करते हुए कहा गया है कि आदिम जाति के वे सभी व्यक्ति जिनके मेल से समाज बना है फोक (यानी

लोक) है और इस शब्द की यदि प्रशस्त दृष्टिकोण से व्याख्या की जाये तो इसका प्रयोग समस्त राष्ट्र के लिए भी किया जा सकता है"[35] मोहन लाल बाबुलकर

मोहन लाल बाबुलकर अपनी बात को विस्तार देते हुए कहते हैं, "फोकलोर (लोकवार्ता) विषय, लोक का जीवन है और इसका विस्तार है। वास्तविकता यह है कि जिसे लोकगीत, लोकगाथाएँ, कहावतें, पहेलियाँ–जिसे हम लोक साहित्य कहते हैं–लोकवार्ता (फोकलोर) तथा लोक संस्कृति के अंग है।"[36]

लोकगीतों के संचयन के लिए अपना जीवन खपा देने वाले देवेन्द्र सत्यार्थी के अनुसार, "जनता जो युगयुग से कहती और सुनती आयी है अर्थात मौखिक परम्परा की समूची सामग्री सब लोकवार्ता यानी लोक साहित्य के अन्तर्गत आ जाती है।"[37]

हिन्दी की लोक संस्कृति सम्पन्न ग़ज़लें अनुभूति के स्तर पर किसी ऐसे हृदयोद्गार की तरह हैं जिनमें लोक समाज के जीवन का प्रतिबिम्ब दिखाई देता है। हिन्दी ग़ज़ल के कुछ शेर इसी सन्दर्भ में–

चिटकी हुई अटारी से मिट्टी झरती है।
हैंडपम्प आँगन का टूटा शेष कुशल है।

पानी, मेंड़, खेत, कुनबा, रोटी का झगड़ा
इधर कचेहरी उधर मुक़दमा शेष कुशल है

इसी साल बिटिया का गौना भी देना है
समधी जी का ख़त है आया शेष कुशल है[38]

दिनेश शुक्ल

कोई हमें न शहर में जाने है साबजी
फिर कौन हमको काम पे रक्खे है साबजी

घर बार भी था खेत भी खलियान भी हजूर
वे सब तो साहूकार के गहने है साब जी

पूछा जो हाल आपने हलकाया मन जरा
दुखिया से कौन इतना भी बोले है साबजी[39]

प्रवीण नाकाम

हे दइया, हे राम मुनादी गाँव बजी
मचा हुआ कोहराम मुनादी गाँव बजी

बुधिया की इज़्ज़त को कल पंचायत में
पंच करे नीलाम मुनादी गाँव बजी

चोरी करता चोर सिपाही पहरे में
कोतवाल बदनाम मुनादी गाँव बजी[40]

बंची लाल निरास

बंची लाल निरास की ग़ज़ल में लोक जीवन की विभिन्न स्थितियाँ हैं। माहौल इतना जीवन्त कि अंचल की धड़कन सुनी जा सकती है। सैकड़ों गाँवों का चेहरा इस ग़ज़ल में देखा जा सकता है। लोक जनजीवन की कठिनाइयाँ यहाँ महज़ व्यक्त ही नहीं होतीं बल्कि मुनादी के ज़रिये सुनायी भी जा रही हैं। यहाँ मुनादी के ज़रिये लोक का यथार्थ व्यक्त होता है। ग़ज़ल को बंची लाल निरास ने लोक जीवन के ऐसे तानेबाने से बुना है कि नीरसता को ख़ारिज करते हुए ग़ज़ल अपनी अभिव्यक्ति में सफल होती है। रदीफ़ इतना लम्बा है कि मिसरे का आधा हिस्सा इसी रदीफ़–मुनादी गाँव बजी के हवाले होता है। बाक़ी बचे मिसरों के ज़रिये भरपूर बात कही गयी है।

दिनेश शुक्ल की ग़ज़ल में भी लोक गीत की तान है। लोक संस्कृति में जो व्यंजना का पुट होता है वह इस ग़ज़ल में भी है–कठिनाइयाँ, कष्ट, संघर्ष, तकलीफ़ें इसके बावजूद सब कुशल है, जैसे ग़ज़ल के भीतर चिट्ठी लिखी जा रही है। यहाँ लोक की अभिव्यक्ति में घर है। घर, नगर, महानगर के विपरीत, बदहाली का कथानक। अटारी से मिट्टी झरती है। हैंडपम्प की हत्थी टूटी हैं। पानी, मेंड़, कचहरी, मुक़दमा, बिटिया का गौना सब में मुश्किलें। इसके बावजूद शेष कुशल है। इन छोटी-छोटी बातों से लोक जीवन का विराट सच बयान होता है। पूरी ग़ज़ल में ये तत्त्व इतने सजीव हैं कि लोक का यथार्थ चाक्षुष हो उठता है।

एक अन्य ग़ज़ल में लोक का साधारणत्व है, साधारण पात्र। जो नगर के किसी मनुष्य को अपनी कथा सुना रहा है और हर बार साब जी के सम्बोधन से लोक को ध्वनित करता प्रतीत होता है।

बहुत अहम बात यह है कि हिन्दी ग़ज़ल में लोक संस्कृति और लोकरंजना की जो छवियाँ और अभिव्यक्ति उभरकर आ रही हैं वे सब गहरे भावबोध का अहसास कराती हैं। ये ग़ज़लें लोक के अनुभवों की पुनर्रचनाएँ हैं। इनकी रचनात्मकता में कोई फ़ैशनेबुल एथनिकता नहीं हैं बल्कि यह रचनात्मकता किसी 'पेशन' की तरह है जिसका ख़ैरमक़दम होना चाहिए।

डॉ. दीप्ति द्वारा व्हाट्सअप पर भेजी गयी ग़ज़ल के कुछ शेर जिसमें ग़ज़लकार अज्ञात है लेकिन यह ग़ज़ल इसलिए ज़रुरी है कि इसमें लोक की उपस्थिति है लेकिन उसके क्षरण पर चिन्ताएँ भी व्यक्त की गयी हैं। ग़ज़ल के शेर इस प्रकार हैं।

सावन की पुरवइया ग़ायब पोखर ताल तलैया ग़ायब
कट गये सारे पेड़ गाँव के कोयल और गौरइया ग़ायब

कच्चे घर तो पक्के बन गये हर घर की अगनइया ग़ायब
सोहर कजरी फगुआ भूले बिरहा नाच नचइया ग़ायब

सुबह हुई तो चाय की चुस्की, चना चबैना लइया ग़ायब
भाभी देख रही हैं रस्ता शहर गये थे भइया ग़ायब[41]

पूरी ग़ज़ल में लोक संस्कृति की आन्तरिक लय है बेशक बाज़ार और नागरिकता धीरे-धीरे इस लोकवार्ता के तमाम तत्त्वों को लील रहे हैं। बाज़ारवाद और भूमण्डलीकरण की धमक पूरी ग़ज़ल में सुनाई देती है।

बिल्कुल इसी लबोलहजे और भावबोध की ग़ज़लें जो मनोज अबोध तथा विनोद तिवारी की हैं, ग़ौरतलब हैं–

आपसदारी मेल मुरव्वत फ़र्ज़ नसीहत कौन कहे
चोर सिपाही अफ़सर नेता सब अपने किरदार में गुम

चौका बर्तन साफ़ सफ़ाई सबकी सेहत सबका दुख
अपनी गठिया देख न पाई माँ होकर घरबार में गुम

कोर्ट कचहरी दाख़िल ख़ारिज थाना मुंशी चकबन्दी
जोत बही पटवारी के घर बैनामा दरबार में गुम[42]

मनोज अबोध

बाबू जी हमने कोरट में हलफ उठाकर सच बोला
पर बिन पैसे क़ानूनों का देता वहाँ हवाला कौन

बाबू जी ये उजला सूरज भी कितना अन्यायी है
हर घर जाकर नहीं पूछता लेगा यहाँ उजाला कौन

बाबू जी बस न्याय धरम से कह दो है रोटी किसकी
मेहनत या पैसा दोनों में है असली हकवाला कौन

बाबू जी अपने सब बैरी सावन भादों चैत बैसाख
वरना यूँ मौसम बेमौसम देता देस निकाला कौन[43]

विनोद तिवारी

विनोद तिवारी की उपर्युक्त ग़ज़ल में बाबूजी प्रत्येक शेर के आरम्भ में आता है। लोक जीवन से गहराई तक जुड़ चुका ग़ज़ल का पात्र (जो लोक पात्र भी है) बाबू जी (जो नागरिक पात्र है) से मुख़ातिब होते हुए अपने जीवन की रुदाद (दुखभरी दास्तान) बड़े मार्मिक अन्दाज़ में व्यक्त कर रहा है। यही है लोक जीवन की त्रासदी। जिन लोगों में लोक तथा लोक परम्पराओं के प्रति अटूट विश्वास है वही कष्ट भोग रहे हैं।

कुछ और शेर–

राजा प्यादा क़िला कचेहरी अजब तमाशा नौटंकी
हर इक मन में जगा रही है झूठी आशा नौटंकी

ख़ाली थैले लिए खड़े हम राशन की दुकानों पर
बाँट रही अपने अपनों में खील बताशा नौटंकी[44]

राम स्नेही लाल शर्मा

लालटेन में काला काला धुआँ भर सा गया है
मुखिया जी फिर बैठे हैं पटवारी से सट के[45]

महेश अश्क

छेनियाँ, बाँसुला अँगूठे उँगलियाँ ख़्वाबों ख़्याल
हम ही तहज़ीबों को उनके बाँकपन तक ले गये[46]

नूर मुहम्मद नूर

टूटे छप्पर रूठे चूल्हे
गुरबत ने पाई सौगातें

तेरी जैसी चादर हेतु
सूत कबीरा कैसे कातें[47]

मुकुट सक्सेना

उपर्युक्त अश्आर का गम्भीरता से अवलोकन करें तो लोक जीवन की वे तमाम झलकियाँ दिखाई देने लगती हैं जिस जीवन को वे जी रहे हैं। अभाव। संघर्ष। इसके

बावजूद अपनी लोक संस्कृति से जुड़े रहने का संकल्प। राम स्नेही नौटंकी के ज़रिये लोक की वेदना को व्यक्त करते हैं लेकिन तंज़–सा भी है उनके अश्आर में। नौटंकी शब्द लोकवार्ता से होकर ग़ज़ल में आया है। नौटंकी रदीफ़ है और वह ऐसा प्रतीक भी है जिसके ज़रिये ग़ज़लकार राम स्नेही लाल ने ग़ज़ल में लोक जीवन के यथार्थ की अभिव्यक्ति दी है। राजा, प्यादा, क़िला कचहरी–ये तमाम शब्द लोक संस्कृति को ध्वनित करते हैं। मुकुट सक्सेना ने छोटी बहर की ग़ज़ल में (यहाँ दो शेर) वही लोक जीवन के कष्ट, संघर्ष और तनाव को कुशलता से व्यक्त किया है। तेरे जैसी चादर हेतु। सूत कबीरा कैसे कातें–जब ग़ज़लकार इस मिसरे की रचना करता है तो कबीर जैसे सामने आ खड़ा हो और ग़ज़लकार उससे सवाल पूछ रहा हो कि तेरे जैसे जीवन मूल्य हम कहाँ से लायें?

यह लोक शब्दावली–छेनियाँ, बांसुला, बैनामा, आमीन, कोट–कचहरी, राजा–प्यादा, खील बताशे, खेजड़ी, नौटंकी, मुखिया, पटवारी, खलियान, अटारी, हे दइया, मुनादी, मेंड़, खेत, कुनबा, गंगाजली, कुम्हार, ताल-तलैया, बीड़ी तथा दराती–ये पूरी शब्दावली लोकवार्ता (फ़ोकलोर) से छनकर आयी है।

हिन्दी ग़ज़ल के लिए यह शुभ संकेत है कि वह विषयगत विस्तार हासिल कर रही है। आदिवासियों, दलितों की वेदना को यह विधा व्यक्त करने में सफल रही है तो वहीं, इस विधा ने भूमण्डलीकरण की कारण हुए सामाजिक, राजनीतिक और आर्थिक परिवर्तनों को भी केन्द्र में रखकर बदलते यथार्थ को चित्रित किया है।

ग़ज़ल का अपना अनुशासन, शिल्प, शैली, भाषा, शब्दावली तथा नागरिक मिज़ाज है। ग़ज़ल ने अपने आपको नगर महानगर तक सीमित रखा। उर्दू की जदीद ग़ज़लों में महानगरीय विडम्बनाएँ और तनाव गहरे तक महसूस किये जा सकते हैं। लेकिन हिन्दी ग़ज़ल ने यह भी कर दिखाया है कि ग़ज़ल के मिज़ाज में रहकर, लोक संस्कृति को भी विषय बनाया जा सकता है। हिन्दी ग़ज़ल में जहाँ-जहाँ लोक तत्त्वों की उपस्थिति हुई है लोक से जुड़े जनमानस का अभावभरा जीवन तो तहरीर हुआ ही है, कबीराना ठाठ के भी निरन्तर दीदार हुए हैं।

देश में लोक संस्कृति की परम्पराएँ बेहद समृद्ध हैं। इसके बावज़ूद इस बात से विमुख नहीं हुआ जा सकता कि बाज़ार लोक संस्कृति को नष्ट कर रहा है। इसी बात को एजाज अहमद बड़े सलीके से व्यक्त करते हैं। उनके अनुसार, "गरीब आदमी जो करे...अपने लिए करे वह फोक आर्ट। लेकिन वही गरीब आदमी अगर गिटार बनाने लगे तो वह 'हाई आर्ट' होगी।"[48]

इन सब बाज़ारवादी शक्तियों के बावजूद भारत में लोक संस्कृति, लोकतत्त्व, लोक संरचना के संस्कार घने गाढ़े हैं जो लोक कथाओं, स्वप्नों, लोकगीतों, लोकोक्तियों, मुहावरों में सुनायी देते हैं। यही लोक की भावना, संघर्ष, रंजना, हिन्दी, ग़ज़ल में भी मुखरित होने लगी है। हिन्दी ग़ज़ल का यह नया रुप एक प्रकार से लोकगीत की रचनात्मकता और भावना को अपने अन्दर शामिल करने में सफल हुआ है।

सन्दर्भ सूची

1. लोकतत्त्व, लोक साहित्य और चुनौतियाँ–प्रो. कुसुम पटोरिया, लोकमत समाचार उत्सव अंक (2015)–सम्पादक विकास मिश्र, नागपुर
2. सार्थक पत्रिका (अंक 3 जुलाई 1996)–सम्पादक शिव शंकर मिश्र, करड़ू, बिहार
3. वही
4. राख की जो पर्त अंगारों पे है–महेश अश्क, स्वयं प्रकाशन, गोरखपुर
5. क्रथादेश पत्रिका–सम्पादक हरिनारायण, अंक जुलाई 2010, दिलशाद गार्डन, दिल्ली
6. अक्षरपर्व–सम्पादक ललित सुरजन, अंक जुलाई 2008, रायपुर
7. लोकगंगा पत्रिका–सम्पादक योगेश चन्द्र बहुगुणा (लोक संस्कृति विशेषांक), (अप्रैल जुलाई 2014) देहरादून
8. हंस पत्रिका–सम्पादक राजेन्द्र यादव, अंक अक्टूबर 1992, दरियागंज, नयी दिल्ली
9. किताब के बाहर–देवेन्द्र आर्य, किताब महल, दरियागंज, नयी दिल्ली
10. अक्षरपर्व–सम्पादक ललित सुरजन (रचना वार्षिकी 2005), रायपुर
11. ग़ज़ल दुष्यन्त के बाद–सम्पादक दीक्षित दनकौरी, वाणी प्रकाशन, दरियागंज, नयी दिल्ली
12. हंस पत्रिका–सम्पादक राजेन्द्र यादव (अंक अक्तूबर 1992), दरियागंज, नयी दिल्ली
13. वही
14. अलाव पत्रिका–सम्पादक रामकुमार कृषक (समकालीन हिन्दी ग़ज़ल आलोचना अंक–मई–अगस्त–2015, सादतपुर, दिल्ली
15. वही
16. वही
17. वक़्त से कुछ आगे–अश्विनी शर्मा, बोधि प्रकाशन, जयपुर
18. लोकगंगा पत्रिका–सम्पादक योगेश चन्द्र बहुगुणा (लोक संस्कृति विशेषांक), (अप्रैल-जुलाई 2014) देहरादून
19. काव्या पत्रिका–सम्पादक हस्तीमल हस्ती (रजत जयन्ती विशेषांक, अंक 25, वर्ष मार्च 2003) कलिका निवास, मुम्बई
20. अनभै साँचा पत्रिका–सम्पादक डॉ. द्वारिका प्रसाद चारुमित्र, रोहिणी दिल्ली, (ग़ज़ल विशेषांक–मार्च–2013, अंक-29)

21. वही
22. मड़ई पत्रिका–सम्पादक डॉ. कालीचरण यादव, बिलासपुर, छतीसगढ
23. अनभै सांचा पत्रिका–सम्पादक डॉ. द्वारिका प्रसाद चारुमित्र (ग़ज़ल विशेषांक अंक-29, मार्च 2013) रोहिणी, दिल्ली
24. वही
25. दस्तावेज़ पत्रिका–सम्पादक डॉ. विश्वनाथ प्रसाद तिवारी (अंक 141), गोरखपुर
26. जान ए ग़ज़ल–सम्पादक बालस्वरुप राही, अयन प्रकाशन, महरोली, दिल्ली
27. वही
28. वही
29. अष्ट छाप–सम्पादक नचिकेता, फोनीम पब्लिशर्स, मंडावली, दिल्ली
30. लोकगंगाा पत्रिका योगेश चन्द्र बहुगुणा (लोक संस्कृति अंक जुलाई–2014) देहरादून
31. अनभै सांचा पत्रिका–सम्पादक डॉ. द्वारिका प्रसाद चारूमित्र, ग़ज़ल अंक, 29 मार्च 2013, रोहिणी, दिल्ली
32. हंस पत्रिका–सम्पादक राजेन्द्र यादव (अंक जनवरी 2010), दरियागंज, नयी दिल्ली
33. सात आवाज़ें सात रंग–ओमप्रकाश चतुर्वेदी पराग, प्रवाल प्रकाशन, गाज़ियाबाद
34. काव्या पत्रिका–सम्पादक हस्तीमल हस्ती (अंक अक्तूबर 2006), कलिका निवास, मुम्बई
35. लोकगंगा पत्रिका–सम्पादक योगेश चन्द्र बहुगुणा (लोक संस्कृति विशेषांक, अप्रैल-जुलाई 2014), देहरादून
36. वही
37. वही
38. समकालीन सेतु पत्रिका–सम्पादक लक्ष्मी प्रसाद पन्त (ग़ज़ल अंक 2001), दिल्ली
39. अनभै सांचा पत्रिका–सम्पादक डॉ. द्वारिका प्रसाद चारुमित्र (ग़ज़ल विशेषांक अंक, 29 मार्च 2013) रोहिणी, दिल्ली
40. सापेक्ष पत्रिका–सम्पादक महावीर अग्रवाल (अंक 32), नागपुर
41. डॉ. दीप्ति (पूना) द्वारा व्हॉट्सअप पर भेजी गयी ग़ज़ल (8.10.15)
42. युगीन काव्या पत्रिका–सम्पादक हस्तीमल हस्ती (अंक 16 अप्रैल 2010), कलिका निवास, मुम्बई
43. ग़ज़ल दुष्यन्त के बाद खण्ड एक–सम्पादक दीक्षित दनकौरी, वाणी प्रकाशन, नयी दिल्ली
44. नयी ग़ज़ल पत्रिका–सम्पादक महेन्द्र अग्रवाल (अंक 2),शिवपुरी
45. दस्तावेज़ पत्रिका–सम्पादक डॉ. विश्वनाथ प्रसाद तिवारी (अंक 141), गोरखपुर
46. अक्षरपर्व–सम्पादक ललित सुरजन (अंक-मई 2008), रायपुर
47. अक्षरपर्व पत्रिका–सम्पादक ललित सुरजन (अंक फ़रवरी 2008), रायपुर
48. कथन पत्रिका–सम्पादक रमेश उपाध्याय (अंक दिसम्बर 2002), साक्षरा अपार्टमेंट्स, नयी दिल्ली

नये मुहावरे, नयी शैली (अनुभूति और अभिव्यक्ति तथा हिन्दी ग़ज़ल)

जीवन के उच्चतम क्षणों में शेर की अभिव्यक्ति होती है और इस प्रकार, उच्चतम क्षणों का समय, ग़ज़ल का समय होता है। प्रायः हर ग़ज़लकार शेर लिखने से पूर्व अपने उस अदृश्य से संवाद और प्रतिवाद करता है जो उसकी चेतना में हलचल करता रहता है। शेर का होना किसी अन्य के लिए बेशक कुछ अर्थ न रखता हो, ग़ज़लकार के लिए वो एक महत्त्वपूर्ण घटना की तरह होता है। ग़ज़ल का प्रत्येक शेर, रचनात्मक परिसर का सृजन करता है। शेर यूँ ही नहीं हो जाता। वो ग़ज़लकार के अनुभवों के मन्थन से होकर आता है। कथ्य, शब्द, भाव, अनुभाव, बहर, और काफ़िया-रदीफ़ सब मिलकर 'प्रोज़' में सोचे गये विचार को 'पोएट्री' (यानी शेर) में बदलने और होने की अद्‌भुत घटना बनते हैं।

एक शेर में दो मिसरों का होना लाज़मी होता है। दो मिसरों (दो पंक्तियों) की भूमिका जितनी सरल प्रतीत होती है, उतनी होती नहीं। दो मिसरे मिलकर, कंटैंट को इस प्रकार जज़्ब करते हैं कि कथ्य की यात्रा, दो मिसरों में गूँजती हुई-सी प्रतीत होती है। इस प्रकार, एक शेर, अपने समय के प्रबल क्षण को अपने भीतर उतार लेता है। इस प्रकार, हर ग़ज़ल का हर शेर अपने समय की अभिव्यक्ति होता है।

दुष्यन्त का एक शेर है–

जिएँ तो अपने बग़ीचे में गुलमोहर के तले
मरें तो ग़ैर की गलियों में गुलमोहर के लिए[1]

दुष्यन्त जब गुलमोहर शब्द का दो मिसरों में, दो बार प्रयोग करते हैं तो 'गुलमोहर' क्लीशे नहीं होता। वो गहरी अर्थ सम्भावना पैदा करता है। अभिव्यक्ति की यह तरकीब उस्तादना तरक़ीब है कि आप अल्फ़ाज़ को कितना मानीख़ेज़ बना

सकते हैं। सिर्फ़ इतना ही नहीं। गुलमोहर प्रतिबद्धता का प्रतीक बन जाता है। प्रश्न यह भी है कि आख़िर गुलमोहर के प्रति ग़ज़लकार का इतना लगाव किसलिए? दरहक़ीक़त, गुलमोहर के पस:मंज़र कवि के मानवीय सरोकार निहित हैं। किसी के प्रति इतनी आत्मीयता कि जीवन कला हो जाये और मरना भी एक कला में बदल जाये।

दुष्यन्त की ग़ज़ल का एक और शेर है–

यहाँ तो सिर्फ़ गूंगे और बहरे लोग बसते हैं
ख़ुदा जाने यहाँ पर किस तरह जलसा हुआ होगा[2]

शेर अपने अन्त तक पहुँचते-पहुँचते 'सवाल' में बदल जाता है। और यही सवाल हांट करता है। पहला मिसरा सामान्य है पहले मिसरे में होने की बात है। लेकिन ग़ज़लकार दूसरे मिसरे में विरोधाभास की स्थिति पैदा करता है। बल्कि प्रश्नवाचकता के ज़रिये व्यवस्था पर गहरा तंज़ भी कसता है। एक तरह से यह शेर यथास्थिति पर भी सटीक टिप्पणी है।

हर बड़े शेर के पस:मंज़र ग़ज़लकार की ज़ेहनी तैयारी, बेचैनी, अपने समय को समझने का शऊर तथा इन तत्त्वों को अपने मुहावरे में ढालने की शैली ही अन्दाज़े-बयाँ होती है।

दुष्यन्त की ग़ज़ल का एक और शेर–

न हो कमीज़ तो पैरों से पेट ढक लेंगे
ये लोग कितने मुनासिब हैं इस सफ़र के लिए[3]

शेर में एक खिलन्दड़ापन-सा है। यही खिलन्दड़ापन इस शेर में मारक अवस्था पैदा करता है। शेर ऊपरी स्तर पर जैसा भी लगे, अपने भीतर अजीब क़िस्म की तड़प पैदा करता है। दूसरे मिसरे तक आते हुए शेर करुणा के भाव से भर जाता है।

एक और बात ध्यान देने योग्य है। दुष्यन्त ग़रीब लोगों के संघर्ष (और दरिद्रता को) जस का तस बयान नहीं करते। व्यंजना से काम लेते हैं। यहीं, बिल्कुल यहीं, पाठक उनके बिल्कुल नये मुहावरे और विचार को शेर में बयान करने के हुनर को पहचान सकता है।

दुष्यन्त, ग़रीबी, संघर्ष, दुख और कष्ट झेलते अवाम को जब अपने शेर का मर्कज़ (केन्द्र) बनाते हैं तो कई बार व्यंजना को नाटकीयता की हद तक ले आते हैं और ऐसा वो जानबूझकर करते हैं। यथा–

कल नुमाइश में मिला था चीथड़े कपड़ों में वो
मैंने पूछा नाम तो बोला कि हिन्दुस्तान है।[6]

यही दुष्यन्त की 'कहन' है जो चकित करती है और बेचैन भी ।

अनुभवी ग़ज़लकार, जीवन की अतिसाधारण घटना और अनुभवों को अपने विशिष्ट मुहावरे में बदलकर, शेर को असाधारण बना देते हैं। यही मुहावरा प्रत्येक ग़ज़लकार की शिनाख़्त और निजता का अहसास भी कराता है। एक ही कथ्य को अलग-अलग कवि-ग़ज़लकार, अलग-अलग शब्दावली, प्रतीक, विचार, और लय के ज़रिये शेर की संरचना करते हैं। हर ग़ज़लकार की शेर की अभिव्यक्ति में, अपने समय से ही मुठभेड़ नहीं होती ,बल्कि ग़ज़ल के हर तत्त्व से सामना करना पड़ता है। शेर के भीतर आन्तरिकता पैदा करना और शब्दों को मुहावरे में बदलना बड़ी चुनौती होती है। विचार की शक्ति, शब्दों में अर्थ की गूँज, काफ़िये की पकड़, दो मिसरों के बीच हार्दिक तालमेल और आख़िर में, शेर के बिल्कुल आख़िर में जाकर कथ्य का रहस्योउद्घाटन–हर शेर की यात्रा में ये सब पड़ाव आते हैं। और इसलिए शेर की अभिव्यकित के दौरान, ग़ज़लकार का समय, 'ग़ज़ल समय' होता है। यह ग़ज़ल समय, नुकीली एकाग्रता और अनुभवों की गहराई से छनकर आता है।

हिन्दी में लिखने वाले ग़ज़लकारों की सोच में परिपक्वता और शेर कहने में हुनरमन्दी का विकास हुआ है। मितकथन में पूरी बात कह देना और शेर के अन्त में बेसाख्ता, किसी विषय का नौइयत के साथ अभिव्यक्त होना, हिन्दी ग़ज़लकार निरन्तर इस तरह का संज्ञान लेने लगे हैं, शेर है।–

कहाँ चले हो तुम इतनी उदासियाँ लेकर
इन्हें सजाओगे घर जाके फूलदान में क्या[7]

सुरेश कुमार

साधारण शब्दों से असाधारण बात पैदा करने का सफल प्रयास उपर्युक्त शेर में है। अन्त का आकर्षण मानीख़ेज़ है।

समकालीन हिन्दी ग़ज़ल में अपने समय से संवाद और प्रतिवाद के अतिरिक्त, मन की जिज्ञासाएँ, तथा बाहर का भरापूरा समाज–जिसका जटिल यथार्थ और विडम्बनाएँ हैं, प्रश्नाकुल स्थितियाँ हैं। प्रश्न जो सम्बोधन में हैं, तहरीर में हैं–हिन्दी ग़ज़ल का यह एक मिज़ाज है। समाज इसके (हिन्दी ग़ज़ल के) रग-रेशे में है। यहाँ प्रेम की सूरतें (जैसे कि उर्दू ग़ज़ल में हैं) कम हैं। यहाँ समाज है। अपनी

व्यापकता के साथ, विस्तार के साथ। इन ग़ज़लों की अभिव्यक्ति (और मुहावरे) में वो समाज है, साधारणत्व जिसकी शक्ति है। दुख, तकलीफ़, संघर्ष, मुठभेड़, जदोजहद, अभाव, त्रास की तंग गलियों में भी जीवन की लय, उत्सवधर्मिता, अपनी रुदाद (व्यथाकथा) पर ठहाके लगाने का हुनर–यह कबीराना ठाठ, हिन्दी ग़ज़ल में किसी 'हिन्दुस्तानियत' की तरह मौजूद है।

हिन्दी ग़ज़लकारों के पास अपना मिज़ाज, अन्दाज़े–बयाँ, अनुभूति और उसे व्यक्त करने का एक सशक्त मुहावरा भी है। हरजीत की ग़ज़ल का एक शेर है–

आयी चिड़िया तो मैंने ये जाना
मेरे कमरे में आसमान भी था

हरजीत सिंह

यह है शेर कहने का हुनर और मुहावरेदारी कि चिड़िया जैसा मासूम पात्र, इतना बड़ा बन जाये कि वो कवि-ग़ज़लकार को दीक्षित कर जाये कि उसके कमरे में आसमान जैसी कोई शय भी है। ग़ौरतलब है, इससे पहले मैं पात्र को इस बात का अहसास नहीं था कि कमरे में आसमान भी है। शेर की सादगी इस शेर का सौन्दर्य है और आकर्षण भी।

एक और बात भी है। कवि की कल्पनाशीलता एक महत्त्वपूर्ण तत्त्व है। अश्आर में यथार्थ की अपनी भूमिका होती है। लेकिन इमेजिस के ज़रिये अश्आर लम्बी यात्रा करते हैं। इस शेर में ऐसा ही हुआ है।

हरजीत की ग़ज़लों से कुछ और अश्आर–

मैं तो लोहा हूँ कहो आग पे रखने वालो
मुझको औज़ार में ढालोगे कि ज़ंजीरों में

तथा

सुगबुगा रही हैं अब रात की मुँडेरों पर
गुमशुदा चिराग़ों की दास्तान बस्ती में

दूसरों शेर में बिम्ब की रचना है। जिस कल्पनाशीलता की बात की जा रही थी, वो इस शेर में भी भरपूर है। यहाँ शब्दों का सौन्दर्य पैदा करते हैं हरजीत, तो अर्थ के सौन्दर्य का भी तिलिस्म रचते हैं। शेर में 'जोन ऑफ़ साइलेंस' है और इसी में चराग़ों की सुगबुगाहट। गुमशुदा चराग़ों की सुगबुगाहट–मुहावरे की भी रचना है। हरजीत अपनी कहन में, तसव्वुर को न सिर्फ़ महसूस कराते हैं, उसे बोलता हुआ भी दिखाते हैं।

रात को केन्द्र में रखकर उर्दू में बहुत शेर लिखे गये हैं। हिन्दी ग़ज़ल में भी रात

के कई रूप, व्यक्त हुए हैं। हरजीत का यह शेर सशक्त रचना है। इसमें तमाम रात जलते हुए चराग़ों की सुगबुगाहट (थकान) है तो रात के अकेलेपन की उदासियाँ भी टहलती हुई महसूस होती हैं।

हरजीत का पहला शेर–मैं तो लोहा हूँ...।

फक्कड़पन के भीतर चुनौती की तहें भी रखता है। सवाल ये है कि ये आग पर रखने वाले कौन लोग हैं? ताक़तवर लोग। सत्ता प्रतिष्ठानों को संचालित करते रहनुमा! उन्हीं के बरअक्स मैं पात्र का चैलेंज! हरजीत के पास कल्पनाशीलता का जादू है तो यथार्थ को भेदने का हुनर भी, यही उनके अश्आर का लबो-लहजा है और कहन!

दरहक़ीक़त, एक सशक्त ग़ज़ल और उसके शेर अपने समय की न सिर्फ़ व्याकुल आवाज़ होते हैं, बल्कि वो गूँज पैदा करते, भावना से लबरेज़ चित्र भी होते हैं–अपने 'ब्रीदिंग वर्ड्स' के साथ। जीवन अनुभूतियों की सहज या कि संश्लिष्ट अभिव्यक्ति, एक शेर के होने की पृष्ठभूमि में, किसी गहरे द्वन्द्व से गुज़रने जैसी होती है। ग़ज़ल (और उसका प्रत्येक शेर) कहना किसी चुनौती से कम नहीं होता। दो मिसरों की संक्षिप्त-सी ज़मीन पर, भावना, संवेदना और विचार के तारतम्य से, व्यापक संसार को रिद्मेटिक अन्दाज़ में रचना और इस अन्दाज़ में रचना कि ग़ज़लकार का वो निजी मुहावरा बन जाये–यह जितना कठिन होता है, उतना सकून से भरा भी।

माधव कौशिक की ग़ज़लियत का संसार, इसी समय के द्वन्द्व और जीवन के बीहड़ से होकर आता है। वो इस सादगी से ग़ज़लें लिखते हैं कि हर शेर के भीतर की शब्द रचना–'ब्रीदिंग वर्ड्स' की अनुपम उपस्थिति होती है। वो शेर इस अन्दाज़ में कहते हैं जैसे अपने फक्कड़पन को व्यक्त कर रहे हैं। यही फक्कड़पन का सौन्दर्य, पाठक और श्रोता को उकसाता भी है कि वो उस अभिव्यक्ति में तथा गूँज पैदा करते भावनात्मक उत्सव में शामिल हो। उनकी ग़ज़ल का एक शेर है–

मैं उसके सामने जब काँच की तस्वीर रखता हूँ
वो अपने हाथ में पकड़ा हुआ पत्थर दिखाता है।

शेर में 'मै' और 'तुम' का रिश्ता है और इसी रिश्ते में द्वन्द्व की सूरत है। सादगी इस शेर का हुस्न है। सादगी में व्यक्त की गयी कशमकश, एक अन्तरपाठ की रचना करती है। इस शेर में प्रेम का विचलन है तो सामाजिक विडम्बना भी कि स्थितियाँ

इतनी जटिल क्यों हो गयी हैं कि आपसदारी की सम्भावना ख़त्म सी प्रतीत होती है। शेर में गहरी उदासी भी है कि हालात इतने नासाज़गार क्यों हुए कि पत्थर और काँच की तस्वीर जैसा सम्बन्ध (या विरोधाभास) उत्पन्न हो गया। यहाँ विडम्बनापूर्ण अवस्था, सम्बन्धों में हर कहीं दिखाई देती है और माधव ने (प्रचलित प्रतीकों के ज़रिये) शेर में निजी शैली के सहारे, शेर को ताक़त बख़्शी है। शेर अपनी सहज अभिव्यक्ति के कारण हॉट करता है।

वास्तविकता यह भी है कि माधव कौशिक सामाजिक यथार्थ की अभिव्यक्ति भी शेर में कलात्मक शऊर से करते हैं। उनकी ग़ज़ल का एक और शेर है–

जिसको पढ़ना हो हमारे मन की आँखों से पढ़े
अपने दिल के ज़ख़्म हम सबको दिखाने से रहे[10]

ऊपरी स्तर पर यह शेर व्यक्तिगत प्रतीत होता है। लेकिन ऐसा है नहीं। यह शेर अतिसाधारण लोगों के दुख, कष्ट, संघर्ष, बेचैनी और तड़प की अनुभूति है जो इस अनुभूति को पर्दे में रखने का हुनर जानते हैं। जब शेर के 'पाठ' को इस नज़रिये से देखा जाता है तो शेर के व्यापक सरोकारों का पता चलता है। और यही मक़सद, माधव कौशिक का (अन्दाजे-बयाँ) भी है कि वो शेर के भीतर रहकर संकेतों में बहुत कुछ कह जाते हैं। उन्हीं की ग़ज़ल का एक अन्य शेर–

फिर किसी के पाँव की आहट सुनाई दी मुझे
घर पर मेरे इलावा दूसरा कोई नहीं[11]

क्या यह विभ्रम है? नहीं। विभ्रम से ज़्यादा यहाँ स्मृति का आखेट है। मैं पात्र। अकेला कमरा। सन्नाटा। और ऐसे में किसी अन्य की आहट का सुनाई देना। यहाँ एक रूपक की रचना भी है जो अनुपस्थित को उपस्थित करने का दृश्य रचता है। यही माधव कौशिक की ग़ज़ल की शैली है कि दो मिसरों के भीतर जो नो मैंस लैंड है–वहाँ सादगी की सत्ता है जिसे देखा जा सकता है और सुना भी जा सकता है।

जिस स्मृति की गूँज को माधव के शेर में महसूस किया गया वही स्मृति का आवेग, किसी 'सजदे' के रूप में ध्रुव गुप्त के इस शेर में है–

कौन था सजदे में मेरी वहशतों में कौन था
तुम न थे तो बिस्तरों की सलवटों में कौन था[12]

शेर में स्मृतियों का होना है और स्मृतियों में किसी अन्य (आत्मीय) पात्र का

होना भी है। लेकिन शेर को यूँ ही नहीं व्यक्त किया गया। यहाँ 'तुम' का सम्बोधन है। यहाँ प्रश्नवाचकता भी है। यह प्रश्नवाचकता मामूली नहीं। तड़प पैदा करने वाली है। ध्रुव के अनेक अश्आर 'सम्बोधन' जैसे तत्त्व के ज़रिये व्यक्त हुए हैं। ऐसा जब होता है तो अश्आर के भीतर की अनुभूति (और व्याकुल समय) ज़्यादा थॉटफुल हो जाता है। इस शेर में यही हुआ है। यहाँ अनुपस्थिति का एक राग है, उदासी जिसके सुर साधती है। यहाँ 'गुज़िश्ता' वर्तमानता में मौजूद है। यहाँ उस व्याकुल संसार की काव्य रचना है जो मन के भीतर है। जिरह बाहर नहीं, अपने आपसे है।

इस शेर की बड़ी ताक़त यह भी है कि प्रश्न के भीतर, उत्तर भी, किसी भय के साथ खड़ा दिखाई देता है। मैं पात्र यह प्रश्न कि अगर तुम नहीं थे तो फिर बिस्तरों की सलवटों, सजदों और जीवन की वहशतभरी चाहतों में कौन था? उत्तर स्पष्ट है कि वो तुम ही थे। तब, जब मैं पात्र अपने घनघोर अकेलेपन में था। ध्रुव गुप्त ने इस शेर में व्याकुल करती स्मृति का रिद्मैटिक आख्यान रच दिया है।

इस शेर को यदि किसी अन्य रूप में व्यक्त किया जाता–('तुम' सम्बोधन और प्रश्नवाचकता के बग़ैर) तो शेर अपना सौन्दर्य और आन्तरिक लय खो देता। लेकिन ध्रुव गुप्त ने अपनी कहन से इसे बरकरार रखा है।

ध्रुव गुप्त की हार्दिक इच्छा यही रहती है कि वो ग़ज़लों के अश्आर व्यक्त करते हुए, ऐसे स्पेस का भी सृजन करें जिसमें अर्थ की ध्वनियों के साथ-साथ, चुप का होना भी सुनाई दे। शेर में 'जोन ऑफ़ साइलेंस' की अपनी अहमियत होती है। कई बार शेर अच्छे होने के बावजूद आकर्षित नहीं कर पाते तो उसकी वजह यह होती है कि शायर/ग़ज़लकार शब्दों का चयन तो कर लेते हैं, शेर में चुप्पियों का चयन नहीं कर पाते।

लेकिन ध्रुव को इसका इल्म है और वो अपनी 'बात' को इसी के ज़रिये असाधारण बनाने का सफल प्रयास करते हैं। उनकी ग़ज़ल का एक और शेर–

मुश्किल है परिन्दों का बसर किसको फ़िक्र है
क्यों अनमना खड़ा है शजर किसको फ़िक्र है[13]

ग़ौरतलब है, उर्दू शायरी में सैराब, समन्दर, दरिया, सफीने, सहरा, रात जैसे प्रतीक बार-बार आये हैं और इन प्रतीकों के ज़रिये उर्दू शायरी में अपने समकाल की अभिव्यक्ति भी सशक्त रूप में हुई है। दरख़्त परिन्दे, आसमान भी शायरी का मर्कज़ बने हैं। लगभग ये तमाम प्रतीक हिन्दी ग़ज़लकारों ने भी बड़ी नफ़ासत से

इस्तेमाल किये हैं।

परिन्दे बेहद मुश्किल जीवन जीते हैं और किसी से शिकायत नहीं करते। यहाँ परिन्दों की जीवन शैली है जिसे उदास खड़ा दरख़्त महसूस कर रहा है। इसके बरअक्स, मनुष्यों ने जो संसार और समाज की रचना की है वो कितनी बदहवास, और स्वार्थ से भरी व्यक्तिनिष्ठ है कि उस समाज को अपने सिवा घटित होते पर्यावरण की चिन्ता ही नहीं। यह चिन्ता ध्रुव गुप्त व्यक्त करते हैं–

उनकी ग़ज़ल का एक और शेर है–

बहुत घुटन है कमरे में थोड़ा-सा ठहरो
खिड़की का परदा सरकाकर आते हैं[14]

बतकही में कहा गया शेर अपनी नौईयत और अन्दाज़े-बयाँ के लिहाज़ से हलचल पैदा करता है। शेर, यथास्थिति का प्रतिवाद करता है। लेकिन प्रतिवाद जिस लहजे में किया गया है, वही आकर्षण का केन्द्र है।

रचनाकार का कालखण्ड उसके लेखन का उद्देश्य निश्चित करता है। सुल्तान के अश्आर में व्याकुल समय की अन्तध्वनियाँ सुनाई देती हैं तो जिज्ञासा और तलाश की भी वो माकूल जगह बनाने में कामयाब होते हैं। प्रतीक्षा (इन्तज़ार) और तलाश बड़े शायर की शायरी के महत्त्वपूर्ण तत्त्व होते हैं यही तत्त्व सुल्तान की शायरी में मौजूद हैं। समाज के बदलते हुए शेड्ज और समय की कठिन भूमिकाएँ उनकी ग़ज़लों में उपस्थित होती हैं। बिल्कुल यहीं सुल्तान अपने अश्आर में स्पेस की नहीं, बल्कि 'ब्रीदिंग स्पेस' की रचना करते हैं। साँस लेते हुए क्षण उनकी ग़ज़लों के अश्आर में सुनाई देते हैं। यथा–

सभी से ऊँचा सभी से बढ़कर मकाँ बनाना तो देख लेना
कहीं बचा है वो कोना जिसमें कोई तुम्हारे सिवा भी आये[15]

शेर की अभिव्यक्ति का यह अन्दाज़, सुल्तान ने गाढ़े अनुभवों से अर्जित किया है। उनकी ग़ज़लगोई में कटुता नहीं, विनम्रता निहित रहती है। विद्रूप होते सामाजिक यथार्थ को बयान करते वक़्त भी वो शेर कहने की कला और भाषा की संजीदगी के प्रति बेहद सचेत रहते हैं। इस शेर में भी वही शैली है। आत्मनिष्ठ और व्यक्तिवादी होते समाज पर यह शेर एक सशक्त टिप्पणी है। निस्संगता के प्रति उनका लहजा तल्ख कम है। लेकिन वो हल्की सी खिल्ली उड़ाते प्रतीत होते हैं और यहीं वो अपने निजी मुहावरे का सृजन करते हुए एक अद्भुत वातावरण पैदा करते हैं। यहाँ एक

फ़रेब के बरअक्स एक कवि का सच, अपनी ताज़ादम आवाज़ के साथ उपस्थित है।

सुल्तान अहमद की लम्बी नज़्म 'लंका की परछाइयाँ' का मुहावरा ग़ज़ल के मिज़ाज से ही नहीं, हिन्दी कविता के शिल्प से भी बिल्कुल भिन्न है। ऐसा इसलिए कहा जा रहा है कि कविता हो या ग़ज़ल (या ग़ज़ल की आलोचना) वो अपनी राह ख़ुद चुनते हैं। लेकिन यह भी सच है कि दुख और खलिश और स्मृतियों का बीहड़ उनकी लम्बी नज़्म में भी मौजूद था और उनकी ग़ज़लों में भी कथ्य के पस:मंजर उपस्थित रहता है।

उनकी ग़ज़ल का एक और शेर–

उसको कहना बहुत अँधेरा है
तुमको सूरज अगर दिखाई दे[16]

शेर कहने का यह सलीका सम्मोहन पैदा करता है। सादगी ख़ुद शैली बन जाये और विचार इतनी पुख़्तगी से व्यक्त हो कि शेर के दोनों मिसरे चुप रहें, संवेदना बोलती हुई महसूस हो। यह शेर हमारे बुलडोज़री समय पर तड़पभरी टिप्पणी है जिसे कहने में बड़े शऊर से काम लिया गया है।

हिन्दी के कुछ और ग़ज़लकारों का नया मुहावरा जिसमें नया समय अपनी जटिलताओं के साथ व्यक्त हो रहा है।

हैं तो हैं दुनिया में बेपरवा परिन्दे शाख पर
घात में उनके कहीं कोई शिकारी है तो है[17]

एहतराम इस्लाम

नज़र को ख़्वाब परों को नयी उड़ान मिले
ख़ुदा करे तेरी चाहत को इक जहान मिले[18]

हृदयेश मयंक

अब तो मायूस ही लौटा है खिलौने वाला
एक बच्चा न मिला गाँव में रोने वाला[19]

प्रेम किरण

चन्द दानें उड़ान मीलों की
हम परिन्दों की ज़िन्दगी क्या है[20]

हस्तीमल हस्ती

पर्वत की ज़ुबां फूटी इक शोर उठा पानी
मंज़र पे बना मंज़र पानी पे गिरा पानी

दरिया से जुदा होकर बाज़ार में आ पहुँचा
बादल जो न बन पाया बोतल में बिका पानी

दुनिया में नहीं मुमकिन पानी के बिना जीना
दुनिया के लिए जैसे हो माँ की दुआ पानी[21]

सूर्यभानु गुप्त

नींद की मासूम परियाँ चौंकती हैं
एक बूढ़ा ख़्वाब ऐसे खाँसता है[22]

आलोक श्रीवास्तव

एहतराम इस्लाम अपने शेर का आरम्भ–'हैं तो हैं' से करते हैं और रदीफ़ (शेर का अन्त) भी–'है तो है'–से होता है। शेर कहने का यह जटिल अन्दाज़ है। एहतराम अपने मिसरों में अपने लिए चुनौतीपूर्ण वातावरण निर्मित करते हैं। उनके पास थोड़ा-सा स्पेस बचता है, कथ्य की अभिव्यक्ति के लिए। लेकिन वो अपनी बात इसी संक्षिप्त ज़मीन में बड़े तपाक और ताज़ादम लहजे में व्यक्त करते हैं। बात परिन्दों के मुश्किल जीवन की है। लेकिन अपने लबो लहजे में वो नवीनता पैदा करते हैं। 'है तो है' मुहावरे में तबदील हो जाता है। एक खिलंदड़ापन है। और मुश्किलों का जैसे शायराना अन्दाज़ में मख़ौल उड़ाया जा रहा हो। केन्द्र यें परिन्दे हैं। परिन्दे। शाख। घात। शिकारी। सब हैं। लेकिन परिन्दे फिर भी चहकते हैं। उड़ान भरते हैं। पूरा शेर एक रूपक की रचना करता है। यह शेर प्रतीकात्मक है। संसार में कितनी पेचीदगियाँ आ चुकी हैं। साधारण जन के लिए जीवन बेहद कठिन है। फिर भी मनुष्य हँसना नहीं भूला।

हृदयेश मंयक के शेर में कशिश है कशिश के पस:मंज़र 'दुआयें' हैं। जो एक पात्र दूसरे पात्र को दे रहा है। यहाँ प्रेम की गहरी और सघन भावना भी है। शेर सादगी से पूर्ण है। इसके बावजूद गहराई है। शेर अपने भीतर छुपी कामना को बड़े आत्मीय और आत्यन्तिक लहजे में व्यक्त करता है। 'खुदा करे'–दूसरे मिसरे का आरम्भ इस अभिलाषा से होता है। पात्र अपने लिए कुछ नही माँगता।

अन्य (मित्र) के लिए 'दुआ' इतनी पुरख़ुलूस है कि किसी 'श्लोक' जैसी लगने लगती है। सपने और उड़ान की कामना करना (अन्य पात्र के लिए) शेर के भीतर मन को छू लेने वाली गूँज पैदा करती है। एक और बात ग़ौरतलब है ख़ुदा से (किसी

अन्य के लिए) दुआ माँगने की अनुभूति है, उसका 'सुख' इस शेर में है। यही हृदयेश मंयक का अन्दाज़े बयाँ है। वो सादगी, लेकिन गहराई से शेर कहते हैं।

प्रेम किरण की ग़ज़लगोई का विशिष्ट अन्दाज़ है। शेर के भीतर वो जिस कथ्य को व्यक्त करते हैं उसमें ज़िन्दा अहसास पैदा करते हैं। नये समाज के दुख, तकलीफ़, संघर्ष, अकेलापन उनकी ग़ज़लों में सलीके से व्यक्त होते हैं। वो कथ्य को व्यर्थ नहीं होने देते। दो मिसरों में एक विचार को इतने आग्रह और सम्भावना से व्यक्त करते हैं कि दो मिसरों का एक शेर में हो जाना अदबी घटना बन जाता है। यहाँ खिलौने वाले की बेकसी, बेचैनी और बेकली का होना हैं। गली है लेकिन गली में खिलौने ख़रीदने वाले (रोते हुए) बच्चे नहीं। खिलौने ख़रीदे नही गये और खिलौने वाला वापिस चला गया। यहाँ एक रुपक की रचना है। न उसके गुब्बारे बिकते हैं। न खिलौने। उस मंज़र को प्रेम किरण अपनी 'कहन' से बिम्ब में बदल देते हैं। खिलौने वाले की 'मायूसी' बिम्ब के रूप में उभरती है।

पक्षी को पात्र बनाकर हिन्दी में बहुत अच्छे शेर कहे जा रहे हैं। एक समय पहले देवनागरी लिपि में कुर्सी, सत्ता, नेता, लीडर, भ्रष्टाचार, भुखमरी, को कथ्य बनाकर बहुत स्थूल ग़ज़लें लिखी गयीं। सपाटबयानी ने ग़ज़लियत को बहुत चोट पहुँचाई। कुछ ग़ज़लकार 'यथार्थ बयानी' के नाम पर अब भी ऐसी ग़ज़लें लिख रहे हैं। लेकिन हिन्दी में एक धारा या कहें कि हिन्दी ग़ज़लकारों का बड़ा वर्ग इस बात को समझ चुका है कि दो मिसरों को 'ख़र्च' करने के विपरीत उन्हें क्यों न गहरी संवेदना, सांकेतिकता और अर्थवत्ता के साथ प्रस्तुत किया जाये। यही वजह है कि परिन्दे, पानी, पहाड़, हवा, दीये, घर, छत, आसमान, जैसे प्रतीकों के ज़रिये अपने कष्टप्रद समय के साथ ग़ज़लों के ज़रिये न सिर्फ़ जिरह की जा रही है, बल्कि चकित कर देनेवाली शायरी भी व्यक्त हो रही है।

हस्तीमल हस्ती के शेर में परिन्दे केन्द्र में हैं तो सूर्यभानु गुप्त की तवील ग़ज़ल पानी को केन्द्र में रखकर लिखी गयी है। हिन्दी ग़ज़ल में हम जिस अन्दाज़ेबयाँ की बात कर रहे हैं वो सूर्यभानु गुप्त की ग़ज़लों में विरल है, अनूठा है, बल्कि हतप्रभ करने वाला भी है। यह बात कहते हुए सुखकारी अनुभव होता है कि सूर्यभानु गुप्त हिन्दी ग़ज़लों के नासिर काज़मी हैं। नासिर काज़मी जैसी कल्पनाशीलता और इमेजिस, सूर्यभानु गुप्त की ग़ज़लों में भी हैं। कहीं-कहीं तो उनका आधुनिकता बोध नासिर से भी आगे निकल जाता है।

सूर्यभानु गुप्त इमेजिस की रचना करते हुए सन्दर्भों से जुड़े रहते हैं। भारतीय

जनमानस के जीवन शिल्प से छनकर आते प्रतीक उनके अश्आर में बा-सलीका स्थान पाते हैं। यथा कमीज़ का कालर, थर्मामीटर, मांझा, इत्यादि। उनका एक शेर इश्क़ की कुण्डली में चाकू है। चाकुओं पर लिखी है ख़ामोशी। शेर कहने का यह लबोलहजा चौंकाने की हद तक नया और प्रतीकात्मक है।

पानी केन्द्रित उनकी ग़ज़ल के तीनों अश्आर न सिर्फ़ मंज़र को क्रिएट करते हैं बल्कि वो शब्दों को 'कैमरे' में बदल देते हैं और शेर के सारे के सारे अनुभव चाक्षुष हो उठते हैं। यह अन्दाज़ेबयाँ ही है कि तीनों अश्आर 'ब्रीदिंग एटमसफेयर' पैदा करते हैं। एक और बात। बाज़ार पर अनेक ग़ज़लें लिखी गयी हैं लेकिन यहाँ बाज़ार, पानी का बाज़ार हो जाता है जो ज़्यादा तकलीफ़ देता है। दरिया की यात्रा बन्द बोतलों तक! ग़ज़लकार की यह अभिव्यक्ति वेदना से भरपूर मारक टिप्पणी है।

आलोक श्रीवास्तव नये प्रतीकों के ज़रिये नयी भावभूमि की रचना करते हैं तो हस्तीमल हस्ती, पक्षियों के कठिन जीवन को शेर की विषयवस्तु बनाकर, भरपूर संवेदना से अपनी बात कहते हैं–लहजा सादा, लेकिन बात में गहराई। शेर के आख़िर में जो सवाल सा आ खड़ा होता है, वह मारक क्षमता रखता है।

दोनों ग़ज़लकरों ने मासूमियत जैसे तत्त्व को बड़ी हुनरमन्दी से व्यक्त किया है। आलोक के प्रतीक नये हैं जो बिम्ब की रचना करने में सफल होते हैं वहीं, हस्तीमल हस्ती की सादगी में आकर्षण है। दोनों ग़ज़लकार कथन के बावजूद एक 'अकथ' को भी रचते हैं जो महत्त्वपूर्ण है।

चन्द्र त्रिखा के कुछ शेर–

रात मेहमान बना याद का सहरा कोई
जैसे पर्वत से उतर आया हो दरिया कोई

हम से सपनों के फटे वस्त्र उतारे न गये
वैसे सूरज ने किया कुछ तो था चर्चा कोई[23]

तथा

कैसे उम्र गुज़ारी लिख
मक़सद की बीमारी लिख[24]

चन्द्र त्रिखा के रुझान और सरोकार स्पष्ट हैं। समाज उनकी शायरी का मर्कज़ बनता है तो मनुष्य का अकेलापन और उससे पैदा हुई वितृष्णा, चिन्ता के कारक बनते हैं। शायरी को वो आधुनिकबोध से व्यक्त करते हैं। नुकीली एकाग्रता उनके

मिसरों में शेर के हो जाने तक बनी रहती है। उनकी ग़ज़लों में सूफ़ियाना लहजा ज़िन्दगी की जिज्ञासाएँ जगाता है–कैसे उम्र गुज़ारी लिख। एक छोटा-सा मिसरा किसी 'अज्ञात' को सम्बोधित करता हुआ सा। वो अज्ञात कौन है? कवि स्वयं भी और समाज की हर इकाई भी। उम्र कैसे गुज़ारी–यह प्रश्न नहीं। यह तो एक फ़लसफ़ा हमसे सपनों के फटे वस्त्र उतारे न गये। मिसरे के भीतर की अर्थवत्ता हाहाकार करती प्रतीत होती है। यही एक मिसरा ज़िन्दगी का आख्यान भी है कि सपनों के फटे वस्त्र भी बेशक़ीमती थे या फिर बिसरी हुई निशानियों की स्मृतियों का मोह इतना मारक था। पहला शेर और दूसरा मिसरा जैसे सम्पूर्ण कविता हो। पर्वत से दरिया का उतर आना। संवेदना से भरपूर मिसरा है। चन्द्र त्रिखा नये समय के मिज़ाज की परख रखते हैं और शेर कहते हुए (यथा सूरज की वेबसाइट पर भी सपने हैं।) बिल्कुल नये प्रतीक चुनते हैं। यही उनकी कहन का आश्वस्तकारी रूप है।

युवा ग़ज़लकारों की ग़ज़लियत, संवेदन लय, विचार तग़ज़्ज़ुल और कहने के अन्दाज़ को व्यक्त करते कुछ शेर–

वो एक बच्ची खिलौनों को तोड़कर सारे
बड़े सलीके से माँ को सफ़ाई देती है।[25]

जय कृष्ण राय तुषार

इतनी ज़्यादा रेत बिछी है आँखों में
कुछ सपनों को हम पानी से लिखते हैं[26]

तथा

अपने दुखों की राख से जन्मा हूँ बार बार
लपटों के हाथ में कभी मारा नहीं गया[27]

विनय मिश्र

बहुत दिलकश है तेरा शहर लेकिन
यहाँ घर का किराया काटता है

जिसे मैंने पनाहों में रखा था
वही खेमें का रस्सा काटता है

उसे जाते हुए रोका नहीं था
मुझे अब तक वो लम्हा काटता है[28]

विकास शर्मा राज

युवा कवियों/ग़ज़लकारों के इन अश्आर में दो मिसरों का गहरा अन्तर सम्बन्ध है। यह सम्बन्ध यात्रा में तबदील होता है और शेर के उस पाठ तक पहुँचना है जो 'अकथ' है। शेर में व्यक्त से ज़्यादा अव्यक्त की भूमिका होती है। वही अव्यक्त विनय मिश्र के दोनों अश्आर में है। दुखों की राख से जन्म लेना, मिसरा मुहावरे में तबदील हो जाता है। यही भाषा की सफलता है। दुखों की राख से जन्म लेना उस जीवन शिल्प की ओर संकेत करता है जो संघर्षों की ज़मीन से छनकर आता है। विनय ने सलीके से शेर को व्यक्त किया है। इसमें मैं पात्र है इसके बावजूद शेर व्यक्तिगत नहीं लगता। मैं समाज की इकाई बनकर यात्रा करता प्रतीत होता है। कुछ सपनों को हम पानी से लिखते हैं। यह सादगी का भव्य रूप है। दोनों मिसरे आख्यान सा रचते हैं। पूरा शेर अपने अन्दाज़ेबयाँ में आखेटक ध्वनियाँ रचता है।

जय कृष्ण राय तुषार भी सादगी से शेर को व्यक्त करते हैं। यहाँ बालिका की मासूमियत की रचना, ग़ज़लकार भरपूर संवेदना से करता है। शेर में कोलाहल नहीं। विनम्र सी गूँजती हुई अभिव्यक्ति है। एक और बात ग़ौरतलब है। एक समय पहले ग़ज़लों के पात्र मैं और तुम हुआ करते थे। तुम पात्र दोस्त था या फिर प्रेमिका नये समय के ग़ज़लकरों ने ग़ज़ल के अश्आर में सम्बन्धों को व्यापकता प्रदान की है। बच्चों की उपस्थिति क्रूर समय के बरअक्स गहरी संवेदना व्यक्त करती है।

विकास शर्मा राज़ का अन्दाज़े बयाँ परिपक्व और अनुभवी ग़ज़लकारों जैसा है। वो कम शब्दों में ज़्यादा अर्थपूर्ण बात कहने की सलाहियत रखते हैं। विडम्बना उनके मिसरों में किसी गहरे अनुभव की तरह बोलती प्रतीत होती है। वही खेमे का रस्सा काटता है।

यह एक संश्लिष्ट शेर है जो जीवनानुभवों से छनकर आया है। भरपूर रवानी तग़ज़्ज़ुल और मिज़ाज के साथ अभिव्यक्त होता शेर किसी 'अकथ' की भी रचना करता है। किसी का जाना और चले जाना एक बात है। लेकिन मैं पात्र की वेदना (और ख़लिश) यह कि एक बार भी रुकने के लिए नहीं कह पाया। वो 'क्षण'। और उस क्षण की पीड़ा इतनी जीवन्त है। विकास शर्मा राज मामूली सी बात में नयी संरचनात्मक ऊर्जा तथा असाधारण तत्त्व का सफल समावेश करते हैं। उनके अन्दाज़ेबयाँ में ठहराव है तो चौंकानेवाला तत्त्व भी है। जो दूसरे मिसरे में आकर अचानक चमक सी पैदा करता है।

कालरिज ने चेतना के साथ कविता कहने की हिदायत दी थी। यानी समाज से संवाद और समाज से प्रतिवाद। कवि अपने समय का सबसे बड़ा प्रतिद्वन्द्वी होता है। शायद यही वजह है कि ग़ज़ल में हर शायर का समय गूँजता हुआ महसूस होता

है। हर शायर अपनी ग़ज़लों में समय की व्याख्या (शायरी के भीतर रहकर) अपने तौर-तरीक़े से, अपने अनुभवों से अपने भावबोध तथा अपने अन्दाज़ (अन्दाज़ेबयाँ) में करता है। रवायती ग़ज़ल से जदीद ग़ज़ल, हिन्दी ग़ज़ल और हिन्दी ग़ज़ल से हमारे समकाल तक की यात्रा अनेक शायरों ग़ज़लकरों के अनुभवों की यात्रा है। प्रायः हर ग़ज़लकार ने अपना एक प्रतिपक्ष रचने की कोशिश की है। देवेन्द्र आर्य की ग़ज़ल के कुछ शेर–

हमारी रोज़मर्रा ज़िन्दगी से
अलग थोड़े न है बाज़ार भाषा

किताबें ज़ेहन आँखें बिक चुकी हैं
अकेले बच गयी ख़ुद्दार भाषा[29]

देवेन्द्र आर्य

देवेन्द्र आर्य हिन्दी ग़ज़ल के ज़फ़र इकबाल हैं। देवेन्द्र आर्य में ग़ज़ब की प्रयोगधर्मिता है। इसी प्रयोगधर्मिता के कारण कई बार वो मिसरे बेवजह भी ख़र्च कर देते हैं। लेकिन जिस ग़ज़ल में नयी शब्दावली, नयी कहन (अन्दाजेबयाँ) नयी सोच, समय का संज्ञान लेती है तो ग़ज़ल के अश्आर चमक पैदा करते हैं। पेड़, नदी, पानी, धूप, हवा को रदीफ़ बनाकर अनेक ग़ज़लें लिखी गयी हैं। लेकिन भाषा का रदीफ़ बनाना और शेर निकालना चुनौतीपूर्ण कार्य था। देवेन्द्र ने यह ग़ज़ल लिखी साहस, हौसले और जुर्रत के साथ। प्रयोगधर्मी ग़ज़लकारों के साथ ऐसा हो जाता है। यहाँ भी हुआ है। कई शेर व्यर्थ चले गये। दरहक़ीक़त, प्रयोग करते हुए हम सोच कुछ रहे होते हैं। लेकिन शेर में जब कथ्य व्यक्त होता है तो बात बदल जाती है। लेकिन उनकी एक अन्य ग़ज़ल जिसमें बाबू रदीफ़ है कामयाब ग़ज़ल है। बाबू वहाँ सम्बोधन के रूप में है। बाबू जैसे समय हो, समाज हो, रकीब हो, हबीब हो या ख़ुद ग़ज़लकार हो। पहले इन दो अश्आर पर कुछ बातें। पहले शेर का दूसरा मिसरा और उसकी शब्दावली (भाषा) ग़ौरतलब है। अलग थोड़े न है बाज़ार भाषा। ये जो थोड़े न है, का प्रयोग है, अद्भुत है। यह अन्दाज़ बतकही की ओर ले जाता है शेर को। और जो शेर बतकही के अन्दाज़ में व्यक्त होता हैं अपनी सरलता के कारण जीवन्त और देर पा होता है। दूसरे शेर में बात इतनी सी है कि जब हर शय बिक जाती है तो कवि के पास खुद्दार भाषा शेष रह जाती है। देवेन्द्र आर्य जब कहते हैं–

दरख़्तों को कभी छुट्टी दिया कर
हवा तू भी कभी पैदल चला कर[30]

तो अपने अन्दाज़ेबयाँ में चकित कर देते हैं। देवेन्द्र आर्य की एक अन्य ग़ज़ल से कुछ शेर–

अदब के अल्पसंख्यक ही हमेशा
अदब के मीर कहलाते हैं बाबू !

हमें जब बोलना होता है जम के
तो हम ख़ामोश हो जाते हैं बाबू !

मज़ा लेके निकल जाते हैं हाकिम
मिसिल पर धर लिए जाते हैं बाबू ![31]

बाबू रदीफ़ है। बाबू के ज़रिये देवेन्द्र आर्य नये समय के नये समाज का, नये नज़रिये से तबसरा करते हैं। यहाँ विडम्बनाएँ किसी किरदार की तरह हैं। यहाँ भावबोध किसी 'लाइट हाउस' की तरह है। समाज रूपी समन्दर में डूबते तैरते सफ़ीनों पर रोशनी डालता हुआ।

नया भावबोध और यथार्थ को व्यक्त करने का अन्दाज़ महेश अश्क का भी मुख्तलिफ़ और मानीख़ेज़ है। वो न केवल विडम्बनाओं को बल्कि विभ्रम को भी किसी 'इ़शु' की तरह शेर में व्यक्त करते हैं–

तमाशा है, हरेक मैं जानता था
मगर चश्मे को पोंछे जा रहा था[32]

उदासी बन सँवर कर घर से निकली
ज़रा पूछो कोई त्यौहार है क्या[33]

वही कुछ ऐब गढ़ लेता है मुझमें
मैं जिसके काम का होता नहीं हूँ[34]

काव्य अनुभव जब पक जाते हैं। आत्ममन्थन की प्रक्रिया जब ज़ेहन में होने लगती है तो फिर ग़ज़लकार दो मिसरों में सामाजिक विसंगतियों को बड़ी हुनरमन्दी से व्यक्त करता है।

यही हुनरमन्दी और कहन इन्दु श्रीवास्तव की ग़ज़लों में भी है। यहाँ उनकी ग़ज़ल से कुछ शेर जो स्त्री के अन्तर्मन की अभिव्यक्ति हैं–

ख़ुद को आईना बनाया ख़ुद ही हँस-हँस कर सजी
वरना ख़ुश होती क्या औरत को औरत देखकर[35]

तथा

नाकाम इश्क़ बेबसी धोखे तमाम उम्र
तुमसे कहाँ छुपा है मेरी ज़िन्दगी का सच

दिखने को सब हसीन शराफ़त पसन्द हैं
अब कौन जानता है यहाँ हर किसी का सच[36]

इन्दु श्रीवास्तव के अश्आर में शब्दों को प्रयोग करने का जो बरताव है वह कशिशभरा है। लोच और स्पन्दन दोनों तत्त्वों से अल्फ़ाज़ जिस रूप में मिसरों का आकार ग्रहण करते हैं उसके लिए ख़ुशआमदीद !

विनय कुमार अपनी ग़ज़लों के विषय में कहते हैं–"मेरी ग़ज़लगोई ज़बान और बयान में बाँकपन को साधने की पुरऔकात कोशिश है। इस फार्मेट में हज़ारों रातों के क़िस्से नहीं कहे जा सकते। पते की बात तो यह है कि कृशकाय तीर, बाज़दफ़ा वो ज़ख़्म भी दे जाता है कि एक नये आख्यान की इब्तिदा हो जाये। यानी दो मिसरों के बीच शब्दों के मितकथन और उस मितकथन में आख्यान रचना के हुनर से भी विनय कुमार परिचित हैं। एक शाइस्ता और अपनी वर्तमानता के अहम किरदार, बाज़ार को जाननेवाला हिन्दी का ग़ज़लकार अपनी ग़ज़लों में किस रूप में अभिव्यक्त होता है, यहाँ उदाहरण के रूप में कुछ शेर–

वो इक ताजिर है पानी बेचता है।
वो तुमसे हँस के दरिया माँगता है।

बनाना है उसे इक मॉल उम्दा
वो तुझसे दिल का रक़बा माँगता है।[37]

दोनों शेर में बाज़ारवादी सोच को अभिव्यक्ति दी गयी है। बात सादा। लहजा विनम्र। शब्द नये। हालचाल नये समय का। किरदार दो। एक वो जो ताजिर है यानी बाज़ार। जिसकी नीयत में खोट है। छल इतना कि दिल को ज़मीन के टुकड़े में बदल देने की कैफ़ियत। पाखण्ड इतना कि पानी बेचनेवाला ताजिर तुझसे दरिया माँगने की जुर्रत रखता है। तू पात्र की सरलता के बरअक्स बाज़ार का शातिर सौदागर। हिन्दी ग़ज़ल में अशआर की इस तरह की आमद आश्वस्त करती है।

शब्दों की नयी संरचना शैलीगत और भावगत संसार में उतरते हुए अन्तर्मन को व्यक्त करना कठिन होता है और अगर अवचेतन के किसी कोने की खोज परख करनी हो तो फिर शेर को इस मिज़ाज से व्यक्त करना होता है जैसे उसके कई तलघर हों। सौरभ शेखर के अश्आर इसी सन्दर्भ में ग़ौरतलब हैं।

मैं भी किसी मसीह के हूँ इन्तज़ार में
तुमको भी ग़ालिबन है करामत की तलब![38]

लकीरें फ़कत खैंचता जा वरक़ पर
कोई शक्ल तैयार होकर रहेगी[39]

किसी की खोज में है शहर के सब लोग न जाने
चेहरों पे उदासी भी है आँखों में थकान भी[40]

सौरभ शेखर के दो शेर ऐसे हैं जिनमें इन्तज़ार है तलाश भी है उम्मीद है किसी टिमटिमाते दीये जैसी। दोनों अश्आर में एक व्याकुलता सी है जिस दुनिया की कामना की थी ये वो दुनिया तो नहीं। यह दुनिया ज़्यादा करख्त, निस्संग, स्वार्थी, बेगाना बनाती हुई, आत्मसम्मान को छीनती हुई।

बिल्कुल ऐसे समय में जीवन का विश्वास कम होने लगे तो अवाम किसी मसीहे की प्रतीक्षा करने लगता है यह जानते हुए भी कि ज़मीन पर किसी मसीहे का अवतरण नहीं होगा। लोगों के मन में जो ख़ुशफ़हमी होती है, उसकी अभिव्यक्ति है। ख़ुशफहमियों के सहारे (कि आयेंगे अच्छे दिन भी) लोगों का एक बड़ा वर्ग जीता चला जाता है। यह ख़ुशफ़हमी ही उन्हें ज़िन्दा रखती है। दूसरे मिसरे में एक लफ़्ज़ ग़ालिबन (सम्भवत:) का प्रयोग अद्भुत है। शायर अपने बारे में तो जानता है कि उसे मसीहे का इन्तज़ार है।

लेकिन तुमको (जैसे किरदार) के विषय में सिर्फ़ सम्भावना है। वहाँ आश्वस्ति नहीं। और यही सम्भवत: शेर के क़द को ऊँचा करने में सक्षम होता है। दूसरे शेर में भी वही तलाश है। खोज यहाँ भी होती है। ऐसा लगता है जिस मसीहे की इन्तज़ार थी (पहले शेर में) वो नहीं आया। उसे ढूँढ़ने या उसकी खोज में (दूसरा शेर) लोग निकल पड़े। उन भटकते हुए लोगों का अवसाद दूसरे शेर में व्यक्त होता है। यहाँ वातावरण ऐसा है जैसे शेर के भीतर दुख की गर्द उड़ रही हो।

लेकिन इसके बावजूद ग़ज़लकार हौसलाकुन है। कोई शक्ल तैयार होकर रहेगी। यह उम्मीद नाउम्मीदी के अँधेरे के सामने जलते चिराग़ जैसी है।

भागने के बीच ठिठकना और अपने आप को देखना यह आत्मबोध ही होता है। हिन्दी के अनेक ग़ज़लकार जहाँ समाज के विसंगत से टकराते हैं, वही, वो किसी चिन्तक की तरह किसी सूफ़ियाना सादगी के साथ, 'आत्म' से भी कशमकश पैदा करते हैं। यह द्वन्द्व यह आत्म से साक्षात्कार यह सब उन क्षणों की बदौलत हो पाता है जब कवि/ग़ज़लकार अपने मन की इमारत के तलघर में उतरता है–नितान्त अकेला, लेकिन दुख] उदासी और यादों का लश्कर उसके साथ गर्द उड़ाते चलते हैं। पवन कुमार के कुछ शेर इसी भावबोध को व्यक्त करते हुए–

कुर्बत के इन पलों में यही सोचता हूँ मैं
कुछ अनकहा है उसके मिरे दर्मियान अब[41]

सिर्फ़ ज़रा सी ज़िद की ख़ातिर अपनी जां से गुज़र गये
एक शिकस्ता कश्ती लेकर हम दरिया में उतर गये[42]

जाने क्यों ख़ुद से ख़ौफ़ लगता है
कोई खण्डहर सा जब क़िला देखूँ[43]

देखो अगर तो ऐश का सामान है मगर
सोचो तो सिर्फ़ दर्द की गठरी है ज़िन्दगी[44]

पवन कुमार की ग़ज़लों में देखने के तजुर्बे और अहसासात की अनेक मिसालें मौजूद हैं लेकिन उनके हिस्से में ऐसी संवेदन लय से भरपूर अभिव्यक्ति भी है जिसमें सोचना ज़िन्दगी के गहरे समन्दरों से छनकर आता है। यहाँ प्रेम है। स्मृतियों के दुर्लभ क्षण हैं। पवन कुमार स्मृतियों को गँवाते नहीं उसे मन के तलघर में सरमाये की तरह रखते हैं। ज़िन्दगी कुल मिलाकर शिकस्ता कश्ती में बैठकर तलातुम (भँवर) से मुठभेड़ करना ही तो है। यहाँ वही मुठभेड़ है।

गौतम राजरिशी की ग़ज़लों का गम्भीरता से आकलन करें तो वो जैसे किसी नये मुहावरे और किसी नये अन्दाजेबयाँ की खोज में निकले हों। उनके प्रयोग हैरान करते हैं। वहीं, बिल्कुल वहीं, प्रेम केन्द्रित ग़ज़लों की अधिकता, विषयगत सीमा का भी अहसास कराती है। इसके बावजूद, प्रयोगधर्मिता की इस आमद का ख़ैरमक़दम कि ऐसे साहस के साथ वो शेर कह रहे हैं। उनकी ग़ज़लों से कुछ शेर–

गुज़र ज़ाएगी शाम तकरार में
चलो, चल के बैठो भी अब कार में[45]

ताश के पत्ते खुले दालान पर अब छुट्टियों संग
खेलती है तीन पत्ती गरमियों में ये दुपहरी[46]

धूप शॉवर में जब तक नहाती रही
चाँद कमरे में सिगरेट पीता रहा[47]

हिन्दी ग़ज़ल में यह है ताज़ादम उपस्थिति। छन्दशास्त्रियों को यह अन्दाज़ेबयाँ और यह प्रयोग खटके तो सौ बार खटके, हिन्दी ग़ज़ल के लिए ये अश्आर व्यापकता और नये मुहावरे के संकेत हैं।

हिन्दी ग़ज़ल में नये, युवा ग़ज़लकारों ने अनुभूति के उन इलाक़ों तक जाने का साहस किया है जहाँ वरिष्ठ हिन्दी ग़ज़लकार नहीं जा पाये थे। नये युवा ग़ज़लकारों के पास अपने समय को व्यक्त करने का न सिर्फ़ वैज्ञानिक दृष्टिबोध है बल्कि वो कल्पनाशीलता भी है जिसके ज़रिये उन्होंने यथार्थ तक पहुँचने की संवेदनलय से भरपूर यात्रा की है। सौरभ शेखर, स्वप्निल तिवारी आतिश, गौतम राजरिशी, पवन कुमार, इरशाद ख़ान सिकन्दर, दिनेश नायडू, विनय मिश्र, चन्द्रशेखर पाण्डेय, वीनस केसरी, कुमार विनोद, इत्यादि ग़ज़लकारों ने उस जदोजहद को जो मन के अन्तर्विरोधों से वाबस्ता है तथा समाज से भी सरोकार रखती है–नयी शब्दावली और नयी सोच के ज़रिये हिन्दी ग़ज़ल में चौंकाने की हद तक नये भावबोध, विषयवस्तु , तथा शेर को बयान करने के नये तौर तरीक़ों को आज़माया है। यहाँ पुरानी बन्दिशों, पुराने मुहावरों, पुराने तथा आज़मूदा ख़यालातों की भी अच्छी तोड़फोड़ हुई है। कुछ शेर इसी सन्दर्भ में ग़ौरतलब हैं–

एक फ़ोन टेबल पर रखा बजता रहा बजता रहा
उट्ठी नहीं वो दोपहर बैठी रही बस ऊँघती[48]

गौतम राजरिशी

ख़ुशी के साथ थोड़ा सा उसे डर भी सताता है
किसी दिन फूल तितली को डिनर पर जब बुलाता है

शिकायत आसमां को है समन्दर से फ़क़त इतनी
बिना टॉवल लपेटे क्यों वो बारिश में नहाता है[49]

कुमार विनोद

खड़ा रहा मैं ज़ेहन मैं खुमारियाँ लेकर
कि बस चली गई सारी सवारियाँ लेकर[50]

ज्ञान प्रकाश विवेक

काटने वाले थे हम बोझ समझकर जिसको
फिर उसी पेड़ के कोटर से गिलहरी निकली[51]

रजनीश सचान

शिकवे दूर किये जा सकते हैं यारों से
इस संडे को फ़ोन घुमाया जा सकता है[52]

सौरभ शेखर

चौपालों की काया कम होती जाती है
हुक़्क़े की गर्माहट भी खोती जाती है[53]

अश्विनी शर्मा

शिकस्तें जब भी अपनी याद आयें बौखलाता है
समन्दर इक हज़ारों बार का हारा जुआरी है[54]

स्वप्निल तिवारी

शादी के कार्ड में क्या कुछ ख़ास है सिकन्दर
यूँ पढ़ रहे हो जैसे पैग़ामे-आख़िरत है[55]

इरशाद ख़ान सिकन्दर

अब खिलौनों से नहीं बहलेगी
ख़ल्क सचमुच का ख़ुदा चाहती है[56]

विकास शर्मा राज

कोई फ़ोकस नहीं करता किसी पर
सब अपनी अपनी सेल्फ़ी ले रहे हैं[57]

दिनेश हरमन

वक़्त गुज़रा घट गयी क़ीमत सरे-बाज़ार में
जी रहे हैं ऑफ़-सीजन-सेल जैसी ज़िन्दगी[58]

विनीता गुप्ता

मुस्कुराते लोग अब इस शहर में ऐसे मिले
जिस तरह तकिये तले खोये हुए पैसे मिले[59]

रवि शर्मा रवि

फिर उसके बाद सारी रात सन्नाटे में चीख़ेगा
मेरा ख़ामोश रह जाना तेरा चुप-चाप चल देना[60]

रवि शर्मा रवि

पत्ता-पत्ता चुप्पी साधे बैठा है
शायद इस रस्ते से आँधी निकलेगी[61]

इरशाद ख़ान सिकन्दर

हम अकेले ही सफ़र में चल पड़े तो फ़िक्र क्या
अपनी नज़रों में कई लश्कर भरे बैठे हैं हम

लाडला तो चाहता है जेब में टॉफी मिले
और अपनी जेब में दफ़्तर भरे बैठे हैं हम[62]

वीनस केसरी

हिन्दी ग़ज़ल में युवा ग़ज़लकार किसी भीड़ की तरह प्रविष्ट नहीं हुए, यक़ीनन, वो सब नयी रचनाशीलता, नये लबो-लहजे, नयी शब्दावली, नये प्रतीक और नये मुहावरे के साथ, शिद्दत की एकग्रता लेकर ग़ज़ल के क्षेत्र में उतरे हैं। इन तमाम नये, युवा ग़ज़लकारों की ग़ज़लों का अवलोकन करें तो यह बात स्पष्ट हो जाती है कि दो मिसरों में शब्दों की फ़िज़ूलख़र्ची के विपरीत, वो, एक परिपक्व ज़मीन (विषयवस्तु) पर शेर की संरचना करते दिखाई देते हैं। शब्दों की लय के प्रति वो सचेत हैं। इससे बढ़कर, शब्दों के मितकथन में अपने सोचे गये कथ्य को व्यक्त करने की कुशलता भी उनमे दिखाई देती है। यह भी सच है कि युवा ग़ज़लकार समाज का संज्ञान उस रुप में नहीं लेते जैसा कि दुष्यन्त के फ़ौरन बाद के ग़ज़लकार लेते रहे। चुनाँचे, व्यवस्था विरोध, हिन्दी ग़ज़ल का प्रिय विषय बनता चला गया। (जो आज भी किसी न किसी रूप में मौजूद है।) लेकिन युवा हिन्दी ग़ज़लकारों में संसार को देखने का नज़रिया थोड़ा भिन्न या कहें कि यहाँ समाज का विस्तार हुआ है। मनुष्य के अतिरिक्त, जीव जन्तु, नदी, समन्दर, कश्ती, परिन्दे, पहाड़, हवा, के अतिरिक्त मन की बेचैनियों की भी इस समाज में माकूल जगह है। इन युवा ग़ज़लकारों ने प्रेम जैसे विषय को फिर से जीवित किया है जो इनसे पहले के वरिष्ठ ग़ज़लकार या तो भूल चूके थे या फिर व्यवस्था विरोध पैदा करती ग़ज़लों में प्रेम के लिए कोई रिक्त स्थान नहीं था।

मनुष्य ने सैकड़ों साल पहले जब अकेलापन महसूस किया होगा तो उसे समाज की ज़रूरत महसूस हुई होगी। धीरे-धीरे, सभ्यता के साथ, समाज भी विकसित होता गया। लेकिन उस विडम्बना का क्या करें जो इस सभ्यता ने पैदा की। मनुष्य ने

अकेलेपन से बचने के लिए समाज की खोज की। और सभ्य समाज ने इसी मनुष्य को अन्ततः अकेला कर दिया।

यह नयी सभ्यता, नया समाज और इस समाज में मनुष्य का अकेलापन! युवा ग़ज़लकार (और वरिष्ठ ग़ज़लकार) इस अकेलेपन को अपने अश्आर में किसी न किसी रूप में व्यक्त कर रहे हैं।

युवा ग़ज़लकारों की शैली में परिवर्तन तो आया ही है, मुहावरे, प्रतीक तथा अन्दाज़ेबयाँ में भी नयापन दिखाई देता है।

हिन्दी ग़ज़ल का यह परिदृश्य जो खुलता हुआ दिखाई देता है–आश्वस्तकारी है। हिन्दी ग़ज़लकार इस बात के लिए तो व्याकुल (और तत्पर) दिखाई देते रहे हैं कि क्या कहा? अब वो इस बात के लिए भी उदग्र, बेचैन और सचेत रहते हैं कि शेर को कैसे कहा? हिन्दी ग़ज़लकारों में शब्द चयन के प्रति सतर्कता जाग्रत हुई है। लोच, रवानी, मितकथन और कथ्य के प्रति चेतना–हिन्दी ग़ज़लकारों के लिए अहम मुद्दे बन चुके हैं। अनुभूति के स्तर पर हिन्दी ग़ज़लकार ज़्यादा एकाग्र दिखाई देते हैं। हिन्दी ग़ज़ल में नये मुहावरे की आमद हुई है और ऐसी सलाहियत की भी जो ग़ज़ल को सम्पूर्ण और अर्थवान बनती है।

इस भावबोध, अनुभूति, और मुहावरे के बावजूद, हिन्दी ग़ज़ल की चेतनाकामी धारा पर बातचीत लाज़मी है जो अपने तीक्ष्ण प्रतिवादी स्वर और जनचेतना के लिए जानी जाती है। हिन्दी ग़ज़ल में दुष्यन्त की ग़ज़लों से आरम्भ हुआ व्यवस्था विरोध हिन्दी की नयी ग़ज़ल में और अधिक प्रबल, प्रखर तथा चेतना सम्पन्न हुआ है। कुछ शेर इसी सिलसिले में–

मुश्किलें ही मुश्किलें हैं राहे मंज़िल में यहाँ
हौसले ही हौसले हैं आज़माने के लिए[63]

शलभ श्रीराम सिंह

जब कटे हाथ भी लेकर परचम उड़े
तब सितमगर ने समझा सितम हो गया[64]

शलभ श्रीराम सिंह

छा गयी उफ़ किस कदर बेचारगी बीड़ी जला
याद अपनी असलियत फिर आ गयी बीड़ी जला[65]

नार्वी

ये मेरे दिन रात किसानों जैसे हैं
और सफ़र भारत की रेलों जैसा है[66]

शाहिद भारती

अज़मतें रात की मजलिस के वफ़ादारों को
अब भी एजाज़ में बँटती हैं इलाक़ों की तरह[67]

महेश अश्क

समय के जंग खाये पेंच दाँतों से नहीं खुलते
समझ भी लो मेरे यारो, बग़ावत के नये मानी[68]

हरेराम समीप

कि हम खेतों के बेटे हैं कि तुम महलों की सन्तानें
हमारी दास्ताँ तुमसे जुदा यूँ भी है और यूँ भी

दिया है हमको क्या उसने जो हमसे छीन लेगा वो
अमीरों का ख़ुदा हमसे ख़फ़ा यूँ भी है और यूँ भी[69]

बल्ली सिंह चीमा

चुरा के भागा था रोटी गुनाह बस है यही
अब उसको मार ही डालेगा ये ज़माना क्या[70]

अरविन्द असर

ढंग से जीने की पाबन्दी लगा दी जायेगी
क्या मेरे व्यक्तित्व की छवि ही मिटा दी जायेगी[71]

एहतराम इस्लाम

उपर्युक्त अश्आर पर ग़ौर करें। सचकलामी। चेतनाकामी स्वर। आक्रोश। सच को सच कहने का हौसला। जड़ता तथा यथास्थिति के विरुद्ध व्याकुलता। यथार्थ को भेदने की जुर्रत और समय की जटिलता के सामने न सिर्फ़ खड़े होने, बल्कि आँखों में आँखें डालकर, विडम्बनाओं, शोषण, निस्संगता के विरुद्ध कबीराना खरेपन के साथ अपने विचार, ग़ज़ल के ज़रिये व्यक्त करने की चुनौतियाँ। इस तरह की जनवादी ग़ज़लों का अपना विशिष्ट मुकाम, मुहावरा और परिसर है। इन ग़ज़लों से जहाँ हम पूँजीवादी व्यवस्था के शोषण, नकारेपन, असमानता और बदहाली को देख सकते हैं, वहीं, इस बात को भी शिद्दत से महसूस कर सकते हैं कि हिन्दी

ग़ज़ल नये मुहावरे, शैली, प्रतीक वैचारिक प्रखरता से अग्रसर है तथा इस विधा का मूल उद्देश्य है—जीवन लय तथा मनुष्यता को बचाए रखना।

पुरानी शाख से इक सब्ज़ पत्ता टूटकर रोया
मैं अपने गाँव से निकला तो बरगद फूटकर रोया

ए.एफ़.नज़र

फ़र्क़ क्या है कि मैं नज़रों से हटा लूँ दर्पण
मेरे आँसू को मगर ग़मका पता रहता है

अनिरूद्ध सिन्हा

ये लंगड़े लोग सँवारेंगे मुल्क की किस्मत
जो उठते-बैठते बैसाखियाँ पकड़ते हैं

अनिरूद्ध सिन्हा

सन्दर्भ सूची

1. साये में धूप—दुष्यन्त कुमार, राधाकृष्ण प्रकाशन, नयी दिल्ली
2. वही
3. वही
4. वही
5. सुरेश कुमार ने अपना यह शेर व्हाट्सअप पर (16.09.15) को भेजा
6. एक पुल—हरजीत सिंह, स्वयं प्रकाशन, देहरादून
7. वही
8. ये हरे पेड़ हैं—हरजीत सिंह, स्वयं प्रकाशन, देहरादून
9. ख़ूबसूरत है आज भी दुनिया—माधव कौशिक, भारतीय ज्ञानपीठ, नयी दिल्ली
10. वही
11. सारे सपने बागी हैं माधव कौशिक, वाणी प्रकाशन, नयी दिल्ली
12. मुझमें कुछ है जो आईना सा है। ध्रुव गुप्त, राधाकृष्ण प्रकाशन, नयी दिल्ली।
13. वही
14. वही
15. नदी की चीख़—सुल्तान अहमद, राधाकृष्ण प्रकाशन, नयी दिल्ली
16. वही
17. है तो है—एहतराम इस्लाम, अंजुमन प्रकाशन, इलाहाबाद
18. युगीन काव्या पत्रिका—हस्तीमल हस्ती, कलिका निवास, मुम्बई

19. आग चखकर लीजिए–प्रेम किरण, राजदीप प्रकाशन, नांगलोई, दिल्ली
20. कुछ और तरह से -हस्तीमल हस्ती, वाणी प्रकाशन, नयी दिल्ली
21. एक हाथ की ताली–सूर्यभानु गुप्त, वाणी प्रकाशन, नयी दिल्ली
22. आमीन--आलोक श्रीवास्तव, राजकमल प्रकाशन, नयी दिल्ली
23. दोस्त अब पर्दा गिराओ–चन्द्र त्रिखा, युगमार्ग प्रकाशन, चण्डीगढ़
24. वही
25. अनभै साँचा–सम्पादक डॉ. द्वरिका प्रसाद चारुमित्र, (ग़ज़ल अंक-29, वर्ष 2013 रोहिणी, दिल्ली)
26. सच और है–विनय मिश्र, मेधा बुक्स, नवीन शाहदरा, दिल्ली
27. वही
28. बारिश खारे पानी की–विकास शर्मा राज, लफ़्ज़ प्रकाशन, नोएड़ा
29. अलाव पत्रिका–सम्पादक रामकुमार कृषक, (ग़ज़ल आलोचना अंक-सितम्बर 2015, सादतपुर, दिल्ली
30. किताब से बाहर--देवेन्द्र आर्य, किताब महल प्रकाशन, नयी दिल्ली
31. वही
32. दस्तावेज़ पत्रिका–सम्पादक डॉ. विश्वनाथ प्रसाद तिवारी (अंक-141), गोरखपुर
33. वही
34. वही
35. आशियाने की बात–इन्दु श्रीवास्तव, शिल्पायन, गोरखपार्क, दिल्ली
36. वही
37. ग़ज़लकार सौरभ शेखर ने अपनी ग़ज़लें जी–मेल द्वारा तथा कूरियर से भेजीं
38. वही
39. वही
40. वाबस्ता–पवन कुमार, प्रकाशन संस्थान, नयी दिल्ली
41. वही
42. वही
43. वही
44. पाल ले इक रोग नादां–गौतम राजरिशी, शिवना प्रकाशन, सिहोर
45. वही
46. वही
47. वही
48. वही
49. अलाव पत्रिका–सम्पादक रामकुमार कृषक, हिन्दी ग़ज़ल आलोचना अंक (सितम्बर 2015), सादतपुर दिल्ली

50. सच और है–विनय मिश्र, मेधा बुक्स, शाहदरा, दिल्ली
51. लफ़्ज़ के फ़ासले पर ज़िन्दगी–रजनीश सचान, हिन्द युग्म प्रकाशन, मयूर विहार, दिल्ली
52. सौरभ शेखर ने अपनी ग़ज़लों जी मेल से भेजीं उनमें से यह शेर
53. वक़्त से कुछ आगे–अश्विनी शर्मा, बोधि प्रकाशन, जयपुर
54. लफ़्ज़ पत्रिका–सम्पादक तुफ़ैल चतुर्वेदी (अंक फ़रवरी 2012), नोएडा
55. आँसुओं का तर्जुमा–इरशाद ख़ान सिकन्दर, ऐनी बुक्स, गुड़गाँव
56. बारिश खारे पानी की–विकास शर्मा राज, लफ़्ज़ प्रकाशन,नोएडा
57. वही
58. जान-ए-ग़ज़ल सम्पादक–बालस्वरुप राही, अयन प्रकाशन, महरोली, दिल्ली
59. वही
60. वही
61. आँसुओं का तर्जुमा–इरशाद खान सिकन्दर, ऐनी बुक्स, गुड़गाँव
62. समकालीन स्पन्दन पत्रिका–सम्पादक धर्मेन्द्र साहिल (ग़ज़ल विशेषांक अंक-1-2, वर्ष 2015) वाराणसी
63. सार्थक ग़ज़ल विशेषांक (अंक-3 जुलाई 1996)–सम्पादक शिव शंकर मिश्र, कड़रु रांची।
64. वही
65. हंस पत्रिका–सम्पादक राजेन्द्र यादव (अंक अप्रैल 2009), दरियागंज, नयी दिल्ली
66. ग़ज़ल दुष्यन्त के बाद-भाग-दो–सम्पादक दीक्षित दनकौरी, वाणी प्रकाशन, नयी दिल्ली
67. राख की जो पर्त अंगारों पे है–महेश अश्क, स्वयं प्रकाशन, गोरखपुर
68. अलाव (ग़ज़ल आलोचना अंक–अगस्त 2015), सम्पादक रामकुमार कृषक सादतपुर विस्तार, दिल्ली
69. अष्टछाप–सम्पादक नचिकेता, फोनीम प्रकाशन, मंडावली, दिल्ली
70. ग़ज़ल के बहाने (अंक-19)–सम्पादक दरवेश भारती, नांगलोई, दिल्ली
71. सच को सच कहता तो कौन–अंजुमन प्रकाशन, मुट्ठीगंज इलाहाबाद

ग़ज़ल विधा की व्यापकता और विस्तार

ग़ज़ल, अरबी क़सीदे से छनकर आयी हो या ईरान के ग्रामीण/लोकगीत 'चामा' का रूप हो, यह बात स्पष्ट है कि ग़ज़ल का जन्म बेशक अरब/ईरान में हुआ हो, वो पुष्पित, पल्लवित हुई फ़ारसी में।

फ़ारसी ग़ज़ल

फ़ारसी में मौलाना रूमी, जामी, शेख़सादी, फ़िरदौसी, अमीर ख़ुसरो, ग़ालिब के कुछ शेर इस दृष्टि से प्रस्तुत हैं कि फ़ारसी ज़बान की ग़ज़ल कितनी अर्थवान और उत्कृष्ट है। तसव्वुफ़, तत्वज्ञान, चिन्तन, मनन और जीवन दर्शन के अतिरिक्त, मानवतावाद, प्रेम और ईश्वर के साथ संवाद की स्थितियाँ भी व्यक्त होती हैं।

फ़ारसी के कुछ शेर–

मा .ख़ाज़िने-ख़ज़ानए-दिलदार बूदम
मा सालहा मुसाहिबे दिलदार बूदम

मौलाना रूमी

(हे तिरछी कुलाह वाली, हे क्रूर, हे तंग कबा वाली तू कौन है, हे लगावट वाली मनोहर, हे ताव भाव दिखाने वाली तू कौन है।)

शेर

मन तू शुदम तू मन शुदी मन तन शुदम तू जां शुदी
ता कस न गूयद बादज़ीं मन दीगरम तू दीगरी

अमीर ख़ुसरो

(मैं तुझमें विलीन हो गया तू मुझमें विलीन हो गया। मैं जिस्म हो गया। तू रूह हो गया। यानी, मैं तू हो गया और तू मैं हो गया। ताकि फिर इसके बाद कोई यह बात न कहे कि मैं तुझसे और तू मुझसे भिन्न है।)

शेर

गो सद हज़ार लाल-ओ-गोहर देई, चे सूद
दिल रा शिकस्ताई कि न गौहर शिकस्ताई

फ़िरदौसी

(ऐ बादशाह सलामत, अब तू मुझे सैकड़ों हीरे, जवाहरात दे, वो सब व्यर्थ हैं। तूने मेरा दिल तोड़ा है, तूने कोई मोती या जवाहर नहीं तोड़ा। मोती के बदले मोती मिल सकता है। जवाहर के बदले जवाहर मिल सकता है। लेकिन दिल टूट जाये तो दूसरा दिल नहीं मिलता।)

ऐसा कहा जाता है जब फ़िरदौसी ने शाहनामा लिखकर बादशाह को पेश किया तो बादशाह ने सोने की अशर्फ़ियों के बदले चाँदी के सिक्के देने चाहे। करार सोने की अशर्फ़ियों का था। फ़िरदौसी ने इनकार कर दिया। तब ये शेर कहा–

शेर

ख़िश्त अव्वल चे कुनद मेमार कज़
ता सुरैया चे कुनद मीनार कज़

शेख़सादी

(राजमिस्त्री अगर मीनार बनाते वक़्त पहली ईंट टेढ़ी रखेगा तो मीनार कितनी ऊँची उठती चली जाये, वो रहेगी टेढ़ी।)

शेर

तश्नालब बर साहिल-ए-दरिया ज़ग़ैरत जां दहम
गर बमैज़ उफ़्तज ग़ुमनाम-ए-चीज़ पेशानी मरा

ग़ालिब

(अगर मैं यह महसूस करूँ कि मुझे देखकर नदी के माथे पर बल पड़ गया तो मैं ग़ैरत (लज्जा) के मारे प्यासा मर जाऊँगा लेकिन अपने स्वाभिमान पर आँच न आने दूँगा।)

शेर

तो शब आफ़रीदी चिराग़ आफ़रीदम
सिफ़ाल आफ़रीदी अयाग़ आफ़रीदम

बियाबानो कुहसारो राग़ आफ़रीदम
ख़ियाबानो, गुलज़ारो बाग़ आफ़रीदम

मनांनम कि अज़ संग आईना साज़म
मनांनम कि अज़ ज़हर नौशीना साज़म

इक़बाल

(हे ईश्वर, अगर तूने रात बनायी है तो मैंने भी दीपक बनाया है। तूने अगर मिट्टी बनायी है तो मैंने प्याला बनाया है। तूने अगर निर्जन क्षेत्रों, घाटियों तथा दूर्वादल को बनाया है तो मैंने भी उद्यान और वाटिका को बनाया है। मैं वो हूँ जिसने पत्थर को आईना बनाया। मैं वो हूँ जिसने विष को अमृत बनाया।)

बेशक, फ़ारसी ज़बान की ग़ज़ल का अपना मिज़ाज, सौन्दर्य, उच्च संस्कार और रुतबा है। ग़ालिब को तो अपनी फ़ारसी की ग़ज़लों पर गर्व था, इसके बावजूद, ग़ज़ल, उर्दू में आकर न सिर्फ़ लोकप्रिय हुई बल्कि दूर मुल्कों और अन्य भाषाओं तक अपनी पहुँच बनायी।

उर्दू ग़ज़ल

हम सीधे 'मीर' पर आते हैं। मीर सिर्फ़ मीर नहीं, वो महाकवि 'मीर' हैं। मीर को तसव्वुफ़ से गहरा लगाव है। उनका मिज़ाज सूफ़ियाना है। उनका यह शेर भी सूफ़ियाना मिज़ाज की अभिव्यक्ति है–

ले साँस भी अहिस्ता के नाज़ुक है बहुत काम
आफ़ाक की इस कारगहे शीशागरी का

मीर

आफ़ाक-संसार, कारगहे-शीशागरी-शीशा बनाने का कारख़ाना।

ग़ज़ल की दुनिया में ग़ालिब का नाम ता-क़यामत तक ज़िन्दा रहेगा। 'ग़ालिब' और 'मीर' सिर्फ़ शायर ही नहीं, वो एक युग हैं–दोनों का अपना-अपना समय है और अपना युग। शायरी में साँस लेता हुआ युग।

ग़ालिब की ग़ज़लों से दो शेर इस लिहाज़ से प्रस्तुत हैं कि इन शेरों की यात्रा अर्थ तक बहुत सफलता से तय होती है। विषयगत सघनता और मुहावरेदारी के अलावा, ग़ालिब के यहाँ जो जीवन दर्शन है उसका भी अपना प्रभाव है–

क़फ़स में मुझसे रूदादे-चमन कहते न डर हमदम
गिरी है जिसपे कल बिजली वो मेरा आशियाँ क्यूँ हो

इश्रते-क़तरा है दरिया में फ़ना हो जाना
दर्द का हद से गुज़रना है दवा हो जाना

ग़ालिब

ग़ज़ल के लिए कुछ बातें बहुत महत्त्व की हैं। मसलन, ध्वनि, शब्द, अर्थ की गूँज, किनाये (संकेत) इन बातों के अतिरिक्त भाषा कैसी है? तथा शोर रहित धीमापन भी अनिवार्य है। यह भी कि शेर एक रेखीय न हो। उसमें गहराई हो।

ग़ज़ल, जो कभी स्त्रियों से बातचीत की विधा थी समय के साथ उसका विषय भी बदलता रहा। ज़िन्दगी के सरोकार भी ग़ज़ल का विषय बने और 'संवाद' की शैली भी ग़ज़ल की महत्त्वपूर्ण अभिव्यक्ति रही–

बाग़े-बहिश्त से मुझे हुक़्मे-सफ़र दिया था क्यों
कारे जहाँ दराज़ है, अब मेरा इन्तज़ार कर

इक़बाल

हज़ार बार ज़माना इधर से गुज़रा है
नई-नई-सी है कुछ तेरी रहगुज़र फिर भी

फ़िराक़ गोरखपुरी

हिन्दी ग़ज़ल

हिन्दी ग़ज़ल यानी देवनागरी लिपि में लिखी जानेवाली ग़ज़ल।

हिन्दी ग़ज़ल का अवतरण उर्दू ग़ज़ल से हुआ। यह एक बड़ी साहित्यिक घटना थी। बेशक, यह अवतरण एक दिन में नहीं हुआ। समय-समय पर हिन्दी कवि अपनी रचनाशीलता के अतिरिक्त ग़ज़लें भी लिखते रहे। कबीर, जयशंकर प्रसाद, मैथिलीशरण गुप्त, प्रतापनारायण, निराला, त्रिलोचन शास्त्री, भारतेन्दु, शमशेर बहादुर सिंह। यह ग़ज़ल समय दुष्यन्त पूर्व का समय था। इन कवियों की ग़ज़लों में उर्दू ग़ज़ल का प्रभाव स्पष्ट देखा जा सकता है। भारतेन्दु का यह शेर–

उठा के नाज़ से दामन भला किधर को चले
इधर तो देखिए बहरे ख़ुदा किधर को चले

भारतेन्दु

लेकिन शमशेर बहादुर सिंह ने जब देवनागरी लिपि में ग़ज़लें लिखीं तो उन्होंने एक भावगत और अर्थगत दुनिया तामीर की। चुप की तान, उदासी के स्वर, प्रेम की प्रबल भावना और सादगीपूर्ण अभिव्यक्ति–यही तो है शमशेर की शमशेरीयत!

इसके बावजूद, शमशेर, मीर, ग़ालिब, इक़बाल, सौदा, याग़ाना (और फ़िराक़) की शायरी से प्रभावित हैं। यह प्रभाव,...उर्दू ग़ज़ल का प्रभाव उनकी ग़ज़लों पर देखा और महसूस किया जाता है। उनकी ग़ज़लों से दो शेर–

अपनी ही क़द्रे-ख़ुदी की पुरतक़ल्लुफ़ लज़्ज़तें
आप क्या लेते हैं मुझसे और क्या देता हूँ मैं

शमशेर बहादुर सिंह

कवि शमशेर जब ग़ज़ल को पेचीदा और उलझन पैदा करने वाली विधा मानकर इसका त्याग कर रहे थे, ऐन उस वक़्त, दुष्यन्त कविता और उपन्यास जैसी विधाओं को छोड़कर, ग़ज़ल के क्षेत्र में उतर रहे थे।

दुष्यन्त ने ग़ज़ल को अभिव्यक्ति का माध्यम बनाया और आमजन की वेदना को ग़ज़ल के केन्द्र में रखते हुए रचना की। दुष्यन्त अपने मुहावरे, शैली और ग़ज़ल कथन में बेहद सफल हुए, इस कदर सफल कि वो हिन्दी ग़ज़ल के 'परम्परा पुरुष' के रूप में स्वीकृत हुए।

उनकी ग़ज़लों के प्रतिवादी स्वर और नाराज़गी के भाव ने हिन्दी ग़ज़ल को नयी चेतना प्रदान की। दुष्यन्त की ग़ज़ल के दो शेर–

कल नुमाइश में मिला था चीथड़े कपड़ों में वो
मैंने पूछा नाम तो बोला कि हिन्दुस्तान है

तथा

कहाँ तो तय था चराग़ां हरेक दर के लिए
कहाँ चराग़ मयस्सर नहीं शहर के लिए

दोनों शेरों की ग़ज़ल-भाषा बेशक उर्दू से छनकर आयी है, इसके बावजूद, कथ्य, मिज़ाज, शैली और मुहावरे की दृष्टि से ये शेर हिन्दी ग़ज़ल के प्रतीत होते हैं। दुष्यन्त ने यही तो किया। ग़ज़ल कथन को मौलिक रूप दिया। वंचितों के समाज को जहाँ उपन्यास और कहानी में कम जगह मिल रही थी, दुष्यन्त ने उन वंचितों के दुख को अपनी ग़ज़लों का मर्कज़ बना दिया। दुष्यन्त ने हिन्दी ग़ज़ल के ऐसे दर खोले कि दुष्यन्त के बाद हिन्दी ग़ज़ल ने अपनी महत्त्वपूर्ण उपस्थिति दर्ज करायी।

बांग्ला ग़ज़ल

काज़ी नज़रुल इस्लाम क्रान्तिकारी कवि थे। ग़ज़ल विधा में लिखने वाले वो पहले बांग्ला कवि थे। बेशक, उन्होंने ग़ज़लें कम लिखीं (जन्म 1899-मृत्यु 1976) उनकी यह ग़ज़ल 1926 में लिखी गयी–

बागीचार बुलबुली तुई फूल शाखाते दिशने आजि दोल
आजो तार फूलकोलीदेर घूम टूटेनी तंद्राते बिलोल

(बग़ीचे की बुलबुल, फूल की डालियों को हिलाडुला मत। फूल कलियों की नींद अभी टूटी नहीं है। वे तन्द्रा में डूबी हैं।)

डाले तोर हान्ले आघात दिश् रे कवि फूल शौगात
बैया मुकुले अलि ना छूंले बने कि दुले फूल पताका

काज़ी नज़रुल इस्लाम

(कवि, तेरी डाल पर जब कोई आघात करता है, तब तू सौगात में उसे फूल देता है। यदि भँवरे को छूने का दर्द कलि न झेले, तो वन में फूलों की पताकाएँ कैसे लहरातीं।)

तोमाय देखार कथा छिलो-होले
किछू दूर चलाए कथा छिलो-होले

देवेन्द्र पन्थ

(तुम्हें देखने की बात थी सो पूरी हुई। कुछ दूर चलने की बात थी सो पूरी हुई।)

देवेन्द्र पन्थ बांग्ला के एकमात्र ऐसे ग़ज़ल लेखक हैं जिनकी बांग्ला भाषा में– 'बुलबुल चलो एबार' ग़ज़ल-संग्रह प्रकाशित हुआ है।

मैथिली ग़ज़ल

चिड़ियाख़ाना बाज़ चलायत
साधू मुल्ला राज चलायत

नरेन्द्र

(चिड़ियाख़ाना बाज़ पक्षी चलायेगा और साधू मुल्ला राज-काज सँभालेगा। कवि ने शेर में सामाजिक और राजनैतिक विडम्बना की अभिव्यक्ति की है।)

राजस्थानी ग़ज़ल

ग़ज़ल विधा जो कभी 'वाज़नैन गुफ़्तगू कर्दन' यानी स्त्रियों से बातचीत तक सीमित थी, उसका प्रभाव हिन्दी, पंजाबी, राजस्थानी और मराठी भाषा पर इस हद तक पड़ा है कि ग़ज़ल इन भाषाओं की प्रमुख विधा हो चुकी है। राजस्थानी ग़ज़लकारों के कुछ शेर प्रस्तुत हैं–

शैतानां री बस्ती है
अठै जिन्दगी सस्ती है

मदन केवलिया

बिगड़यो क्यूं बो प्यार रो रिश्तों म्हैं भी सोचूं थूं भी सोच
कठै ग्यौ बो हेत रो जज्बो म्हैं भी सोचूँ थूं भी सोच

असद अली अहमद

भोजपुरी ग़ज़ल

काहे फरके-फरके बानी रउरो आई जी
हामार सुनीं, कुछ अपनो सुनाई जी

जब हम करींले पुकार, रउर खुले ना केवांर
एकर कारन का बा, आई समुझाई जी

रमाकान्त द्विवेदी

मराठी ग़ज़ल

टेकवू हा श्रान्त माथा मी कुठे
कष्टहारी स्नेहशीला ती कुठे

यशवन्त

न बेरजा बजावटी न पावकी सवायकी
मला न हे जमे तरी करू नका टवालकी

दीपक करींदीकर

गुजराती ग़ज़ल

गुजराती में लिखी जा रही ग़ज़ल ने अपनी विशिष्ट शिनाख़्त कराई है। चीनु मोदी जैसे वरिष्ठ कवि/लेखक गुजराती में ग़ज़लें लिख रहे हैं तो वहीं, उर्दू के महत्त्वपूर्ण शायर आदिल मंसूरी ने भी गुजराती में ग़ज़लें लिखी हैं। कुछ शेर–

नदीनी रेतमां रमतुं नगर मले न मले
फरी आ दृश्य स्मृतिपट उपर मले न मले

आदिल मंसूरी

पर्वतने नामे पथ्थर, दरियाने नामे पाणी
इर्शाद आपणे तो ईश्वरने नामे वाणी

चीनु मोदी

चन्द्र छे तो चाँदनी शूं काम देखाती नथी
रात, केवी रात आवी छे के दिखराती नाथ

तथा

शब्द एकोएक बाँधे छे बाँधे थे बुकानी जेमान
तेमनी भाषा जरा पण अमने समजाती नथी

तथा

बन्धू जोया करे छे, बस! कशूं करतो नथी संजय
कथा सम्भलावे छे, ऐनी व्यथा हरतो नथी संजय

(सुल्तान अहमद हिन्दी के प्रसिद्ध ग़ज़लकार/कवि तथा आलोचक हैं। उनकी गुजराती ग़ज़लों के कुछ शेर प्रस्तुत किये गये हैं)

पंजाबी ग़ज़ल

पंजाबी भाषा में लिखी जा रही ग़ज़ल का अपना रुतबा है। पंजाबी ग़ज़ल, प्रयोगधर्मी और प्रगतिशील ग़ज़ल है। पंजाबी ग़ज़ल की उच्चता का अन्दाज़ा इस बात से लगाया जा सकता है कि सुरजीत पातर जैसे पंजाबी के विशिष्ट कवि ने ग़ज़लें लिखी हैं तो वहीं, पाश जैसे क्रान्तिकारी कवि ने भी ग़ज़ल को मेयार प्रदान किया। शिव कुमार बटालवी और जगतार ने भी पंजाबी में शानदार ग़ज़लें लिखी हैं। कुछ शेर–

तूं विदा होइयों मेरे दिल ते उदासी छा गई
पीड़ दिल दी बूंद बण के अक्खियां विच आ गई

शिव कुमार बटावली

(तू क्या विदा हुआ कि मेरा तो दिल ही उदास हो गया। दिल का दुख आँसू बनकर आँखों में उतर आया।)

डुबदा चढ़दा सूरज सानूं नित ही लाल सलाम कहे
फड़ लवो एह तां नकसलीया है केही गल सरेआम कहे

पाश

(डूबता-चढ़ता सूरज हमें रोज़ाना लाल सलाम कहता है। इसे पकड़ लो यह तो नक्सली है–इस बात को कैसे सरेआम कहे।)

उदास वक़्त विच मैं अपणी डायरी न लिखी
सफेद सफ़ियाँ ते मैं मैली ज़िन्दगी न लिखी

सुरजीत पातर

(उदास समय में भी मैंने उदासीभरी डायरी नहीं लिखी। यानी मैंने सफ़ेद काग़ज़ों पर ज़िन्दगी का मैलापन नहीं लिखा।)

ना मेरे पास शीशा सी न उसदे कोल चेहरा सी
था साडे दरमियाँ इक फासला पर फिर वी रिश्ता सी

जगतार

(न मेरे पास शीशा था न उसके पास चेहरा था। बेशक हमारे दरमियाँ एक फ़ासला था। फिर भी एक रिश्ता तो था।)

कश्मीरी ग़ज़ल

आवरू दिल तु वारू नु हालात कॅरयज़ि क्याह
वादी नु अंद यि रोज़ि मकाफ़ात कॅरयज़ि क्याह

रहमान राही

(दिल आवारा है और हालात साज़गार नहीं हैं, मैं क्या करूँ। शायद ऐसे मुश्किल दिन का कोई अन्त नहीं है, लेकिन मैं क्या करूँ।)

उड़िया ग़ज़ल

रास्ता काइँकि खाली एले चाती तल एते भारी-भारी
मो आगरू केही गला कि ए बाटे, जीइ चालिचि जे मरी-मरी

हर प्रसाद दास

(रास्ता इतना ख़ाली-ख़ाली क्यों है? दिल क्यों इतना भारी-भारी है? मेरे यहाँ आने से पहले क्या और भी कोई गुज़रा है जो मर-मर कर जी रहा है।)

नेपाली ग़ज़ल

नेपाल में ग़ज़ल सिन्फ़ (विधा) ख़ूब फलफूल रही है। युवा और वरिष्ठ कवि, लगभत सभी ग़ज़लें लिख रहे हैं।

नेपाल में कविता का बेशक प्रमुख स्थान है। लेकिन लोकप्रियता नेपाली ग़ज़ल ने हासिल की है।

इसका प्रमुख कारण है नेपाली भाषा का लोच। लय। संगीतात्मता और शब्दों में ख़ास तरह की नाज़ुकी और उतार चढ़ाव। नेपाली ग़ज़ल में प्रेम तत्व के अतिरिक्त, नये समय की विडम्बनाओं पर ज़रूरी हस्तक्षेप है। नेपाली भाषा के ग़ज़लकारों

में झरी, रूपेश, रमेश दाहाल, हरी डाँगी, प्रवीण नेपाल, रोहित राना, कोमल भट्ट (इन दिनों, न्यूयार्क, अमेरिका में) राज क्षेत्री राहुम रूद्रपुर के हैं और इनदिनों दुबई में निवास। लोकराज गिरी, सूर्य दियाली (इन दिनों कुवैत में) अरबिन झापा, सीताराम, खड़का, पांचखाल, तिलक तरागी, राजकुमार बगर, अमृत जग राणा, जितेन्द्र सहयोगी इत्यादि। आशीष दनाई, विवेक पाठक

शेर

बड़ो कष्टकर छुने रहेइ बन्धक ज़िन्दगी
अभद्र व्यवहार दुष्टकों शासक ज़िन्दगी

जितेन्द्र सहयोगी

बाध्यतामा परेर त ग़ज़ल लेखदैछु
मानवता नै मरेर त ग़ज़ल लेखदैछु
बुद्ध को आगनमा सधै हत्याहिंसा
अमन चैन हरेर त ग़ज़ल लेखदैछु

पवित्र थापा मगर

मलाई अलिकति धैर्य द जाँगर देऊ आमा
खहरेको भेल होइन, सघन सागर देऊ आमा

जाँगर देऊ

रक्सी बिना यो गलाको सुरै न आउने
बोल्नालाई खोज्दु तर कुरै न आउने

आश्मा होली सुनै सुन लाडला भनेर
उस्लाई केया कमाको, चुरै न आउने

झरी

जनता रोये रूदै गरून, सत्ता टिके भयो
खोक्रो राष्ट्रवाद द उरवान टुक्का बिके भयो

रमेश दाहाल, झापा (नेपाल)

सुन्दर शान्त समाजमा ईश्वर को वास हुन्छ
अनेकता भए पनि एकता को आभास हुन्छ

आमाको फोटको चोली टाल्यो परदेश ले
खर फाली जस्ता पाता हाल्यो परदेश ले

मदनकृष्ण चम्लागाँई, (झापा)
(इस समय दोहा में)

हज़ार पटक ठेस लागे त के भो स्वीकार छ ज़िन्दगी
ख़ुशी सधै म देखी भागे त के भो स्वीकार छ ज़िन्दगी

पद्मा प्रकृति जी सी

म हतार हतार गरी निस्कनै लाग्दा तिमी आइपुग्यौ
यो ज़िन्दगी को ज़हाज खस्कनै लाग्दा मिली आइपुग्यौ

अजय तमाङ
(इन दिनों चेक रिपब्लिक)

सिंधी ग़ज़ल

कुछ त आहे सच्ची दुआऊन में
जो न पातो कडहं दवाऊन में

जो न दौलत डई सधी कंहरवे
पाइद्‌यस उन खे प्रार्थनाऊन में

देवी नागरानी

(जो दवाओं में नहीं मिलता, वो दुआओं में मिल जाता है। जिनको धन दौलत नहीं दे पाये, उनको प्रार्थनाओं हम पाते हैं।)

संस्कृत ग़ज़ल

छिन्नो हि मूलत: प्रणय: कि प्ररोहति
सेको विधीयतामपि चेत् कि प्ररोहति
बुद्धे: प्रभाव एष वरीयर्ति सर्वत:
हृदयस्य कि प्रभाव इत: कि प्ररोहति

डॉ. जगन्नाथ पाठक

(डॉ. जगन्नाथ पाठक का जन्म 1934 में हुआ। वरिष्ठ संस्कृत में ग़ज़लें भी लिखीं।)

उपरोक्त दो संस्कृत के अश्आर का भावार्थ-

(मूल से कटा प्रणय उगता है क्या? जड़ से कटे पौधे पर बेशक पानी छिड़कते रहो, वह नहीं उगता।)

(हर तरफ बुद्धि का प्रभाव और उसका प्रसार है। दिल की बात ऐसे में कौन सुनता है।)

अंग्रेज़ी भाषा की ग़ज़ल

क्या यह चकित करने वाली बात नहीं कि क़सीदे से निकली–तश्बीब, नसीब और चामा जैसे नामों से गुज़रकर, ग़ज़ल का रूप धारण करती विधा (सिन्फ़) इतनी गतिशीलता धारण करेगी कि अनेक भाषाओं में अभिव्यक्ति का माध्यम बन जायेगी। ग़ज़ल के इस विस्तार ने तो चकित किया ही। लेकिन अंग्रेज़ी में ग़ज़ल! है न विस्मित कर देने वाली बात।

काफ़िया, रदीफ़ और बहर का अनुशासन वो भी अंग्रेज़ी ग़ज़ल में। लेकिन ऐसा हुआ है किसी चमत्कार की तरह। किसी साहित्यिक घटना की तरह।

अंग्रेज़ी भाषा में लिखी गई ग़ज़ल से कुछ शेर प्रस्तुत हैं–

शेर–

I will mentle my self in garment of repentence I have failed
I greet you to hear my lamentation of penitence I have failed

Manon Van Slogtern

वैन स्लोगटर्न की यह ग़ज़ल लम्बी बहर में लिखी गयी है। जिसमें–I have failed रदीफ़ है और रिपेंटेंस, पेंनिटेंस काफ़िया है।

शेर–

How many storm will rise today
As I gaze in your eyes today
He cannot drive away your thought
No matter how he tries today

Shabeeh

शबीह ने अंग्रेज़ी में बहुत सारी ग़ज़लें लिखी हैं। और सब मुक़म्मल ग़ज़लें हैं।

शेर–

For Couplets the Ghazal is prime : at the end
Of each one's a refrain like a chine : at the end

Two trail arms of your delicate form I pursure
Inaccessible, Vibrant, Sublme : at the end

Iohm Hollander

ग़ौरतलब है कि इस ग़ज़ल के रचयिता जॉन होलेंडर ने ग़ज़ल पर ही ग़ज़ल लिख दी है।

हिन्दी में भी अनेक ग़ज़लकारों ने ग़ज़ल विधा को केन्द्र में रखकर ग़ज़लें लिखी हैं।

शेर-

Her eyes have made me love her again
Her smile have made me love her again
There is no pain in suffering for a girl like her
Her soul has made me crave her again

A.K. Shun Chaure

शेर-

How thrilling it is to receive such a token
Of honour from one whose good name is of spoken

(David Jalajel)

शेर-

When ever I think about time and its universal nature
My thoughts fall into the past, present and the future

and

The deep pain of a broken heart turned into a lonely tear
That dwells in silence, for which it become a pearly tear

Sukhdershan Dhaliwal

शेर-

Fearing the thoughts we had seed with books
They burn our words, Ink bleed with books

J.E. Stanley

शेर-

Yes, covid dementia cancer may touch me
To the whole damn world, I say touch me

Hungler, wildfires, a black man choked by police
A dead child on a beach, I pray touch me

Noami Foyle's Ghazal–Touch me

इस अध्याय में उर्दू ग़ज़ल और हिन्दी ग़ज़ल के अतिरिक्त, अन्य भाषाओं में लिखी जा रही ग़ज़ल का संक्षिप्त परिचय प्रस्तुत किया गया है।

उर्दू और हिन्दी ग़ज़ल की हर वर्ष अनेक किताबें प्रकाशित होती हैं। सुखद आश्चर्य यह है कि गुजराती, पंजाबी और राजस्थानी में भी कवियों के अनेक ग़ज़ल संग्रह प्रकाशित हुए हैं। अंग्रेज़ी में (Sbeeh) शबीह का ग़ज़ल-संग्रह (Secret Whispers) प्रकाशित हुआ है।

यह ग़ज़ल विधा का उत्कर्ष रूप है कि भारत, पाकिस्तान, बांग्लादेश, नेपाली भाषाओं में इसे लिखा जा रहा है। अंग्रेज़ी भाषा में ग़ज़ल का लिखा जाना, अदब के क्षेत्र का विस्तार हैं

खण्ड चार

उपसंहार

हिन्दी ग़ज़ल एक ऐसी सशक्त विधा का स्वरूप हासिल कर चुकी है, मितकथन जिसकी विशेषता है। ग़ज़ल के प्राय: हर शेर में कथ्य का ताप, विचार की आँच, अनुभूति की हरारत और शब्दों की लय तथा अर्थ की ध्वनियाँ होती हैं।

दो मिसरों (यानी, दो पंक्तियों) की तंग गली से भावनाओं का लश्कर गुज़ारने की सलाहियत हिन्दी ग़ज़लकारों ने पैदा की है।

हिन्दी ग़ज़ल काव्य का एक ऐसा ताक़तवर काव्यरूप बन चुकी है, जिसमें सुसंस्कृत और सभ्य विचारों को तरजीह दी गयी है। आक्रोश को भी, कभी व्यंजना तो कभी तंज़ के रूप में प्रस्तुत किया गया। हिन्दी ग़ज़ल में तरक़्क़ी पसन्द विचार और जनवादी रुझान भी अहिंसक और शिष्ट प्रतिवाद को रचते हैं।

हिन्दी ग़ज़ल ने इतनी व्यापकता हासिल कर ली है कि जीवन और समाज के गलियारे (और मन के तलघर) में घटनेवाली हर छोटी-बड़ी घटना को शेर के ज़रिये व्यक्त किया जाने लगा है। हिन्दी ग़ज़ल में महत्त्वपूर्ण घटना यह घटित हुई है कि ग़ज़लों में अनुभवों के उत्पाद के विपरीत अनुभवों की पुनर्रचना होती है और इसी के माध्यम से, नुकीली एकाग्रकता के साथ शेर कहे और लिखे जाने लगे हैं। ग़ज़ल में तासीर पैदा करने के लिए तग़ज़्ज़ुल और ग़ज़ल का मिज़ाज ज़रुरी तत्त्व है तो अनुभवों की पुनर्रचना, स्मृतियों का सरमाया तथा यथार्थ और कल्पनाशीलता भी ग़ज़ल जैसी सिन्फ (विधा) को सशक्त बनाने में अहम भूमिका निभाते हैं।

दो पंक्तियों अथवा दो मिसरों का 'खेल' ही एक शेर का 'होना' है। इन्हीं दो पंक्तियों में शब्द चयन, मुहावरेबन्दी, विषय, प्रतीक और बिम्बात्मकता तथा भावना की प्रबलता इन सब तत्त्वों के सामंजस्य से शेर की रचना होती है। बहर, काफ़िया रदीफ़ वो सब शिल्पगत चातुर्य में शामिल होते हैं।

ग़ज़ल एक ऐसी विचित्र और अनोखी विधा है जो विभिन्न अश्आर के बिखरे हुए (या फैले हुए) विचारों को समेट कर एक इकाई (एक रचना) में बदल देती है।

बीसवीं सदी के अन्तिम दशकों और इक्कीसवीं सदी का आरम्भ विचित्र, अनोखा और हैरान करने वाला ऐसा कालखण्ड है जिसमें हर पल दुनिया और उसका यथार्थ बदल रहा है। मूल्यों की सबसे ज़्यादा उथल-पुथल या कहें कि तोड़फोड़ इसी दौर में हुई है। इसी दौर में एक नया मध्य वर्ग पैदा हुआ है जो केन्द्रित, महत्त्वाकांक्षी, अधीर, चतुर, चौकन्ना तथा शाहख़र्च है। इस नये मध्यावर्ग ने, समाज में एक नया समाज निर्मित किया है, जिसकी अपनी जीवन शैली है और अपने जीवन मूल्य। वह मध्य वर्ग जिसमें ख़ुद को उपभोक्ता कहलाने में कोई संकोच नहीं। हिन्दी ग़ज़लकारों ने ऐसे नये मध्य वर्ग को केन्द्र में रखकर, समाजशास्त्रीय तत्त्व के साथ अभिव्यक्ति दी है। यथा–

सोची समझी होती है बेध्यानियाँ उनकी
ऐसे लोगों को अक्सर बेख़बर नहीं कहते

कुलदीप सलिल

नये समय में, यान्त्रिक होते समाज के अन्दर संवेदना की जगह कम बची है तो दूसरी तरफ़ इस नये समाज ने स्मृतियों को ख़ारिज कर दिया है। यह नये समय का नया समाज जिसके पास सूचनाओं का अम्बार है, ज्ञान कम है।

इस बदलते समय के समाज और नये यथार्थ ने हर शय को प्रभावित किया है। हिन्दी साहित्य में इस नये सामाजिक शिल्प को कहानी, कविता, उपन्यास में लेखकों ने अपने-अपने कथा कौशल से तहरीर किया है। यह सिलसिला अब भी जारी है। हिन्दी में इस प्रश्नाकुल स्थिति तथा जटिल सामाजिक संरचना, जिसमें बाज़ारवादी छवियाँ चकाचौंध के साथ उपस्थित हैं–कुशल, सार्थक और प्रखर ग़ज़लें लिखी जा रही हैं। यानी, हिन्दी ग़ज़ल कहीं भी अपने समय से न छिटकी है न पिछड़ी है। हिन्दी ग़ज़ल, आधुनिक और उत्तर-आधुनिक समय की सशक्त और सार्थक विधा है। विभिन्न विमर्शों के ज़रिये, हिन्दी ग़ज़ल नयी चुनौतियों, कालगत सच्चाइयों, अवाम की समस्याओं, सामाजिक विडम्बनाओं, सम्बन्धों के क्षरण, बाज़ार के तिलिस्म, विज्ञापनों के विभ्रम, राजनीति के प्रपंच तथा मनुष्य के अकेले होते चले जाने को प्रखर रूप से व्यक्त किया है।

वैश्विक अवधारणाएँ और विमर्श को हिन्दी ग़ज़ल ने अश्आर के ज़रिये सार्थक अभिव्यक्ति दी है।

बिल्कुल यहीं, हिन्दी ग़ज़ल ने यह अहसास भी निरन्तरता से कराया है कि हिन्दी कविता की तरह हिन्दी ग़ज़ल भी समय सापेक्ष है। कुछ अश्आर भूमण्डलीकरण, बाज़ारीकरण और उत्तर-आधुनिक स्थितियों पर तबसरा करते हुए–

जाल सय्याद फिर से बिछाने लगे
क्या परिन्दे यहाँ आने–जाने लगे

विनस केसरी

हमारे दौर के बच्चे कला की कापियों में अब
कोई चेहरा बनायें सब में आँखें नम बनाते हैं

अवनीश यादव

हिन्दी ग़ज़ल के ज़रिये, ग़ज़ल लेखक अपने समय का संज्ञान लेने लगे हैं। शब्दों की लय और संवेदना को बरकरार रखते हुए, रूमानियत के लेमिनेशन को उतारकर, समय की खुरदरी सच्चाइयों को तथा समाज की विडम्बनाओं को नुकीली एकाग्रता से व्यक्त कर रहे हैं। यह समय जो बेहद जटिल, करख्त, और अनेक चेहरे लगाकर, भागता हुआ समय है। इसे समझना इतना सरल सहज नहीं है। हिन्दी ग़ज़लकार अपने समय के जटिल रूप को अपनी ग़ज़लों में पूरी संचेतना और संवेदना से बयान कर रहे हैं।

समाजशास्त्रियों, विद्वानों तथा वैश्विक समस्याओं पर नज़र रखने वाले विचारकों ने नये विमर्शों के ज़रिये नये समय और उसके समाज को समझने,जानने-परखने की पहल की है। भूमण्डलीकरण, उपभोक्तावाद, उदारीकरण, बाज़ारवाद, नवयथार्थ, नये समय की उत्तर-आधुनिक स्थितियाँ, नयी सामाजिक संरचना में सम्बन्धों का क्षरण, स्त्री विमर्श, दलित/आदिवासी विमर्श के ज़रिये बहुत कुछ नया (और नयी तरह से) लिखा जाने लगा है। हिन्दी कविता, उपन्यास, कहानी में इन विमर्शों को विद्वान आलोचक रेखांकित कर रहे थे (और यह सिलसिला आज भी जारी है।)

ऐसे में यह जानना बेहद लाज़मी था कि इन विमर्शों के बीच हिन्दी ग़ज़ल कहाँ खड़ी है? बेशक, इस तरह की परख हिन्दी ग़जल में बेहद कठिन थी। लेकिन इस कार्य को बड़ी निष्ठा, एकाग्रता, लगन, धैर्य, तप और ताप के साथ पूर्ण किया है।

यह उत्तर-आधुनिक सदी है जहाँ तकनीक हावी है। पिछली सदी ने मनुष्य को यान्त्रिक होना सिखाया था। नयी सदी में टेक्नालोजी के साथ जीता मनुष्य, सूचनाओं के अम्बार पर खड़ा, हैरानकुन है। यह समय जिसमें तकनीक है। सूचनाएँ हैं लेकिन स्मृतियाँ ख़ारिज हो चुकी हैं।

मैं गीली रेत पर लड़ते झगड़ते घर बनाता था
मगर अब याद करता हूँ तो नादानी सी लगती है

महेन्द्र अग्रवाल

नये समाज की नयी संरचना यही है–वाचाल और द्रुतगामी समय में, पीछे मुड़कर, ठिठककर, पुराने समय को याद करने, निशानियों को ढूँढ़ने की फ़ुरसत किसी के पास नहीं है। हिन्दी ग़ज़लकारों ने इस उत्तर-आधुनिक स्थितियों को तथा नये समाज की संरचना को गहरे अनुभवों के साथ अपने अश्आर में अभिव्यक्ति दी है।

उनसे तआलुक़ात हमारे न ठीक थे
चेहरा था लौटीती हुई बारात की तरह

ओम निश्चल

ऐसा प्रतीत होता है यह नया समाज एक अदद तदर्थ जीवन जीने को अपना जीवन मान बैठा है। यही वजह है कि इस नये यथार्थ में समाज के भीतर की रागात्मकता का बेहद क्षरण हुआ है। यह एक ऐसा अनात्म समय है जिसमें जीवन राग नहीं बचा, बेशक मॉल, रेस्तरां, शादी-ब्याह में पाप म्यूज़िक का शोर बहुत है। यह शोर मनुष्य के धीरज और धैर्य को पराजित कर रहा है।

यह समय बिखरते-टूटते सम्बन्धों का नव यथार्थ है। इस समय में वस्तुओं से रिश्ता ज़्यादा प्रगाढ़ हुआ है, मनुष्य से कम। सम्बन्ध खण्डित हो रहे हैं और यह चिन्ता के रूप में नहीं, नये जीवन शिल्प के रूप में देखा जा रहा है। हिन्दी ग़ज़लों ने सम्बन्धों को लेकर बेहद सार्थक अभिव्यक्ति दी है। दुष्यन्त का बेहद प्रचलित शेर भी इसी सम्बन्धों के विखण्डन की ओर संकेत करता है। पूरा शेर एक बिम्ब के रूप में उभरता हुआ-सा–

तू किसी रेल सी गुज़रती है।
मैं किसी पुल सा थरथराता हूँ।

दुष्यन्त

इस बाज़ारवादी समय में एक और हैरान करने वाली बात घटित हुई है, वह है, प्राक्सी एक्ज़िसटेंस! जो उपस्थित है वह भी अपने समाज से अनुपस्थित दिखायी देता है। यह मौलिक जीवन शैली के क्षरण का ऐसा समय है जिसमें सबके सब

एक-दूसरे की दुर्बल प्रतिलिपि प्रतीत होते हैं और इन्हीं चिन्ताजनक स्थितियों पर हिन्दी ग़ज़लकारों ने ज़रूरी हस्तक्षेप पैदा किया है।

उसने दिन के उदास भाले में
एक बत्ती जला के छोड़ दिया

ओम निश्चल

एक गहरी हलचल भरी द्वन्द्वात्मकता का समय है। विडम्बनाएँ इस समय और समाज के तलघर में विश्राम करती प्रतीत होती हैं। इस नये समाज ने ज़िदगी की नयी चिमनियाँ ईजाद की हैं जिसमें वो कोयला सुविधाओं का डालता है लेकिन आग तनाव और अवसाद की निकलती है। अकेलापन, इस नये समाज का ऐसा कटु सत्य है जिसे कोई उपकरण हैं। कोई गेजेट कम नहीं कर पाता ।

मज़ा लेते है सब एक-दूसरे के ज़ख़्म गिनगिन कर
मगर हर शख़्स है अपने लहू में तर जहाँ मैं हूँ।

बुद्धिसेन शर्मा

समाज एक सड़क की तरह है। बीच में डिवाइडर है। यह डिवाइडर समाज को दो समाजों में बाँट देता है। एक समाज अमीर बेहद अमीर। दूसरा समाज दुख, बेकारी, निराशा, बीमारी, संशय और बेघरी को जीता समाज! इस समाज के हर मनुष्य में एक अदद अश्वत्थामा अपने ज़ख़्मों पर व्यवस्था द्वारा दी गयी आश्वासनों की मौखिक पट्टियों को रखता हुआ। हिन्दी ग़ज़लकारों ने ऐसे उपेक्षित समाज को केन्द्र में रख ग़ज़लें लिखी हैं। शुरूआत बेशक दुष्यन्त ने की लेकिन सिलसिला जारी है—

न हो कमीज़ तो पैरों से पेट ढक लेंगे
ये लोग कितने मुनासिब हैं इस सफ़र के लिए

दुष्यन्त

वो जिनकी मुट्ठियों में अँधेरे की फ़सल है
सूरज को देखते ही पकड़ने की ज़िद करें

हृदयेश मंयक

हिन्दी ग़ज़ल में लगभग सभी ग़ज़लकार शोषित मनुष्य की कराहें तथा अकेले होते जाते आदमी के अवसाद को भरपूर संवेदना के साथ व्यक्त कर रहे हैं। यहाँ असहमति और अस्वीकृति के स्वर, कभी सीधे सरल अश्आर में तो कभी व्यजंना, वक्रोक्ति और तंज़ के रूप में बयान होते हैं। हिन्दी ग़ज़ल का यह

आधुनिकताबोध, उत्तर-आधुनिक समय की स्थितियों का आकलन करने में सक्षम हुआ है। जब अदम गोंडवी कहते हैं–काजू भुने प्लेट में व्हिस्की गिलास में। उतरा है रामराज विधायक निवास में–यह लहजा उर्दू की ग़ज़ल में कहीं नहीं था। यह लहजा हिन्दी में बड़ी प्रबलता से आया है। इस लबो-लहजे ने दुष्यन्त की ग़ज़लों से यात्रा आरम्भ की और यह लहजा प्रतिवाद व्यक्त करती हिन्दी ग़ज़ल का सशक्त माध्यम बना।

भूमण्डलीकरण और उदारीकरण के रहते लोक संस्कृति और लोकतत्त्वों पर भी संकट गहराने लगा है। बाज़ारवाद ने संस्कृति और लोक संस्कृति को न केवल भयभीत किया बल्कि लोकतत्त्व, लोकजनजीवन को किसी 'मण्डी' के रूप में बदलने पर आमादा है। हिन्दी ग़ज़ल में जहाँ लोक संस्कृति से जुड़े तत्त्वों को अश्आर का कथ्य बनाने में सफलता अर्जित की है, वहीं, लोक जीवन के दुख, कष्ट, अभावों को भी अभिव्यक्ति दी है।

दाना-पानी चुगने पंछी छत पर आते हैं
गाँवों में मौजूद अभी तक रिश्ते-नाते हैं

के.पी अनमोल

हिन्दी ग़ज़ल में लोकचेतना, लोक संस्कृति तथा लोकवार्ता पर सशक्त अभिव्यक्ति हुई है। उर्दू ग़ज़ल में लोकचेतना और लोक संस्कृति का निरन्तर अभाव है। यह विस्तार हिन्दी ग़ज़ल में हुआ है और लोक संस्कृति के विराट स्वरूप की अनदेखी किये बग़ैर, गहरी संवेदना से शेर कहे गये हैं। हिन्दी ग़ज़ल ने इस तरह से अपना मुहावरा और परिसर निर्मित किया है।

स्त्री विमर्श को भी इसी रूप में देखा जाना चाहिए। उर्दू ग़ज़ल में स्त्री की उपस्थिति अब भी प्रेमिका के रूप में अधिक है। बेशक, उर्दू की जदीद ग़ज़ल में स्त्री के अन्य रूप का भी विस्तार हुआ है लेकिन हिन्दी ग़ज़ल में स्त्री, समाज का सशक्त पात्र है। ग़ौरतलब है, बाज़ारवाद ने जो अराजक स्थितियाँ उत्पन्न की हैं। उसका सबसे बुरा असर स्त्रियों पर पड़ा है। वे पहले से अधिक असुरक्षित हुई हैं। लेकिन बिल्कुल यहीं, वे पहले से अधिक सचेत और अपने अधिकारों के प्रति समझदार भी हुई हैं। हिन्दी ग़ज़लों में स्त्री विमर्श के ज़रिये, नये समाज में स्त्री की ज़िन्दगी से जुड़े अनेक प्रश्नों से जूझते हुए शेर कहे गये हैं। यह खण्ड जितना संवेदनशील था इसे उतनी संवेदना से अभिव्यक्ति दी गयी है। शेर है–

कोई न डाले निगाहे-ग़लत कि मैं ख़ुद को
निहत्थे हाथों को तलवार करने वाली हूँ

सिया सचदेव

हिन्दी ग़ज़लों में पुरुष तथा स्त्रियाँ दोनों, स्त्री विमर्श को केन्द्र में रखकर सशक्त शेर लिख रहे हैं लेकिन जब स्त्री स्वयं लिखती है तो वे मनोभाव ज़्यादा मानीख़ेज़ हो जाते हैं।

ख़्वाहिशें तो हज़ार कर लूँ मैं
काश, पूरी भी कोई कर जाऊँ

सोना रूपा विशाल

जितनी संवेदना और जज़्बे के साथ हिन्दी ग़ज़लकरों ने स्त्री विमर्श को अपनी ग़ज़लों में निष्ठापूर्वक स्थान दिया है उतनी जीवन्तता, संवेदना, आन्तरिकता और रागात्मकता के साथ दलित आदिवासियों के उपेक्षित और शोषित जीवन पर चिन्ता व्यक्त करते हुए शेर लिखे हैं। यथा–

आप कहते हैं सरापा गुलमुहर है ज़िन्दगी
हम ग़रीबों की नज़र में इक कहर है ज़िन्दगी

अदम गोंडवी

इन वैश्विक विमर्शों का हिन्दी साहित्य ने संज्ञान लेते हुए, सामाजिक, राजनैतिक तथा आर्थिक बदलाव से जीवन के परिवर्तनों को शिद्दत से तहरीर किया है। बिल्कुल वहीं, हिन्दी ग़ज़लकारों ने इन विमर्शों को व्यर्थ नहीं जाने दिया। हिन्दी ग़ज़ल इन विमर्शों से प्रभावित हुई है। समाज प्रभावित हुआ है तो समाज की बदलती छवियों को हिन्दी ग़ज़ल ने निरन्तर अभिव्यक्ति दी है। हिन्दी ग़ज़ल की भूमिका दुष्यन्त के समय से ही समाज सापेक्ष और विमर्शों के केन्द्र में रही है। दुष्यन्त जब कहते हैं–रोज़ जब रात को बारह का गजर होता है। यातनाओं का अँधेरे में सफ़र होता है–

तो वो सामाजिक यान्त्रिकता से छनकर आये एलिएनेशन को ही व्यक्त कर रहे होते हैं जिसकी चिन्ता जेमेसन अपनी पुस्तक–वैश्विक पूँजी का सांस्कृतिक तर्क–में करते हैं और वाल्टर बेंजामिन के लिए शहरी जटिलता आधुनिकता का सार तत्त्व है। (अतिरेकी यथार्थ के युग में–लेख में)

हिन्दी ग़ज़लों में शहर की जटिलताएँ, महानगरीय विस्थापन का बोध, अजनबीयत, घर के भीतर बेघरी और बेगानेपन का अवसाद–ये तमाम तत्त्व व्याकुलता के साथ व्यक्त होते रहे हैं तो इसके समानान्तर (या फिर साथ) प्रतिवाद

के स्वर भी हिन्दी ग़ज़लों में सुनाई देते रहे हैं। हिन्दी ग़ज़ल ने हमेशा अपने प्रतिपक्ष की रचना की जिसमें राजनीति के प्रपंच, सामाजिक विषमता, अभाव, तकलीफ़ें, बेरोज़गारी, भ्रष्टाचार, शोषण, मनुष्यहीनता जैसे विषयों को केन्द्र में रखकर ग़ज़लें लिखी जाती रही हैं। कहीं-कहीं स्थूलता, सपाटबयानी और इकहरापन भी ग़ज़लों में दिखाई दिया है। समाज का जब खुरदरा यथार्थ ग़ज़ल के केन्द्र में हो तो ग़ज़ल के लिए ये तमाम सीमाएँ सामने खड़ी हो जाती हैं। इसके बावजूद, हिन्दी की ग़ज़ल यात्रा आश्वस्तकारी है।

इन विमर्शों के अतिरिक्त लोकचेतना (लोक संस्कृति तथा भारतीय मिथकों की हिन्दी ग़ज़ल में उपस्थिति) जैसे तत्त्वों की भी बिल्कुल नये बोध के साथ चर्चा की गयी है। हिन्दी ग़ज़ल में लोक संस्कृति तथा भारतीय मिथकों की हिन्दी ग़जल में क्या भूमिका रही है–इस ओर ध्यान ही नहीं दिया गया था। इन तत्त्वों का यहाँ गम्भीरता से तथा वैज्ञानिक दृष्टि से आकलन किया गया है।

भारतीय मिथकों ने उर्दू ग़ज़ल तथा हिन्दी ग़ज़ल–दोनों विधाओं को आकर्षित किया है। हिन्दी तथा उर्दू ग़ज़ल में भारतीय मिथकों का प्रयोग बिल्कुल नये सन्दर्भों में हुआ है। ये शक्तिशाली मिथक (स्मृतियों का आख्यान रचते हुए) जब नये सन्दर्भों में प्रयुक्त हुए तो ग़ज़ल के शेर, नये-पुराने, दोनों कालखण्डों की गूँज के साथ अभिव्यक्त हुए–

ये दौड़ है दौलत की, सब दौड़ लगाते हैं
नादान तू रस्ते में, क्या सोच के ठहरा हैं

तथा

देखे तो हर किसी का है चेहरा चमन-चमन
झाँको तो सबके दिल में बियाबान कम नहीं

डॉ. कुमार प्रजापति

हवा से इस क़दर घुल मिल गया हूँ
हवा ख़ुद कह रही है मैं हवा हूँ

नक़्शा बना लिया है इक ऊँचे मकान का
पर पास में बुनियाद का पत्थर तो है नही

सोना हूँ इसलिए ही मुझे आग की पसन्द
तपकर निखारा जाऊँगा, लगता रहा यही

सुरेन्द्र चतुर्वेदी

राधा काहे मुरली की दीवानी है
मुरलीधर को आज तलक हैरानी है

के.पी. अनमोल

इतने आँसू मिले ज़िन्दगी से
और क्या चाहिए अब किसी से

अनिरुद्ध सिंह

मन्दिर की सीढ़ियों पर दीपक जला रहा हूँ
यानी कि ईश्वर को रस्ता दिखा रहा हूँ

ज्ञानप्रकाश विवेक

रिल्के ने कहा था कि रचना तभी अच्छी होती है जब किसी अनिवार्यता से पैदा होती है। यानी, जब ग़ज़लकार में अपने विषय/कथ्य/विचार को ग़ज़ल के ज़रिये व्यक्त करने की शिद्दत की बेचैनी होती है।

हिन्दी ग़ज़लकारों ने शिद्दत की अनिवार्यता के साथ, नये मुहावरे, शब्दावली, नये प्रतीक और नयी शैली का निर्माण करते हुए ग़ज़लें लिखी हैं। हिन्दी ग़ज़ल के लिए इतने व्यापक परिसर का सृजन इसी वजह से सम्भव हो सका है कि ग़ज़लकार हमेशा नये सन्दर्भों, नये विषयों, नये विमर्शों, नयी बहसों, नये यथार्थ से न सिर्फ़ जुड़े रहे बल्कि पूरी चेतना के साथ हिन्दी ग़ज़ल को समकालीनता भी प्रदान करते रहे।

हिन्दी ग़ज़ल तमाम नये विमर्शों में अपनी सक्रिय भूमिका निभाते हुए, अपनी मानवतावादी सोच के साथ आगे बढ़ रही है।

□□